国家社科基金资助（项目编号：14CTY020）

残疾学生体质健康标准研究

曹 烃 刘 珍 著

中国社会出版社
国家一级出版社·全国百佳图书出版单位

图书在版编目（CIP）数据

残疾学生体质健康标准研究 / 曹烃，刘珍著 .—北京：中国社会出版社，2021. 10

ISBN 978-7-5087-6625-6

Ⅰ. ①残⋯　Ⅱ. ①曹⋯ ②刘⋯　Ⅲ. ①残疾人—学生—身体素质—健康教育—标准　Ⅳ. ①G807-65

中国版本图书馆 CIP 数据核字（2021）第 198219 号

书　　名： 残疾学生体质健康标准研究
著　　者： 曹　烃　刘　珍

出 版 人： 浦善新
终 审 人： 李　浩
责任编辑： 秦　健

出版发行： 中国社会出版社　**邮政编码：** 100032
通联方式： 北京市西城区二龙路甲 33 号
电　　话： 编辑室：（010）58124864
邮购部：（010）58124845
销售部：（010）58124848
传　真：（010）58124856
网　　址： shcbs. mca. gov. cn
经　　销： 各地新华书店

中国社会出版社天猫旗舰店

印刷装订： 北京九州迅驰传媒文化有限公司
开　　本： 170mm×240mm　1/16
印　　张： 22. 25
字　　数： 360 千字
版　　次： 2021 年 10 月第 1 版
印　　次： 2021 年 10 月第 1 次印刷
定　　价： 48. 00 元

中国社会出版社微信公众号

前　言

青少年体质健康是世界各国普遍关注的议题。长期以来，许多国家通过实施体质健康测试试图了解、监测和干预青少年的体质健康。我国也先后颁布了《准备劳动与保卫祖国体育制度》《国家体育锻炼标准》《学生体质健康标准》和《国家学生体质健康标准》等测试体系，并形成了《国民体质测定标准（幼儿部分）》《国家学生体质健康标准》《国民体质测定标准（成年人部分）》和《国民体质测定标准（老年人部分）》组成的国民体质健康测试体系。

残疾是人类社会不可避免的现象。基于社会公正和教育公平，使残疾人融入主流社会，共享人类发展成果，是一个社会文明程度的标志，也是残疾人不可剥夺的权利。然而，在现行的体质健康测试体系中，残疾人群体却一直被排除在外，残疾学生一直享有免测的“优待”。毋庸讳言，在倡导残健融合共享的时代背景下，残疾青少年体质测试免测的做法与将残疾人逐出主流社会的行为异曲同工，也与社会公正公平的理念背道而驰。基于此，本课题确立了残疾学生体质健康标准研究这一议题。

本研究以辩证唯物主义和历史唯物主义为方法论原则，主要采用文献资料法、逻辑分析法、历史分析法、调查问卷法、专家访谈法、比较分析法和数理统计等方法，力求做到“理论分析与实践应用相结合”“国外借鉴与国内实情相结合”“历史经验与发展前沿相结合”对残疾青少年体质健康标准的构建进行科学、系统而深入的探究。具体而言，本研究主要由四个部分组成。

第一部分，本研究对体质健康的理论问题进行了探析。研究认为，体质是一个多学科的研究领域，在人类学、医学和体育学等学科中均有涉及。对体育学而言，体质是在先天遗传性和后天体育参与的基础上，在人的身体形态、身体机能和身体素质等方面表现出的综合的、相对稳定的特征。健康是一个多维的概念。人们对健康的认识先后经历了一维健康观、二维健康观、三维健康观到四维健康观的转变。当前，健康的内涵包括身体健康、心理健康、社会适应和道德健康等维度。“体质健康”一词是随着体育学科对体质研究不断深入的结果，是与体育参与密切相关的身体健康的范畴。体质健康与国外常用的健康体适能一词的内涵及构成要素一致，其构成要素的测量与评价理论为残疾学生体质健康测试指标的构建以及评价标准的研制奠定了基础。

第二部分，该部分对国内残疾学生体质健康测试的困境与国外残疾青少年体质测试的前沿进行了分析。研究认为，我国残疾学生数量逐增、残疾类型多样、残疾程度不一、残疾学生分布广泛等是当前我国残疾学生的基本特点。对智力残疾、视力残疾和听力残疾学生而言，由于各种障碍的存在并且感觉统合能力失调为残疾青少年体质健康测试带来了困难。但基于残疾学生的自理能力、测试指标的多元性等条件为残疾学生体质健康测试提供了可能。

从发展历程来看，美国残疾青少年体质测试经历了初期阶段、发展阶段（Project UNIQUE）和完善阶段（Project TARGET）的转变。在初期阶段，采用常模参照方法分别研制了视力残疾学生、智力残疾学生体质测试标准；在发展阶段，采用常模参照方法对视力残疾、听力残疾和畸形缺陷青少年体质测试标准进行了研制。目前正在实施的 BPFT 采用的是标准参照方法研制的残疾青少年体质测试评价标准，其受试对象包括智力残疾、轻微受限者、视力残疾、脑性瘫痪、脊髓损伤、先天性异常和截肢等类型。美国残疾青少年体质健康演变特点主要体现在：测试理念为满足残疾青少年个别化需求；测试内容从技能关联转向健康关联；评价方法从常模参照转向标准参照；奖励机制从等级制度到评价报告。

第三部分，国内外体质健康场地测试指标研究。采用文献资料和比较分析法，围绕体质健康测试中的身体成分、心肺耐力、肌肉力量与耐力和柔韧性等要素的场地测试指标进行了分析。结果显示：身体成分测试指标相对较为集中，其中国内通过身高、体重测试的身体质量指数与身高标准体重较多，国外采用皮褶厚度测试较为普遍；心肺耐力测试指标受年龄、性别影响较大，国内倾向肺活量测试，国外则常用各种类型的走/跑测试；肌肉力量与耐力测试指标呈“体块”分布，其中上肢力量测试指标较多，躯干和下肢测试指标较少且容易忽视；柔韧性测试方法较为单一等特点。研究认为，虽然体质测试是世界各国专家学者共同关注的议题，但在不同的时期以及不同国家的体质测试体系中，各个要素的测试指标均存在较大的差异。

第四部分对残疾学生体质测试指标体系和标准进行了探索性研制。在测试指标体系构建上，主要采用文献资料法、专家调查法和场地测试法对6~14岁义务教育学龄段的智力残疾、视力残疾、听力残疾和健全学生体质健康测试指标进行了构建。通过两轮调查问卷初步构建了残疾学生体质健康测试指标体系，并采用随机抽样的方法，选取360名（分残疾类型、年龄和性别各组5人）进行场地测试，从指标的可行性、可靠性、有效性、客观性和区分度等方面进行了验证。结果认为：身体质量指数、肺活量、握力、仰卧起坐、立定跳远和坐位体前屈等场地测试方法能够作为残疾学生体质健康测试指标体系。在评价标准的探索性研制上，根据《国家学生体质健康标准（2014年修订）》的研制理念并结合我国残疾学生的特点，按残疾类别、性别、年龄进行了分组，并通过7个省份收集的10431个有效样本（73017项数据）采用百分位数法和分段累进计分法相结合，探索性地研制了残疾学生体质健康标准。

目　录

前　言 …… 1

第一章　绪论 …… 001
第一节　研究缘起与背景 …… 001
第二节　体质健康相关研究概述 …… 008
第三节　体质健康研究目的与意义 …… 054
第四节　残疾学生体质健康标准研究对象与方法 …… 057
第五节　残疾学生体质健康标准研究思路与框架 …… 061
第六节　残疾学生体质健康标准创新追求与挑战 …… 064

第二章　体质健康的内涵与外延探析 …… 066
第一节　多学科视野下的体质研究 …… 066
第二节　多维度视野下的健康观 …… 077
第三节　体质与健康的内涵解析 …… 082
本章结语 …… 088

第三章　残疾学生体质健康测试的理论探析 …… 089
第一节　残疾学生体质测量的理论基础 …… 089
第二节　残疾学生体质评价的理论基础 …… 099
第三节　残疾学生体质综合评价的理论基础 …… 109
本章结语 …… 117

第四章　残疾学生体质健康测试的困境与可行性 …………… 119
第一节　我国残疾学生的概况分析 ………………………… 119
第二节　残疾学生体质健康测试的困境 …………………… 126
第三节　残疾学生体质健康测试的可行性 ………………… 131
本章结语 ……………………………………………………… 134

第五章　美国残疾青少年体质测试的研制与解读 …………… 135
第一节　美国残疾青少年体质测试的历史演进 …………… 135
第二节　美国残疾青少年体质测试标准解读
——基于 Project UNIQUE 测试体系 ………………… 149
第三节　美国残疾青少年体质测试标准解读
——基于 Project Target 测试体系 …………………… 160
第四节　美国视力残疾青少年体质测试标准解读
——基于 Project Target 测试体系 …………………… 177
第五节　美国智力残疾青少年体质测试标准解读
——基于 Project Target 测试体系 …………………… 187
第六节　美国残疾青少年体质测试的启示 ………………… 196
本章结语 ……………………………………………………… 199

第六章　体质健康场地测试指标与方法的比较 ……………… 200
第一节　身体成分测试指标与方法的比较 ………………… 200
第二节　心肺耐力测试指标与方法的比较 ………………… 214
第三节　肌肉力量与耐力测试指标与方法的比较 ………… 227
第四节　柔韧性测试指标与方法的比较 …………………… 245
本章结语 ……………………………………………………… 256

第七章　残疾学生体质健康测试指标体系的构建 …………… 257
第一节　残疾学生体质健康测试指标的研制思路 ………… 257
第二节　残疾学生体质健康测试指标的筛选 ……………… 261
第三节　残疾学生体质健康测试指标的检验 ……………… 270
第四节　残疾学生体质健康综合评价权重的设置 ………… 282
本章结语 ……………………………………………………… 284

第八章 残疾学生体质健康标准的探索性研制 …… 286
第一节 残疾学生体质健康标准的研制思路 …… 286
第二节 残疾学生体质健康调查的统计结果 …… 293
第三节 残疾学生体质健康标准的构建 …… 299
第四节 残疾学生体质健康标准的验证 …… 332
本章结语 …… 336

第九章 残疾学生体质健康标准研究结论与展望 …… 337
第一节 研究结论 …… 337
第二节 残疾学生体质健康标准研究不足 …… 340
第三节 残疾学生体质健康标准研究展望 …… 341

附录 …… 342
残疾学生体质健康测试专家访谈提纲 …… 342
残疾学生体质测试指标专家调查问卷 …… 343
残疾学生体质健康测试数据记录表 …… 346

第一章
绪　论

第一节　研究缘起与背景

一、青少年体质健康研究的缘起

青少年时期是个体身心发展的关键时期，青少年体质健康状况不仅关系到个人的健康成长，而且关系到整个民族综合素质的发展与人才质量①。长期以来，党和政府十分关心青少年的体质健康状况，而且高度重视青少年体质与健康监测工作体系与制度的建设，其主要体现在两个方面：一是多项国家政策法规旨在推进青少年的体质健康，如 1982 年颁布的《中华人民共和国宪法》规定："国家培养青年、少年、儿童在品德、智力、体质等方面全面发展。" 1995 年颁布的《中华人民共和国体育法》（2016 年修正）规定："教育、体育和卫生行政部门应当加强对学生体质的监测……" 2007 年，《中共中央　国务院关于加强青少年体育增强青少年体质的意见》更是将重点直指青少年的体质工作，指出："把增强学生体质作为学校教育的基本目标之一……" 二是定期对青少年进行体质监测。截至目前，在教育部、国家体育总局等部委的共同组织下，我国分别于 1985 年、1991 年、1995 年、2000 年、2005 年、2010 年和 2014 年共开展了 7 次全国范围的青少年体质与健康的调研与监测工作，并形成了"每年一个周期的学生体质测试"和"每 5 年一个周期的包括儿童青少年（学生）在内的国民体质监测工作"，极力推动了我国青少年儿童体质的发展。

---

① 郭建军，杨桦．中国青少年体育发展报告［M］．北京：社会科学文献出版社，2015：13.

残疾是人类社会发展不可避免要付出的代价。据联合国2006年的数据显示，世界上大约10%的人口约6.5亿是残疾人[①]。我国2006年第二次残疾人调查数据推算，全国各类残疾人的总数为8296万人[②]。随着医疗技术的进步和人口老化进程的加快，这一数据还将不断增加。基于社会公正和教育公平的理念，使残疾人重返主流社会，共享人类教育发展成果，是残疾青少年不可剥夺的权利，也是一个社会文明发展程度的标志[③]。据《2016年全国教育事业发展统计公报》显示，我国现有特殊教育学校2080所，共有在校残疾学生59.2万人[④]。需要指出的是，这一数据主要包括智力、视力和听力三类残疾学生，却不包括在普通学校"随班就读"的残疾学生以及在特殊教育对象之外的残疾学生（如肢体残疾）。也就是说，我国在校残疾学生的数量远远超过了以上公布的数据。虽然残疾学生有机会进入学校接受教育，但是机会的均等并不代表过程的均等。残疾学生进入学校后能否接受均等化的教育服务则成为特殊教育事业发展中应该长期关注的议题。

毋庸置疑，残疾学生也应该与健全学生一样，享有均等的体质健康测试服务。虽然我国学生体质测试实施多年，但当前没有一个适合残疾学生的体质测试体系，甚至《国家学生体质健康标准》实施办法中明确指出："因病或残疾学生，……可免予执行《标准》。"虽然一方面来讲这种"免测"政策是出于对残疾学生的关心，但是从另一方面来讲却是对残疾学生权利的剥夺。也就是说，残疾学生虽然能够有机会进入学校学习，但无法享有均等化的体质健康测试服务，残疾学生的体质健康状况无从知晓。显然，残疾学生体质健康监测的缺失与《"健康中国2030"规划纲要》所倡导的"融合共享，全民健康"的战略理念背道而驰，也与将残疾人逐出主流社会的行为异曲同工。因此，在学生全面发展的需要和残疾学生体质测试体系缺失的驱动下，残疾学生体质健康标准的研制则成为当前学校体育中亟待解决的一项议题。

---

① 金放，杨旭．残疾人权益的法律保障［M］．北京：中国社会科学出版社，2013：3.

② 第二次全国残疾人抽样调查领导小组．2006年第二次全国残疾人抽样调查主要数据公报［J］．北京：华夏出版社，2006：23.

③ 邓猛．融合教育与随班就读：理想与现实之间［M］．武汉：华中师范大学出版社，2009：1.

④ 2016年全国教育事业发展统计公报［EB/OL］［2017-07-10］．http://www.moe.gov.cn/jyb_sjzl/sjzl_fztjgb/201707/t20170710_309042.html.

二、残疾人权益保障研究的背景

1. 国际社会对残疾人权益保障的日益关注

在人类自身繁衍以及利用自然、改造社会的过程中，残疾是不可避免的现象①。人类就如何对待残疾人这个问题上经历了从杀戮、忽视、怜悯与过度保护，进而发展到逐渐接纳，最后到最大限度地使残疾人融合进主流社会的发展过程②。国际社会关注残疾人的权益保障问题，试图通过国际条约、国际习惯以及非约束性的倡导与宣传等文件加以明确。例如，1971 年联合国通过的《智力迟钝者权利宣言》中首次对智力障碍残疾人这一特殊群体的权利保障问题进行了阐述，显然具有里程碑的意义。1975 年 12 月，联合国大会第 3447 号决议通过的《残疾人权利宣言》，要求各国采取国内和国际行动，保证以该宣言为共同基础和依据来保障残疾人的基本权利。1982 年 12 月，第 37/52 号决议通过的《关于残疾人的世界行动纲领》要求各缔约国积极采取有效措施，使残疾人得以充分参与社会生活和发展，并享有平等的社会地位；鼓励残疾人参与各种体育活动。1993 年 12 月，联合国大会第 48/96 号决议通过的《残疾人机会均等标准规则》对残疾人的康复医疗服务、平等参与目标和实施监督机制进行了说明，为各国及国际组织的技术与经济合作提供了基础。2006 年 12 月，第 61 届联合国大会通过的《残疾人权利公约》，作为首个具有法律约束力的残疾人权利保障国际文书，旨在促进和保护残疾人充分和平等地享有人权，确保对残疾人固有尊严的尊重。

从以上文件可见，国际社会都以残疾人的权益保障为根本出发点，表达了对残疾人权益保障的共识。条约的制定与通过为保障残疾人的基本权利提供了法律依据和制度框架，同时国际社会也根据条约对各国残疾人权益保障执行的情况进行监督。虽然一些宣言、规则、原则等在技术上并没有法律约束力，但在解释国际准则和制定有关残疾人的国内法律体系实施时可以起到指导性的作用。作为缔约国之一，我国历来重视残疾人权益的保障问题，并在《中华人民共和国宪法》《中华人民共和国残疾人保障法》

① 邓猛．融合教育与随班就读：理想与现实之间［M］．武汉：华中师范大学出版社，2009：13.

② KIRK，S. A.，GALLAGHER，J. J. & ANASTASIOW，N. J. Educating Exceptional Children［M］. Houghton Mifflin Company，1993：21.

等法律文本中对残疾人权益保障进行了要求，从残疾人的生活、教育、体育、康复、休闲娱乐等方面都进行了规定。可以认为，从公民的权益角度来讲，参与体质测试，了解自身的体质健康状况也是残疾人权益保障的题中之义。

2. 国民体质成为世界各国共同关注的焦点

一个国家国民体质的状况和健康水平，是其综合国力的重要组成部分，也是社会文明和进步的重要标志①。第二次世界大战后，随着科技的进步和经济的快速发展，人类在享受物质丰富的同时，"现代文明病"也在许多国家蔓延。心脏病、高血压、糖尿病、肥胖症等慢性疾病的患病率日趋上升。在这一形势下，各国政府积极采取措施，以提高国民的体质。在美国，1956 年就成立了青少年体质总统委员会，1963 年更名为体质总统委员会，主要从事增加所有年龄段美国人的身体活动和体育运动，并在体质测试中设立了总统奖。日本在《体育运动振兴法》（1961 年）、《体质测试》（1963 年）的基础上，于 1964 年对初中以上学生和 30 岁以下的劳动者开始实施全国范围的体力和运动能力调查。1965 年追加了小学 5~6 年级学生，1967 年追加了成年人，1983 年又追加了 1~4 年级学生。在 2000 年颁布的新体力测试中测试对象包括 6~79 岁的公民，并在每年的"体育日"（10 月 10 日）向社会发布测试结果。1978 年，欧盟委员会体育委员会召开会议研制欧洲体质测试计划，并于 1988 年颁布了欧洲体质测试标准（EUROFIT），该测试起初主要针对儿童青少年，后来逐步扩大到不同年龄群体。除此之外，韩国、泰国、马来西亚、新加坡、加拿大等国家都颁布了各自的国民体质测试体系。

在我国，早在 1952 年毛泽东同志在中华全国体育总会上就高瞻远瞩地提出"发展体育运动，增强人民体质"，这一题词充分体现了体育的目的、任务和宗旨，为新中国体育事业的发展指明了方向。中华人民共和国成立以来，党和政府十分关心人民群众的身心健康，把增强人民体质作为国家发展体育事业的立足点和出发点，积极开展旨在增强国民体质的群众性体育活动，先后在群众中推广了广播操、工间操、劳卫制，研制了《国家体育锻炼标准》，极大地改善了国民的体质状况。改革开放以来，随着国民经济的快速发展和人民生活水平的不断提高，我国进一步加强了国民体质

① 中国国民体质监测系统课题组．中国国民体质监测系统的研究［M］．北京：北京体育大学出版社，2000：1.

的建设工作。一方面，在《中华人民共和国体育法》和《全民健身计划纲要》中，以法律形式规定了改善国民体质的权利与义务，确定了国民体质建设的阶段性任务；另一方面，在体育、教育、卫生等部门先后对部分地区的幼儿、学生和成年人进行了体质与健康的调查与监测，逐步形成了体质测试的常态化①。可见，国民体质促进已成为世界各国共同关注的焦点，众多国家通过不断完善国民体质测试体系，为国民体质的监测、评价等工作的开展提供依据。

3. 公共服务均等化成为社会公平的基石

公共服务起源于国家和政府建立后人类生活的公共领域、公共需求的形成。在现代社会，公共服务作为政府社会职能的重要组成部分，在巩固国家政权合法性、满足居民日益增长的公共需求等方面发挥着越来越重要的作用。为了让群众更好地享有社会发展的成果，实现公平和效率的统一，向社会成员提供均等的基本公共服务，是现代政府的基本职责之一②。然而，由于各种原因，不同群体享有的公共服务却存在不同程度的差异。因此，公共服务均等化成为当前社会公平、公正的核心问题。所谓公共服务均等化则是指政府及其公共财政要为不同利益集团、不同经济成分或不同社会阶层提供一视同仁的公共产品与公共服务，具体包括财政投入、成本分担、收益分享等方面内容③。

长期以来，我国政府一直将公共服务作为治国理政的重要内容，将为不同地区、城乡之间、不同群体提供均等化的公共服务作为一项重要目标。2005 年 10 月，党的十六届五中全会通过的《中共中央关于制定国民经济和社会发展第十一个五年规划的建议》中，首次提出"按照公共服务均等化原则，加大对欠发达地区的支持力度，加快革命老区、民族地区、边疆地区和贫困地区经济社会发展"。2006 年 10 月，党的十六届六中全会审议通过了《中共中央关于构建社会主义和谐社会若干重大问题的决定》，进一步提出了把"基本公共服务体系更加完备"作为重要内容。2007 年，

① 国家体育总局群体司．2000 年国民体质监测报告［M］．北京：北京体育大学出版社，2002：1.

② 秦小平．城乡体育基本公共服务均等化研究［D］．武汉：华中师范大学，2011：73.

③ 江明融．公共服务均等化论略［J］．中南财经政法大学学报，2006（3）：43-47.

党的十七大报告指出："缩小区域发展差距，必须努力实现基本公共服务均等化……"2008年2月，胡锦涛同志在政治局第四次会议中指出："基本公共服务均等化，是公共服务体系建设的长远目标，也是服务型政府建设的重要价值追求……"

2010年，温家宝同志在政府工作报告中指出了"大力发展公共体育事业"，这是我国政府报告中首次出现"公共体育事业"这一概念，且在"十二五"规划中再次强调和体现。2016年颁布的"十三五"规划中再次强调"加快基本公共服务均等化"。2017年，国务院颁布的《"十三五"推进基本公共服务均等化规划》则对未来我国公共服务均等化的发展目标进行了专项规划。可见，公共服务均等化已成为当前国家制定公共事业发展规划的关键词和核心要义。体质监测作为公共体育服务的重要组成部分，在公共服务均等化的背景下为健全幼儿、青少年、成年人和老年人提供体质监测的同时，也应该兼顾残疾人群的不同需要，为残疾人群体提供均等化的体质监测服务。

4. "健康中国"对健康事业提出了新的要求

2008年，卫生部最早提出了"健康中国"战略研究，但当时未充分考虑我国经济发展的新常态，将健康仅局限于医疗部门。2015年3月，李克强总理在第十二届全国人民代表大会第三次会议作的政府工作报告中指出打造"健康中国"。这是"健康中国"被首次写进政府工作报告。同年10月，中国共产党第十八届中央委员会第五次全体会议通过的会议公报中提出"推进健康中国建设"，标志着"健康中国"上升为国家战略。2016年8月，全国卫生与健康大会召开，习近平总书记在会上指出应"把人们健康放在优先发展的战略地位"，提出了大健康、大卫生的理念。2016年10月，由中共中央、国务院发布的《"健康中国2030"规划纲要》更是将传统的健康理念从"治已病"，转向到预防为主的"治未病"，突出了体医结合、非医疗干预在健康促进中的作用。

世界卫生组织指出："健康不仅免于疾病和衰弱，而是指身体、心理和社会方面的完好状态。"① 可以认为，健康中国的建设是一项系统工程，涉及体育、教育、环保、医疗、养老等诸多领域；从惠及的人群来讲，包括各个年龄段的所有国民。事实上，早在2014年12月，习近平总书记在

---

① 赵福昌．公民健康权及其制度保障研究［D］．济南：山东大学，2013：62.

江苏省调研时就提出了："没有全民健康，就没有全面小康。"正如《"健康中国 2030"规划纲要》中所指出的：全民健康是建设健康中国的根本目的。立足全人群和全生命周期两个着力点，提供公平可及、系统连续的健康服务，实现更高水平的全民健康①。也就是说，从横向来讲，健康中国应该包括各个地区、各个领域的人民群众；从纵向来讲，健康中国应该包括各个生命周期的群体，即幼儿、儿童青少年、成年人和老年人等。残疾人作为社会中的特殊群体，显然也是最需要健康服务的群体。从木桶理论的角度来看，健康中国建设的成功与否不是取决于优势项目，而是取决系统的短板，即特殊群体的健康发展情况。因此，在建设健康中国的时代背景下，残疾学生的体质健康标准作为促进残疾学生体质健康发展的手段显然是健康中国建设中不可或缺的议题。

5. 特殊教育日益得到党和国家的重视

特殊教育和人的基本权利的尊重与保护有着密切的联系。在我国几千年的封建社会里，针对残疾人的特殊教育一直都未诞生。直到 19 世纪末，由于西方传教士的直接参与，特殊教育学校和机构才得以出现②。截至 1949 年，全国有盲聋学校 42 所，在校生仅 2380 人，且绝大多数学校为宗教和慈善机构主办③。中华人民共和国成立后，特别是改革开放以来，我国特殊教育事业发生了巨大变化，国家政策法规对特殊教育给予了前所未有的重视。具体体现在：①在宪法中纳入特殊教育条款，如 1982 年颁布的《中华人民共和国宪法》（1988 年、1993 年、1999 年、2004 年修正）规定："国家和社会帮助安排盲、聋、哑和其他有残疾的公民的劳动、生活和教育。"这是残疾人教育第一次写进国家的根本大法，也是特殊教育首次获得法律的认可。②在相关法律中以专章或专项论述，如 1986 年通过的《中华人民共和国义务教育法》规定："地方各级人民政府为盲、聋哑和弱智的儿童、少年举办特殊教育学校（班）。"1990 年颁布的《中华人民共和国残疾人保障法》（2008 年修订）对残疾儿童青少年的教育进行了专项规定："国家保障残疾人享有平等接受教育的权利。"1995 年颁布的《中

① 中共中央 国务院印发《"健康中国2030"规划纲要》[EB/OL][2016-10-25]. http://www.gov.cn/zhengce/2016-10/25/content_5124174.htm.

② 叶立言，朴永馨．特殊教育学［M］．福州：福建教育出版社，1995：27.

③ 张福娟，马红英，杜晓新．特殊教育史［M］．上海：华东师范大学出版社，2000：308.

华人民共和国教育法》规定："国家扶持和发展残疾人教育事业……国家、社会、学校及其他机构应当根据残疾人身心特性和需要实施教育，并为其提供帮助和便利。"③制定专门的特殊教育行政法规，如1994年颁布实施的《中华人民共和国残疾人教育条例》（分别于2011年、2017年修订）是我国第一部有关残疾人教育的专项法规，从法律上进一步保障我国残疾人平等受教育的权利，有效地促进了残疾人教育事业的发展。1998年颁布的《特殊教育学校暂行规程》，从招生、教学、管理等工作作出了具体规定。④颁布推动特殊教育发展的指导规章，如1989年，国务院办公厅转发了国家教委等八部门《关于发展特殊教育的若干意见》，对我国发展特殊教育的方针与政策、目标与任务、领导与管理等内容进行了要求。2009年，国务院转发教育部等部门共同制定的《关于进一步加快特殊教育事业发展的意见》，强调要全面提高残疾儿童少年义务教育普及水平，各部门通力合作，加快特殊教育事业的发展。2014年，教育部等7个部门联合发布了《特殊教育提升计划（2014—2016年）》，并于2017年发布了《第二期特殊教育提升计划（2017—2020年）》，要求进一步提升特殊教育水平，切实保障残疾人受教育权利。除此之外，2007年党的十七大报告中，把"关心特殊教育"首次写进政府工作报告。2012年党的十八大提到要"支持特殊教育"。这不仅是特殊教育事业发展的重要标志，同时还意味着政府将采取实际行动，促进特殊教育的发展。

由此，从颁布的各项政策法规条文中可见，党和国家对特殊教育的重视程度可谓前所未有。长期以来，学生的体质健康是普通学校的重要工作，也是健全学生进行教育的重要内容。就残疾学生而言，接受体质健康服务也是政策和法规规定的受教育权利之一。因此，对特殊教育而言，残疾学生的体质健康也应该得到应有的重视。

第二节　体质健康相关研究概述

一、国内体质研究述评

1. 国内体质健康研究概况

从我国近代到现代，有关体质的研究多集中于人体测量方面。据史料记载，早期的体质研究都是外国传教士进行的。例如，1910年，麦瑞恩斯

（Merrins）研发的《中国学生的身体测量》对 288 名学生的身体形态进行了测试。中国学者王吉名对杭州市婴幼儿的形态测量，研发了《中国婴儿体格之标准》。随后，祝慎之、许世谨、苏祖斐等人分别对北京、上海和南京等地 4~15 岁儿童少年的身高、体重等形态进行了测试。20 世纪 20 年代，清华大学每年对全体学生进行 20 余项身体测量和姿势检测，其内容包括肺活量、握力、背力、下肢力量、跳远和游泳等。1946 年，在国民政府教育部供职的刘纪远对南京市 34 所中学 17000 多名学生的身高、体重、胸围、坐高、背力、肺活量等指标进行了测量，而拟测试的身体素质和运动能力指标却因故未能完成①。

中华人民共和国成立后，在《准备劳动与保卫祖国体育制度》（以下简称《劳卫制》）和《国家体育锻炼标准》的实施下，全国各地以市、区（县）或学校等为单位，在小范围内对一些人群进行了人体测量。例如，1975 年，第三届全运会对 7000 多名运动员进行了人体测量。1976 年，卫生部首次对全国 9 省市的婴儿到 17 岁儿童少年的形态、机能、身体素质和运动能力等 24 项指标进行了测试。

改革开放以后，体育理论界开始与时俱进地思量体质研究的理论与实践问题。1979 年，由国家体委牵头会同教育部、卫生部共同领导组织对 16 省市开展了“中国青少年儿童身体形态、机能与素质调查研究”，并首次研制了各项指标的全国统一标准。这次调研是我国首次大规模的儿童青少年体质调研，取得了重大而非常有价值的研究成果，引起了社会的普遍重视与关注。1980 年，由国家体委、教育部、卫生部联合在安徽芜湖举办了我国有史以来第一次全国体质研究学术论文报告会。1981 年 12 月，中国体育科学学会在成都成立的体质研究分会具有里程碑意义，标志着我国体质研究学科的确立，体质研究也由此步入正轨。由此，引发了体育界对国民体质测试、评价与研究的“井喷”效应。1982 年 8 月，第一届体质研究讨论会在山东省泰安市召开，此次会议确定了体质的概念并对体质的范围进行了专门探讨，将体质概念确定为“体质是人体的质量，它是在遗传性和获得性的基础上表现出来的人体形态、生理功能和心理因素的综合中的、相对稳定的特征”②，从此拉开了我国体质研究的序幕。1986 年，中

① 孙飙．体质研究纵论［M］．南京：河海大学出版社，2014：5.

② 徐明欣，武孝贤，王开林，等．关于大学生体质综合评价与类型判别方法的研究［J］．体育科学，1987（4）：20.

国解剖学会体质调查组编写的《中国人体质调查》，从解剖学角度对中国人形态特征的常数和常见变异与畸形资料进行了整理，为医学、人类学和民族学等学科提供了形态学基础①。随后，体质研究会分会组织了多次学术研究会，每年编印 1～3 期《体质研究通讯》，主持撰写《体质测定》《中国学生体质综合评价》《中国体质研究 2000 年发展规划》《实用体质学》等著作及体质研究参考资料。众多的学者开始将研究视线转到体质研究上来，大量的学术论文如雨后春笋，形成了一派体质研究繁荣的局面。

由于本研究关注的是“残疾学生”这一特殊群体的“体质健康”问题，为了有利于主题研究，有必要对国内外体质研究成果和实践探索成果进行梳理。

2. 国内体质研究的文献计量分析

（1）国内体质研究总体趋势分析。以“体质”为关键词在中国知网（China National Knowledge Infrastructure，简称 CNKI）“主题”栏目下进行文献检索（检索日期为 2018 年 5 月 27 日），期刊来源选择全部期刊，得出相关文献共计 34668 篇。利用 CNKI 计量化可视分析对全部文献进行分析（结果如图 1-1 所示）。可以看出，国内关于“体质”相关文献发表始于 20 世纪 50 年代；20 世纪 70 年代以前，有关体质的研究还较少。自 20 世纪 80 年代起，“体质”研究逐渐升温，至 2015 年达到顶峰（超过 1700 篇），并且在 2012—2016 年保持在 1500 篇以上。从图 1-1 中我们还可以预测，不久的将来，“体质”研究将达到一个新的顶峰。

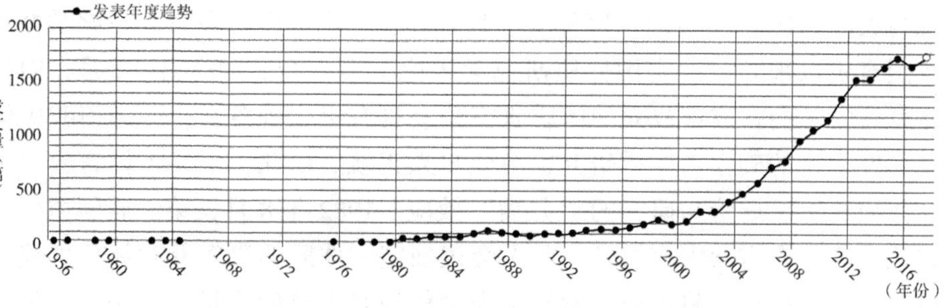

图 1-1　国内体质研究总体趋势

（2）国内体质研究关键词分析。关键词是用来表达文献主题内容的词

① 中国解剖学会体质调查组．中国人体质调查［M］．上海：上海科学技术出版社，1986：46.

组，是了解文章内容的窗口。通过关键词的归纳分析也可管窥“体质”研究的热点问题。在关键词分析图中，各节点表示关键词出现的频率，节点越大表示关键词出现的频率越高；节点之间的连线表示关键词共同出现的频次，连线越粗表明共现次数越多。从图 1-2 可以看出，“体质”“体质健康”“大学生”“中医体质”“学生”“体质指数”“电感耦合等离子体质谱”等 22 个关键词为热点关键词。在关键词的共现图（见图 1-3）中，共现最多次的关键词为“体质健康”与“大学生”。以“体质”为中心的节点辐射出的线条较多，与“健康”“学生”“青少年”“大学生”“身体素质”等关键词形成共现网络。从以上对图 1-2 和图 1-3 的分析可以得知：学生特别是大学生体质健康研究是当前体质研究中讨论最多的主题；另外，中医体质研究也得到了专家和学者的广泛关注。

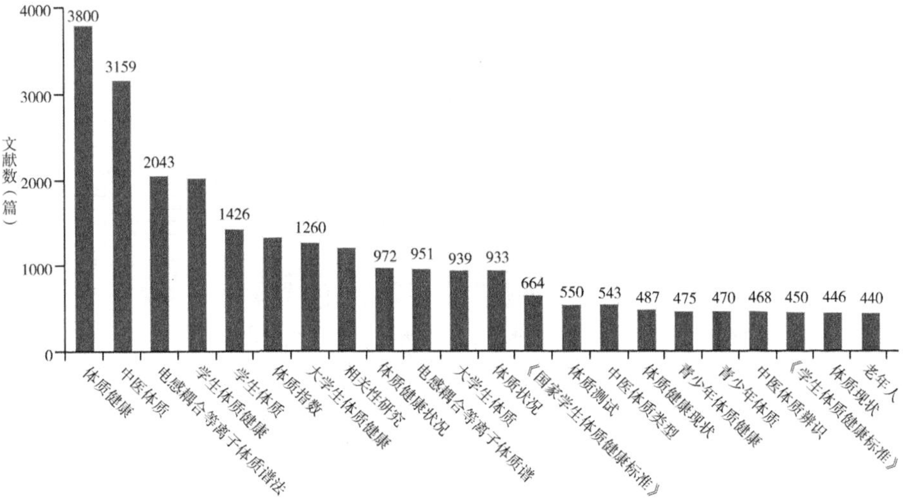

图 1-2 国内体质研究关键词词频

（3）国内体质研究机构分布。图 1-4 清晰地表明了我国“体质”研究的主要机构和影响力分布。当前北京中医药大学发文量最大（共计 369 篇），成为“体质”研究成果最为丰硕的机构。山东中医药大学以 128 篇的发文量位居第二。其余发文大于 100 篇的机构有：南京中医药大学、广州中医药大学、北京体育大学、上海中医药大学、上海体育学院。从研究机构类型来看，在 30 所发文量大于等于 50 篇的研究机构中，有近一半为医学类大学；一部分为体育院校，还有一些为师范类院校或综合类院校。可见，体质的研究不止局限于体育学科，医药学科也非常热衷体质的研究。

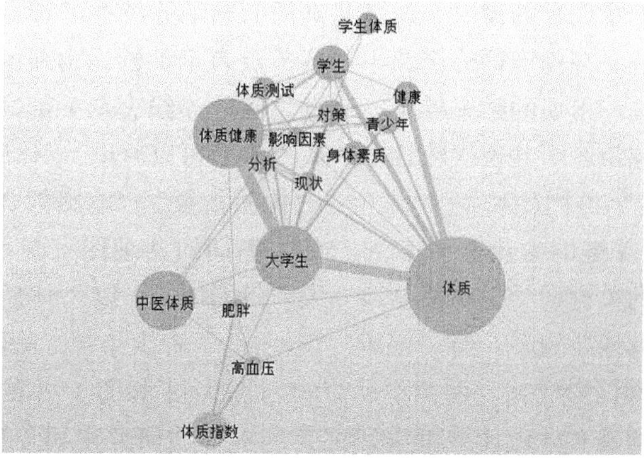

图 1-3 国内体质研究关键词共现网络

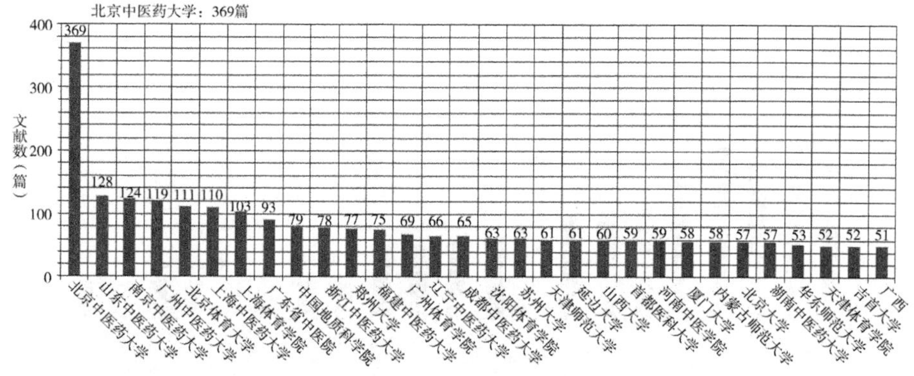

图 1-4 国内体质研究机构分布

3. 国内体质研究的内容分析

（1）不同群体的体质调查研究

在幼儿方面：在卫生部的组织下，我国分别于 1975 年、1985 年和 1995 年先后 3 次对北京、上海、南京、广州、西安、昆明、哈尔滨、武汉 8 个城市 0~6 岁共 15 万名幼儿体质进行了调研工作，其内容主要包括身高、体重、胸围、头围、臂围和坐高 6 项涉及生长发育水平和部分健康的指标①。1998 年，由国家体育总局体育科学研究所和中国关心下一代委员

① 江崇民，张一民．中国体质研究的进程与发展趋势［J］．体育科学，2008，28（9）：25-32.

会联合组织，对北京、济南、南京、上海、武汉、哈尔滨、广州、昆明、呼和浩特、西安、长沙、成都、长春、乌鲁木齐、兰州、南宁和拉萨 17 个城市 3~6 岁幼儿进行了体质调研工作，共选取 35564 名（含 5 个少数民族的幼儿）测试了身体形态指标 7 项（身高、体重、胸围、坐高等）、机能指标 1 项（肺活量）和身体素质指标 6 项（网球掷远、走平衡木等）。该项工作为完善我国体质调研的人群体系，最终建立国民体质监测系统奠定了坚实的理论和实践基础①。

在儿童青少年方面：1979 年，国家体委牵头，会同国家教委、卫生部共同组织全国大规模的测试工作，对全国 16 个省、市开展了“中国青少年儿童身体形态、机能与素质调查研究”，从身体发育、机能状况、身体素质三方面对 20 多万名 7~25 岁汉族学生进行了 20 项指标的测试，获得了 400 多万个数据。此后，分别于 1985 年、1991 年、1995 年、2000 年、2005 年、2010 年和 2014 年先后开展了 7 次全国范围的学生体质调研工作。其中，1985 年共调查了 29 个省份 28 个民族的 7~22 岁学生共 902337 人，测试指标有身体形态、机能和素质共 20 项，健康指标有 9 项，共获得了 1400 多万个数据。1991 年开启了我国学生体质与健康监测工作的序幕，本次调研涉及全国 29 个省份 7~22 岁大中小学学生共 242667 人，其中还包括 17 个少数民族的中小学生，监测指标由形态、机能、素质和健康共 26 项指标组成。1995 年，调查范围覆盖到全国 30 个省份，涵盖汉族和 20 个少数民族学生，调查人数为 308788 人。本次调研与 1985 年的内容和抽样方式基本保持一致。

在成年人方面：1994 年，国家体育总局会同全国总工会共同对来自 21 个行业，分布在 22 个省份 64 个大中型企业的 112530 人进行了体质测试。在这次测试的基础上，研制了《中国成年人体质测定标准》。1997 年，国家体育总局在北京、天津、吉林、重庆等 19 个省份，对 10 万成年人首次进行了体质监测，并建立了由国家、省、地市构成的监测中心及监测点，为构建国民体质监测系统创造了良好条件。

在老年人方面：国家体育总局于 1998 年组织对全国 16 个省份老年人群（60~75 岁）进行了首次体质测试，该次测试分别从身体形态、身体机能和身体素质等方面对 1 万余名老年人群进行了系统的监测。

---

① 中国体育科学学会［EB/OL］［2018-05-07］. http：//meeting. csss. cn/cn/xuezu. html？ i=7.

除以上对各个群体进行的单独测试外，由国家不同部委组成的国民体质监测工作组分别于2000年、2005年、2010年和2014年对全国幼儿(3~6岁)、儿童青少年（学生）（7~19岁）、成年人（20~59岁）和老年人（60~69岁）各年龄段进行了全国性的体质监测工作。按照2007年颁布的《国家学生体质健康标准》和《国家学生体质健康标准（2014年修订）》的要求，当前各级学校每年对在校学生进行一次体质健康测试，形成了学生体质健康测试的常态化。除此之外，雷桂成的论文《广州地区高校退休教职工体质调查报告》、陈洪的论文《浙江省大学生体质现状的调查和干预》、缪爱琴的论文《江苏省省级机关公务员体质状况调查》、王国元的论文《乌鲁木齐市老年女性体质现状的调查分析》、王玉昕的论文《广东省中年科教人员与机关干部体质现状的调查分析》等都针对不同群体进行了调查研究。

（2）不同群体体质的比较研究。在纵向比较方面：王晓春等人根据1991年和1995年辽宁省学生体质调研结果，从年龄、性别、地区、年代等多种角度进行了研究，研究认为：辽宁省学生的形态、机能和大部分素质指标有大幅度增长；男女生的青春发育期有再提前的趋势，并且发育高峰期相对延长；中小学生的各项指标存在着城乡差异，城市与农村学生的身体素质各具不同特点；女生进入青春期后某些素质指标仍有停滞或下降现象①。唐东辉对北京市1985—2005年学生体质发展进行了比较，结果显示：身高、体重和胸围持续大幅度增长，肺活量和速度素质先升后降，力量素质和柔韧性稳中有升，耐力素质下降速度明显加快②。尹小俭等人采用1985—2008年6次全国学生体质调查资料，分析我国大学生20多年来体质变化趋势，结果发现：男女大学生在身高上逐年增高，城市男女大学生身高和体重明显大于农村，但城市与农村之间的差距随着年代的推移逐渐缩小；城市男生的BMI大于农村，而女生则基本上表现为农村大于城市；肺活量、50米跑及耐力跑男女均随着年代的推移呈下降趋势，总体上

---

① 王晓春，姚淑琴，王有庆．辽宁省学生体质现状调查结果与分析［J］．沈阳体育学院学报，1997（4）：45-52.

② 唐东辉．1985—2005年北京市7~18岁学生体质发展状况与分析［J］．沈阳体育学院学报，2009（5）：75-78.

男女大学生耐力跑成绩农村组好于城市组学生①。

此外，中国学生体质与健康研究组撰写的专著《对1985—2000年中国汉族学生身体形态、技能和素质的动态分析》（2002）、刘晓军等人的论文《1985—2000年陕西省小学生体质健康状况动态分析》（2004）、张勇等人的论文《对全国青少年学生1985—2000年体质状况的比较研究》、张建华的论文《1991—2000年甘肃省汉族大学生体质状况的动态分析》、黄柳倩的论文《1985—2010年广西瑶、壮、汉族7~18岁学生体质状况的比较研究》、徐叶彤等人的论文《甘肃省农村学生2000年与2002年体质健康状况比较研究》、宋祖军的论文《2005年与2010年武陵山区侗族成年人体质的比较研究》、陈德明的论文《2005年与2010年黑龙江省学生体质健康状况比较研究》都对学生体质健康进行了纵向比较。

在横向比较方面：刘瑶等人对不同经济发展地区大学生体质进行了比较研究，认为沿海经济发达地区大学生体质优于经济欠发达地区大学生，经济欠发达地区大学生的体质又相对优于经济不发达地区的大学生②。孟庆光等人对基于2010年中国国民体质监测报告和2010年澳门特别行政区市民体质监测报告，对澳门与内地3~6岁幼儿体质进行了比较，认为内地幼儿在身高、体重、BMI指数方面略高于澳门幼儿；内地男性幼儿较澳门男性幼儿偏胖，澳门女性幼儿较内地女性幼儿略胖；内地幼儿3~4岁阶段身体素质整体优于澳门幼儿，但5~6岁阶段两地幼儿素质差距减小，甚至部分澳门幼儿素质均值超过内地幼儿③。李建平等人对我国10个少数民族女大学生体质状况进行了比较，结果显示：维吾尔族、回族、满族、汉族、蒙古族等民族的女大学生的体质较好；苗族、藏族、壮族、朝鲜族和土家族女大学生的体质较差，并且10个民族女大学生在身高、体重、肺活量、立定跳远、体前屈和台阶试验指标数据表现出显著性差异④。周莹等人对中韩日三国的大学生的体质进行了比较，认为尽管在许多现实条件上

---

① 尹小俭，杜建强，季浏，等．中国大学生体质健康变化趋势的研究［J］．北京体育大学学报，2012（9）：79-84.

② 刘瑶，邵锡山．我国不同经济发展地区大学生体质现状的比较研究［J］．武汉体育学院学报，2006，40（10）：97-99.

③ 孟庆光，梁嘉伟，陈洪森．澳门与内地幼儿体质比较研究［J］．吉林体育学院学报，2014（6）：74-77.

④ 李建平，陈方樱，韦晓康，等．中国部分民族女大学生体质现状及比较研究［J］．北京体育大学学报，2007，30（11）：1520-1522.

中国赶不上韩日两国，但中国学生在多项身体指标上强于韩日两国①。

另外，还有屈杰的论文《武陵山区侗族与苗族20~59岁成年人体质状况的比较分析》、杜熙茹的论文《中越女大学生体质比较研究》、田英的论文《对中韩大学生体质水平现状的比较研究》、孟庆光的论文《内地与港澳台籍大学生体质比较分析》、陈及治等人的论文《上海与澳门两地老年人体质调查结果比较》、赵忠伟等人的论文《中、韩两国大学生体质健康状况的比较研究》、李慧林的论文《河南省城乡中小学生体质、体育知识的比较研究》、赵伟的论文《河北省城乡间人群身体形态指标的比较》、蔡睿等人的论文《中、日国民体质联合调查报告》等均针对不同群体体质进行了比较。

（3）体质测试评价标准的构建。标准是对测量结果作出价值判断的依据，同样的测量结果，参照标准的不同，也会得到不同的价值。虽然中华人民共和国成立后先后研制并颁发了《〈准备劳动与保卫祖国〉体育制度试行项目标准》（1952年）、《劳动卫国体育制度条例》（1958年）、《青少年体育锻炼标准》（1964年）、《国家体育锻炼标准》（1975年、1982年、1989年）、《普通人群体育锻炼标准（试行）》（2003年），但以上标准都是基于体育锻炼的角度研制的评价。

有关体质评价标准最早是由中国学生体质综合评价研究协作组于1989年研制的《中国学生体质综合评价方法及标准》，该标准主要针对7~22岁在校男女学生，运用1985年全国调研取得的471631名大、中、小学生体质测试的原始数据研制的评价标准。1993年，国家体委群体司着手研制成年人（18~60周岁的男性与18~55周岁的女性）测试标准。该标准基于1994年国家体委同全国总工会对22个省份采集112530名有效数据的运算，分为甲（18~40周岁）、乙（男41~60岁周岁，女41~55周岁）两组，从人体形态、身体机能和身体素质三个方面研制了我国首个《中国成年人体质测定标准》，并于1996年向全国颁布实施。基于此，我国已研制出从学生阶段到成年人年龄段的体质测试标准体系。由于缺乏幼儿年龄段体质评价标准，于学礼等人基于1736名天津市3~6岁幼儿进行14项包括形态、机能、素质指标的测试，最终筛选出12项对幼儿基本形态、心血管呼吸机能、神经系统反应功能、身体素质评价指标，采用百分位法构建了

---

① 周莹，邹师，李雄基，等．中韩日大学生体质比较研究［J］．体育科学，2001，21（6）：16-19.

天津市幼儿体质评价标准①。

1999 年，我国学者开始了第二轮体质评价标准的研制。由杨贵仁主持的国家社会科学基金“十五”（教育类）国家重点课题《学生体质健康标准研究》，采集了北京等 12 个省份的 31943 名样本数据，对小学至大学年龄段的在校学生进行了调研，并于 2004 年新学年在各级各类学校全面实施。在多年前期试行的基础上，2007 年，教育部、国家体育总局研制并共同颁发了《国家学生体质健康标准》，并在全国各级各类学校全面实施。与此同时，国家体育总局群体司基于 2000 年对 3~69 岁国民进行的体质监测数据，在《中国成年人体质测定标准》的基础上，于 2003 年从身体形态、身体机能和身体素质三个方面分别研制了《国民体质测定标准（幼儿部分）》《国民体质测定标准（成年人部分）》《国民体质测定标准（老年人部分）》②。《国民体质测定标准（幼儿部分）》《国民体质测定标准（成年人部分）》《国民体质测定标准（老年人部分）》和《国家学生体质健康标准》一起构成了我国当前正在实施的体质测试标准体系。

除此之外，王红雨基于 1140 名样本对 70 岁以上高龄老人健康体适能评价标准进行了研制，采用百分位法从身体成分、肌力与肌耐力、心肺耐力、柔韧性和平衡能力 5 个一级指标，BMI、腰围、腰臀比、腰高比、握力等 16 个二级指标对 70~74 周岁、75~79 周岁、80~84 周岁和 85 周岁及以上四个年龄组男女高龄老人进行了评价标准的研制③。张艺宏等人采用数理统计法对世居高原人群成年人体质测定标准进行了初步研制，该标准以我国国民体质测定标准的建立方法为基础，对西藏地区 20~59 岁成年人（10 岁为一组）体质测试数据进行统计分析，分别建立了单项指标评分表和综合评级标准④。王平采用文献资料法、专家访谈法和数理统计法，结合 2010 年国民体质监测广东省 11309 名农村成年人监测数据，以 5 岁为一年龄组对广东省农村成年人（20~59 岁）体质测试标准从身体形态、身体

---

① 于学礼，姜达维，闫沂，等．天津市幼儿（3~6 岁）体质综合评价标准研究［J］．天津体育学院学报，1998，13（4）：45-48.

② 江崇民，于道中，季成叶，等．国民体质测定标准的研制［J］．体育科学，2004，24（3）：33-36.

③ 王红雨．70 岁以上高龄老人健康体适能评价指标体系的构建与应用研究［D］．苏州：苏州大学，2015：121-122.

④ 张艺宏，王纯，多布杰，等．世居高原人群成年人体质测定标准的初步研制［J］．成都体育学院学报，2014，40（10）：64-68.

机能和身体素质进行了研制①。顾世德根据1991年陕西省学生体质健康调研组监测的800名19~22岁大学生数据进行统计计算，运用回归分析法将身体形态、身体机能和身体素质有效结合，制定陕西省大学生体质综合评价标准及使用方法②。除了上述相关成果外，庄洁等人的论文《〈上海市民体质简易测评指南（20~69岁）〉的研制》（2006年）、陈庆果的博士学位论文《老年人人体适应能力量表和常模的研制及其在体质研究中的应用》和蒋一方等人的论文《上海市0~18岁体质指数百分位曲线及超重肥胖界值点标准的研制》、张彦峰的论文《儿童青少年体质综合评价体系的研究与建立》、冯宁的学位论文《身体活动不足成年人体质健康综合评价体系研究》、范超群的学位论文《城镇成年人体质健康综合评价理论构建与应用研究 》等都是近期相关研究成果。

（4）体质测试指标的研究。测试指标的构成反映了一个时期或一个国家的测试理念。一般而言，测试指标根据其属性可划分为身体成分、心肺耐力和身体素质等类别。在身体素质中又可分为肌肉力量与耐力和柔韧性等类别。

在身体成分方面：邹志春等人采用体质指数法、皮褶厚度法和生物电阻抗法判断上海城区儿童青少年超重、肥胖发生率及其一致性，认为3种方法在判断不同年龄、性别儿童青少年超重、肥胖上的一致性较低；提出应建立适合我国儿童青少年“多维模型”假设下的体脂率预测方程③。李爱春等人对评价大学生身体成分的方法进行了研究，结果认为：BAI、BMI、WHR和皮褶法可用来测试大学生的身体成分，但各指标的精确性依次是BAI>皮褶法>BMI>WHR；身高标准体重不能有效地评价身体成分，建议我国体质测试选用体脂百分比替代④。周君来对身高标准体重指标与身体成分的关系也进行了探讨，认为身高标准体重测试指标不能有效地反

---

① 王平．广东省农村成年人体质测定标准的研制［J］．体育科技文献通报，2014（11）：99-101.

② 顾世德．陕西省大学生体质综合评价标准的制定及使用方法［J］．西安体育学院学报，1991（4）：95-101.

③ 邹志春，陈佩杰，庄洁．体质指数法、皮褶厚度法和生物电阻抗法判断青少年超重、肥胖的一致性［J］．上海体育学院学报，2012，36（1）：64-67.

④ 李爱春，周君来，黄滨．对评价大学生身体成分方法的研究［J］．天津体育学院学报，2007，22（2）：143-145.

映身体成分，建议采用体脂百分比、BMI 或 WHR①。

在心肺耐力方面：心肺功能对于评价正在发育成长的青少年尤为重要。它是青少年身体发育、增强体质和提高健康水平的关键。杨昌林指出有氧跑步锻炼，不仅是增强心肺功能，而且是预防心血管病的有效手段之一②。周志雄等人对《学生体质健康标准》中心血管功能评定测试台阶测试和耐久跑的同质性和有效性进行了研究，认为台阶测试得分与耐久跑之间无显著线性相关关系；台阶测试和耐久跑指标之间无同质性；大学生体质测试指标台阶试验不能作为评价大学生心血管功能和机体有氧工作能力的有效指标③。王健等人对台阶试验测试指标进行研究，认为台阶试验指数与运动耐力和最大耗氧量之间的相关系数较低，并不能对心血管系统功能作出准确评价，不能有效反映以最大耗氧量、最大心输出量为代表的心脏功能增龄性变化规律及其性别差异④。陈飞渡等人的研究认为，12 分钟跑不仅是一项能有效评价大学生有氧能力的指标，而且还是一种科学的有氧健身方式；20 米往返跑也可以有效地反映大学生有氧能力水平；但是 1000 米跑和台阶试验指数并不适合作为评定大学生有氧能力的指标⑤。

在肌肉力量与耐力方面：蔡丹聃等人对《国家学生体质健康标准》的力量素质评价指标同欧、美、非多个国家青少年体质测定标准的力量素质评价指标进行了比较，认为相对于下肢力量，上肢与腰腹部肌肉力量更被重视，力量素质测定趋于便捷易行，评价指标数较为精简，力量素质评价指标设置差异性较大等⑥。范洪彬等人认为，力量素质测试是当前世界各国和地区体质测试的重要组成部分，基于各国的不同测试理念，各个测试体系表现出不同程度的共性与差异。测试指标在不同身体部位的“体块”

---

① 周君来，黄滨，李爱春．身高标准体重指标与大学生身体成分的关系［J］．体育学刊，2006，13（1）：65-67.

② 杨昌林．提高心肺功能是增强学生体质的根本［J］．武汉体育学院学报，1988（3）：70-73.

③ 周志雄，季钢，张凡．《学生体质健康标准》中心血管功能评定指标的同质性和有效性的实验研究［J］．体育科学，2006，26（11）：75-79.

④ 王健，邓树勋．台阶试验质疑［J］．中国体育科技，2003，39（2）：61-64.

⑤ 陈飞渡，常永玲，汤长发．普通男大学生有氧能力监测指标研究［J］．体育与科学，2014（6）：114-118.

⑥ 蔡丹聃，孙有平，季浏．中外青少年体质测定标准之力量素质评价指标的比较［J］．首都体育学院学报，2013，25（4）：371-374.

分布，各“体块”指标数量限定严格；上肢可选指标多却相对集中；下肢测试必要性存在分歧；同一部位相同指标的适用年龄及性别差异较大①。

在柔韧性方面：阎智力对柔韧性测试指标坐位体前屈进行了研究，认为下肢长是影响坐位体前屈的主要因素，提出了V形测量法是三种坐位体前屈方法中测量柔韧素质的最佳方法。徐玉明等人对坐位体前屈的预测属性进行了研究，认为坐位体前屈性别差异和等级差异，均与脊柱ROM和骨盆ROM关系密切，而与长度指标关系不大；提高骨盆ROM是改善坐位体前屈的最关键因素②。

除此之外，周莉的论文《女大学生立定跳远成绩与形态、机能和身体素质指标的相关性分析》、卢鹏涛的论文《普通大学生“体适能”心肺耐力评价指标及测试项目设置合理性的研究》、江崇民的论文《身体成分测量与评价的理论和方法》、Scott Going 的《身体成分研究的10大问题》、叶心明的论文《青少年心肺耐力测试方法的研究》、谢敏豪的论文《心肺耐力：体质健康的核心要素》、陆大江的论文《新坐位体前屈测定法的研究》、柯遵渝等人的论文《坐位体前屈测量方法的研究》、徐玉明的论文《柔韧性测量方法及其欲测属性的研究》、柴娇等人的论文《〈国家学生体质健康标准〉中“灵敏素质”测试指标完善研究》都对测试指标进行了研究。

（5）有关体质健康促进研究。体质测试是了解、监控国民体质的一种方法，其最终目的是通过体质测试，采取有效的方法促进国民体质健康。从当前的研究来看，体质健康促进是一项系统的工程，涉及儿童自身、学校、家庭和社区等多种环境因素。

在青少年儿童自身方面：曲鲁平等人从知觉利益、知觉障碍、自我效能、人际影响和体育活动五因素构建了我国青少年体质健康促进模型。认为：青少年参与体育活动对体质健康具有直接的促进作用；自我效能和知觉利益对体育活动的影响大于知觉障碍，并通过体育活动间接促进体质健康；人际影响对体育活动的直接影响较少，人际影响可以通过影响自我效能和知觉利益间接影响体育活动，进而促进体质健康。因此，可直接提高

---

① 范洪彬，孙有平，季浏．体质测试中力量素质评价指标与测试方法的国际比较与启示［J］．体育科学，2015（1）：80-87.

② 徐玉明，满会磊．大学生坐位体前屈欲测属性的解析研究［J］．中国体育科技，2013，49（4）：86-91.

体育活动参与度，或通过干预和提高学生自我效能和知觉利益水平，使其提高对体育活动的参与意识和参与度，进而提升其体质健康水平①。于红妍等人从学生对体质测试在认知、情感、参与行为、学习和效果五个维度上的主观认知和客观评价进行了调查，结果显示：大中小学各年级学生对体质监测的总体评价较好，但是各年级学生对体质测试的学习效果差异则较为显著。另外，体质测试对培养学生参加体育锻炼的作用效果不够理想②。王新雷等人认为，多数大学生参加测试有利于自己参与体育锻炼、改变不良生活习惯和增进体育健康知识，但同时也发现部分大学生对测试的质疑，体质较差学生对测试的抵触及耐力测试项目不受学生欢迎③。

在学校教育环境方面：郝英认为，在现实条件下，提高青少年学生体质健康水平的关键在于全体教师的重视，应该对在职教师通过岗位培训、未来教师通过专业教育、在读大学生通过课程影响，不断提高全体教师关注青少年体质健康的意识④。林莉等人则从体育课程的视角论证了青少年体质健康促进的方法，认为体育课程设计应以体育教学项目为切入点，注重体育项目的本身特点并进行有效分组；健康促进模式应注重与体育课程相结合，提高学校健康促进模式的有效性；同时还应建立相应的政策体系，以保障体育课程教学中健康促进的有效实施⑤。

在家庭环境方面：吴晅晔从家庭教育对体质健康的影响进了探讨，结果显示家庭成员体育健康观念、家庭成员榜样示范作用、家庭成员接受教育程度、家庭成员经济收入水平、家庭成员与学校的沟通等方面对学生体质健康都存在一定影响⑥。丹豫晋等人的研究也认为，家庭体育中学生锻炼态度和父母体育支持程度相关；家庭体育与学校体育的关系密切，家庭

---

① 曲鲁平，欧高志，李宗浩，等．我国青少年体质健康促进模型构建的研究［J］．武汉体育学院学报，2015（9）：69-75.

② 于红妍，毛丽娟，张丽君，等．认知、态度、体育锻炼行为：我国学生体质健康监测效果的多维分析［J］．北京体育大学学报，2012，35（8）：84-87.

③ 王新雷，张晓丽．关于大学生对《学生体质健康标准》认知及态度问题的研究［J］．河北体育学院学报，2009，23（2）：73-75.

④ 郝英．论青少年体质健康促进中教师的责任［J］．西安体育学院学报，2008，25（5）：111-113.

⑤ 林莉，孙仕舜，董德龙．学校体育对青少年体质健康促进的思考［J］．北京体育大学学报，2011，34（8）：71-74.

⑥ 吴晅晔．家庭在学生体质健康教育中的作用与局限［J］．武汉体育学院学报，2005，39（12）：91-93.

体育是主阵地；学校体育可适当留给家庭一定的“体育作业”，重构体育运动会，并充分引入家庭体育①。李龙的研究认为，学校、家庭以及社会是促进青少年体质健康的3个重要方面，建议三方协同促进过程中要加强相互间的协调、互动和配合，并且要通过制度建设来保障三方协同促进青少年体质健康的实施效果②。另外，宁丽娟的论文《学校、社区、家庭“三位一体”体质健康干预途径的构建》（2014年）、郭海静的论文《“家庭—社区—学校”三角联动对南京市青少年体质健康促进的研究》（2014年）、张茂林的文章《学校家庭社会协同促进青少年体质健康的分析》（2015年）等均对家庭体育在体质健康促进中的干预进行了卓有成效的研究。

在运动干预方面：刘星亮等人采用运动处方分别对初中生（乒乓球和多人跳绳，3次/周，30分钟/次，120～140次/次）和高中生（篮球和太极柔力球，3次/周，30分钟/次，120～140次/次）进行干预，结果显示，两个年龄组男女生在体重、上臂、肩胛、腹部皮褶厚度、肺活量、台阶试验指数等指标存在明显的差异性，验证了运动干预内容、方法和手段能有效地达到增强青少年体质与健康促进③。杨珏等人采用音乐有氧训练法对14～16岁在校中学生经过5个月周期，每周2次，每次40分钟的干预，结果显示：在改善中学生20米往返跑成绩、肺活量和下肢肌力上，音乐有氧训练对体质测试成绩的影响有显著性差异，身体成分有明显改善④。张斌南等人采用有氧健美操对大学一年级女生体质干预进行研究，实验组每周3次，每次60分钟，共计1学期。结果显示，有氧运动干预对女大学生身体形态、生理机能及身体素质的提高效果较为显著⑤。李文慧等人采用登阶运动对大学男生体质未达标群体的体质进行了干预研究，实验将被试者随机分为3组，通过每周练习3次，每天累计运动60分钟，结果显示：干

---

① 丹豫晋，刘映海．家庭体育支持与青少年体质的关系研究［J］．教育理论与实践，2015（34）：30-33.

② 李龙．学校家庭社会协同促进青少年体质健康研究［J］．体育文化导刊，2014（10）：134-136.

③ 刘星亮，孟思进．运动干预对增强青少年体质与健康的效果［J］．武汉体育学院学报，2013，47（12）：56-59.

④ 杨珏，陈柳，刘亚娟，等．音乐有氧训练法练习对中学生体质的影响［J］．沈阳体育学院学报，2011，30（2）：124-126.

⑤ 张斌南，郭义军，刘晓军．有氧运动干预方案改善女大学生体质的实验研究［J］．北京体育大学学报，2009（4）：72-74.

预后，①约 26.67%（P<0.05）被试者的身体形态、53.33%（P<0.01）被试者的肺活量体重指数、26.95%（P<0.05）被试者的立定跳远成绩得到不同程度改善，且被试者四肢及躯干部位的皮下脂肪显著降低（P<0.05）；②以登踏 220 级阶梯为例，单阶走的登速为 96.06 级/分钟、单组登踏耗时为 137.50 秒；双阶走的登速为 111.11 级/分钟、单组登踏耗时为 118.75 秒，且运动持续时间不少于 21~28 日的健身效果明显①。此外，张素珍的论文《有氧健身运动对中老年女性体质的影响》（2004 年）、武杰等人的论文《新疆农牧区维吾尔族 13~15 岁中学生体质下降现象的运动干预研究》（2011 年）、吴秀云的论文《有氧运动与心理干预对改善大学生体质健康的研究》（2011 年）、杨玲的论文《分类多选健身方案对女大学生体质健康干预研究》（2010 年）都从运动干预的视角对体质健康促进进行了研究。

在政策优化方面：秦婕从政策的视角分析青少年体质健康促进的出发点和落脚点，从政策的逻辑关联、价值导向、目标指向、存在问题及原因进行了分析，并从宏观微观政策、政策配套体系建设及政策的调整等维度加强青少年体质健康促进②。杨成伟等人则从我国青少年体质健康政策执行的角度，结合我国政治和社会背景，运用米特-霍恩政策执行系统模型对青少年体质健康政策执行的各因素进行分析，并对政策执行提出了优化路径③。郇昌店从 HiAP 框架对青少年体质健康政策体系进行了研究，认为，青少年体质健康政策内容方面主要体现在教育、体育、卫生、营养和休息五个领域，应避免对体质健康政策的片面认识，将政策形成合力促进青少年体质健康的发展④。

概而述之，我国体质健康已有的研究成果可谓数量庞大、种类繁多。诸多学者在国民体质这一领域“竞相斗艳”，并取得了累累硕果，这对深化和繁荣体质研究不可谓不是一件好事。但同时我们也应该看到当前研究

---

① 李文慧，姚明焰．登阶运动对大学男生体质未达标群体的体质干预研究［J］．北京体育大学学报，2009（4）：75-78.

② 秦婕．基于政策视角下的青少年体质健康促进研究［J］．西安体育学院学报，2015（1）：1-6.

③ 杨成伟，唐炎，张赫，等．青少年体质健康政策的有效执行路径研究——基于米特-霍恩政策执行系统模型的视角［J］．体育科学，2014，34（8）：56-63.

④ 郇昌店．基于 HiAP 框架论青少年体质健康政策体系［J］．山东体育学院学报，2016，32（1）：5-11.

的不足之处，如重复研究较多、过于注重简单的现状调查、研究方法较为单一、相关理论基础支撑薄弱、研究成果创新不足等问题。

二、国内残疾人体质研究述评

随着党和国家的关心与扶持，我国残疾人事业取得了长足的发展。在健全人群体体质健康研究不断繁荣的过程中，残疾人群体的体质健康也引起了一些专家和学者的关注。

1. 国内残疾人体质研究的文献计量分析

以“体质”和“残疾”为主题词在中国知网（CNKI）文献数据库进行文献检索（检索日期为2018年5月28日），期刊来源选择全部期刊，得出相关文献共计73篇。利用CNKI计量化可视分析对全部文献进行分析(结果如图1-5所示)。从图1-5可以看出，国内关于“体质”相关文献发表始于20世纪末，远远晚于健全人群体质的研究；近10年来，残疾人体质研究呈上升趋势，特别是2012年以来，有关残疾人体质的研究每年达到5篇以上。可以预见，随着党和国家对残疾人等特殊群体的日益关注，残疾人体质研究将会产生更多的成果。

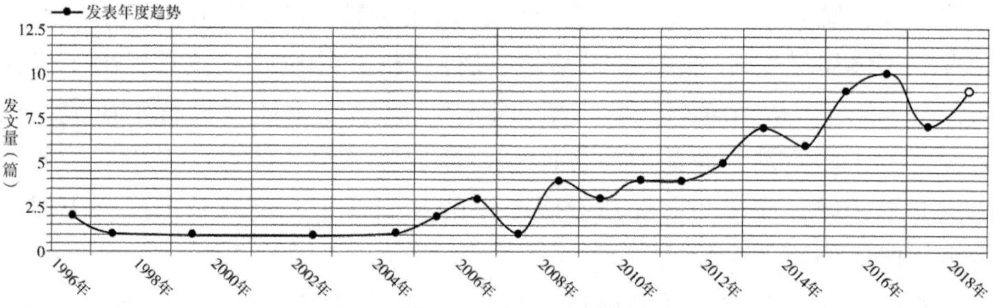

图1-5　残疾人群体质研究趋势

2. 国内残疾人体质研究关键词分析

对73篇文献的关键词进行统计显示，“残疾学生”“体质”“残疾人”“对策”“体育教学”“现状”“体育教育”等30个关键词是最为热点的关键词（见图1-6）。再看关键词的共现图（见图1-7），共现图中共有18个关键词，围绕“残疾人”“残疾学生”的“体质”“体育锻炼”“体育教学”“现状”“全纳教育”“运动处方”等词展开了研究。从图1-6和图1-7中可见：虽然当前我国有关残疾人体质的研究有所涉及，但相关内容还较为零散，这从其关键词的词频较少、关键词共现不够集中等现象中可见一斑。

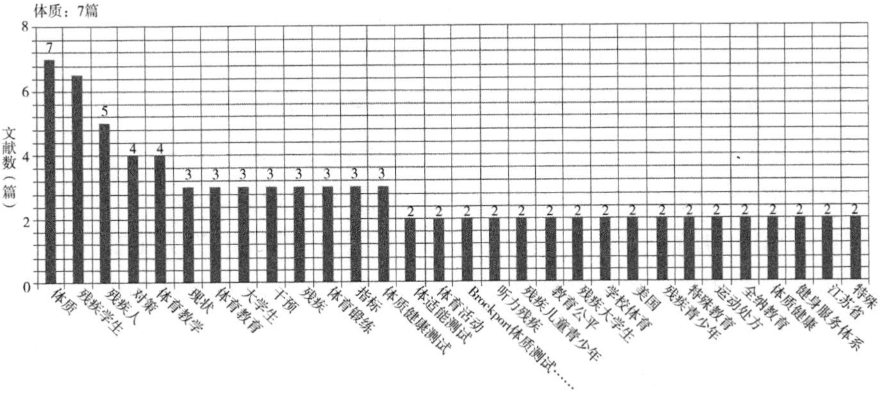

图 1-6　残疾人体质研究关键词词频

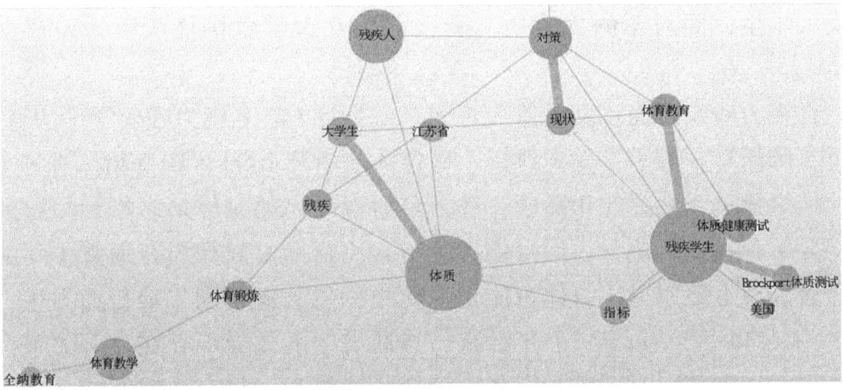

图 1-7　残疾人体质研究关键词共现网络

3. 国内残疾人体质研究的内容分析

（1）残疾人群的体质状况研究。从当前残疾人体质研究的主题来看，残疾人体质现状是学者们最为关注的议题，其中残疾青少年是重点关注的对象。涉及的研究如下。

在听力残疾方面：李世俊等人对济南市 7 所聋哑学校进行了调查，结果显示，虽然聋哑学生平均身高矮于健全学生，平均体重也较健全学生要轻，其他指标如胸围、肺活量均值小于健全学生，但是聋哑学生总体的身体素质却优于健全学生①。然而，谭思洁等人对天津市聋哑大学生的调查

① 李世俊，邵衍峰，杨淑文．济南市聋哑学生体质健康状况调研报告［J］．中国特殊教育，1998（4）：30-33.

并没有证实这一观点，其调查的 67 名在校大学生中，身高、体重、胸围、50 米跑、简单反应时、判断移动反应时和立定跳远等指标与普通大学生无显著差异；肺活量和 1000 米跑（女 800 米跑）则显著差于普通大学生①。李晓明对浙江省 8 所聋哑学校的聋哑学生进行了测试，结果显示，聋哑学生在身体成分、身体机能和身体素质上均低于同龄健全学生②。杨佳文等人对重庆市听力障碍大学生进行了调查，认为，重庆市听力障碍男、女大学生体质水平相当，不存在显著性差异，但两者的体质水平偏低。与普通大学生相比，听力障碍男大学生在身体形态、身体机能、力量素质和耐力素质水平相当，两者间不存在显著差异。但是在速度素质上，健全男生要优于听力障碍男生。女生在身体形态、身体机能、耐力素质也存在显著性差异。其中在身体形态和身体机能方面，听力障碍女大学生要优于全国普通女大学生，而对于耐力素质，全国普通女大学生则优于听力障碍女大学生③。

在视力残疾方面：戴昕等人对北京市盲校 140 名视力残疾学生的身高、体重、肺活量、握力、立定跳远、坐位体前屈及 1000 米跑等指标进行了测试。结果显示，在多数年龄段，视力障碍青少年的身体形态指标与普通青少年并不存在显著差异，但身体机能与素质指标方面却与普通青少年的差异显著。视力障碍男生身体机能与素质指标显著低于同年龄普通男生，只有 13 岁、16 岁、18 岁三个年龄组与普通男生的差异不存在显著关系；视力障碍女生则与普通同龄女生各项指标较为接近，只有 7 岁、13 岁、19~22 岁等年龄组显著低于普通女生④⑤。张永娟对“长三角”地区特教学校中小学视力障碍学生的身体形态、机能、体能以及体育锻炼现状进行了调查研究，认为视力障碍男女生的身高都略低于健全学生，而体重与正常学

① 谭思洁，孔令琴，于学礼，等．聋哑大学生体质测试结果及其分析［J］．天津体育学院学报，2003，18（4）：81-82.

② 李晓明．浙江省聋哑学生体质现状的研究［D］．北京：北京体育大学，2008：56-57.

③ 杨佳文，蒙萍，杨波，等．重庆市听力障碍大学生的体质研究［J］．中国特殊教育，2015（2）：34-39.

④ 戴昕，韩东硕．北京市盲生体质状况调查与分析［J］．体育学刊，2008，15（2）：62-65.

⑤ 戴昕，韩东硕．北京市视残青少年体质状况调研与分析［J］．北京体育大学学报，2007（s1）：195-197.

生基本一致，胸围大于健全学生，体型相对呈短粗状；视力障碍学生的血压（尤其是收缩压）小于健全学生，而肺活量在14岁（女）、15岁（男）之后低于健全学生，肺活量/体重指数低于健全学生，表明心肺功能较健全学生稍差；视力障碍学生的体能指标却各有上下：立定跳远明显低于健全学生；握力差异不大，男生在12岁以后低于健全学生；视力障碍女生与正常女生在一分钟仰卧起坐测试上差别不大①。

在智力残疾方面：孙耀鹏对北京市八区8~15岁智力落后学生的身体机能、身体形态和身形素质进行了调查，认为健全男生均比智力落后男生早1~2岁，健全女生的体重、胸围比智力落后女生早1岁，肩宽则晚1岁；智力落后男生的形态发育有部分年龄组低于健全男生，而机能与素质的发展水平始终落后于健全男生②。王丹丹等人分别于2011年和2013年对上海市“阳光之家”16~35岁智力残疾人的体质进行了比较研究，认为在身体形态上：体重、BMI、腰围、臀围、腰臀围比值的均值都有所增加；身体机能方面：舒张压有了非常显著的降低，心率加快的变化也具有显著性差异；身体素质方面：立定跳远能力和坐位体前屈的能力具有显著性的下降③。王琳对上海市8~13岁智力残疾学生体质进行了调研。结果显示：智障学生身体形态如身高、体重、胸围方面与普通学生差别不大，但与普通学生相比，其呈现矮、胖的身材；在身体机能与身体素质方面智障学生与普通学生存在显著性差异④。

（2）残疾学生体质健康干预研究。刘绍曾是残疾人体育研究的先驱，早在20世纪80年代就对残疾学生体质方面有研究。其成果《增强智力落后学生体质的试验》一文试图通过体育教学干预发展学生的体质，经过一年的干预，结果显示对智力落后学生进行体育教育不仅必要，而且可能。通过干预，智力落后学生的各项身体素质都有提高，而且幅度较大。以立定跳远这一指标而言，与全国同龄学生的自然增长对比，全国平均增长

---

① 张永娟．“长三角”特殊教育学校视障学生体质健康和体育锻炼现状的调查研究［D］．杭州：杭州师范大学，2005：23.

② 孙耀鹏．北京“八区”城市轻度智力落后学生身体形态、机能与素质特点及其评价标准的研究［J］．体育科学，1990（6）：24-28.

③ 王丹丹，吴雪萍，闻一鸣，等．上海市阳光之家智力障碍者体质健康研究［C］．全国体育科学大会，2015：128.

④ 王琳．上海市8~13岁中重度智力障碍学生体质状况及其家庭影响因素的研究［D］．上海：华东师范大学，2010：24.

8.4 厘米，试验班竟提高 40 厘米，由此可见一斑①。戴昕等人对 87 名智力残疾学生进行了体质健康干预研究，实施 12 个月运动干预后，干预组身体形态各项指标均略高于对照组，差异均无统计学意义；两组生理功能指标、握力及立定跳远指标差异有统计学意义；单足闭眼及单足睁眼时间差异均无统计学意义②。吴雪萍等人对上海市 120 名 18~35 岁轻中度智力残疾人实施行走、跑步、跳波浪绳等绳类练习、平衡练习及球类运动。每次持续 60 分钟，每周 3 次，适应性练习 2 周，正式实验持续 6 个月。结果显示，干预对身体机能的效应不显著，但对身体素质均有不同程度的改善③。郑尉等人对 30 名 5~6 岁轻度智障儿童作为研究对象，对实验组实施 6 周，每周 4 次各 30 分钟中等强度的运动干预。结果发现，运动干预方案能够有效地提高轻度智障儿童的身体机能、形态和素质④。

谭思洁等人对 107 名聋哑学校学生进行了为期 8 周有氧训练实验，实验组每周 3 次，每次 50 分钟。结果显示，肺活量、立定跳远、长距离跑等测试指标成绩显著增长，认为该方法有利于增进聋哑大学生体质和改善他们的心理状态⑤。余玲对长沙市聋哑学校 229 名听力残疾学生（男 128 人，女 101 人），采用跳绳、健身跑等方法，每周 3 次，每次 40 分钟，经过 8 周运动处方的干预后，收缩压和舒张压均呈下降趋势，台阶指数升高，最大肺活量值增大，表明该运动处方对改善聋哑学生心肺功能有良好的作用；闭目单足站立的成绩均提高，反应时缩短，立定跳远成绩提高，表明实验对象的平衡能力与反应速度提高，对下肢爆发力有显著影响；与对照组相比，女生在 WBC、Hb、MCV、MCH、MCHC 均有提高，而男生均无显著变化；实验组 MHT 量表总分明显下降，在“孤独倾向”“自责倾向”“过敏倾向”“身体症状”“冲动倾向”方面均有明显下降，表明该运动处

① 刘绍曾，李满．增强智力落后学生体质的试验［J］．北京体育学院学报，1987（2）：84-92.

② 戴昕，刘曈，王建，等．智力残疾学生体质运动干预效果评价［J］．中国学校卫生，2011，32（1）：67-68.

③ 吴雪萍，章建成．不同动作技能活动方式对智障成年人体质健康的影响［J］．上海体育学院学报，2007，31（5）：51-54.

④ 郑尉，郝传萍，张冰．运动干预对轻度智障儿童体质的影响［J］．体育学刊，2014（1）：124-127.

⑤ 谭思洁，孔令琴．聋哑大学生体质综合测定及健身运动处方的研究［J］．中国体育科技，2005，41（8）：125-126.

方对聋哑学生的焦虑心态有明显的改善作用①。

（3）残疾人体质测试替代指标研究。我国学者关于残疾人体质测试也有一定的涉足，如王明远选取 30 名听力残疾学生采用《国家学生体质健康标准》中的指标进行了测试，结果显示身高体重指数、肺活量体重指数、跳绳、坐位体前屈、握力体重指数、1000 米跑、800 米跑、掷实心球、引体向上、仰卧起坐、25 米×2 往返跑、立定跳远等 13 项指标均可完成，只有台阶试验指标需要采用替代指标完成②。

董晓虹等人以 2005 年国民体质成年人监测指标为施加因素，对视力、肢体残疾人群无法完成的指标以及能够替代的指标进行了研究。结果显示：机能类指标中视力残疾、肢体残疾人群都无法完成的是台阶试验指标；素质类指标视力残疾人不能完成的是选择反应时指标测试，肢体残疾人不能完成的是坐位体前屈、俯卧撑指标的测试。认为 2 分钟坐起可替代台阶试验指标，单臂卧推哑铃可替代俯卧撑、坐位体前屈可运用研制的假肢辅助坐位体前屈进行测试③。宋红胜对视力残疾学生体质测试进行了实验，结果显示：1000 米跑（男）/800 米跑（女）、台阶试验、50 米跑、立定跳远四项指标不能有效或不能完成。认为可用 60 秒 60 次蹲起来替代台阶试验指标；可用 30 米跑指标来替代反应速度素质的 50 米跑与 25 米×2 往返跑；纵跳摸高来替代立定跳远④。

王杰对 30 名 14~16 岁 4 级肢体残疾（上肢残疾 15 名，下肢残疾 15 名）进行了实验研究，在采用的国家学生体质健康测试指标中，身高、体重、肺活量、握力测试指标，仰卧起坐测试能完成，台阶试验、掷实心球、坐位体前屈和立定跳远测试指标部分不能完成。认为仰卧推举可替代掷实心球，单脚纵跳代替立定跳远，假肢辅助坐位体前屈可替代坐位体

---

① 余玲．长沙市聋哑学生体质健康现状与健身运动处方的研究［D］．长沙：湖南师范大学，2004：23.

② 王明远．听力残疾学生体质健康测试替代指标研究［D］．天津：天津师范大学，2013：36.

③ 董晓虹，丛湖平．视力、肢体残疾人群国民体质监测替代指标的有效性研究［J］．中国体育科技，2008，44（6）：36-39.

④ 宋红胜．天津市视力残疾中学生体质健康测试研究［D］．天津：天津师范大学，2013：27.

前屈[①]。

从以上研究成果可见，国内学者已开始关注残疾人群体，其中尤为关注的是在校残疾学生群体，涌现出一批有价值的研究成果。从研究的领域来看，当前有关残疾学生体质研究主要集中在残疾学生的体质现状、残疾学生开展体质测试的替代项目和残疾学生的体质干预等。虽然有数篇关于残疾人群体质的研究，但大多数文献都是停留在小范围的体质调研上，采用的指标都是健全学生体质测试指标，对比的标准也是健全学生体质健康标准。有关残疾学生体质健康评价标准的研制从严格意义上讲尚未涉及，与之相关的研究也仅围绕在测试指标的替换上。

三、国外体质研究述评

1. 国外体质研究概况

在国外，“Physical Fitness”一词与我国体育学科中的“体质”属于类似的概念。我国港澳台地区将“Physical Fitness”译为体适能。半个多世纪以来，体适能是西方发展国家健康科学研究和运动健康促进的一个重要概念和标志性成果。随着世界各国对青少年儿童体质的研究越来越深入，测定的内容和方法也越来越多，为了便于各国对青少年儿童的体质进行比较，以及交流体质研究方面的经验，1964 年，国际上成立了专门体质研究机构——“国际体质研究委员会”（ICPFR）。该机构试图把各国实施的体质测定的内容和方法加以提炼、简化，从而制定统一的、便于执行的测定内容和方法。在 1974 年，国际体质研究委员会颁布了《国际体质研究委员会测试体系》（ICPFR TEST）。测试由体检、生理测定、体格健康与身体成分和运动能力测验四个部分组成，其测试指标有 50 米跑（秒）、立定跳远（厘米）、握力（千克）、男子引体向上（次）/女子屈臂挂（秒）、10 米×4 往返跑（秒）、30 秒快速仰卧起坐（次）、男子 1000 米跑/女子 800 米跑（秒）、站立体前屈。1980 年，在比利时召开的第 14 届国际体质讨论会上，将国际体质研究委员会更名为国际体质研究学会。

国际生物学发展规划理事会（简称 IBP），也在广泛调研的基础上研制了“人类生物学现场测试”，其中就包括体质测试。人类生物学现场测试

---

① 王杰．天津市肢体残疾学生体质现状测试分析［D］．天津：天津师范大学，2013：18.

的内容包括：生长和形态；遗传构成；做功能力和肺活量；对气候的适应性；营养；医学和代谢；人口学评定及社会文化；环境的种类。其体质测试指标包括哈佛式台阶试验、立定跳远、50码跑、引体向上（男）/斜射引体（女）、穿梭往返跑、仰卧起坐、600码跑、握力、背力、拉力、推力、伸腿力量、屈体力量、掷垒球等指标。

（1）美国国民体质的研究。1953年，纽约大学医学中心物理医学与康复研究所研究人员 Hans Kraus 和 Ruth Hirschland 在《体育教育和娱乐期刊》上发表的名为《肌肉力量和健康》一文，文中指出美国有56.6%的青少年达不到健康所需的最低标准，而欧洲只有8.3%的同龄人达不到标准①。基于第二次世界大战和朝鲜战争后的背景，此文引起了美国政府的强烈关注。1956年，艾森豪威尔颁布10673号总统令，要求成立“青少年体质总统委员会”（President’s Council on Youth Fitness，PCYF）。美国青少年体质测试标准的研制起源于1957年美国健康、体育教育和娱乐协会（American Association for Health，Physical Education and Recreation，AAHPER）的“Youth Fitness Project”，该项目在全国抽取8500名5~12年级青少年进行了调研，并于1958年颁布了体质测试标准（Youth Fitness Tests，简称YFT）。YFT是美国首次实施全国范围的体质测试，也是美国最早制定的青少年体质测试体系。20世纪50年代至80年代，只有YFT作为唯一的国家实施的测试标准，许多州（如加利福尼亚、伊利诺伊、印第安纳、纽约、俄勒冈、华盛顿、佛蒙特等）都研制了各自的测试体系。各州的体质测试体系与YFT的理念相一致，只是构建常模的数据是来自各州而非全国的数据。

1963年，青少年体质总统委员会更名为“体质总统委员会”（President’s Council on Physical Fitness，PCPF）。1968年体质总统委员会又更名为体质与运动总统委员会（President’s Council on Physical Fitness and Sports，PCPFS）。1964年，美国健康、体育教育和娱乐协会对11000名10~17岁青少年进行了测试。基于测试的数据，AAHPER对YFT进行了修订，于1965年颁布了新的体质测试标准，并增设了体质测试总统奖。1975年，AAHPERD在20个州对2~19岁人群进行了数十个形态指标的测试，并于1976年再次对YFT进行了修订。在该次修订中YFT采用了1973年得克萨

① HANS KRAUS M. D.，RUTH P. Hirschland. Muscular Fitness and Health [J]. Journal of physical education and recreation，1953（10）：17-19.

斯州体质和运动能力测试体系中测试有氧耐力的指标（9 分钟/1 英里、12 分钟/1.5 英里跑）和标准（见表 1-1）。

表 1-1 美国青少年体质测试体系

1958 年	1965 年	1975 年
直腿仰卧起坐 立定跳远 引体向上（男） 修正引体向上（女） 50 码跑 往返跑 600 码跑/走 垒球掷远 水中运动（选测）	引体向上（男） 屈臂挂（女） 直腿仰卧起坐 往返跑 立定跳远 50 码跑 垒球掷远 600 码跑/走	引体向上（男） 屈臂挂（女） 1 分钟仰卧起坐 往返跑 立定跳远 50 码跑 600 码跑 9 分钟/1 英里（10~12 岁） 12 分钟/1.5 英里（13 岁以上）

需要指出的是，1973 年得克萨斯州政府委员会（Governor's Commission on Physical Fitness）颁发的《体质与运动能力测试》（Texas Physical Fitness -Motor Ability Test，TPFMAT）首次将体质测试指标和运动能力测试指标区分开来，对美国体质测试研究产生了重要的影响。体质和运动能力的哲学差异激发了体质研究工作者反思。1980 年，AAHPERD 研制了基于常模的青少年儿童（5~17 岁）健康关联的体质测试体系（Health Related Physical Fitness Test，简称 HRPFT）。HRPFT 测试体系由有氧耐力（9 分钟、1 英里、12 分钟/1.5 英里跑）、身体成分（肱三头肌和肩胛下肌）和肌肉功能（1 分钟仰卧起坐和坐位体前屈）三部分组成①。在体质测试指标中，HRPFT 首次采用了身体成分测试指标（肱三头肌和肩胛下肌）。1985 年 Pate，R. R. 对全国 5158 名在校大学生（18~21 岁）进行了测试，并研制了基于常模的大学生健康关联的体质测试体系②。

YFT 和 HRPFT 存在的差异导致产生了一些理念混乱。AAHPERD 和 PCPFS 多次商议，试图将技能关联体质测试与健康关联体质测试合并成一个总统奖认可的青少年体质测试体系。遗憾的是，两者对体质测试的目标未达成共识，最终形成各自都从自身理念发展的局面。1987 年，PCPFS 在

① JR M.J.，ZHU W.，FRANKS B.D.，et al. 1958-2008：50 years of youth fitness tests in the United States［J］. Research Quarterly for Exercise & Sport，2009，80（1）：1-11.

② PATE R.R. Norms for College Students. Health Related Physical Fitness Test［R］. American Alliance for Health，Physical Education，Recreation，and Dance，1985：25.

YFT 的基础上，实施了基于常模的“总统挑战计划”（President’s Challenge），该体系经总统认可并一直沿用至今。1993 年“总统挑战计划”作为战略规划发展。2003 年，总统挑战计划将受用群体扩展到成年人群体，形成了集儿童、青少年、成年人和老年人于一体的测试体系[①]。1988 年，AAHPERD 则研制了一项“最佳体质计划”（Physical Best）。该系统是采用参照标准研制的测试体系，包括体质和体力活动相关的课外活动。虽然当前最佳体质计划中的测试体系已很少使用，但其中的干预计划仍在全国应用。1982 年，FITNESSGRAM 是俄克拉何马州学区的步测系统，为 YFT 或 HRPFT 提供测试报告。1988 年，库珀有氧研究院（Cooper Institute for Aerobics Research）将 FITNESSGRAM 独立成为健康关联的体质测试体系，其测试指标包括有氧耐力、身体成分、肌肉力量和耐力、柔韧性四个方面，并为测试者提供标准化的体质测试报告。当前，“总统挑战计划”和 FITNESSGRAM 已成为全国两个使用最为广泛的青少年测试体系[②]。

（2）日本国民体质的研究。相对于我国的体质而言，日本则称之为体力。原国际体力标准化委员会执行主席、日本天堂大学石河利宽教授指出：“所谓体力，是作为人的生活基础的身体能力，是和精神相对立的东西。”[③] 日本政府十分重视国民体力的增强，把国民体力的强弱作为整个民族国家盛衰的一个重要标志。政府、有关社会团体、科研单位以及大中小学校都采取措施、健全制度，形成了一个较为完整的研究体系。

日本对国民体力测试的研究最早可追溯到明治维新时期。1879 年，日本政府就对部分青少年进行了体力调查，测试内容包括身高、体重、肺活量、握力、胸围、上臂围、下肢围、饮食量 8 项指标。1939 年，日本政府颁布并实施了《体力章检定》，测试项目有 100 米跑、2000 米跑、跳远、投手榴弹、50 米搬运跑、引体向上[④]。该测试是日本政府进行的最大规模的体力测试，但当时带有很浓的军国主义色彩，以期实现对外扩张政策。

---

① Association for Research, Administration, Professional Councils, and Societies. AAHPERD Fitness Test Update [J]. ARAPCS Physical Fitness Council Newsletter, 1987, 3 (2): 4.

② PATE R. R., WELK G. J., Mciver K. L. Large-scale youth physical fitness testing in the United States: a 25-year retrospective review [J]. Pediatric Exercise Science, 2013, 25 (4): 515-523.

③ 王德深. 日本体力测定 [M]. 沈阳：辽宁省实验印刷厂，1983：2.

④ 柯遵渝. 日本体力测量的改革 [J]. 中国体育科技，2003，39 (2)：58-60.

1940年，日本政府颁布了《国民体力法》，规定进行体力测试是青少年的一项义务。第二次世界大战后，日本政府把“整体国民的健康”作为“复兴国家”的主要措施之一。为提高国民的体力，政府从1949—1959年对8~18岁男女青少年进行了6次全国范围的体力测试。

20世纪60年代，日本体力测试得到了快速的发展。1961年，日本制定了《体育运动振兴法》，其主旨是增进国民身心健康，丰富国民生活。在《体育运动振兴法》的引领下，日本文部省自1964年开始每年组织一次国民体力测试活动。1964年为10~29岁的小学高年级（5~6年级）、初中、高中、中等专业学校、短期大学、大学和劳动青少年颁布了《运动测验实施要素》，其中规定10~29岁的青少年必须进行体力诊断测验和运动能力测验。

1965年，文部省针对小学1~4年级学生颁布了《小学校低、中学年运动能力测验实施要案》，为小学低、中年级学生研制了由50米跑、立定跳远、投垒球、连续钻跳和穿梭持球跑5项指标构成的运动能力测试体系。1967年开始在全国实施壮年（30~59岁）体力测试，测试指标包括反复横跨、纵跳、握力、“之”字形运球跑、快走5项[①]。自1964年开始实施体力测定以来，每年于5—6月在全国范围内分别按各自的《实施要案》对国民进行统一的体力测定，并由文部省每年在“体育日”提出本年度的《体力、运动能力报告书》以此公布全国体力测定的概况和结果[②]。另外，在小学、中学的体育教学用书和人手一册的《学生手册》中，都印制了体力测定的各项指标、记录表格和各项指标的全国平均值，以便学生把体力诊断测验和运动能力测验的结果填入相应的表格内，并根据各项指标评定得分绘制相应的图形与全国同性别、同年龄组的平均值进行对比，从而评价出自己的体力优劣，并据此选择适宜的运动处方，进行针对性较强的身体锻炼[③]。

经过30多年的测试实践，再加上医学和体力研究的进步，日本体力测试也迎来了新的发展。1996年日本文部省成立了“关于体力调查方法研究委员会”，专门从事国民体力测试研究。经过3年的研制，委员会于1999

---

① 贾志勇．日本体力测定项目的发展变化［J］．中国学校体育，2001（6）：64.

② 于可红，毋顺碧．中国、美国、日本体质研究比较［J］．体育科学，2004，24（7）：51-54.

③ 日本小学生的体育远不止“运动”这么简单！［EB/OL］［2017-11-02］．http：//www.sohu.com/a/201899038_456147.

年颁布了《新体力测试》，并于2000年开始实施。《新体力测试》将各阶段年龄划分为儿童（6~11岁）、青少年（12~19岁）、青壮年（20~64岁）和老年人（65~79岁）。其特点是增加了握力、仰卧起坐和坐位体前屈三项各年龄段共同测试项目；与健康密切相关的部分体力构成因子越来越受到人们的重视①。

除了常规的体力测量外，日本还形成了较为系统的制度体系，如文部省公布的《小学生体育测试实施条例》《壮年人体力诊断、运动能力测验、体力测验实施条例》，还研制了"日本人体力测定标准表""日本人体力标准值"等。此外，日本体育协会科学委员会及其所属各科学研究所，都把国民的体力作为研究的主要内容。在所属的分会中设有"体力测定与评价分会"和"身体发达分会"等相关分学会。各分科学会，每年都分别举办有关国民体力研究方面的学术交流，共同研讨国民体力的现状和发展趋势②。在高等教育中，日本著名的高等教育机构——筑波大学，所开设的三个顶级科学研究项目中，对"国民体力的研究"仍被列在顶级科学之首。可见，日本非常重视国民体质的研究，通过政策的推动，各项举措的推进有力地促进了日本体质的研究进展。

（3）欧盟有关体质的研究。在欧盟国家，体质测试发展较美国要晚。1976年，欧洲各国体育官员在布鲁塞尔召开的体育研讨会中，研制并颁发的《大众体育宪章》促使了欧洲体育的快速发展。1978年，作为一个协调机构，"欧洲体育发展委员会"（Council of Europe Committee for the Development of Sport，CDDS）成立，该机构旨在研制欧洲体质（EUROFIT）测试体系，关注青少年儿童的体质健康。在1980—1982年，CDDS采用了运动测试和耐力测试，并于1983年颁布了临时性体质测试体系③。1978—1988年，CDDS对5万名青少年儿童进行了体质测试和健康调查，并召开了6次欧洲体质研究座谈会。1988年，CDDS颁布了EUROFIT英语和法语两个语种，指标由身体成分指标（如身高、体重和皮褶厚度）和身体素质指标

① 刘新华. 日本体力监测系统的建立与实施［J］. 体育科学，2005，25（10）：47-52.

② KURIHARA S.，SUZUKI M.，KIYOTA H. History of Physical Fitness and Sports Medicine in Japan［J］. Tairyoku Kagaku Japanese Journal of Physical Fitness & Sports Medicine，2014，63（2）：247-257.

③ HAN C. G. K.，MECHELEN W. V.. Physical Fitness Testing of Children：A European Perspective［J］. Pediatric Exercise Science，1996，8（3）：201-214.

(力量、速度、柔韧性、平衡性、耐力) 共 9 项测试指标组成① (见表 1-2)。被测者既可对比自身体质的发展情况，又可以和数据库中的同龄人对比。1990 年，各国参与体质测试的学校和社区进行了测试结果的汇总工作，并发表了成果报告书。在欧洲联盟国家中，许多国家都采用了 EUROFIT。其目标之一是建立每个国家不同年龄段参照的数据库。此外，CDDS 还将 EUROFIT 翻译成了匈牙利语、法语等语言版本。

表 1-2　EUROFIT 青少年测试指标体系

范围	要素	测试指标	测试顺序
有氧耐力	有氧耐力	耐力往返跑	9
力量	静态力量	握力	5
	爆发力	立定跳远	4
肌肉耐力	功能性力量	屈臂挂	7
	躯干力量	仰卧起坐	6
速度	速度灵敏性	10 米×5 往返跑	8
	下肢运动速度	敲击测试	2
柔韧性	柔韧性	仰卧起坐	3
平衡性	全身平衡	Flamingo 平衡	1
人体测量	身高、体重、体脂百分比、皮褶		

在青少年测试体系研制的基础上，CDDS 又研制了 EUROFIT 成年人 (18~65 岁) 体质测试体系 (见表 1-3)。其目标包括：评价个体、社区公民或全体公民健康关联体质的状况；评估与健康相关的健康水平与标准人口规范和可能的标准值之间的关系；为健康关联的体质和身体活动提供基础和促进措施。从研制目标上可见，EUROFIT 成年人测试体系不仅涉及体质健康，而且还涉及身体活动和健康促进等领域。更为显著的是，

① MECHELEN W. National Policies for Promoting Physical Activity, Physical Fitness and Better Nutrition in Europe [J]. World Review of Nutrition & Dietetics, 1997, 81: 136-147.

EUROFIT成年人测试体系采用的是标准参照体系，而不是基于常模的参照①。然而，正是由于采用标准参照的主观性，而缺乏常模数据作基础，该测试体系直到目前尚未被成员国正式批准。

表1-3 EUROFIT成年人测试指标体系

范围	要素	测试指标	测试顺序
有氧耐力	最大有氧量	2千米走、自行车或20米往返跑	7
肌肉骨骼能力	腿部力量	纵跳	6
	手部力量	握力	5
	手臂耐力	屈臂挂	4
运动能力	平衡性	单腿	2
	速度	敲击测试	3
人体测试	身体质量指数、皮褶总和	身高、体重、皮褶	1
身体活动和健康问卷			

虽然欧洲联盟体质测试的发展比美国要晚20年，但比利时等国早在20世纪60年代就颁布了体质测试体系。例如，早在19世纪中叶，比利时科学家凯特勒最早提出了“身体质量指数”（Body Mass Index，简称BMI）这一概念，并研制了身体质量指数计算公式：BMI = 体重（kg）÷身高$(m)^2$。在英国，国家健康教育与体育委员会对全国成年人进行了体质测试，测试指标包括身高、体重、BMI、体脂率、肩部柔韧、血压、肺活量、握力、腿部肌力和有氧能力。

2. 国外体质研究整体概况

为促进体质的研究，国际社会成立了“国际体质研究学会”，在掌握各国的体质状况基础上，研制了标准化的体质测试体系，以规范各国的体质测试的开展，并且“国际体质研究学会”经常召开学术会议，研讨体质研究的最新进展。此外，由于国际组织和有些国家观点存在差异，许多国家都研制了各自的体质测试体系。

除以上国家之外，加拿大公共健康委员会于1977年研制并颁布了

① OJA, P., & B. Tuxworth. Eurofit for Adults, Assessment of Health - Related Fitness [M]. Strasbourg: Council of Europe, 1995: 68.

“加拿大国民体质测试”（Canadian Standardized Test of Fitness）、1982年新加坡也发起了“国家体质奖励计划”（National Physical Fitness Award，NAPFA），韩国、加拿大、马来西亚等国家都研制并颁布了各自国家的体质测试体系。从整个发展轨迹来看，国际组织和各个国家都在尽力完善体质测试体系，从多方面构建体质测试，基本实现了测试体系的“规范化”“制度化”和“标准化”。可见，国民体质研究从广度来讲是各个国家乃至国际社会普遍关注的议题。从研究的深度来讲，体质研究的焦点聚集在国民体质的调查、不同国家（领域）群体的比较、测试标准的研究、体质健康干预等领域。其中，从各个国家体质研究的发展历程可见，都是以青少年儿童为起点，发展到成年人、老年人、婴幼儿以及各种特殊群体。无疑，上述有关残疾人体质健康的研究成果给本课题提供了众多的宝贵经验和启示，为本课题的研究和展开奠定了一定的理论和实践参考。

四、国外残疾人体质研究述评

国外特别是西方发达国家，有关残疾学生体质健康方面的研究起步较早。20世纪初，西方国家就有涉及残疾人群体质健康方面的研究。具体而言，国外残疾学生体质健康研究可归结为如下方面。

1. *智力残疾青少年体质研究*

早期关于智力青少年儿童体质的研究有许多调查。大量的调查结果显示，智力障碍者的体质健康状况远远低于非障碍同龄人群体（Bar－Or，1971；Reid，Montgomery & Seidl，1985），涉及的测试项目包括握力（Francis & Rarick，1959）、50米跑（Howe，1959）、坐位体前屈（Pizarro，1982）和跳远（Sengstock，1966），并且智力障碍者的皮褶远远高于同龄非障碍者（Rarick et al.，1976）。智力残疾人群的体质非常弱，特别是有氧耐力方面[①]。有研究采用欧洲体质测试体系对87名法国智力残疾青少年（14.24±1.48岁）健康关联的体质进行了测试。结果显示：智力残疾青少年的体质水平非常低下，普遍存在肥胖现象。虽然94%的智力残疾青少年完成了有氧耐力跑，但其中52%最大摄氧量很低；37%体脂百分比偏高；并且存在有氧耐

① LOTAN M.，ISAKOV E.，KESSEL S.，et al. Physical fitness and functional ability of children with intellectual disability：effects of a short-term daily treadmill intervention［J］. Scientific World Journal，2014，4：449-457.

力越低，体脂百分率则越高的现象①。另一调查发现，欧洲在独立特殊教育学校的残疾青少年比在普通学校就读的残疾青少年在有氧耐力、肌肉力量和柔韧性等方面都显著低下②。还有调查发现，智力残疾人群的体质与智力水平密切相关，智力越低其体质测试成绩越低③。Oppewal A. 等人对智力残疾人群的有氧耐力进行了系统研究，认为青少年儿童的有氧耐力非常低，并且随着年龄的增长而不断下降。另外，女性的有氧耐力比男性同龄人的有氧耐力更弱④。根据大量的调查，智力残疾青少年的体质具有如下特点：①智力残疾青少年儿童的体质明显要低于健全同龄人；②智力残疾青少年体质与健全同龄人之间的差异随着年龄的增长而不断扩大；③智力残疾女性青少年与健全同龄人的差异要比智力残疾男性青少年与健全同龄人的差异要大；④智力残疾男性青少年测试成绩随着年龄的增长而不断提高，而智力残疾女性青少年 13~16 岁却不断下降。从智力残疾青少年体质的致因来看，有研究指出被动的生活方式⑤、缺乏动机⑥、心理或生理的障碍和运动的被动性等因素是导致智力残疾青少年体质低下的原因⑦。

测试指标的有效性、可靠性与可行性检验也是智力残疾青少年体质研

---

① SALAUN L., BERTHOUZEARANDA S E. Physical fitness and fatness in adolescents with intellectual [J]. Journal of Applied Research in Intellectual Disabilities, 2012, 25 (3): 231-239.

② SKOWRONSKI W., HORVAT M., NOCERA J., ROSWAL G. & CROCE R. Eurofit special: European fitness battery score variationamong individuals with intellectual disabilities [J]. Adapted Physical Activity Quarterly, 2009, 26: 54-67.

③ HARTMAN E., SMITH J., WESTENDORP M., et al. Development of physical fitness in children with intellectual disabilities [J]. Journal of Intellectual Disability Research, 2015, 59 (5): 439-449.

④ OPPEWAL A., HILGENKAMP T. I. M., WIJCK R. V., et al. Cardiorespiratory fitness in individuals with intellectual disabilities—A review [J]. Research in Developmental Disabilities, 2013, 34 (10): 3301-3316.

⑤ CHANIAS, A.K., REID, G., and HOOVER, M.L. Exercise effects on health-related physical fitness of individuals with an intellectual disability: A meta-analysis [J]. Adapt. Phys. Act. Q, 1998, 15: 119-140.

⑥ HALLE, J.W., GABLER-HALLE, D., and CHUNG, Y.B. Effects of a peer mediated aerobic conditioning program on fitness levels of youth with mental retardation: Two systematic replications [J]. Ment. Retard, 1999, 37 (6): 435-448.

⑦ VACCARO, P. and MAHON, A.D. The effects of exercise on coronary heart disease risk factors in children [J]. Sports Med, 1989, 8 (3): 139-153.

究的热点，大量研究对不同测试指标在智力残疾中的应用进行了验证。例如，1 英里走指标是美国残疾人体质测试体系中的项目，要求测试者尽可能快地走 1 英里的距离。在该测试中，大多数研究者都采用了测试者在前面不断鼓励被测者。例如，Draheim C. C. 以一名测试者协助 5 名轻度到中度智力残疾测试者，测试者在赛道内侧并不断提供鼓励，其可靠性分别为 r=0.94 和 r=0.91，并且完成测试的时间与心率的关系 r=0.84～0.91①。往返跑测试要求测试者按照音乐节奏，以不断增加的速度重复跑一定的距离，当测试者落后 5 米则测试结束。在轻度至中度智力残疾中，20 米往返跑儿童组的可靠性 r=0.97②，青少年男性的可靠性 r=0.94③。在一些修正的版本中，如 16 米往返跑、10 米往返跑和 10 米递增往返走在轻度至中度智力残疾青少年的可靠性 r=0.96④。此外，有研究指出 6 分钟走在轻度到重度智力残疾青少年到成年人都具有较好的可靠性，其有效性却仍较模糊⑤。但 Nasuti G. 的研究指出，6 分钟走测试的可靠性 r=0.98，同时也能有效反映有氧耐力。6 分钟走的距离与跑步机测试的最大峰值呈显著关系⑥。600 码跑/走测试要求测试者尽可能快走或跑 600 码（550 米）的距离。在对轻度至中度智力残疾青少年测试中，可靠性 r=0.98，并且测试成

---

① DRAHEIM C. C. , LAURIE N. E. , Mccubbin J. A. , et al. Validity of a modified aerobic fitness test for adults with mental retardation [J] . Medicine & Science in Sports & Exercise, 1999, 31 (12): 1849-1854.

② FERNHALL B. , PITETTI K. H. , Vukovich M. D. , et al. Validation of cardiovascular fitness field tests in children with mental retardation [J] . Am J Ment Retard, 1998, 102 (6): 602-612.

③ DONNCHA C. M. , WATSON A. W. S. , Mcsweeney T. , et al. Reliability of Eurofit physical fitness items for adolescent males with and without mental retardation [J] . Adapted Physical Activity Quarterly, 1999, 16 (1): 86-95.

④ WANINGE A. , EVENHUIS I. J. , Wijck R. V. , et al. Feasibility and Reliability of Two Different Walking Tests in People With Severe Intellectual and Sensory Disabilities [J] . Journal of Applied Research in Intellectual Disabilities, 2011, 24 (6): 518-527.

⑤ CASEY A. F. , WANG X. , Osterling K. Test-retest reliability of the 6-minute walk test in individuals with Down syndrome [J] . Archives of Physical Medicine & Rehabilitation, 2012, 93 (11): 2068-2074.

⑥ NASUTI G. , STUART-HILL L. , TEMPLE V. A. The Six-Minute Walk Test for adults with intellectual disability: a study of validity and reliability [J] . Journal of Intellectual & Developmental Disability, 2013, 38 (1): 31-38.

绩与最大峰值呈显著相关①。有研究对16名轻度到中度智力残疾青少年测试（11男，15.4±2岁，IQ：35~55），三头肌皮褶ICC=0.85，肩胛下皮褶ICC=0.64，重复测试无显著差异②。Pizarro分两组对81名12~15岁中等智力残疾青少年（可教育组IQ：55~70，44人，男25人；可训练组IQ：55~40，37人，男20人）三头肌皮褶测试中，可教育组ICC=0.98，可训练组ICC=0.99③。Donncha C. M.、Waninge等学者也对智力残疾体质测试的“三性”进行了研究。

然而，除了对“三性”的单独研究外，西方国家还出现了对元研究的系统评价研究。如Specifically M. 对1990年以来发表的1926篇文献，根据文献质量筛选出6篇高质量文献进行了评价，结果显示身体质量指数、皮褶厚度、生物电阻抗、腰围、胫骨长和人体围度6种方法中，身体质量指数和腰围是最可靠的方法，而皮褶厚度可能由于被测者的不配合会影响测试的准确度④。Wouters M. 等人对智力残疾青少年体质测试进行了系统评价，通过各种数据库的文献收集有关智力残疾青少年体质测试的可行性、有效性和可靠性相关文献4046篇，然后对文献质量评价最终选取26篇高质量文献作为分析对象，发现26篇文献对28项测试指标进行了验证，其中身体成分4项、肌肉力量4项、肌肉耐力6项以及有氧耐力4项。认为，生物电阻抗、身体质量指数、握力、挂臂撑、长跑/走等测试指标的有效性、可行性和可靠性较好，但是这些测试指标也并不适合所有年龄和残疾

---

① FERNHALL B., PITETTI K. H., VUKOVICH M. D., et al. Validation of cardiovascular fitness field tests in children with mental retardation [J]. Am J Ment Retard, 1998, 102 (6): 602-612.

② TEJEROGONZALEZ C. M., MARTINEZGOMEZ D., BAYONSERNA J., et al. Reliability of the ALPHA health-related fitness test battery in adolescents with Down syndrome [J]. Journal of Strength & Conditioning Research, 2013, 27 (11): 3221.

③ PIZARRO D. C. Reliability of the Health Related Fitness Test for mainstreamed educable and trainable mentally handicapped adolescents [J]. Adapted Physical Activity Quarterly, 1990 (3): 240-248.

④ SPECIFICALLY M., CONCENTRATIONS S. L., PRESSURE A. B. Measuring Body Composition in Individuals with Intellectual Disability: A Scoping Review [J]. Journal of Obesity, 2013: 1-6.

程度的智力残疾青少年儿童[①]。Ayán Pérez 等人对唐氏综合征场地体质测试的有效性与可靠性进行了系统评价，在 504 篇有关唐氏综合征的文献中根据文献质量评价系统筛选了 15 篇文献进行了系统分析，15 篇文献都提供了可靠性实验，但只有 7 篇文章提供了有效性实验，其中 7 篇文献实施了有氧耐力测试，5 篇有关力量测试，3 篇关于平衡能力测试，只有 1 篇关于灵敏性测试，结果显示，0.5 英里跑、手持握力器、四方格平衡测试是最有效的测试有氧耐力、肌肉力量和平衡能力的测试指标[②]。可见，西方国家对智力残疾体质测试的"三性"研究中，由于研究对象、测试时间、统计方法的不同，研究质量必然存在一定的差异，因此西方国家文献中还触及对"三性"研究的元研究和评价。

由于唐氏综合征患者是智力残疾的一种类型，除了针对智力残疾体质研究外，也有学者对唐氏综合征患者（Down Syndrome）的体质进行了研究，如 Phillip C. 等人对唐氏综合征患者身体成分场地测试进行了交叉验证[③]，还有研究对 20 米往返跑测试唐氏综合征青少年有氧耐力进行了验证[④⑤]。另外，Dyer S. M. 对 10 名 8~18 岁唐氏综合征患者进行了为期 13 周的体质干预实验，实验分为干预前、干预中和干预后，分别采集静态心率、血压和测试有氧耐力的台阶测试。结果显示，通过干预后三项指标测试结果得到显著的改变，指出为提高体质唐氏综合征患者应该参与常规性

---

① WOUTERS M., EVENHUIS H. M., HILGENKAMP T. I. Systematic review of field-based physical fitness tests for children and adolescents with intellectual disabilities [J]. Research in Developmental Disabilities, 2017, 61: 77-94.

② Ayán Pérez, Carlos, Cancela Carral, José Ma, Loira - Camiña, Nerea. Reliability and Validity of Physical Fitness Field - Based Tests in Down Syndrome: A Systematic Review [J]. Journal of Policy & Practice in Intellectual Disabilities, 2016, 13 (2): 142-156.

③ USERA P., FOLEY J. T., YUN J. Cross-Validation of Field-Based Assessments of Body Composition for Individuals With Down Syndrome [J]. Research Quarterly for Exercise & Sport, 2010, 74 (2): 198-206.

④ AGIOVLASITIS S., PITETTI K. H., GUERRA M., et al. Prediction of VO_2 peak from the 20-m shuttle-run test in youth with Down syndrome [J]. Adapted Physical Activity Quarterly, 2011, 28 (2): 146-156.

⑤ GUERRA M., PITETTI K. H., FERNHALL B. Cross validation of the 20-meter shuttle run test for adolescents with Down syndrome [J]. Adapted Physical Activity Quarterly, 2003, 20 (1): 70-79.

的身体活动[①]。Yildirim N. U. 对 50 名 11~18 岁（平均年龄 14.7 岁）的轻度智力残疾青少年随机分成控制组（20 男，5 女）和实验组（19 男，6 女），经过 12 周的反应能力干预，结果显示反应时能力有极大的提高，指出智力残疾青少年的反应能力可通过干预得到改善[②]。可见，虽然智力障碍者采取体质康复计划改善体质健康状况较慢，但长期坚持也可以达到理想的效果。采取体质健康干预，智力障碍者不仅可以提高心血管机能，而且可以提高运动技能以及在学校的表现和自尊[③]。

2. 视力残疾人体质研究

早在 1966 年 Buell 分别采用 AAHPER YFT、美国业余体育联合会（Amateur Athletic Union of the United States，AAU）编制的青少年体质测试体系和加利福尼亚州最低运动能力测试体系对视力残疾青少年进行了测试。1973 年，Buell 提出视力残疾测试中全盲和视觉障碍 50 米冲刺跑、600 码跑/走和一些替代测试项目以及相应测试指标的常模标准，并且在其学位论文中研制了视力残疾儿童青少年体质体系和常模标准。

视力残疾患者的体质状况是研究最热的议题之一。有研究采用 Kraus-Weber 最低体质测试标准（Kraus-Weber Minimum Physical Fitness Test）对 111 所小学学生进行了视力与体质健康关系的测试，结果显示：95%的普通视力者通过了测试，85%的弱视青少年通过了测试，而只有 46%的全盲学生通过了测试[④]。Lieberman，L. J. 等人对 46 名视力残疾儿童采用 FITNESSGRAM 进行了测试，结果显示只有 20%的被测者通过了至少 4 项测试，相比之下，视力健全儿童有 48%~70%至少通过了 4 个项目的测试[⑤]。大量文献显

---

① DYER S. M. PHYSIOLOGICAL Effects of a 13-Week Physical Fitness Program on Down Syndrome Subjects [J]. Pediatric Exercise Science, 1994 (1): 88-100.

② YILDIRIM N. U., ERBAHÇECI F., ERGUN N., et al. The effect of physical fitness training on reaction time in youth with intellectual disabilities [J]. Percept Mot Skills, 2010, 111 (1): 178-186.

③ HENDERSON S. E., MORRIS J., RAY S. Performance of Down syndrome and other retarded children on the Cratty Gross-Motor Test [J]. American Journal of Mental Deficiency, 1981, 85 (4): 416.

④ SEELYE W. Physical Fitness of Blind and Visually Impaired Detroit Public School Children [J]. Journal of Visual Impairment & Blindness, 1983, 77 (3): 117-118.

⑤ LIEBERMAN, L. J., & McHugh, E. Health-related fitness of children who are visually impaired [J]. Journal of Visual Impairment & Blindness, 2001, 95: 272-286.

示，视力残疾青少年的体质测试成绩较同龄健全青少年要弱（Hopkins et al.，1987；Houwen et al.，2010；Kobberling et al.，1989；Meek & Maguire，1996；Short & Winnick，1986；Wyatt & Ng，1997）。然而，Williams 等人对 10 名视力残疾女生和 10 名健全学生的心肺耐力进行了比较，发现两者并没有统计学差异①。还有研究对视力残疾学生和听力残疾学生（听力残疾学生 30 人，21 男，9 女；视力残疾 32 人，18 男，14 女）的体质进行了比较，结果显示视力残疾学生在仰卧起坐、1600 米跑和坐位体前屈的测试成绩优于听力残疾学生，而听力残疾学生在握力、立定跳远和纵跳测试成绩优于视力残疾学生，但两组在 10 米往返跑的灵敏性测试成绩并没有区别②。

有关视力残疾青少年与体质关系的研究结果也存在一定的差异。大多数研究结果显示，青少年视力残疾的程度与体质健康存在一定的关系，即全盲儿童比弱视和视力健全儿童的体质要弱（Hopkins et al.，1987；Kobberling et al.，1989；Meek & Maguire，1996；Shindo et al.，1987；Short & Winnick，1986；Wyatt & Ng，1997）。有研究采用美国残疾青少年体质测试标准，以 686 名健全儿童和 484 名视力残疾儿童为对象，就视力残疾对体质测试的影响进行了研究，认为视力的严重程度对两项跑测指标（50 米和长距离跑）有显著的影响，而其他指标并未发现差异③。然而，青少年视力残疾的程度并不影响体质（Houwen et al.，2010；Lieberman et al.，2010）。有研究对不同教育环境或干预措施对视力残疾学生体质的影响进行了分析，指出在融合教育环境下视力残疾学生的体质更好④。也有研究指出，在挪威融合学校中的视力残疾学生并不比法国独立性特殊教育学校

---

① WILLIAMS C. A.，OTHERS A. Peak Aerobic Fitness of Visually Impaired and Sighted Adolescent Girls［J］. Journal of Visual Impairment & Blindness，1996，90（6）：495-500.

② ABDULLAH N. M.，MOHAMED M.，TUMIJAN W.，et al. The Differences in Physical Fitness Levels Between Hearing and Visually Impaired Students［M］. Proceedings of the 2nd International Colloquium on Sports Science，Exercise，Engineering and Technology 2015（ICoSSEET 2015）. Springer Singapore，2016：136.

③ SHORT F. X.，WINNICK J. P. The influence of visual impairment on physical fitness test performance［J］. Journal of Visual Impairment & Blindness，1986，80（5）：729-731.

④ SHORT，F.，& WINNICK，J. Adolescent physical fitness：A comparative study［J］. Journal of Visual Impairment & Blindness，1988，82：237-239.

中视力残疾学生的体质要好①。视力残疾青少年的体质受学校中体育教育中运动体验的影响②。另外，Shindo 等人认为采用相应的锻炼干预措施可提高视力残疾儿童的体质。

3. 听力残疾人体质研究

国外对听力残疾人的体质也有大量的研究结果。早在 1932 年 Long 对 8~17 岁听力残疾和听力正常青少年进行了平衡木测试，结果指出听力残疾青少年的平衡能力远远不如听力健全青少年儿童③。由于不乐于融入社会，听觉障碍青少年的体质健康远远比同龄人低（Fait & Dunn，1984；Sherrill，1981；Winnick，1979）。类似的研究还有许多（Morsh，1936；Myklebust，1964，等），其研究结果都较为一致。Shephard 等人指出听力残疾青少年的身体脂肪含量要超过同龄听力健全人④。还有研究指出，听力残疾青少年在有氧耐力、跑步速度和腿部力量等方面都比同龄健全青少年的测试成绩要低⑤。然而，对听力健全青少年和听力残疾青少年在 1 分钟仰卧起坐、往返跑、立定跳远、屈臂挂、50 码跑和 300 码跑 6 项测试进行了比较。结果显示，除了仰卧起坐和往返跑两者外，其他测试指标没有任何统计学差异。听力残疾青少年的仰卧起坐测试成绩好于健全青少年，而听力残疾青少年的往返跑测试则弱于健全青少年⑥。Hartman E. 对 47 名 6~12岁青少年采用欧洲体质测试指标体系进行了测试，除了身体质量指数和10×5米往返跑外，其他测试如立定跳远、仰卧起坐、坐位体前屈、握

---

① GRONMO，S. J.，& AUGESTAD，L. B. Physical activity，self-concept，and global self-worth of blind youths in Norway and France［J］. Journal of Visual Impairment & Blindness，2000，94：522-526.

② KARAKAYA，I. C.，AKI，E.，& ERGUN，N. Physical fitness of visually impaired adolescent goalball players［J］. Perceptual & Motor Skills，2009，108：129-136.

③ LONG，J. A. Motor abilities of deaf children［J］. Peabody Journal of Education，1932（3）：189.

④ SHEPHARD，R.，WARD，R.，& LEE，M. Physical ability of deaf and blind children. InM. E. Berridge & G. R. Ward［M］. Champaign，IL：Human Kinetics，1987：355-362.

⑤ GOODMAN J.，HOPPER C. Hearing Impaired Children and Youth：A Review of Psychomotor Behavior［J］. Adapted Physical Activity Quarterly，2010，9（3）：214-236.

⑥ KINSEY W. J. Comparison of physical fitness and physical fitness development between deaf and hearing children［D］. University of British Columbia，2011：3.

力、直臂挂、20 米耐力往返跑、敲击测试的结果都较健全青少年要弱①。然而，也有研究指出，视力残疾青少年和健全青少年的体质测试成绩不存在统计学差异②。

听力残疾在个体的发展中要遇到许多障碍，其中包括交流、社交、情感、认知和体育运动参与③。由于信息接收存在一定的障碍，听力残疾青少年比听力健全的青少年更容易产生久坐的生活方式或低活动的生活方式④。根据前期的研究，身体活动与体质健康从两个方面产生作用：①体质健康的个体更有精力，也更愿意参与身体活动；②参与身体活动又可推动体质的增强⑤。可以预见，听力残疾青少年长期不活跃的生活方式必然会导致体质的下降。另外，有研究围绕父母对听力残疾青少年体质的影响展开了研究，结果显示：无论父母的听力状态和参与体育的情况如何，父母对体质健康的价值观对听力残疾青少年体质都有重要的影响⑥。

4. 肢体残疾人体质研究

在国外肢体残疾（Orthopedic Impairment）研究中，根据肢体残疾的症状和类型一般包括截肢（Amputee）、脑瘫（Cerebral Palsy）、先天畸形（Congenital Anomaly）、脊髓神经性肌肉症（Spinal Neuromuscular）等类型。国外学者分别针对不同类型的肢体残疾展开了研究。

---

① HARTMAN E.，VISSCHER C.，HOUWEN S. The effect of age on physical fitness of deaf elementary school children［J］. Pediatric Exercise Science，2007，19（3）：267–278.

② PENDER，R. H.，& PATTERSON，P. E. A comparison of selected motor fitness itemsbetween congenitally deaf and hearing children［J］. The Journal for Special Educators，1982，18（4）：71–75.

③ BAT－CHAVA Y.，MARTIN D.，KOSCIW J. G. Longitudinal improvements in communication and socialization of deaf children with cochlear implants and hearing aids：evidence from parental reports［J］. Journal of Child Psychology & Psychiatry，2005，46（12）：1287–1296.

④ JANSMA，P.，and R. French. Special Physical Education［M］. Englewood Cliffs，NJ：Prentice Hall，1994.

⑤ KEMPER H. C.，DE V. W.，VAN M. W.，et al. Adolescent motor skill and performance：is physical activity in adolescence related to adult physicalfitness?［J］. American Journal of Human Biology，2001，13（2）：180–189.

⑥ ELLIS M. K.，LIEBERMAN L. J.，DUMMER G. M. Parent influences on physical activity participation and physical fitness of deaf children［J］. Journal of Deaf Studies & Deaf Education，2014，19（2）：270–281.

脑瘫患者体质研究是肢体残疾青少年体质研究中最为关注的领域。大量的研究表明，学龄阶段大脑瘫痪患者的体质远远低于同龄人，并且体质测试的分数并不是随着年龄的增加而提高，反而有些指标有所下降①。例如，Robson 指出，大多数脑瘫患者由于长期的不活动，其体质远远低于同龄儿童②。由于脑瘫儿童比同龄儿童有氧耐力更低，相比之下，脑瘫儿童更容易患心血管疾病③。另外，有氧耐力的水平随着年龄的增长而不断降低，其中脑瘫女童更为显著④。尽管缺乏大量的研究，但当前有研究指出对脑瘫儿童而言，常规的身体活动对有氧耐力的影响呈较弱至中等的关系⑤。由于有氧耐力的重要性，当前也不乏氧耐力的干预，如当前的研究包括走、跑、组合型的力量训练和无氧训练，结果显示在有氧耐力方面得到了显著的增强⑥。在这些干预中，每周 2~3 次，每次至少 30 分钟，中等强度（最大心率 60%~75%），或最大摄氧量 50%。Mccubbin J. A. 等人对等速阻抗运动对脑瘫患者的扭矩发展和运动时间的影响进行了研究，对 30 名 10~20 岁脑瘫患者分为等速阻力、无阻重复练习和控制组三组，通过 6 周对三头肌伸肌群每次 3 组、每组 10 次最大力量重复，每周 3 次的实验，结果显示等距阻抗训练对脑瘫患者可起到与健全同龄人同样的效果⑦。

有学者对跑台实验测试和 10 米往返跑测试脑瘫患者有氧耐力的有效性

---

① RIMMER J. H. Physical fitness levels of persons with cerebral palsy [J] . Developmental Medicine & Child Neurology, 2001, 43 (3): 208-212.

② ROBSON P. Cerebral palsy and physical fitness [J] . Developmental Medicine and Child Neurology, 1972, 14 (6): 811-813.

③ BALEMANS A. C. J. , VAN WELY L. , DE HEER S. J. A. , et al. Maximal aerobic and anaerobic exercise responses in children with cerebral palsy [J] . Medicine and Science in Sports and Exercise, 2013, 45 (3): 561-568.

④ HOOFWIJK M. , UNNITHAN V. , Bar Or O. Maximal treadmill performance of children with cerebral palsy [J] . Pediatric Exercise Science, 1995, 7: 305-313.

⑤ MALTAIS D. B. , PIERRYNOWSKI M. R. , GALEA V. A. , BAR-OR O. Physical activity level is associated with the O_2 cost of walking in cerebral palsy [J] . Medicine and Science in Sports and Exercise, 2005, 37 (3): 347-353.

⑥ UNNITHAN V. B. , KATSIMANIS G. , EVANGELINOU C. , et al. Effect of strength and aerobic training in children with cerebral palsy [J] . Medicine and Science in Sports and Exercise, 2007, 39: 1902-1090.

⑦ MCCUBBIN J. A. , SHASBY G. B. Effects of isokinetic exercise on adolescents with cerebral palsy [J] . Adapted Physical Activity Quarterly, 1985 (1): 56-64.

与可靠性进行了研究，研究采用粗大运动功能分类系统将25名平均年龄为11.9岁的脑瘫青少年儿童分为两类水平等级，水平1有14名，水平2有11名。可靠性测试采用2周内重复测试10米往返跑，有效性测试采用10米往返跑和跑台测试最大摄氧量的对比。结果显示，水平1重复测试组内相关系数为0.97，水平2组内相关系数为0.99；水平1最大心率组内相关系数为0.87，水平2组内相关系数为0.94；跑台实验与10米往返跑的相关系数为0.96。认为10米往返跑是一种既有效又可靠的测试脑瘫患者的手段。对能够走或跑的脑瘫患者而言，10米往返跑比跑台实验具有更多的优势①。

国外有关截肢患者的体质研究较少。现有的研究中Chin T. 等人对下肢截肢的有氧耐力进行了实验研究，首先对31名截肢患者采用增速运动测试评价有氧能力测试，然后对16名截肢患者作为实验组采用功率自行车进行实验，并以18名健全同龄人作为控制组。结果显示，截肢患者的最大摄氧量、无氧阈和最大负荷显著低于健全青少年，等效值在实验前分别为18.0、12.1和63.9；实验后，等效值得到明显提高，并且与健全青少年的测试值没有显著的差异②。有研究对6分钟走在下肢截肢患者中应用的可靠性进行了测试，研究针对13名（9男，4女）平均年龄为46岁的下肢截肢患者，6分钟走在同一天进行，每次间隔30分钟，结果显示截肢残疾患者6分钟测试ICC=0.94，Bland and Altman分析显示实验和练习效果没有显著的影响，认为6分钟走是一项可靠的测试指标③。还有研究对截肢患者体质状况进行了阐述，认为截肢患者长期束缚在轮椅上对健康会产生极大的负面影响，特别是对心血管疾病和慢性心脏病，提出应完善社会健身和休闲设施对截肢患者的重要性④。

---

① VERSCHUREN O., TAKKEN T., KETELAAR M., GORTER J.W., Helders P.J.M. Reliability and validity of data for 2 newly developed shuttle run tests inchildren with cerebral palsy [J]. Physical Therapy, 2006, 86: 1107-1117.

② CHIN T., SAWAMURA S.H., NAKAJIMA S., et al. Physical fitness of lower limb amputees [J]. American Journal of Physical Medicine & Rehabilitation, 2002, 81 (5): 321-325.

③ LIN S.J., BOSE N.H. Six-minute walk test in persons with transtibial amputation [J]. Archives of Physical Medicine & Rehabilitation, 2008, 89 (12): 2354-2359.

④ MITAL A., SCHEER S.J., PLUNKETT J.M., et al. Enhancing Physical Fitness Levels of Paraplegics and Lower Extremity Amputees: A Critical Need [J]. Critical Reviews in Physical & Rehabilitation Medicine, 1996, 8 (3): 221-234.

脊髓神经肌肉状态是指获得性或先天性的脊髓病变从而直接影响下肢功能状态。西方国家都将这类症状划分为肢体残疾。有研究对 141 名 10~17 岁脊髓神经肌肉患者和 1192 名健全同龄人的体质进行了比较。结果显示：在皮褶厚度、50 米冲刺跑、往返跑、垒球掷远等测试项目上，脊髓神经肌肉患者的测试成绩显著低于健全同龄人。然而，在握力方面，10~13 岁男性脊髓神经肌肉患者与健全同龄人没有显著差异；14~17 岁女性脊髓神经肌肉患者与健全同龄人没有显著差异。研究指出，脊髓神经肌肉患者在使用辅助轮椅时能更好地锻炼手部肌肉①。

Fernandez 等人对 9 名（5 男，4 女）平均年龄为 29.6 岁的成人痉挛型脑瘫患者有氧耐力进行了测试，采用代谢车测试最大摄氧量，心电图监控心率。结果显示，女性痉挛型脑瘫比男性患者的有氧耐力显著要低，男性比健全同龄人常模标准低 23%~45%；女性比健全同龄人低 21%~61%②。Wiley 等人采用握力器对 15 名痉挛型双瘫、15 名痉挛型偏瘫和 16 名健全儿童静态力量进行了测试，所有儿童为 5~12 岁，平均年龄为 9.1 岁，结果显示脑瘫患者严重低于同龄对照组③。由于脑瘫是大脑运动领域的损伤，大量的研究显示脑瘫患者的肌肉力量比健全同龄人显著要弱④。脑瘫儿童的肌肉力量可以获得提高，并且能够获得功能性的改善。脑瘫患者在力量干预的原则与健全儿童干预的原则较为接近。

5. 精神残疾人群体质研究

世界卫生组织于 1948 年颁布第 6 版《国际疾病分类》（*International Classification of Diseases*）中首次将精神疾病分为一类。美国精神病学会在 1952 年就制定了《精神障碍的诊断与分类手册》。早在 1966 年，有研究采用 AAHPER YFT 测试体系对 30 名可教育的精神残疾男孩与 30 名同龄健全儿童的体质进行了测试，结果显示精神残疾男童体质比健全儿童的体质略

---

① WINNICK J. P., SHORT F. X. The physical fitness of youngsters with spinal neuromuscular condition [J]. Adapted Physical Activity Quarterly, 1984, 1 (1): 37-51.

② FERNANDEZ J. E., PITETTI K. H., BETZEN M. T. Physiological capacities of individuals with cerebral palsy [J]. Human Factors, 1990, 32 (4): 457.

③ WILEY M. E., DAMIANO D. L. Lower-extremity strength profiles in spastic cerebral palsy [J]. Developmental Medicine & Child Neurology, 1998, 40 (2): 100-107.

④ EEK M. N., BECKUNG E. Walking ability is related to muscle strength in children with cerebral palsy [J]. Gait and Posture, 2008, 28 (3): 366-371.

低，处于健全儿童的中等水平[①]。在另一组加拿大精神残疾成人的研究中，对魁北克105名男性和79名女性精神残疾人的体质进行了调查，该研究采用加拿大国民体质测试标准，结果显示，精神残疾人群的体质远远低于健全人群，建议应对精神残疾人群的体质引起重视[②]。另外，还有多项研究采用场地测试和实验室测试对精神残疾人群心肺耐力进行了测试，通过测试最大摄氧量，结果显示，各年龄段比健全同龄人低20%~40%[③]。另一项研究也证实了这一结论，认为精神残疾青少年的有氧耐力比健全同龄人显著低下，精神残疾青少年比健全同龄人有更高的身体质量指数[④]。

有研究对精神残疾患者有氧耐力测试的有效性与可靠性进行了检验，对象为19名患有精神残疾的男性青年（26±6岁），经过三次熟悉后，被测者以最大强度测试跑台，并且测试两次1英里走。结果显示，跑台测试最大摄氧量与1英里的相关系数为0.78~0.83，1英里走指标重复测试的可靠性非常高，r=0.97，认为精神残疾男性青年1英里走测试有氧耐力具有较好的效度与信度[⑤]。Fernhall B. 对600码走/跑、20米往返跑、16米修正往返跑测试轻度至中度精神残疾儿童（10~17岁）的有氧耐力进行了测试。结果显示：跑台测试与三项场地测试的相关系数分别为0.98、0.97和0.96，并指出三项场地测试指标能够有效且可靠地测试精神残疾青少年儿童的有氧耐力[⑥]。也有研究对轻度至中度精神残疾青少年儿童采用0.5

---

① SENGSTOCK W. L. Physical fitness of mentally retarded boys [J]. Research Quarterly, 1966, 37 (1): 113-120.

② REID G., MONTGOMERY D. L., SEIDL C. Performance of Mentally Retarded Adults on the Canadian Standardized Test of Fitness [J]. Canadian Journal of Public Health / Revue Canadienne de Sante' e Publique, 1985, 76 (3): 187-190.

③ FERNHALL B., TYMESON G. T., WEBSTER G. E. Cardiovascular fitness of the mentally retarded [J]. Adapted Physical Activity Quarterly, 1988, 5 (1): 12-28.

④ PITETTI K. H., YARMER D. A., FERNHALL B. Cardiovascular fitness and body composition of youth with and without mental retardation [J]. Adapted Physical Activity Quarterly, 2001, 18 (2): 127-141.

⑤ RINTALA P., DUNN J. M., MCCUBBIN J. A., et al. Validity of a cardiorespiratory fitness test for men with mental retardation [J]. Medicine & Sciencein Sports & Exercise, 1992, 24 (8): 941-945.

⑥ FERNHALL B., PITETTI K. H., VUKOVICH M. D., et al. Validation of cardiovascular fitness field tests in children with mental retardation [J]. Am J Ment Retard, 1998, 102 (6): 602-612.

英里跑/走测试的有氧耐力进行了验证，指出重复测试的相关系数为0.96，最大摄氧量与0.5英里跑/走的相关系数为-0.6，认为，虽然0.5英里测试有氧耐力有较好的可靠性，但是其有效性不足①。在对中老年人1英里有氧耐力测试交叉验证中，采用最大摄氧峰值交叉验证方程，结果显示，测试最大摄氧峰值与预测值的相关系数为r=0.91~0.93。总误差比标准误差要大，也就是在测试与预测最大摄氧量之间存在误差，并且只能预测试58%的最大摄氧峰值重复测试的可靠性r=0.96，但方程式低估了被测者有氧耐力水平。因此，即使该测试在可靠性方面较好，但在有效性方面存在不足②。也有研究对欧洲体质测试体系在精神残疾患者应用的可靠性进行了研究，实验对象为63名轻度精神残疾青少年（15.5±1.2岁）和22名健全青少年（15.6±0.6岁），结果显示，轻度精神残疾组内相类系数ICC=0.94~0.99，但坐位体前屈和20米往返跑的百分误有些大③。

Montgomery D. L. 采用两种方法对精神障碍成人进行干预，第一种方法在第一阶段采用6个月的体育训练对刚毕业的学生进行干预，在第二阶段采用4个月的体育训练对成年人进行干预。另一种方法采用加拿大国民体质测试标准（Canadian Standardized Test of Fitness），对精神残疾患者进行48课时的体育训练。结果显示，两种干预方案都能够有效提高精神残疾患者的体质④。

6. 其他残疾人群体质研究

在现有的残疾人群体质的研究中，大多数研究都是针对单一类型的残疾人群。然而，在残疾类型划分及现实生活中都存在多重残疾类型，即患

---

① FERNHALL B., PITETTI K., STUBBS N., et al. Validity and reliability of the 1/2-mile run-walk as an indicator of aerobic fitness in children withmental retardation [J]. Pediatric Exercise Science, 1996, 8 (2): 130-142.

② RINTALA P., MCCUBBIN J. A., DOWNS S. B., et al. Cross validation of the 1-mile walking test for men with mental retardation [J]. Medicine & Science in Sports & Exercise, 1997, 29 (1): 133.

③ DONNCHA C. M., WATSON A. W. S., MCSWEENEY T., et al. Reliability of Eurofit physical fitness items for adolescent males with and withoutmental retardation [J]. Adapted Physical Activity Quarterly, 1999, 16 (1): 86-95.

④ MONTGOMERY D. L., REID G., SEIDL C. The effects of two physical fitness programs designed for mentally retarded adults [J]. Canadian journal of sport sciences, 1988, 13 (1): 73-81.

者具有两种残疾类型或两种以上残疾类型症状。由于涉及多种不同的残疾类型，多重残疾人群体质测试及其研究更加复杂，因此对多重残疾人群的研究也更为薄弱。Waninge 的学位论文对智力残疾和视力残疾结合的多重残疾成年人体质测试中身体成分、有氧耐力、平衡能力和柔韧性的可靠性与可行性进行了研究。结果显示，胫长、BMI、皮褶、腰围等指标重复测试没有显著的差异。除了皮褶测试，其他测试项目的组内相关系数都大于 0. 9。6 分钟跑是一种既可靠且又可行的有氧耐力测试方法。认为，通过对测试指标的改良，大多数测试指标都能够用来测试智力与视力结合的多重残疾人群①。

Schott N. 等人对 261 名（143 男，118 女）4~12 岁（7. 8±1. 9 岁）发育协调障碍患者的身体质量指数、6 分钟跑、20 米往返跑、坐位体前屈、纵跳、掷实心球等指标进行了测试，结果显示，发育协调障碍患者的超重和肥胖（重度 50%，中度 23. 1%）比例远远超过同龄健全儿童（5. 6%）；同时，除了柔韧性外，其他各项测试指标均低于健全同龄儿童②。然而，在另一研究中 Nascimento R. O. 等人对不同程度发育协调障碍患者的体质进行了分析，将 6~10 岁发育协调障碍患者分为中等程度、严重程度以及健全同龄青少年各 21 人，采用 Fitnessgram 测试指标分别对样本进行了测试。结果显示，各组别的测试结果没有显著的差异，但是各组的合格率都不到一半③。

Hol A. T. 等人采用 6 分钟臂力测试对脊髓损伤患者的有氧耐力有效性与可靠性进行了验证，最大摄氧量和心率重复测试的相关性非常高，组内相关系数为 ICC=0. 81；有氧峰值和 6 分钟大臂测力的相关性为 0. 92，认

---

① WANINGE A. Measuring physical fitness in persons with severe or profound intellectual and multiple disabilities [R] . University of Groningen, 2011：36.

② SCHOTT N. , ALOF V. , HULTSCH D. , et al. Physical fitness in children with developmental coordination disorder [J] . Research Quarterly for Exercise & Sport, 2007, 78 (5)：438-450.

③ NASCIMENTO R. O. , FERREIRA L. F. , GOULARDINS J. B. , et al. Health-related physical fitness children with severe and moderate developmental coordination disorder [J] . Research in Developmental Disabilities, 2013, 34 (11)：4222-4231.

为6分钟大臂测试实验具有较好的有效性与可靠性①。

Pan C. Y. 对62名0~17岁自闭症患者（31名）和健全青少年（31名）的体质进行比较研究，认为除了身体成分以外，自闭症患者的各项体质测试指标的得分都比同龄健全青少年低②。M. Yanarda分两组对8名5~7岁自闭症患者分别采用水上练习计划和陆上练习计划进行了干预，通过12周，每周3次，每次40分钟的练习。结果显示，两种干预方法对自闭症儿童6分钟走、最大摄氧量、灵敏性、握力和坐位体前屈的提高具有显著的影响③。另外，还有研究对阿斯伯格症患者的体质进行研究，例如Borremans E. 等人采用欧洲体质测试体系对30名阿斯伯格症患者青少年和健全同龄人进行了比较，认为阿斯伯格症患者在平衡能力、柔韧性、肌肉力量、有氧耐力等方面比健全同龄人显著低下④。

可见，有关残疾人的体质议题已受到国内外学者的关注。与健全人群体质研究内容一样，残疾人群体质研究也是以残疾青少年儿童（学龄阶段）为重点，不断触及其他年龄段人群。具体而言，国内更多的是对残疾群体体质现状的调查，以及为提高残疾人的体质展开的干预性研究。然而，在现有的残疾人体质测试中，都采用的是健全人群的评价标准。在国外，日本早在1953年就研制出测试残疾儿童运动能力的指标体系。欧洲于1988年颁布了名为“Eurofit Special Test”的残疾儿童和青少年体质健康测试标准，该标准从力量、速度、灵活性和平衡性四个方面对不同年龄、性别及残疾类型的体质健康进行了说明。而在美国20世纪60年代就有关于视力残疾和智力残疾青少年体质测试标准的研究，并在后续研究中分别对精神障碍（Mental Retardation）、轻度受限者（Mild Limitations in Fitness）、

① HOL A. T., ENG J. J., MILLER W. C., et al. Reliability and Validity of the Six-Minute Arm Test for the Evaluation of Cardiovascular Fitness inPeople With Spinal Cord Injury [J]. Archives of Physical Medicine & Rehabilitation, 2007, 88 (4): 489-495.

② PAN C. Y. Motor proficiency and physical fitness in adolescent males with and without autism spectrum disorders [J]. Autism the International Journal of Research & Practice, 2014, 18 (2): 156-165.

③ M. YANARDA, N. ERGUN, I. Yilmaz. Effects of adapted exercise education on physical fitness in children with autism [J]. Ergun N, 2009, 20 (1): 25-31.

④ BORREMANS E., RINTALA P., MCCUBBIN J. A. Physical fitness and physical activity in adolescents with asperger syndrome: a comparative study [J]. Adapted Physical Activity Quarterly, 2010, 27 (27): 308-320.

视力障碍（Visual Impairments）、脑瘫（Cerebral Palsy）、脊髓损伤（Spinal Cord Injury）、认知异常（Congenital Anomalies）和截肢（Amputations）等类型残疾青少年体质健康标准进行了研究。具体而言，国外残疾人体质研究呈如下特点：①残疾人群体体质的研究关注较早，在 20 世纪初就有大量关于残疾人体质的研究文献。②残疾人群涉及较广。如除了常见的视力残疾、听力残疾、智力残疾等常见的残疾类型外，国外涉及的研究对象包括如胰岛素依赖型糖尿病患者（Robert Kertzer et al.，1994）、注意力缺乏/多动障碍者（William J. Harvey & Gred Reid，2003）、发展性协调障碍（Developmental Coordination Disorder，DCD）、泌尿系统损坏者（E. Wiiiiam Vogler，1990）和阿斯伯格综合征患者（Erwin B. et al.，2010）；严重的神经损伤（Severe Neurologic Impairment，Rieken R.，2011）等残疾群体。③残疾人的划分非常细致。如肢体残疾分类中，国外研究中根据肢体残疾特点和症状划分了截肢、脑瘫、先天畸形和脊髓神经肌肉等类型。④研究内容涉及面非常广泛。除了对体质现状调查、体质健康干预等基础研究内容外，还涉及体质测试标准的研制、指标的有效性与可靠性检验以及不同身体活动（生活方式）对残疾人体质的影响。不可否认，残疾学生体质健康既是体质健康研究的一个极其重要的领域，也是学校体育研究的底线视域，尚大有文章可做。

第三节　体质健康研究目的与意义

一、体质健康研究目的

1. 丰富和完善体质健康测试理论体系

在当前体质测试理论体系中，“体质”“体质与健康”“体质健康”等词用法较为混乱，导致体质的内涵与外延较为模糊。其主要表现是体质在不同学科中的内涵不一，以及健康所涉内容的多维性使得人们对体质测试的目的、内容和方法等理论体系的理解还不够全面。因此，本研究尝试对“体质”“健康”“体质健康”“体质与健康”等概念的内涵和外延进行厘定，为体质测试的深入研究奠定基础。

另外，在国内的体质测试无论是指标体系，还是评价标准无一例外地均是针对健全人群体构建的理论体系。其根本原因是，在当前的体质测试理论中将残疾人群定义为“不健康”的或者无法从事体质测试。正如在特殊教育或融合教育等理念提出之前，国内外教育理论仅仅指向健全学生。可以肯定的是，这一论断是不全面的。特殊教育特别是融合教育的提出，打破了传统教育理论的樊篱，认为残疾学生不仅要接受教育，而且需要接受无障碍环境下的融合教育。从“无须教育”“特殊教育”到“融合教育”的发展，不仅仅是教育理论的丰富与完善，而且是对残疾学生乃至残疾人更深入的了解与认识。受此启发，本研究试图探索体质健康测试应用到残疾学生群体中，进而丰富和完善体质测试理论体系。

2. 探寻适合残疾学生的体质健康测试指标

体质测试指标的选取一般受体质内涵、测试对象等因素的影响。也就是说，在不同的时期，不同的受试群体所采用的测试指标必然存在一定的差异。例如，从我国的《准备劳动与保卫祖国体育制度》到现行的《国民体质测定标准》，在不同的时期体质测试指标的差异很大；又如我国现行的《国民体质测定标准》（幼儿部分）、（成人部分）、（老人部分）以及《国家学生体质健康标准》中各标准的受试者人群不同，各测试体系的测试指标也存在较大的差异。虽然有些研究中曾尝试将健全人群测试指标应用到或对个别指标进行替换，但由于残疾学生类型的多样，其实施的操作性显然不够理想。因此，本研究尝试基于体质的内涵，根据残疾学生的身心特点探寻适合残疾学生的体质测试指标。

3. 探索性地研制残疾学生体质健康标准

我国学生或青少年群体的体质测试先后经历了《准备劳动与保卫祖国体育制度》《国家体育锻炼标准》《大学生体育合格标准》《中学生体育合格标准》《小学生体育合格标准》《学生体质健康标准》和《国家学生体质健康标准》等测试体系的演变。这些测试体系无一例外地没有涉及残疾学生体质测试标准。虽然残疾学生可参照相应年龄和性别的健全学生的测试指标进行测试，但面临以下问题：①有些测试指标残疾学生难以完成测试；②即使残疾学生能够完成测试，但由于评价标准是基于健全人群体质测试数据研制的评价标准，残疾人采用这一标准进行评价显然是不科学的。这犹如让女生采用男生的标准进行评价一样。因此，本研究尝试基于残疾学生的体质状况，针对不同类型的残疾学生研制出各自适用的体质健康标准。

二、体质健康研究意义

本课题的研究意义与研究的缘起、现实背景密不可分。正是在上述理论背景与现实背景之下，再加上国外研究的引领与国内研究的缺憾，本研究的理论意义与现实价值才得以充分体现。总而言之，本课题的研究意义集中表现在如下方面。

第一，本课题的研究，有利于深入贯彻 2011 年国务院颁发的《全民健身计划（2011—2015 年）》中强调的“研制国家残疾人体质测定标准，深入实施《国民体质测定标准》”、2012 年国务院颁发的《国家基本公共服务体系“十二五”规划》中指出的“制定残疾人体质测定标准，定期开展国民体质监测”以及 2016 年国务院颁布的《“健康中国 2030”规划纲要》中强调的“制订实施青少年、妇女、老年人、职业群体及残疾人等特殊群体的体质健康干预计划”等文件精神，为党和国家制定学校体育教育方针、政策提供理论依据。

第二，本课题的研究，有利于拓展学生体质健康的研究视域，将研究对象定位于残疾学生，弥补《国家学生体质健康标准》对残疾学生体质健康测试标准的空缺，并且有利于丰富体育公共服务均等化的研究范畴，促进残疾学生平等接受包括体质健康测试在内的公平可及、系统连续的各项教育服务。

第三，本课题的研究，有利于为残疾学生的体质健康教育提供依据，促进残疾学生体育教育和健康促进工作的有效开展；同时有利于改变传统朴素的残疾学生“免评”“免测”和“免于执行”的体育教育观，推动学校体育教育全面改革，进而实现深化教育领域综合改革。

第四，本课题的研究，有利于深入了解我国残疾学生的体质健康状况，发现残疾学生体质健康方面存在的不足，进而能够激发残疾学生积极参加体育锻炼，形成良好的体育行为和习惯，进而为实现全人类和全生命周期为着力点的全民健康的目标服务。

一言以喻之，残疾学生体质健康测试理论与实践的迫切需要，恰似干涸沙漠中的植被对雨露的渴望。本研究选取残疾学生体质健康标准进行研究，对国民体质健康测试体系的丰富与完善无疑是一种推进。同时，对残疾学生体质健康教育权利的保障、体质健康乃至身心全面发展亦能发挥一定的启示和促进作用。

第四节　残疾学生体质健康标准研究对象与方法

一、残疾学生体质健康标准研究对象

1. 残疾类型的选择

众所周知，由于先天遗传、后天环境、成长以及衰退等因素都会影响体质健康状况，因此，体质健康标准的研制都是针对某一特定群体而进行研制。正如当前我国研制的国民体质测定标准分为幼儿、青少年儿童（学生）、成年人和老年人群体，再根据性别分为男、女组，又根据身心发展特征分为不同的年龄阶段而研制的标准，并且各类分组中都排除了病弱、残疾等状况的群体。

在残疾人这一群体中，除了具有健全人群体具有的性别、年龄等要素的分类外，同时又根据残疾类型特征和程度差异进行了划分。在类型划分方面，1990 年通过的《中华人民共和国残疾人保障法》的定义，残疾人是指“在心理、生理、人体结构上，某种组织、功能丧失或不正常，全部或部分丧失以正常方式从事某活动能力的人”。以此定义为基础，我国将残疾人分为智力残疾、视力残疾、言语残疾、肢体残疾、听力残疾、精神残疾、多重残疾和其他残疾八类。其中视力残疾、听力残疾等前六类的划分是较为明确的，而多重残疾是指兼具视力残疾、听力残疾、言语残疾、肢体残疾、智力残疾、精神残疾等两类或以上症状者。其他残疾是泛指除以上残疾类别以外的残疾类型。

就广义而言，残疾学生是指残疾人保障法中规定的各种残疾类型在校接受教育的学生群体。就狭义而言，残疾学生是指在我国专门的特殊教育学校接受教育的对象。据《中华人民共和国义务教育法》规定：县级以上地方人民政府根据需要设置相应的实施特殊教育的学校（班），对视力残疾、听力语言残疾和智力残疾的适龄儿童、少年实施义务教育①。可见，我国特殊教育对象是指视力残疾、听力残疾和智力残疾儿童青少年。这些三类残疾学生要么安置在独立的特殊教育学校（如启智学校、启音学校等），要么安置在综合类特殊教育学校。其他残疾类型要么安置在普通学

---

① 全国人民代表大会常务委员会．中华人民共和国义务教育法［M］．北京：中国法制出版社，2007：8-11.

校（如肢体残疾）接受与健全学生同样的教育，要么则安置在医院、康复中心（如精神残疾）等机构接受医疗康复服务。因此，本研究中的残疾学生取狭义的范畴，是指在独立或综合类的特殊教育学校接受教育的残疾学生，主要是指智力残疾、视力残疾和听力残疾三类残疾学生群体。

2. 残疾程度的选择

在残疾程度划分方面，我国颁布的《中国残疾人实用评定标准》将各类残疾类型根据程度差异划分为不同的残疾级别。例如，视力残疾分为一级盲、二级盲、一级低视力和二级低视力；听力残疾分为一级、二级、三级和四级；智力残疾分为重度（一级、二级）、中度和轻度；肢体残疾分为一级、二级和三级等。可见，虽然存在视力缺陷、听力缺陷等类型的群体统称为残疾人，但在同一残疾群体内也存在较大的差异。

就我国特殊教育学校招生对象而言，一般需要学生具备自理能力。也就是说，入学前特殊教育学校根据残疾证的情况对入学学生的自理能力进行筛查。智力残疾轻度和中度残疾才能在特殊教育学校接受教育，重度的残疾类型一般安置在康复机构或医疗机构。听力残疾和视力残疾则不受残疾程度的限制，只要具备自理能力即可。因此，本研究对象的残疾程度主要依据特殊教育学校在入学时的筛查方法，视力和听力涉及各程度残疾学生，智力残疾以轻度和中度残疾为主，各类学生需要具备自理能力和学习能力。因此，为方便操作和实施，本研究对在校残疾学生的残疾程度不再作进一步细分。

3. 年龄的限定

《中华人民共和国义务教育法》规定：凡年满 6 周岁的儿童，应当送其入学接受并完成义务教育，义务教育实行国务院领导，省、自治区、直辖市政府统筹规划实施，县级政府为主管理的体制。2017 年颁布实施的《中华人民共和国残疾人教育条例》第十五条规定：“残疾儿童、少年接受义务教育的入学年龄和年限，应当与当地儿童、少年接受义务教育的入学年龄和年限相同；必要时，其入学年龄和在校年龄可以适当提高。”① 同时，根据 1998 年教育部发布的《特殊教育学校暂行规程》总则第三条规

① 残疾人教育条例［EB/OL］［2017-02-01］. http：//www. gov. cn/zhengce/content/2017-02/23/content_ 5170264. htm.

定："特殊教育学校的学制一般为九年一贯制。"① 可见，我国特殊教育的教育对象是指接受义务教育的残疾学生。根据以上政策规定，本研究选取义务教育阶段受教育年龄的学生为研究对象（即6~14岁的残疾学生）。

需要指出的是，虽然本研究对象主要是智力残疾、视力残疾和听力残疾等三类学生体质健康标准的研制，但是残疾学生体质健康标准的研制并不能脱离健全学生。其原因有：一是残疾学生体质健康标准的研制要以当前健全学生体质健康标准的研究为基础；二是残疾学生体质健康研制的根本目的并不是一劳永逸地测评残疾学生，而是引导残疾学生在实现残疾学生体质健康标准的基础上，逐步实现用健全学生体质健康标准来测评残疾学生的体质状况。因此，本研究的研究对象除了以上残疾学生外，在标准的研制过程中还将一部分健全学生作为对象，以期更好地为残疾学生体质健康测试服务。

二、残疾学生体质健康标准研究方法

所谓方法，从哲学上讲，就是主体为接近和认识客体，并始终跟踪客体、与客体发展保持同步的概念性工具和手段。马克思主体认识论和实践论认为，方法就是主体在认识世界和改造世界的实践活动中为达到对某一问题的认识和解决所从事的活动以及所采取的相应步骤和方式②。本研究为了更好地探析体质健康理论，探寻适合残疾学生体质健康测试指标以及研制残疾学生体质健康标准等研究内容以及需要解决的问题，主要采用如下具体方法开展研究工作。

1. 文献资料法

文献是本研究得以开展的基础。本研究需要对国内外体质健康测试以及相关的研究成果作出详尽的梳理，同时也需要在研制残疾学生体质健康标准过程中进一步寻找理论依据与支撑，这都离不开文献资料法的运用。具体而言，本研究充分利用中国期刊全文数据库（CNKI）、万方系列数据库等专业文献检索工具与百度学术、EBSCO全文数据库、Google等搜索引擎查阅以及收集本研究所需要的相关资料，且充分查阅与本研究相关的各种文献汇编、期刊、报纸、著作等纸质文献，尤其注重对国家和地方政府

---

① 特殊教育学校暂行规程［EB/OL］［2017-02-01］. http://www.moe.gov.cn/s78/A02/zfs_ _ left/s5911/moe_ 621/199812/t19981202_ 182879.html.

② ［德］黑格尔. 小逻辑［M］. 贺麟，译. 北京：商务印书馆，1980：序言.

工作报告与相关政策文件的收集，并对收集到的所有相关研究资料进行整理、分析、归纳、加工和提炼，使其成为本研究的理论依据和论据。

2. 逻辑分析法

逻辑分析法是指利用逻辑思维在分析综合的基础上建立若干反映对象最本质规定、初始概念和命题，然后根据一定的逻辑规则推演出依据充分、论证严密、首尾一致的理论体系，从而揭示、描述事物的本质、结构和规律的方法①。在本研究中，体质、健康以及体质健康等要通过概念、范畴及它们之间的关系来描述、反映研究对象的本质和规律等问题都需要进行逻辑分析。具体而言，逻辑分析法包括分析、归纳、综合、演绎等方法。可以认为，分析、归纳等逻辑分析法是本研究的基本方法，并将贯穿本研究的始终。

3. 历史分析法

历史分析法是运用发展、变化的观点分析客观事物和社会现象的方法。由于客观事物是发展、变化的，分析事物要把它发展的不同阶段加以联系和比较才能弄清其实质，把握其发展的趋势。残疾学生体质健康测试的发展与演变也不例外，残疾学生体质健康测试的发展必定有其自身的历史渊源以及演变的过程。在分析和解决体质健康的内涵和构成要素时，只有追根溯源才能弄清残疾学生体质健康测试的来龙去脉，才能更深入地揭示残疾学生体质健康测试的发展规律。

4. 调查访谈法

残疾学生体质健康标准的研制既是一个理论性问题，又是一个实践性问题。为保障残疾学生体质健康测试的科学性与合理性，如选取哪些残疾学生为对象、如何进行分组、选取哪些测试指标、采用哪种建标方法开展测试工作等问题，本研究对当前我国在校残疾学生的实际情况以及测试标准的研制开展了广泛而深入的调查和访谈工作。具体而言，研究中采用了专家访谈法、德尔菲法、实地访谈和电话访谈等方式相结合，尤其注重一般性问卷调查和深度访谈相结合，使两者相得益彰，为客观、准确、科学地把握和分析我国残疾学生体质健康标准的研制提供实践依据。

5. 场地测试法

场地测试是相对实验室测试而言的。由于实验室难以进行大规模测

---

① 曹烃．适应体育教育——融合教育背景下残障学生体育教育的诉求［D］．武汉：华中师范大学，2013：24.

试，故本研究采用场地测试法。在场地测试过程中，根据残疾学生的身心特点，遵照选用测试指标的相关测试方法，统一培训测试人员，采用统一测试仪器，先后两次选取广东、江西、湖北、河南、四川等省份的特殊教育学校对残疾学生进行体质场地测试，获取残疾学生体质健康相关的测试数据。

6. 数理统计法

数据统计分析也是本研究采用的方法之一。具体工作中，本研究采用SPSS和EXCEL软件对文献资料以及调查的数据进行统计分析，并根据研究的需要对调查所得的数据进行常规数理统计处理。另外，在评价标准的建模、回代验证等多处都采用了数理统计法。

第五节　残疾学生体质健康标准研究思路与框架

一、残疾学生体质健康标准研究思路

首先，对体质健康及其相关概念进行理论分析。理论研究的缺失导致现实操作的盲目。因此，本研究首先对体质健康及其相关概念进行理论分析。当前"体质""健康""体质健康""体质与健康"概念界定的不明确，导致相关概念的混用和滥用现象。在不同学科中体质的内涵存在较大的差异，以及不同时期健康所涉及的维度亦有不同。虽然当前存在大量的体质健康的研究，但都没有从实质上把握体质健康的内涵与外延。因此，只有对"体质健康"及相关概念的内涵与外延有了明确的界定，才能够把握残疾学生体质健康的核心要素，从而为残疾学生体质健康测量和评价的开展奠定基础。

其次，残疾学生体质健康测试理论分析。基于对我国残疾学生基本情况分析的基础上，对残疾学生体质健康测试的困境及可行性等议题进行了探讨。同时，积极借鉴国外残疾青少年体质测试研制的经验。美国在国民体质测试领域一直走在世界各国的前列，其残疾青少年体质测试也起步得较早，并在后续进行了持续的更新和完善。因此，本部分试图对美国残疾青少年的起源、实施与发展进行探讨，并对视力残疾和智力残疾体质测试标准进行解读，以期起到"他山之石，可以攻玉"的作用。否则就会陷入"闭门造车"的境地，难以对残疾学生体质健康测试的理论和实践有所

突破。

再次，体质健康测试指标的比较研究。基于国内外体质测试体系，对身体成分、心肺耐力、肌肉力量与耐力和柔韧性等要素的测试指标和方法进行比较，试图挖掘各体质测试体系中各测试指标的特点，并从各指标研究的有效性、可靠性等内容进行分析，为残疾学生体质健康测试指标的来源提供理论依据。

最后，残疾学生体质健康测试标准的研制。残疾学生体质健康评价标准的研制主要涉及两个方面的问题：一是测试指标体系的构建；二是评价标准的制定。这两者密不可分，缺一不可。在该部分，根据国内体质测试实施现状，并借鉴国外残疾青少年体质测试的发展经验，通过专家访谈确定最终测试指标，并结合《国家学生体质健康标准（2014 年修订）》的研制理念和方法，对智力残疾、视力残疾、听力残疾和健全学生体质健康标准进行了探索性研制（如图 1-8 所示）。

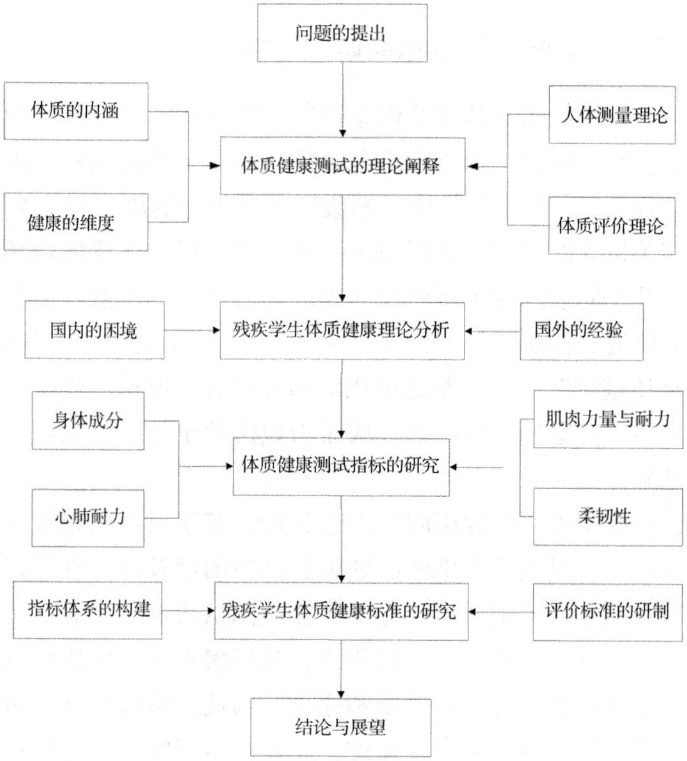

图 1-8　残疾学生体质健康标准研制流程

二、残疾学生体质健康标准内容框架

基于以上研究思路和流程，本研究的主体部分共设为七章，其内容框架具体如下。

第一章，体质与健康相关概念的厘定。该章首先从“体质”和“健康”两大核心概念入手，对体质在人类学、医学和体育学等不同学科中的应用，以及不同时期健康的内涵结构的变化进行了阐释；其次，对“体质与健康”“体质健康”等概念进行了厘定。这是因为要研究残疾学生的体质健康必定要对其核心概念的内涵与外延进行界定，才能够把握残疾学生体质健康的结构要素。其研究成果从横向上看将涉及残疾学生体质健康研究的一切领域，从纵向上看将贯穿残疾学生体质健康研究的始末。因此，体质健康及相关概念是研究残疾学生体质健康研究中不可避而不谈的一个重要问题。

第二章，残疾学生体质测量与评价的理论探析。该章首先对体质测量的定义、发展历程、内容与方法等相关理论进行了梳理，以期为残疾学生体质健康测试的开展奠定基础。其次，对体质评价的定义、目的与功能、评价的类型进行总结和归纳。最后，对体质综合评价理论中指标的筛选和权重赋值问题进行了探讨。

第三章，我国残疾学生的概况及其体质测试的困境。该章首先立足于当前我国在校残疾学生的基本情况，从残疾学生的数量、残疾类型、残疾程度以及分布特征等进行了分析。其次，结合本研究的研究对象，对智力残疾、视力残疾和听力残疾学生体质健康测试存在的问题进行了探讨。最后，根据残疾学生的特点并结合体质健康测试的特点对残疾学生开展体质健康测试的可行性进行了分析。

第四章，美国残疾青少年体质测试的演变与解读。该章将对美国残疾青少年体质测试的起源、发展历程与实施现状进行较为深入系统的梳理，并对美国不同时期残疾青少年体质测试的理念、价值演变等问题进行了全面的总结和归纳，并以视力残疾、智力残疾为个案，对美国现行的视力残疾青少年和智力残疾青少年体质测度标准进行了解读。

第五章，体质健康测试指标与方法的国际比较。该章以国内外体质测试体系为蓝本，通过文献查阅和归纳，对当前体质测试体系中身体成分、心肺耐力、肌肉力量与耐力和柔韧性等要素的测试指标与方法进行了归纳，并对各要素测试指标的特点进行了总结。随后基于文献资料法对身体成分、心肺耐力、肌肉力量与耐力和柔韧性等要素相关测试指标的有效性、可靠性等研究进行了挖掘。

第六章，残疾学生体质健康测试指标的研制。该章主要围绕三个问题进行了探讨，首先，对残疾学生体质健康测试指标构建的思路进行了论述；其次采用文献资料法和德尔菲法相结合对残疾学生体质健康测试指标进行了构建；最后，采用场地测试法对拟定的残疾学生体质健康测试指标从可行性、可靠性、有效性、区分性和客观性等方面进行了验证。

第七章，残疾学生体质健康测试标准的研制。该章主要以采集的数据为基础，对智力残疾、视力残疾、听力残疾和健全学生体质健康测试的结果进行了统计分析；随后基于《国家学生体质健康标准（2014 年修订）》的研制理念与方法，采用百分位数法与分段累进计分法相结合，对 6～14 岁智力残疾、视力残疾、听力残疾和健全学生根据残疾类型、年龄和性别划分的各组体质健康标准进行了建模，探索性地研制了基于常模参照的残疾学生体质健康评价标准；最后对标准进行了全样本回代验证。

除了上述七大主体部分外，本书的内容结构还包括绪论和结论两个部分。绪论部分主要就残疾学生体质健康标准的研究背景、目的与意义、国内外研究进展、研究对象与方法等方面进行了阐述。结论部分就本研究的主要观点作了梳理，并就研究存在的不足和后续研究需要完善的地方进行了展望。

第六节　残疾学生体质健康标准创新追求与挑战

如果说“创新是一个民族的灵魂，是国家兴旺发达的不竭动力”，那么对于科学研究而言，创新也是其灵魂所在。无疑，为避免科研工作的重复劳动，力求创新是任何科研工作者的核心价值追求之一。本课题的创新价值追求主要体现在如下方面。

一、研究视角求新

首先，全民健康是全面建设小康社会的重要内容，也是健康中国的根本目的。在实施“健康中国”的战略目标以及贯穿“健康第一”的指导思想下，本研究将重心下移到社会的特殊群体，将体质健康研究聚焦到残疾学生，关注体质健康测试实施的“空白地带”，在一定程度上拓展了体质健康的研究视域。其次，在倡导公共服务均等化的时代背景下，将视角定位于公共服务中最易忽视的群体，揭示残疾学生的体质健康需求和《国家学生体质健康标准》供给不足之间的矛盾，既把握了时代的脉搏，又切中时弊，可谓具有创新性。

二、研究内容求新

首先，虽然国民的体质健康是世界各国共同关注的议题，当前研究中也有一些研究涉及不同地区、不同群体体质健康标准的研制，但残疾学生体质健康标准的研制却鲜有触及。其次，尽管我国当前对残疾人的社会权益日益重视，也有一些研究涉及残疾学生的体育教育、体质健康等议题，但是业界学者对残疾学生体质健康标准的研制要么避而不谈，要么停留在个别指标的替换上，对残疾学生体质健康的评价并没有实质性的影响。本研究率先指出该问题的重要性并试图就残疾学生体质健康标准的研制作出一定的尝试。根据我国残疾学生的特点和需求，对残疾学生体质健康标准进行了探索性研制，弥补了《国家学生体质健康标准》只针对健全学生的缺憾。

三、研究方法求新

综观已有的有关残疾学生体质健康屈指可数的相关研究，几乎全都是对部分残疾学生体质状况进行的单一实证调查研究。本研究坚持规范研究与实证研究相结合，理论构建与数据分析相结合，充分运用文献资料、逻辑分析、问卷调查、专家访谈和历史研究等多种研究方法，以避免单一研究方法的不足，从而确保研究的科学性。因此，较之以往的相关研究，本研究力求在研究方法上作出一定的创新努力。

综上所述，残疾学生体质健康标准的研究无论是视角，还是选题的创新空间从一定程度来说都是非常大的，但是机遇与挑战往往并存，作出上述创新对本研究而言无疑是一个莫大的挑战。再者，残疾学生由于类型多样、程度不一等特征的存在，并且残疾学生分布广泛且各校的办学规模不一，这为研究的开展无疑增添了困难，其研究的难度不言而喻。本课题较大的研究难度也在某种程度上注定了本研究必然会存在一定的不足之处。可以肯定，由于当前国内相关研究的匮乏，可资借鉴的资料较少，国外的实践和理论的适用性有限等问题，本研究难免会出现厚此薄彼、挂一漏万的缺憾与不足。

第二章

体质健康的内涵与外延探析

体质健康是一个由“体质”与“健康”组合而成的新词。当前“体质”“健康”“体质与健康”和“体质健康”等词存在概念定义混乱、内涵界限模糊的状况。从“体质”一词来看，它涉及多个学科的研究领域，不同领域的中西方学者从各自的学科对体质进行了探讨，其涉及的学科包括医学、人类学和体育学等。“健康”一词是一个动态的概念，在不同的时期，人们对健康内涵的理解也存在较大的差异。诚然，要研究残疾学生的体质健康，首先需要明确体质健康的概念和内涵，因为这是残疾学生体质健康研究中最具基础性和价值性的两大问题的追问，其研究成果从横向上将牵涉残疾学生体质健康研究的一切领域，从纵向上将贯穿残疾学生体质健康研究的始末。为此，本研究试图通过分析国内外已有的研究成果，运用逻辑分析、比较研究等方法对体质、健康、体适能、体质健康等概念进行梳理，以期尝试解决当前亟待解决的基本问题。

第一节　多学科视野下的体质研究

体质是体育科学研究中最基本的概念，也是开展体质研究、进行体质测试的前提。因为对体质的不同理解，其基本要素以及测试指标的构成会存在很大的差异。体质是一个跨学科的术语，其内容涉及人类学、医学和体育学等学科。由于研究学科基础、研究侧重点不同，体质研究在不同学科的研究内容也存在一定差异。科学研究的目的是更好地指导实践。然而，学术界对体质概念的模糊使用，势必会给人们造成一定的误解，同时也会影响科研实践工作的开展。

一、“体质”的本义探析

体质是一个固定含义的词语。在古汉语中，体质有两种解释：①身体的素质。1300 多年前《晋书·王泰传》中的“保体质丰伟，尝自称重八百斤”，是说其身体的丰伟，身体实质的强健。②气质。《三国志·吴书·陆凯传》：“祎体质方刚，器干强固，董率之才，鲁肃不过。”①

随着历史的演变和科学文化的发展，其概念定义在不断地完善和规范。在当前的一些权威词典中，体质的含义解释如下：《辞海》将体质概念界定为“人体在遗传性和获得性的基础上，表现出来的功能和形态上相对稳定的固有特性”②。并认为可按人的形态、功能或代谢特征进行分类，体现了形体结构和功能并重的观点。在《辞海·中》从遗传学的角度进行了解释，认为种质能产生后代的种质和体质，而体质不能产生种质，环境引起的体质变异即获得性状是不遗传的。种质细胞是连续的、世代相传的，并始终与体质细胞分离；体质细胞是不连续的，每一代的体质细胞都是由前一代的种质细胞衍生而来③。这一观点是德国动物学家魏斯曼提出的种质连续学说的观点，当前仍存在一定的争议。在《古今汉语词典》中将体质解释为：①身体的素质；②指人的气质和胸怀；③指人的形态、体型；④本质、性质④。在《现代汉语词典》中将体质解释为：“人体的健康水平；身体的素质。”⑤

从当前各种权威词典中的解释来看，体质的含义包括特性说、素质说、健康水平说、形态说等，但尚未达成一致。如《古今汉语词典》所解释的内容包括外在的形态、内在的胸怀和素质；而《现代汉语词典》的解释中还包括健康水平，这就引出第二个尚未解决的问题，即健康的含义，健康水平涉及哪些维度等问题。本研究认为，《辞海》中的解释是最为贴切的，即体质是人体在遗传性和获得性的基础上，表现出来的功能和形态上相对稳定的固有特性。

---

① 佚名．古代汉语词典［M］．北京：商务印书馆，2014：1537.

② 夏征农．大辞海·语词卷［M］．上海：上海辞书出版社，2011：3434.

③ 夏征农，陈至立．辞海·中［M］．上海：上海辞书出版社，2010：3869.

④ 商务印书馆．古今汉语词典［M］．北京：商务印书馆，2002：1412.

⑤ 佚名．现代汉语词典［M］．成都：四川辞书出版社，2015：744.

二、“体质”在人类学中的阐释

人类学（Anthropology）是指从生物和文化的角度对人类的起源与发展以及人类所创造的物质文化和精神文化的起源与发展规律的学科①。从人类学的角度来看，我国古代文献《周记》中对居住在五种不同地理环境中人群的体质在形态上的差异作了具体的描述②。早在1863年，人类学学会在英国伦敦成立，其研究内容就包括人类的体质与文化。当前，在我国人类学研究中，已有大量的从生物、种族差异和文化相结合的视角研究人类体质的研究成果，体质人类学业已成为人类学中的重要领域。

人类学主要分为两大门类，即体质人类学（Physical Anthropology）和文化人类学（Cultural Anthropology）③，两者是自然属性与社会属性的辩证统一关系。其中，体质人类学是研究人类自身的起源和发展的科学，又称人体学（Somatic Anthropology 或 Comatology），是从生物学的角度对人类进行研究的学科，也有研究将体质人类学定义为人类体质在时间和空间上的变异的科学④。《人类学辞典》将体质人类学定义为“研究人类生物学的学科”，也叫人类学。它涉及种族差异、人体发展、人体变化以及生态学和生物机体间的关系⑤。美国学者将体质人类学定义为：“从体质和生物学方面研究人类，主要研究人类的谱系和祖先、基因及其对人类的作用、其他灵长类动物与人类之间的关系以及和人类体质发展有关的进化过程。”⑥

随着体质人类学的发展，该学科已发展成为多领域的学科。体质人类学的分支涉及人类化石学、人类进化、人体测量学、人体学或比较体格学、种族人类学、体质构造人类学等内容。总括起来，体质人类学可分为古人类学（Pale Anthropology）、人种学（Raciology）和人体测量学（Anthropometry）。古人类学是通过研究猿人化石、人类化石、古人类文化的遗

---

① 张实．中国体质人类学学科体系及其实践［J］．云南师范大学学报（哲学社会科学版），2015，5：88-94.

② 汪子春．中国古代早期文献中有关人群体质形态特征的描述［J］．人类学研究，1984：186.

③ 常伦荣，武杰．体质人类学［M］．乌鲁木齐：新疆人民出版社，2007：12.

④ 人类学［M］．王培英，译．北京：警官教育出版社，1993：7.

⑤ 吴泽霖．人类学辞典［M］．上海：上海辞书出版社，1991：86.

⑥ Harry Nelson，Robert Jurmain. Introduction to Physical Anthropology［M］．West Publishing Company，(5th)：1991：26.

物来研究人类的起源、演化、组别等。该领域与地质学、考古学和古生物学有着密切的联系。人种学是研究人类各种族的学科，是根据具有一定性状、可以遗传相承的体质特征为依据的人类的区分。人种学通过肤色、发色和眼色、头型指数、脑容量、嘴唇外翻等作为分类标准。人体测量学是体质人类学中专用于人体测量的分支，包括骨骼测量和活体测量，如身高、身体的比例、头长、头宽，也进行肤色、发色、眼色和类似的定性的测量。人体测量学有助于人种间的混血、环境与体型及生长率间的关系、人种间的差异和相似性等方面的研究[①]。随着现代科学技术的发展，人体测量学已跨出人类学的传统范围而与人体工程学和法医人类学相结合，成为这些学科的重要组成部分。

可见，体质人类学探讨的是人的自然属性，是从生物学的角度研究人类学的一门学科，其内容涉及人类的起源、进化、种族差异、人体与生态的关系及现存的灵长类的身体和行为等。

三、"体质"在医学中的阐释

体质是医学最常用的概念。在医学领域，由于体质与疾病、健康有着密切的联系，医学研究者对体质很早就进行了系列研究，并取得了丰硕的成果。例如体质一词在《黄帝内经》《伤寒论》《景岳全书·杂证谟·饮食门》等文献中就有关于体质与疾病的相关论述。西方《圣经》《亚里士多德全集》《希波克拉底文集》中亦有关于体质的分类与疾病的关系。

中医体质学从人体生理、发病、病理以及养生防病的角度出发，已成为中医学的精华和一大特色[②]。中医体质学理论源于两千多年前战国时期的《黄帝内经》。该著作是医学史上论述人类体质现象最早，也是论述最全面的一部医学经典文献。该文献包括《素问》和《灵枢》两书，采用岐伯与黄帝对话的方式来表达医药理论，记载了大量有关古代人类体质特征和人体测量的数据。《灵枢》篇运用阴阳、五行学说，对人体体质进行了十分生动的描述，例如在《灵枢·阴阳二十五人》篇中，把人体归纳为木、金、火、土、水五种不同的体质类型[③]。《灵枢·顺肥瘦》将人分为肥

---

① 张实．体质人类学［M］．昆明：云南大学出版社，2003：48.

② 王琦．中医体质学［M］．北京：中国医药科技出版社，1995：1.

③ 高飞．中医偏颇体质与体重指数及亚健康的相关性研究［D］．北京：北京中医药大学，2010：12.

人、瘦人、肥瘦适中之人以及壮士与婴儿之不同体质。《素问》主要论述摄生、阴阳五行、藏象经络、病因病理、诊法治则及对有关疾病的认识。

虽然我国中医学有关体质早有探讨，但有关内容仅散见于一些医学著作和文献资料中，并未形成专门的学科体系。2009 年 4 月，《中医体质分类与判定标准》正式发布，该标准是我国第一部指导和规范中医体质研究及应用的指导性文件，旨在为体质辨识及与中医体质相关疾病的防治、养生保健、健康管理提供依据①。该标准应用了流行病学、遗传学、分子生物学、免疫学、数理统计学等多学科交叉的方法，经中医临床专家、流行病学专家、体质专家多次论证，将体质分为平和质、气虚质、阳虚质、阴虚质、痰湿质、湿热质、血瘀质、气郁质、特禀质 9 个类型，为体质辨识提供了标准化的工具。

当前，中医学界对体质的界定的争论主要在身体素质学说和身心统一学说两个方面。一是身体素质学说。匡调元将体质定义为：人群及人群中的个体在遗传的基础上，在环境的影响下，在其生长、发育和衰老的过程中形成的机能、结构与代谢上相对稳定的特殊状态。这种特殊状态往往决定着它对某些致病因素的易感性及其所产生的病变类型的倾向性②。何裕民认为："体质是指个体在先天遗传和后天生长发育基础上所表现出的相对稳定的生理特性。这类特性在生理状态下表现为对外界刺激的反应和适应上的某些差异性，发病过程中对某些致病因素的易罹性以及病理过程中病理发展的倾向性。"③ 郑元让提出：体质是常态下的机体的自我调控能力和对外界环境的适应能力。其中，卫外力和自和力是体质强弱的实质；阴阳、寒热、燥湿、虚实是体质之属性；阴阳偏差是体质差别的根源④。王利敏等人在研究体质分型与亚健康状态的关系时，将体质分为气虚、肝郁、瘀阻、痰湿、内热、阳虚等类型，也反映了身体素质论的观点⑤。从以上界定可见，中医学界从生理学和病理学的范畴对体质进行了界定。

---

① 中华中医药学会．中医体质分类与判定标准［M］．北京：中国中医药出版社，2009：6.

② 匡调元．人体体质学［M］．上海：上海中医学院出版社，1991：3.

③ 何裕民．体质研究中若干问题的思考［J］．山东中医学院学报，1988，12（4）：2.

④ 郑元让．《伤寒论》的体质学说［J］．中医杂志，1981（12）：4.

⑤ 王利敏，陈家旭．论体质分型与亚健康状态［J］．中国医药学报，2001，16（6）：21.

二是身心统一学说。受我国古代思想的影响，有些医学界学者基于《黄帝内经》文献，将体质界定为形态结构、生理机能和心理状态相结合。例如，王琦所下的定义为：体质是个体生命过程中，在先天遗传和后天获得的基础上表现出的形态结构、生理机能和心理状态方面的综合的、相对稳定的特质①。孙广仁主编的全国统编教材《中医基础理论》也采纳了心身统一论的观点，认为体质由形态结构、生理功能和心理状态三个方面的差异性构成②。喻自成在论述体质的结构时，也将情绪特征、性格特征与体格特征、脏腑阴阳气血的生理反应特征及其病理倾向特征相提并论③。母国成也认为：人的体质结构，具有三大要素：①体态（人的外表形态）；②质能（人体组织器官的功能特点和作用强度）；③气质（个体在其生命活动过程中，所表现出来的精神面貌、性格、情绪的总和）④。另外，王洪图主编的《黄帝内经研究大成》和邓中炎等编著的《中医基础理论体系现代研究》在论及体质的概念时，都将心理素质作为体质的构成要素。可见，以上学者基于《黄帝内经》的思想，对体质的构成要素进行了界定，认为体质包括身体和心理的结合。需要指出的是，中医学中的体质是基于人的结构、功能与代谢等生理、病理方面，而不能将看似相关的心理学的人格要素也混为中医研究的体质学。古代文献中的心理素质并不等同于现代心理学中的人格的内容⑤。

综上所述，中医体质学以生命个体的人为研究出发点，旨在研究不同体质构成特点、演变规律、影响因素、分类标准，从而应用于指导疾病的预防、诊治、康复与养生⑥。体质概念的形成是基于中医学对人类体质观察的论述和现代中医体质研究的基本认识，通过研究不同体质类型与疾病的关系，强调体质的可调性，从改善体质入手，为改善患病个体的病理状态提供条件。虽然学者从生理学、病理学等角度就体质进行了广泛的探讨，但是受古代医学观点及现代医学认识的不同，体质的内涵界定上也不

---

① 王琦．中医体质学［M］．北京：中国医药科技出版社，1995：1.

② 孙广仁．中医基础理论［M］．北京：中国中医药出版社，2002：199.

③ 喻自成．略论体质的结构、类型与特点［J］．湖北中医杂志，1990（2）：23.

④ 母国成．中医体质学说及其异化［J］．新中医，1983（9）：17．

⑤ 邢玉瑞，苗彦霞．中医体质概念的争鸣及其原因探析［J］．中华中医药杂志，2004，19（9）：519-521.

⑥ 丁宇炜．中医体质学研究进展［J］．云南中医中药杂志，2010，31（2）：71-75.

尽一致。

四、“体质”在体育学中的阐释

1. 体育学中体质概念的梳理

早在1917年，毛泽东同志在《新青年》杂志发表的《体育之研究》一文中就两次提起“体质”，一是“民族之体质，日趋轻细”；二是“勤体育则强筋骨，强筋骨则体质可变”。1952年，毛泽东同志为全国体总代表大会题词“发展体育运动，增强人民体质”，号召青年“身体好，学习好，工作好”。随后《中华人民共和国宪法》中提出“国家发展体育事业，开展群众性的体育活动，增强人民体质”，“国家培养青年、少年、儿童在品德、智力、体质等方面全面发展”，两处使用了“体质”一词。1981年12月，中国体育科学学会在成都成立体质研究分会，标志着我国体育学界的体质研究进入正轨。1995年颁布的《中华人民共和国体育法》以国家法律的高度对体质进行了规定，指出国家推行全民健身计划，实施体育锻炼标准，进行体质测试。

1982年8月，在山东省泰安市举行的体质研究会议将体质定义为：体质是指人体的质量，它是在遗传性和获得性基础上表现出来的人体形态结构、生理功能和心理因素的综合的、相对稳定的特征。这是我国体育学界最早也是官方对体质的界定。随即，在全民健身计划的引导下，体育学界对体质的研究得到了蓬勃的发展。

当前体育学界对体质的定义仍是众说纷纭、莫衷一是。一般来讲，学界对“体质”的界定存在两种分歧。其中一种观点较为支持中国体育科学学会体质研究会所给的定义。例如，2006年颁发的《学生体质健康标准研究》中，虽然课题组没有对体质进行明确界定，但字里行间却透露出对体育研究分会概念的认可，并将体质划分为五个方面，即身体形态发育水平、生理功能水平、身体素质和运动能力发展水平、心理发育水平、对外界环境的适应能力五个方面（见表2-1）①。孙庆祝等人编写的《体育测量与评价》中，将体质定义为：体质是人体在遗传性和获得性基础上表现出来的人体形态结构、生理机能、身体素质、心理品质和适应能力等方面的

① 学生体质健康标准研究课题组．学生体质健康标准研究［M］．北京：人民教育出版社，2006：55.

综合相对稳定的特征①。苏联尼基丘克认为："体质是指有机体、形态、机能特征的总体，是遗传因素和环境因素的融合物，这一融合物决定着有机体的反应性。人体体型乃是体质的外在表现。"② 从以上对体质的界定可见，有些学者从体质内涵结构对体质进行了界定，并且持有多维的体质观，认为体质既包括身体形态、生理机能、身体素质，还包括心理素质和社会适应能力等方面。

表 2-1　体质组成结构

体质要素	构成内容
1. 身体的发育水平	体格、体型、体姿、营养状况和身体成分等方面
2. 身体的功能水平	机体新陈代谢水平以及各器官、系统的效能
3. 身体的素质及运动能力水平	即速度、力量、耐力、灵敏、协调、柔韧等素质，以及走、跑、跳、投、攀等身体活动能力
4. 心理的发育水平	即本体感知能力、个性、意志等
5. 适应能力	对自然环境、社会环境、各种生活紧张事件的适应能力，对疾病和其他有碍健康的不良应激源的抵抗能力等

另一种观点则从体质的功能和特征上对体质进行界定。例如，美国学者玛格丽特·J. 塞弗里特在《体育教育中的评定》中表述为："体质是以旺盛的精力执行每天的任务而没有过度疲劳，以充足的活动去享受闲暇时间的各种消遣，并能适应意外的各种紧张情况。"③ 法国的《法国国民体质》一文指出："体质包括生物统计可变值、心血管效能、运动效能和运动能力可变值。"国际体力标准化委员会执行主席、日本顺天堂大学教授石河利宽指出："所谓体力，是作为人的生活基础的身体能力，是和精神相对立的东西。"他认为，体力应包括行动能力和适应能力两个方面。日本体育学会编写的《体育学研究法》指出："体力（相当于体质的概念）

① 孙庆祝，郝文亭，洪峰．体育测量与评价［M］．北京：高等教育出版社，2006：240.

② ［苏］尼基丘克，郝成硕，罗冬梅，等．苏联运动形态学发展概况［J］．北京：北京体育大学学报，1991（1）：4-6.

③ 李非．江苏部分高校生体质现状的动态分析和研究［D］．苏州：苏州大学，2010：23.

是指人体和精神的能力，是人类生存和活动的基础。体力不仅表现在运动能力和工作能力方面，而且也表现在对疾病和环境的应激反应的抵抗力与适应能力上。”我国学者张中豹认为，体质是指人体在遗传和环境的相互作用下的形态和机能上表现出来相对稳定的特征①。

2. 体育学中体质概念的阐释

在不同的学科，由于学科理论基础、研究目的和内容不同，对体质的界定也存在较大的差异。人类学中的体质研究学科基础是细胞学说、生物进化论、遗传与变异理论等，采取的是人类学的研究范式，从生物学的角度对人类的起源、体质的演变、不同人种体质的差异进行探析。医学中的体质研究的学科基础是病理学、药理学、免疫学、生物化学等，从病理学、生物化学的角度对人类体质的改善、疾病的防范和治疗进行研究。体育学科中体质的学科基础是运动解剖学、生理学、运动训练学等，采取的研究范式是体育学，是从运动生理学、运动人体科学的角度对个体体质的差异、体育锻炼对个体体质的影响进行研究。

基于当前体育学有关体质的研究最具争议的问题有两个方面：一是体质是否包括心理要素（心理发育水平）；二是体质是否包括适应能力。本研究观点如下：首先本研究认为体质不应该包括心理要素。其理由有以下几点：第一，心理要素（智力、情感、个性、性格等）不能通过体育锻炼直接产生影响。在体育学中，研究体质的性质和目的是通过体育锻炼从而增强体质。众所周知，心血管系统和心理发育水平是两个不同的研究领域。体育锻炼可以增强我们的心血管系统，但体育锻炼却不能改善个体的心理发育水平（即感知能力、个性和性格等）。进一步来讲，假设体质包括心理要素，那么则可以认为通过心理咨询、心理疏导来增强个体的体质。显然，这种假设是不成立的，心理素质的提高可通过心理咨询、心理疏导等方式的心理健康教育；而体质的增强，则需要发展体育运动。从另一层面来讲，为增强公民的体质，体育学界倡导的是“全民健身工程”，为增强公民的心理素质，心理学界所倡导的是“全民健心工程”。全民健身和全民健心虽然关系密切，但两者却属于不同的范畴。如果体质包括心理要素，则可认为全民健身工程也包括全民健心工程，全民健心工程则是全民健身工程的下位或子工程。也就是说，如果把心理要素列为体质的内

---

① 张中豹. 体质概念现状的研究［J］. 体育学刊，1998（4）：53-55.

容，心理学与体育科学的研究对象之间就没有界限了，心理学则会变成一门研究体质的科学。这种逻辑，不用说心理学科的专家学者们不会同意，恐怕连具有一般科学常识的人们也不会赞同①。

第二，各国体质测试体系都不包含心理要素指标。体质不应该包括心理因素，从当前世界各国的体质测试指标的构成体系也可见一斑。我国从《准备劳动与保卫祖国体育制度》《体育锻炼标准》到《国民体质测定标准手册》，以及每5年进行一次的国民体质监测工作都没有涉及心理因素的测试指标。从美国、加拿大、日本等国家的体质测试来看，也都没有涉及心理要素的测试内容。因此，如果将心理要素纳入体质范围，就会形成理论层面体质什么都包括，而实践操作中体质则只包括身体形态、身体机能和身体素质的层面。有些学者将其归结为体质研究的薄弱环节，还有些认为心理测评难以开展等因素显然是站不住脚的。在心理学的研究中，同样涉及大规模样本数据的采集和分析工作。

第三，"体质"和"心理"是两个不同的研究领域。针对不同的领域，我国分别实施了不同的教育内容，如针对体质采取了体质健康教育，针对心理采取了心理健康教育，还有道德健康和行为健康等，可以认为这些概念都是并列的。如果体质包括心理要素，那就存在体质健康也包括道德健康、行为健康等领域。心理健康则成为体质健康的下位概念。显然，以上说法是不成立的。心理素质是在遗传基础之上，在教育与环境影响下，经过主体实践训练所形成的性格品质与心理能力的综合体现。其中的心理能力包括认知能力、心理适应能力与内在动力。对内制约着主体的心理健康状况，对外与其他素质一起共同影响主体的行为表现②。可以认为，心理素质与人的道德修养、知识水平、体质素养等共同构成完整的人。也就是说，心理素质与身体素质（体质）、科学文化素质等众多素质是并列关系。假若心理要素属于体质的范畴，那么可以认为有什么样的心理发育水平就有什么样的体质。也就是说，体质好的心理发育水平就好，体质弱的心理发育水平就弱。照此说来，心理障碍者、精神病患者或接受改造者的体质就很孱弱，而心理发育水平较高者的体质都很好。显然，这种说法是行不

---

① 张中豹，安伟震．现行体质概念中的逻辑问题［J］．武汉体育学院学报，1995（2）：89-93.

② 心理素质训练含义．中国全民健心网［EB/OL］［2013-02-02］．http：//www. zhipr. org/jianxinyanjiu/20130202/892. html.

通的。

其次，本研究认为体质的范畴也不应该包括适应能力。其原因有：一是根据当前的研究，适应能力大多是从心理学的角度去探讨适应社会的过程，认为社会适应能力是心理素质的核心内容之一①。如林崇德教授认为，适应的本质在于取得机体与环境的平衡，如果机体与环境失去平衡，就需要改变行为，重建平衡，这种不断的平衡—不平衡—平衡的过程，就是适应的过程，也是心理发展的本质的原因②。陈会昌认为，社会适应是指社会或文化倾向的转变，即人的认识、行为方式和价值观因为社会环境的变化而发生相应的变化③。通俗来讲，生活中常听有些人讲不适应某地方的饮食、不适应某地的风俗习惯等现象，是个体心理素质的影响，是心理学和社会学研究的范畴，并不能通过体育锻炼来改善。诚然，体育锻炼活动的参与在一定程度上可提高免疫力，但良好的体质并不能避免一系列不适应症状的发生。例如，很多优秀运动员无论是技能还是体质方面都处于良好状态，但是不免会有很多优秀运动员参赛时不适应异地的气候、环境等现象，而需要采取提前适应场地等工作。

二是除了心理素质探讨适应能力外，还可以从生理学的角度探讨适应能力。如季节、环境变化而发生各种生理症状，如皮肤过敏、感冒、食欲不振，甚至腹泻呕吐等不良症状，俗称为“水土不服”。这种适应能力是指生活环境的变化使正常菌群的生活环境也相应发生了改变，于是菌群在种类、数量、毒力等方面开始逐渐侵蚀机体各部分的正常功能，导致与机体共存的有些平时致病菌无法进行有效制约，就会使人患病，医学上称为“菌群失调症”。可见，这里探讨的适应能力是医学界的研究范围，可通过药物治疗等措施改善。

总之，体质是一个多学科的研究领域。对体质概念的认识，应从研究者各自的学科角度出发。虽然从表面来讲，“体质”涉及人类学、医学和体育学等多门学科，但是各学科的内涵以及研究内容却存在较大差异。这从体质在不同学科中对应的英文可见一斑。如在医学中的体质采用的是

---

① 孙庆祝，郝文亭，洪峰．体育测量与评价［M］．北京：高等教育出版社，2010，227.

② 林崇德．发展心理学［M］．北京：人民教育出版社，1995：61.

③ 陈会昌．儿童社会性量表的编制及其常模制定［J］．心理发展与教育，1994，10（4）：77.

"Diathesis"即素质、因素，而在体育学中的体质采用的是"Physical Fitness"即体适能。因此，就体育学科而言，既不应单纯根据字面去引经据典，也不能离开体育学的范畴单纯从人类学或医学的角度去解释，而应从体育的学科性质、任务和研究目的去认识体质。也就是说，体育学中的体质概念是以体育学为主体内容而产生的概念，应从体育学研究的任务和目的去把握，离开了体育学，则不属于体育学研究的范畴。正如病患者问诊不同职业的专家时，医生对症开出的是药方，心理咨询师对症则开的是心理处方，体育专家对症开的是运动处方。体育学中体质研究的是体育锻炼与身体形态、机能和身体素质的关系问题。

当然，我们将体质与心理素质、适应能力区别开来，并不是否认它们之间的联系。体质是人类生存、开展各种活动的基础，自然也是良好的心理素质和社会适应能力的基础。同时，良好的心理素质和适应能力又会反作用于身体，促进个体体质的增强。但是，就体育学而言，体育最本质的研究属性是通过体育锻炼进而增强体质。这里的体质是可以通过体育锻炼得以提高的。体育对提高心理素质（认知、情感等）、社会适应能力的功能即便有也是衍生的或间接的。在体育学中研究体质的构成要素最基本的条件是能否通过体育锻炼而促进其功能的提高。就体育学而言，体育学研究的范式、目的和内容则是界定体质的逻辑起点。因此，本研究认为，体质是在先天遗传性和后天体育参与基础上，在人的身体形态、身体机能和身体素质等方面表现出综合的、相对稳定的特征。

第二节　多维度视野下的健康观

"健康"一词作为一个长期演进和发展的概念，一直有着丰富的内涵。由于人们所处的时代背景、环境的不同，人们对健康的理解也存在较大的差异。在我国古代，"健康"最早是由"健"和"康"两个多义词演化而成，其中"健"指"伉也"（《说文》），意指身体健康，"康"有安乐、安宁之意①。根据不同时期人们对健康的认识，健康经历了从一维健康观、二维健康观、三维健康观到四维健康观的转变。

① 桂海荣，张雅玲，孙计金．"体质健康"思辨［J］．沈阳体育学院学报，2011，30（6）：80-82.

一、一维健康观

在生产力极其落后的社会，人类对自然界的认识还处于感性阶段。由于疾病时常在个体及群体中的发生，人类只能将其归结为是“恶魔缠身”“上帝的惩罚”。在这种环境下，人类将健康寄托于神灵、上帝和巫术，形成了唯心主义健康观。随着生产力的发展，特别是工业革命的产生，人类逐渐形成健康就像机器正常运转，保护健康就像维护机器的机械唯物主义健康观。在此基础上，人们主要用是否患有疾病来评价个体的健康，认为健康就是没有疾病。这种健康即没有疾病的消极健康观，反映了人们对健康的朴素追求，与当时的社会发展是相对应的。在一维健康观影响下，我国古代学者提出要达到健康状态，则要保持身体的平衡。有学者认为，土、气、水、火四种元素的平衡则可健康；另有学者则认为，热、冷、干、湿需保持平衡。

在我国一些词典释意中，“健康”通常被简单扼要地定义为“机体处于正常运作状态，没有疾病”。《辞海》中将健康定义为：指人体各器官和系统发育良好，协调配合并发挥作用，有充沛的活力，能够在适当的时间做自己想做的和需要做的事，在生理和心理上与环境相适应的良好状态①。通常用人体测量、体格检查和各种生理指标来衡量。有学者也认为，健康是“一个有机体或有机体的部分处于安宁的状态，它的特征是机体有正常的功能，以及没有疾病”②。虽然这种说法直观明了地概括了健康，但只是将人作为生物有机体来看待，从纯生物学的角度理解健康。需要指出的是，从健康即没有疾病单维的健康观来说也存在一定的误区：一是导致循环定义，健康等于没病，没病等于健康，这就犹如好就是不坏，不坏即为好的界定。将健康的定义指向负向健康，而正向健康并没描述。二是过于片面化，只强调个体的生物属性，而忽视了健康的其他属性。三是忽视了健康的程度，否认了健康与疾病之间还存在“亚健康”或不同程度的健康状态。

---

① 夏征农．大辞海·体育卷［M］．上海：上海辞书出版社，2008：54.

② ［美］F. D. 沃林斯基．健康社会学［M］．孙牧虹，译，北京：社会科学文献出版社，1999：116-125.

二、二维健康观

19世纪末，随着自然科学的发展，特别是解剖学、生理学、生物学等学科的进步，人类对疾病有了进一步的探索。医学及相关学科的出现，使人类对疾病的认识有了更深入的理解。由此，人类对健康也产生了一些新看法。一种观点突破了传统的机械唯物主义健康观，认为健康与疾病之间存在相应的程度关系。健康和疾病可共存于人体中，患病的人体只是某个部位或器官出现问题。也就是说，患病的人体也可能存在健康的成分，而健康的人体也包含有疾病的因素。绝对的健康是不存在的，而绝对的疾病就是死亡①。可见，这是一种典型的共存健康观，持这种观点的人认为，绝对的健康是不存在的，人的健康状态都是波动于健康与疾病状态之间的一个动态过程。

工业革命以后，人类依靠手工业和凭借个人体力劳动的方式逐步转变。大工业生产使得人与人之间的合作更加密切。在这种情况下，虽然有些个体并未患有疾病，但个体间以及同一个体不同时间的工作效率都存在一定的差异。在生产实践中，有些个体能够正确认识自我，自觉控制自己的情绪，正确对待外界影响，从而使心理保持平衡协调。而有些个体则表现出各种不适，情绪变化较大、难以控制自己的情况、与他人沟通不够顺畅等现象。这些现象不仅引起了心理教育工作者的好奇，同时也引起了健康工作者的关注。由此，一些健康工作研究者提出二维的健康观，即健康不仅是个体不患有疾病，而且是在身心两方面都表现出良好的状态。

三、三维健康观

1948年，世界健康卫生组织（World Health Organization，WHO）提出："健康不仅仅是免于疾病和衰弱，而是保持体格方面、精神方面和社会方面的完美状态。"这一界定把人的健康从生物学的意义，扩展到了心理和社会关系（社会相互影响的质量）三个方面的健康状态，并将这一定义写进了《世界卫生组织宪章》。

1968年，世界卫生组织进一步明确健康即是"身体精神良好，具有社会幸福感"，更加强调了人的社会属性。1976年，美国学者布鲁姆

---

① 张枢贤．社区医学［M］．北京：北京医科大学出版社，1998：28.

（Blum，H. L.）提出决定个体或特定人群健康状况的一个公式：

$$HS=F(E)+AcHs+B+LS$$

这里的“HS”代表健康状态，“F”是一个函数，“E”代表环境，“AcHs”代表保健设施的易获得性，“B”代表生物学因素，“LS”代表生活方式。

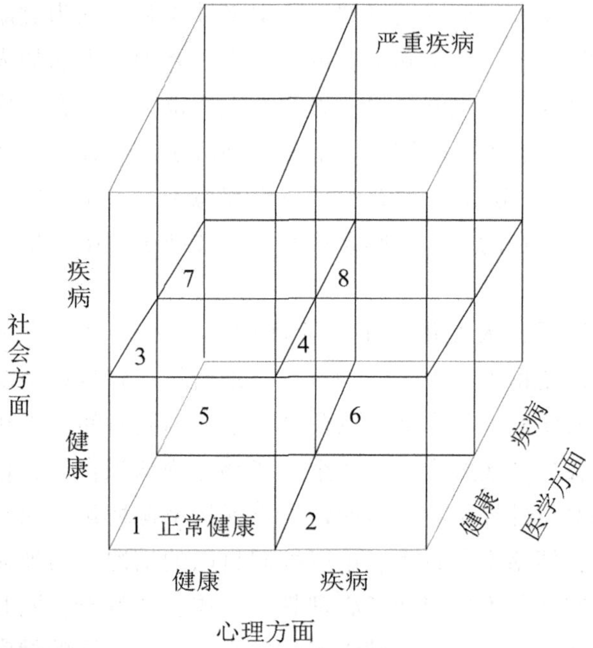

图 2-1　三维健康模型

1978 年，国际初级卫生保健大会所发布的《阿拉木图宣言》对健康的描述又重申：健康不仅是疾病与体弱的匿迹，而且包括身体、心理和社会方面的完好状态①。并且提出，健康是基本人权，达到尽可能的健康水平，是世界范围内的一项最重要的社会性目标。1987 年，《简明不列颠百科全书》中文版的定义是：“健康，使个体能长时期地适应环境的身体、情绪、精神及社交方面的能力。”美国学者沃林斯基根据 WHO 对健康的定义，将健康的三个维度分成健康和疾病两个方面，绘制了“三维健康模型”（如图 2-1 所示），将整个健康的三维立方图划分成 8 个小的亚立方体，每个

① 孙隆椿．健康之路［M］．北京：人民卫生出版社，1996：8.

亚立方体代表一种健康状况[①]。根据图 2-1，可将三维健康图分解成 8 种健康状态，见表 2-2。我国学者张铁民基于世界卫生组织的定义，提出："健康是人类的基本需要，是躯体的、心理的、环境的和行为的互相适应和协调的良好状态。"可见，三维的健康观突破了传统身心健康二维的局限，将健康拓展到社会适应领域。

表 2-2　三维健康模型中的 8 种健康状况[②]

健康状况	标志	心理方面	身体方面	社会方面
1	完全健康	健康	健康	健康
2	悲观	不健康	健康	健康
3	社会方面不健康	健康	健康	不健康
4	患疑病症	不健康	健康	不健康
5	肉体不健康	健康	不健康	健康
6	长期受疾病折磨	不健康	不健康	健康
7	乐观	健康	不健康	不健康
8	严重患病	不健康	不健康	不健康

四、四维健康观

1989 年，世界卫生组织进一步定义了四维健康新概念，即"一个人在身体健康、心理健康、社会适应健康和道德健康四个方面皆健全"。2000 年，我国体育科学学会编写的《体育科学词典》中，也将健康划分为躯体健康、心理健康、社会行为健康和道德健康四个方面。2000 年，美国发布的"2010 健康公民：关于健康促进和疾病预防的国家目标"中对健康作了这样的解释："尽管没有疾病对良好的健康来说是十分重要的，但健康不仅仅是没有疾病，健康是创造高水平生活质量和工作成就的能力，这种能力包括智力、社会适应力、情感力、精神力和身体能力。"在前期认识的基础

① ［美］沃林斯基．健康社会学［M］．孙牧虹，译．北京：社会科学文献出版社，1999：145.

② 吕平元，何俊虎．对高校体育健康提法的探讨［J］．湖北体育科技，2002，21（3）：366-367.

上，新时期世界卫生组织将道德健康纳入健康的范畴。四维健康观不仅是将躯体的健康作为终极目的，而且应将追求生命更崇高，人类文明的取向。每个人不仅对个人的健康负有责任，同时也对社会健康承担着不可或缺的义务，需要按照社会认可的道德行为来约束及支配自己的思维和行为。

综上所述，健康是一个动态的发展过程，是人类追求的终极目标。人类从一维到四维健康观的演变反映了不同历史时期人类对自身的认识。四维健康观的形成就犹如“健康金字塔”，首先金字塔的底端是躯体健康，也是健康的物质基础；其次是心理健康，身心健康是健康的核心内容；再次是社会适应，是健康的提高和升华；最后是道德健康，即健康的终极目标。从一维健康观到多维健康观的转变，体现了人们对健康从生物医学模式向生物—心理—社会医学模式的转变过程。按照这一理解，随着社会的发展以及人们对健康认识的不断加深，健康将会朝着五维、六维，甚至更多维度的方向发展。

第三节　体质与健康的内涵解析

一、体质与健康关系的探析

根据前文的论述可知，体质与健康是两个不同的概念。从当前学界的研究来看，体质与健康的关系可谓众说纷纭。以下是学者们提出的不同观点。

茅鹏认为，体质是生命运动和身体运动的对立统一，自然也是健康和体力的矛盾统一。体质“一分为二”，就是健康和体力。体力和健康不能互相替代，各有独立的含义，也不能分别单独代表体质。只有把体力和健康结合起来，才能完整地反映体质水平①。按照茅鹏的观点，可以得出体质=健康+体力。

何仲恺认为：一是体质是健康的物质基础，健康是体质的外在体现。二者是紧密联系、不可分割的。二是体质与健康是一种“特质（质量）”与“状态”之间的关系。作为“特质”的体质是相对稳定的，不易改变的；作为“状态”的健康是相对不稳定的、易改变的。三是体质是人体维持良好健康状态的能力。体质从本质上说是一种质量，“质量”高即能力

---

① 茅鹏．体质 体力 健康［J］．体育与科学，1986（3）：1-3.

“强”，“能力”强即“质量”高，二者是统一的，并无矛盾[①][②]。对此，肖夕君也赞同这一观点，认为体质与健康是质量与状态的关系，质量决定状态[③]。

郝树源认为，体质与健康两者既有区别又有联系，两者的区别为：体质只表示一个人身体方面的内在机能和由这些机能所决定的现实状态以及综合反应，外延较小，范畴较窄，具有长期性、相对稳定性等特征；健康表示一个人身心、社会方面的良好状态及良好的适应能力，外延较大，但健康的状态通常是短期的，具有流动性、易变性等特点。体质是身体状况或身体能力的反映，具有客观性；健康则表示一个人对自身身体、心理和社会方面的自我感觉和这方面的实际状况的一致、符合，是主观意识和客观实际的统一。体质是一个中性词，它只表示一个人身体的客观状态及实际能力，而不表示一个人的本质。健康则不然，健康是一个褒义词。评价体质状况多可定量，要评价一个人的健康状况则要定性和定量相结合。健康要比体质高一个层次，即健康包含体质，而体质只是健康的一个方面。两者的联系有：①一方面体质是健康的前提和基础，另一方面健康是良好体质的归宿和最终目标。②体质与健康呈现出一定的相关性，但两者并非线性关系[④]。蒯放对郝树源的观点既有支持的部分也有反对的部分，其支持体质是健康的前提和基础，健康是体质的追求和旨归。但否认的是：体质与健康既不是并列关系，也不是包含关系；体质与健康可以叠加使用，但不可交换使用[⑤]。刘东海等人对这一观点则持否定态度，认为“体质”是动态的、相对平衡的、具有时空性的、多维的大概念、大系统[⑥]。

于涛等人认为，体质和健康两个概念从理论渊源上分属不同的话语系统，反映不同的思想观念，两者不可交替使用或叠加使用。体质属于中国

---

① 何仲恺．体质的概念及其与健康的关系［J］．体育科学，2002，22（2）：37-38.

② 何仲恺．体质与健康关系的理论与实证研究［D］．北京：北京体育大学，2001：12.

③ 肖夕君．体质、健康和体适能的概念及关系［J］．中国临床康复，2006，10（20）：146-148.

④ 郝树源．论体质与健康［J］．体育学刊，2002，9（2）：124-127.

⑤ 蒯放．根源、属性、范畴：论体质的内涵及其与健康的关系［J］．山东体育学院学报，2014（5）：34-38.

⑥ 刘东海，夏国军，付戈弋，等．体质概念的内涵、外延及其综合评价——兼与何仲恺、郝树源等老师商榷［J］．体育学刊，2003，10（1）：14-17.

传统文化概念，反映中国哲学对人的看法和中医学对疾病的认识和治疗理念。目前使用的健康概念则是西方科学和文化的反映。两者虽有共通之处，但是其思想观念和表达方式迥然不同，所适用语言环境也应该不同①。

从以上的研究可以看出，当前对体质与健康关系的研究探讨主要聚焦在三个方面。一是在包含关系方面：有研究认为，体质是一个大的系统，健康是体质的一个方面，体质包括健康因素；另有研究指出，健康是一个大的系统，健康包括体质，体质只是健康的一个方面。还有研究指出，体质与健康既不是并列关系，也不是包含关系。二是在前后关系方面：研究者对“体质是健康的前提和基础，健康是体质的追求和旨归”这一观点达成了共识。三是在特征方面：有研究指出，体质是相对稳定的，不易改变的；健康是相对不稳定的，易改变的；另有研究指出，体质是动态的、相对平衡的、具有时空性的、多维的大概念、大系统。

结合前文的结构内涵分析，本研究认为，要从如下方面揭示体质和健康的关系。首先，体质和健康在词性上的多元性。从词性来分析，体质是名词；健康既可作名词，也可作形容词。健康可用来修饰体质，即健康的体质和不健康的体质。从词语的感情色彩来讲，体质是中性词，不存在任何感情色彩；健康是褒义词，用来描述达到的理想状态。当用健康来描述体质时，说明体质达到理想的状态。在用法上，体质和健康两词可叠加使用，即为“体质健康”，但不可交替使用。例如，我们可以描述个体的体质很好，却不能描述个体的健康很好。后者犯了语义的重复使用。同理，我们可描述个体的身体很健康（表示理想状态），但不可以描述个体的身体很体质。

其次，体质和健康的关系取决于健康一词的用法和语境。体质是指身体所特有的性质或具有相应能力的总称。就如身体结构要素包括上肢、下肢、躯干等要素一样，体质的构成要素包括身体形态、身体机能和身体素质等。当健康作为形容词时，可用来描述、修饰或评价体质的状态。在这种情况下，健康与体质是一种修饰关系。当健康用作名词时，是指个体身心综合的特质或能力，其内容涉及体质健康、心理健康、社会适应等。也就是说，当健康用作名词时，是一个大的概念体系，包括体质健康、心理健康、社会适应能力及道德健康等内容。在这种情况下，体质是评价个体健康状况的重要组成部分。如果没有健康的体质，来谈一个人的健康是不

---

① 于涛，魏丕勇．“健康”语境中的“体质”概念辨析［J］．天津体育学院学报，2008，23（2）：134-136.

够全面的。此外，增强体质的目的是增进健康，是实现个体全面健康的手段。因此，两者具有目标上的一致性。需要指出的是，虽然体质和健康在一定程度上具有一定的相关性，但两者并非呈线性关系。也就是说，当某一个体的体质是健康的，并不能完全说明该个体就是健康的。其原因是，健康涉及多个方面。体质健康的个体虽然对健康提供了可能，但健康还涉及心理因素、社会适应能力等方面。例如，作为有规律训练备赛的运动员，其体质肯定是健康的，但是其认知、情感或社会适应能力等方面则可能存在不健康的方面。因此，健康的人必定要有良好的体质，而拥有良好体质的个体不一定就是健康的。

总而言之，体质和健康两者之间具有双重的关系。一种关系为修饰关系，当健康作为形容词用时，健康修饰体质，形容体质所达到的程度或状态；另一种是包含关系，当健康作为名词用时，健康的范畴包括体质健康、心理健康、生理健康等要素。因此，当论及体质与健康的关系时，要根据用词的语境。脱离了语境，而单独说两者是包含或其他关系显然是不严谨的。

二、“体质健康”的语义分析

在我国，“体质”与“健康”两词的结合使用可追溯于20世纪80年代。当时将两词加上连词“与”字组成“体质与健康”，所涉及的领域为全国学生体质与健康的调查。从测试指标来看，体质与健康的调查包括体质指标(形态、机能、素质）和健康指标（视力、沙眼、龋齿、脊柱侧弯等8项指标)。从这一用法可见，“体质与健康”属于两个范畴，分别指的是体质和健康的体系，所涉及的领域包括体育领域和医学领域中的疾病预防的内容。可见，此时学界对健康的理解还较有限，“体质与健康”的结合程度还不够密切。

“体质健康”一词最早出现在2001年颁布的《国务院关于基础教育改革与发展的决定》中，该决定提出要“制定并实施学生体质健康标准”。随后，2002年教育部和国家体育总局联合颁布的《学生体质健康标准（试行方案）》中再次使用了“体质健康”一词。可以认为，“体质健康”一词的提出与应用是随着我国对体质的认识与研究深入的充分体现。随着学科的发展，对健康的认识范围不断拓展，涉及身体健康、心理健康和社会适应等多方面的结构要素。在体质健康一词中，体质和健康都为名词，为了避免体质健康与健康的内涵结构相混淆，故将体质作为“健康”的定语以示其内涵。“体质健康”不是体质与健康的简单相加，它是生命特征的一种状态，是生命力、持续力、协调力的一种外在表现形式①。在体育学中，“体质健康”一词的使用就像“心理健康”一词在心理学中的使用。体质健康涵盖的是与体育锻炼密切相关的身体形态、身体机能和身体素质构成的范畴。由于身体健康一词更为笼统，使用“体质健康”更能够凸显体质在体育学中的研究性质和目的。

三、体质健康与体适能的关系探析

体适能一词从英文“Physical Fitness”翻译而来，在我国港澳台地区是一个耳熟能详的概念，近年来在内地才刚刚为人们熟知。其内涵是指人体所具备的有充足的精力从事日常工作（学习）而不感到疲劳，同时有余力享受康乐休闲活动的乐趣，能够适应突发状况能力②。

20 世纪 40 年代，Thomas K. Cureton 博士通过研究有规律的锻炼对体适能和健康的影响，并于 1944 年在伊利诺伊大学成立了首个体适能研究实验室③。随后，越来越多的专家学者从事体适能研究，并于 1956 年成立了青少年体适能总统委员会（President’s Council on Youth Fitness，PCYF，现为 PCPFS）。20 世纪 80 年代以前，美国体适能测试指标采用的是运动能力测试指标。1973 年，得克萨斯州推出的体适能-运动能力测试体系首次将体适能与运动能力分开，为后续健康体适能的研究奠定了基础④。1980 年，AAHPERD 颁布了首个健康体适能测试体系，其内容包括心肺耐力、身体成分和肌肉骨骼功能等。1985 年，美国运动医学会（American College of Sports Medicine，ACSM）将体适能划分为健康体适能（Health-related Physical Fitness）和技能体适能（Skill-related Physical Fitness）。从两者的构成要素来看，健康体适能主要包括心肺耐力、身体成分、肌肉力量、肌

---

① 中华人民共和国教育部，国家体育总局．国家学生体质健康标准解读［M］．北京：人民教育出版社，2007：73.

② SEEFELDT V.，VOGEL P. Physical Fitness Testing of Children：A 30-Year History of Misguided Efforts?［J］．Pediatric Exercise Science，2010，1（4）：295-302.

③ A History of the President’s Council on Physical Fitness and Sports［J］．Presidents Council on Physical Fitness & Sports Research Digest，2007，8：1-8.

④ JR M. J.，ZHU W.，FRANKS B. D.，et al. 1958—2008：50 years of youth fitness tests in the United States［J］．Research Quarterly for Exercise & Sport，2009，80（1）：1-11.

肉耐力和柔韧性等；技能体适能主要包括速度、力量、平衡性、协调性、灵敏性和反应时间等（如图 2-2 所示）。从各指标的构成要素可见，健康体适能的目的是追求健康的身体和优质的生活；而技能体适能的目的是运动中突破成绩，在比赛中获得奖牌。可以认为，健康体适能是技能体适能的基础。

在我国内地并没有与体适能完全对等的词，但从我国内地体质测试的构成要素来看，体质测试指标包括身体形态、身体机能和身体素质等。虽然国内的体质测试与体适能的构成要素存在一定的差异，但是体质的构成要素与健康体适能的构成要素却存在一致性。例如，健康体适能中的身体成分对应我国内地测试的身体形态，心肺耐力对应身体机能，肌肉力量与耐力和柔韧性对应身体素质。需要指出的是，虽然我国内地的体质测定标准（幼儿部分、成年人部分和老年人部分）和《国家学生体质健康标准》的名称上（前者为体质，后者为体质健康）存在一定的差异，但其构成要素却是相同的，都由身体形态、身体机能和身体素质构成。可见，在我国内地体育学界体质与体质健康为同一概念。体适能中包含体质健康的构成要素，体质健康等同于体适能中的健康体适能。

- 体适能
  - 健康体适能
    - 心肺耐力
    - 身体成分
    - 肌肉力量
    - 肌肉耐力
    - 柔韧性
  - 技能体适能
    - 速度
    - 力量
    - 平衡性
    - 协调性
    - 灵敏性
    - 反应时间

图 2-2　体适能要素构成①

① CASPERSEN C. J., POWELL K. E., CHRISTENSON G. M. Physical Activity, Exercise, and Physical Fitness: Definitions and Distinctions for Health - Related Research [J]. Public Health Reports, 1985, 100 (2): 126-131.

本章结语

“体质”与“健康”的语义是理解体质健康的核心。由于体质是一个多学科的研究领域，涉及人类学、中医学和体育学等学科，各学科由于学科基础、研究目的、研究内容的不同，对体质的内涵理解及研究内容也存在较大的差异。对体育学而言，体质是在先天遗传性和后天体育参与基础上表现出来的，在人的身体形态、身体机能和身体素质等方面综合的、相对稳定的特征。健康是一个动态的概念，在不同的时期分别经历了一维健康观、二维健康观、三维健康观和四维健康观。“体质”与“健康”的结合经历了“体质与健康”到“体质健康”的转变。体质健康是健康的构成要素之一，其涵盖的是与体育锻炼密切相关的身体形态、身体机能和身体素质构成的范畴。由于身体健康一词更为笼统，使用“体质健康”更能够凸显体质在体育学中的研究性质和目的。体适能与体质健康是包含关系，体质健康等同于体适能中的健康体适能。

第二章

残疾学生体质健康测试的理论探析

残疾学生体质健康测试由体质健康测量和体质健康评价共同组成。其中，体质健康测量是体质评价的基础和前提，体质健康评价是对体质健康测量结果的价值判断。残疾学生体质健康标准研制的前提是残疾学生具备体质健康测量与评价的可能。对残疾学生而言，由于存在各种类型的障碍，体质健康测量不可能完全采用健全学生体质健康测量的手段和方法，并且要尽量规避残疾引起的测量障碍。同时，由于测量指标的多样，如何有效进行综合评价也是不可回避的理论问题。对残疾学生体质健康测试相关理论进行探讨，有利于我们更深入地了解体质健康测试，更有利于后续研究工作的开展。

第一节　残疾学生体质测量的理论基础

一、体质测量的定义

测量是一个耳熟能详的词。提及测量，人们总会联想到各种各样的仪器。如利用温度计测量温度、用声强测量仪测量声音、皮尺测量长度、天平测量重量、钟表测量时间，等等。顾名思义，测量是指采用一定的工具对要测量的客体或要素的某种因素或特征（如时间、空间、功能和水平等）进行检测和计量的过程。

体质测量是指选择客观、有效且切实可行的测试指标，运用严密的测量方法、准确而经济的测量手段，从多个方面对人的体质特征进行测量的过程，是人体测量的一个分支。通过体质测量可以获得反映体质状况的原始数据资料，使抽象化的体质概念具体化、数据化和标准化。

二、体质测量的发展历程

1. 形态测量阶段

测量的最老形式，以“人体测量”而著称，它是对人体各部分的测量。最早的人体测量可追溯到古印度时期。最早的人体测量是寻找人体的某一部分，以便作为测量整个身体其他部分的通用计量单位。例如，在古埃及，人们利用中指的长作为通用的身体测量计量单位，即从地面到膝盖应是5个中指的长度，人的手臂伸展开应是8个中指的长度。有名为Silpi Sastri的论文将人体分为480个部位来研究其轮廓。埃及在公元前3500年—前2200年，也有类似于人体测量的方法存在。

古希腊的雕刻家们为了找出人体匀称的姿势，用了20多个模特，经深入研究后雕出为众人所知的一个完全匀称的人——掷枪人（Spear Thrower）的标准人型。他们将理想的男性描述为格斗者、竞技者。古希腊的“现代医学之父”希波克拉底认为身体的比例和对称性与健康息息相关。1835年，被称为“人体测量之父”的Baron Quetelet发表的《男子能力的成长》一文中已提到人体测量。1854年，德国Carus用24个脊椎骨组成的脊柱作为匀称人体的测量单位，从而奠定了解剖学的基础。1880年，哈佛大学的萨金特（Sargent）实施了有组织的测量，并于1893年公开发表了不同年龄大学男生女生各项身体指标的百分位数，同时将第50个百分位数作为基准值分别制成评价图表，并在世界博览会场展览，引起大家的广泛关注。他把人体测量应用于体育方面，对体育测量的发展作出了极大的贡献。Francis Golton在1882年设置了人体测量学教室，又于1904年成立了优生学研究所，研究人体形态特征和精神的关系。自此之后，人体测量学分化为纯粹生理学和形态与精神机能两个方面。并且出现了不同的观点，一部分人认为，人体测量学的研究对象包括人体和人体机能；另一部分人认为，人体测量学的研究不应包括身体机能，仅仅以身体的大小、重量和体积等测量为对象。

2. 肌力测量阶段

由于在形态测量阶段已经产生肌肉力量测量的萌芽，人们认识了肌肉力量和体型的关系，并逐渐开始对肌肉力量的测定。自此，体质从形态学测量阶段发展到肌肉力量测量阶段。1880年前后，美国哈佛大学萨金特认为，体格的大小并不能表示最大的身体价值，而是在于能力，然而，这种能力靠皮尺是无法测量的，只能通过实际的测试。随后，萨金特对在校学生进行了力量测定研究，编制了一套包括对腿力、背力、握力和臂力测量的肌力测验，旨在研制美国大学生肌肉力量标准。在此基础上，产生了“萨金特校际力量测定”。1890 年，美国卡特尔在研究个别差异时，把握力测量和动作速度测量用于人体的肌肉力量测量。1896 年，美国凯尔吉发明了“通用测力计”，利用这一工具可以测量不同肌肉群。1914 年，E. G. Martin 在 Vermont 研究小儿麻醉的肌肉状态时，利用弹簧制造了肌力器，而且发现了“局部肌力是全身力量的良好指标”的原则。因此，肌力测验的目标又前进了一大步。1925 年，弗雷德里克 · R. 罗杰斯提出了力量指数与健康指数，表明了力量与运动能力密切相关。20 世纪 40 年代，被誉为“现代等张力量训练之父”的托马斯对接受恢复治疗的受伤老兵进行了大量的力量测量和力量训练。以上肌肉力量测量观点的提出和方法的建立，为进一步深入研究肌肉力量与人体运动能力和健康的关系，奠定了理论和方法上的基础。

3. 心血管测定阶段

随着肌肉力量研究的不断深入，人们意识到人体形态、肌肉力量和心血管机能之间的关系。莫索（Mosso）在 1884 年发明了测功计，将身体机能状态与肌力测量联系起来进行研究，提出“运动时肌肉与心血管机能有着密切的联系，任何营养机能和心血管机能发生障碍，都会引起肌肉力量和身体能力的下降”。1905 年，C. W. 克兰普顿创造了“站立卧倒脉搏血压变化测验”，并依此制定了正常人的身体评价表，这是心血管系统功能测量的第一个测验方法。克兰普顿的创新是建立在人体从卧倒位到直立位时心率和血压变化的基础上。E. C. 施雷德尔创造了一个类似但更复杂的测验，这就是在第一次世界大战期间用来测量军队航空人员体质的测验。这个测验除了对直立—卧倒位之间的血压、脉搏的变化进行测试之外，还包括对运动负荷后恢复能力的测试。1931 年，塔特尔提出了脉搏比（即运动后脉搏/运动前脉搏数）测验，并详细规定了一组统一上、下台阶的运动负荷。塔特尔的测验对布柔哈和他的同事产生了深刻的影响，并在 1943 年研制了哈佛台阶测验。此后，还引发了一系列在现场进行的对心血管系统功能测试的测验，如王后学院（Queen’s College）台阶试验和泰康氏（Tecumsch）台阶试验。

1952 年，鲍尔克（Balke）开发的功率自行车测验导致了更为复杂的对运动负荷时心血管系统功能的实验室测量的兴起。这种复杂的实验室测验固然具有更高的信度和效度，但它需要专门的训练和昂贵的仪器设备，而且很显然，它并非适用于所有人。1968 年，肯尼思 · 库柏博士（Dr. Kenneth Cooper）出版了《有氧代谢》一书，在该书中库柏博士为美国空军开发了一个对心血管系统机能进行测试的现场测验。该测试简单易行，测试者只需走或跑 12 分钟，并且在所限定的时间内尽可能地在测量场地上走或跑最长的距离。此后，专家们统制了大量的走/跑型现场测试。库柏本人也研发了可供选择的测试项目，包括 1.5 英里跑测试、3 英里走测试、12 分钟游泳测试和 12 分钟骑车测试等，其中有些测试指标当前仍在美国的体质测试体系中应用。

4. 运动能力测试阶段

随着体育运动的发展，人们对跑、跳、投、攀、爬等运动能力测验的兴趣越来越深厚。由于运动能力是在运动中测定人的身体能力，比起静态的人体测量、肌肉测定和心血管测试更能反映人的实际能力。1900 年前后，基督教青年会和体育俱乐部的会员们也发明了对运动能力的五项全能运动测验；1901 年，萨金特创造了六种单项运动测验方法，受试者需连续实施测试项目 30 秒，能坚持完成者则为优秀。虽然这种方法较为原始，缺乏充分的科学依据，但仍不失为运动能力测验的先声。1904 年，Meylan 首创了跑、跳、腾越、攀越、攀登以及其他内容的综合性测验。不久，这一方法就得到了普及，成为许多国家学校的综合性测试。

1913 年，美国运动场联合会还开发出了运动证章测验，并颁布了具有男、女性别的标准。运动证章测试项目包括田径、爬绳和撑物跳跃等，其目的是使男女青年都达到基本的运动能力。这对提高竞技运动水平起了很大的促进作用。1914 年，J. H. Richards 又编制了一套包括引体向上、立定跳远、急行跳远、立定三级跳、急行三级跳、急行跳高、50 码跑 7 个项目的运动能力测试，并依据年龄、身高、体重分为两组，各组将第 70 个百分位数设定为及格标准。1920 年，衣阿华大学麦克罗意开发出了适用于男学生的田径、体操、球类和游泳的成绩量表。随后，一些新的杰出人物以其运动能力和一般运动能力测验而陆续崭露头角。得克萨斯的戴维布瑞斯开发了一个运动能力的测验，即经麦克罗意修订而变得引人注目的《布瑞斯衣阿华修订测验》。该测试又称为《运动接受能力测验》，主要用于测量个体学习新获运动技术的潜在能力。

1926年，美国体育协会发表的《关于运动能力的报告书》中谈及了8项测试项目及其目的，着重强调了有关技术测验方面的问题。1927年，D. K. Brace设计了学生运动能力分组测验量表，该量表包括技巧、一般协调能力、敏捷、平衡、柔韧及肌力等因素。这些身体能力的测试在高校得到广泛的应用，并在此基础上不断发展，尤其是增加了各种项目技术测量与评价的成分，为体育测量向着更高的阶段奠定了基础。运动能力、专项运动能力和运动接受能力的测验一直持续到20世纪50年代末。随后的运动学习研究则以其结论和证据开始启发人们探索运动技术特性的更高层次。

5. 体质综合测试阶段

体育科学的迅速发展，对体育教学和训练中一些带有规律性问题的研究，在内容和方法上已远远超出了体育本身的范畴。人们对体育运动规律的研究仅靠单一学科已远远不能达到研究的目的，更重要的是还要用综合性的方法来解决。体质测试便是这一时期的产物。虽然体质测试的内容（如肌肉力量、心肺耐力等）早已出现，但真正意义上的体质测试却是出现在第二次世界大战前后。由于体质对战争时期的需要，因而就导致了一股开发体质测验的潮流。苏联部长会议体育运动委员会于1931年颁布了第一个《准备劳动与保卫祖国体育制度》（以下简称《劳卫制》），《劳卫制》按年龄组别制定了达标标准，指出通过运动项目的等级测试可以促进国民（特别是青少年群体）积极参加各项体育运动，以提高身体素质。在美国武装部队的各个兵团都分别为男、女士兵设计了基于常模的体质测验。同时，也为大、中、小学年龄组开发了大量的体质测试。在第二次世界大战中后期，科顿（Cureton）在伊利诺伊开发了具有14个项目的运动体质测试；布克沃特（Bookwalter）提出了印第安纳运动体质指数。

第二次世界大战后，艾森豪威尔总统成为美国青少年儿童体质发展的倡导者。1954年，由于克诺斯-韦伯（Kraus-Weber）的测试结果表明，美国绝大多数儿童的健康低于最低的健康水平，而且明显低于欧洲儿童的健康水平，这一结果引起了艾森豪威尔总统的极大关注。1958年，美国健康体育和娱乐协会积极采取行动，为学龄青少年儿童开发了《青少年体质测验》。随后，世界各国都争相研制体质测试。1964年成立了“国际体力测定标准化委员会”，该委员会分为医学检查、生理机能测定、人体形态学和身体成分的测定、运动能力的测定四个部分，并于1974年颁布了《国际体力测定标准》。直至当前，体质测试仍在世界许多国家实施，并随着研究的深入而不断完善。

从以上体质测量的发展历程可见，体质测量经历了人体形态测量、肌肉力量测量、心血管能力测量、运动能力测量和体质测试等阶段。其发展特点体现在：①由对人体外部的形态的测量发展到内部机能测量；②由静态的形态测量和机能测量发展到动态的机能测量；③由单一的指标测量发展到多指标组合的综合测量。需要指出的是，以上各阶段的划分并不是绝对的界限，而是指出了各种具体测量出现或盛行的时期，有些测试在当前出于某种需要仍在采用实施，也有些单一的测试纳入体质测试体系进行综合测试。

三、体质测量的内容与方法

1. 体质测量的内容

体质测量是体育测量的一门分支学科。长期以来，由于人们对体质的认识的不同，不同时期体质测量的内容也存在较大的差异。这种差异主要表现在两方面：一是同一国家不同时期体质测试内容的差异；二是不同国家同一时期体质测试内容的差异。就前者而言，我国的体质测量起源于《准备劳动与保卫祖国体育制度》（以下简称《劳卫制》）。《劳卫制》开创了中华人民共和国成立以来国民体质健康事业的新纪元，也开创了学生体质健康工作的先河①。随后，颁发的《国家体育锻炼标准》《学生体质健康标准（试行方案）》《国家学生体质健康标准》在测试内容上都存在较大的差异。例如，《劳卫制》分为必测项目和选测项目，从速度、灵敏、力量、军事技能、运动技能和耐久力等评价内容进行了规定。《国家体育锻炼标准》分别从速度、耐力、力量素质、爆发力和运动技能等方面进行了规定。《学生体质健康标准（试行方案）》从身体形态、身体机能和身体素质等方面综合评定学生的体质健康状况（见表 3-1）。《国家学生体质健康标准》也是从身体形态、身体机能和身体素质等方面对体质测试的内容进行了规定。虽然《学生体质健康标准（试行方案）》和《国家学生体质健康标准》都是从身体形态、身体机能和身体素质方面进行了规定，但是测试指标也存在一定的差异。

---

① 学生体质健康标准研究课题组．学生体质健康标准研究［M］．北京：人民教育出版社，2006：78.

表 3-1　我国不同时期青少年（学生）体质测试内容

准备劳动与卫国制度 1954—1963 年	国家体育锻炼标准 1975 年至今	学生体质健康标准（试行方案）2002—2007 年	国家学生体质健康标准 2007—2013 年	国家学生体质健康标准（2014 年修订）2014 年至今
劳卫操 双臂屈伸 引体向上 1000 米跑 100 米跑 25 米游泳 500 米滑冰 500 米自行车 110 米低栏 垫上运动 跳高 跳远 跳水 8 磅铅球 手榴弹 爬绳 ……	50 米跑 100 米跑 25 米往返跑 跳高 跳远 立定跳远 跳绳 推铅球 投掷实心球 掷垒球 投沙包 仰卧起坐 爬竿 引体向上 举重物 滑冰（500 米、1000 米、1500 米） 游泳	身高标准体重 坐位体前屈 50 米跑 立定跳远 台阶试验 肺活量体重指数 仰卧起坐(女) 握力体重指数 1000 米跑（男） 800 米跑（女）	身高标准体重 肺活量体重指数 50 米跑 坐位体前屈 立定跳远 跳绳 踢毽子 掷实心球 仰卧起坐 台阶试验 握力体重指数 1000 米跑（男） 800 米跑（女） 引体向上 篮球运球 足球颠球 排球颠球	身体质量指数 肺活量 50 米跑 坐位体前屈 跳绳 仰卧起坐 立定跳远 50 米 × 8 往返跑 1000米跑(男) 800米跑(女)

对后者而言，可从我国现行的体质测试内容与以美国为代表的西方国家体质测试内容的差异可见一斑。我国采用的是身体形态、身体机能和身体素质三个维度；美国采用的是身体形态、身体机能和肌肉骨骼功能三个维度，也有学者将肌肉骨骼功能划分为肌肉力量与耐力和柔韧性两个维度。中美两国体质测试内容见表 3-2。从表中可见，事实上中美两国体质测试内容相差无几。首先，国内的身体形态对应美国身体形态，且测试指标都一样，只不过美国体质测试内容多了一项指标。其次，国内的身体机能对应美国的心肺耐力，虽然测试指标存在一定差异，但其理念仍是一致的。最后，国内的身体素质对应美国的肌肉骨骼功能，涉及的测试内容也包括肌肉力量与耐力（如俯卧撑、引体向上、立定跳远等）和柔韧性（如坐位体前屈和双手后勾等）。需要指出的是，国内体质测试的身体素质中存在爆发力（50 米跑）、灵敏性（跳绳）和耐力素质（1000 米跑）等内

容。可见，当前国内外体质测试内容的维度都较相似，都是从身体形态、身体机能和身体素质三方面开展的测试，但是在具体指标的选择上却存在一定的差异。

表 3-2　中美现行体质测试内容的比较

<table>
<tr><th colspan="2">中国现行体质测试内容</th><th colspan="3">美国现行体质测试内容</th></tr>
<tr><td>身体形态</td><td>身体质量指数</td><td colspan="2">身体形态</td><td>身体质量指数
体脂百分比</td></tr>
<tr><td>身体机能</td><td>肺活量</td><td colspan="2">心肺耐力</td><td>最大摄氧量
20 米往返跑
1 英里跑</td></tr>
<tr><td rowspan="2">身体素质</td><td rowspan="2">50 米跑
坐位体前屈
跳绳
仰卧起坐
立定跳远
50 米×8 往返跑
1000 米跑（男）
800 米跑（女）</td><td rowspan="2">肌肉
骨骼
功能</td><td>肌肉
力量
与耐力</td><td>屈膝起身
俯卧背伸
俯卧撑
修正引体向上
引体向上
屈臂挂</td></tr>
<tr><td>柔韧性</td><td>单腿坐位体前屈
双手后勾</td></tr>
</table>

2. 体质测量的方法

测量方法是指测量时所采用的测量原理、计量器具和测量条件的综合，亦即获得测量结果的方式①。测量的方法有多种，如实验法、观察法、测验法等。在不同的学科，由于测量的对象不同，测量的方法也存在一定的差异，如教学中的测试、心理学中的测量都可以通过试卷或问卷的方式获得；就体质测量而言，测量的方法一般有实验室测量法（Laboratory Tests）和场地测量法（Field Tests）两种。

实验室测量法，又称直接测量法。例如，测量身体成分在实验室中可通过水下称重法、生物电阻抗法；测量心肺耐力在实验室中可通过电动跑台测量、机械负荷功率车测量等方法。虽然实验室测量精确度高，能够有

① 仇建生. 关于体育测量学科发展的研究［J］. 四川体育科学，2004（2）：76-77.

效反映被测者的指标，但由于技术成本较高，而且要求技术人员经过严格培训，因而很少用于常规的体质测量。实验室测量另一个典型的特点是仪器设备的运输较为麻烦，并且在一时间内只能对某一个体实施测量。因此，对大量的被测者来讲其经济性显然得不到保障。

场地测量法，又称为间接测量法，是实验室测量的替代方法，该测量并不需要昂贵的仪器设备，而且也只需要稍许的专门培训即可进行操作。另外，场地测试还比较节省时间，通常可以同时对一组若干个被测者进行同时测试。诚然，采用精心设计的简易指标尽管精确程度较弱，但可以在短时间内完成大量的测量工作，取得有代表性、基本上准确可靠的测量结果。因此，虽然场地测量方法的精确性不如实验室测量，但是通过对场地测量的有效性、可靠性的验证与控制，场地测量法已成为世界各国体质测试常用的方法。当前的体质测试中如身体质量指数、肺活量等指标都是采用场地测量法。

四、残疾学生体质测量的基本原则

体质测量项目指标选择是否得当，很大程度上决定体质调查研究的价值和效果。由于体质测量在实验室的成本较高，大多数测量都是通过场地测量获得。因此，选择测量指标时应遵循一定的原则。否则，测定结果就难以置信，数据的价值也无从体现。残疾学生体质健康测量除了应满足体质测试中基本的有效性、可靠性、客观性等原则外，还应该遵循如下基本原则。

1. 科学性

测试指标的科学合理是开展体质测试的基本前提。对残疾学生体质健康测试而言，测试指标的科学性除了测试指标的有效性、可靠性和客观性等原则以外，测试指标要充分考虑残疾学生的共性和特性，使筛选的指标既能够有效测量出残疾学生的体质健康状况，又能够尽可能满足不同类别残疾学生的特殊需要。虽然残疾学生之间存在一定的差异，但在指标的筛选时尽量避免由于技能关联或习得性等因素影响测试的结果。

2. 继承性

残疾学生体质健康测试是国民体质测试的重要组成部分。虽然与健全学生相比，残疾学生存在一定障碍，但是这种障碍只是存在局部或某一部分的障碍。前文对美国和欧洲联盟残疾青少年体质测试体系研究发现，其测试指标基本源于健全青少年体质测试指标。其主要原因是一方面这些测试指标已实施多年，具有较好的科学性；另一方面是该类指标群众较为熟悉，有助于测试的开展。因此，在筛选测试指标时，残疾学生体质测试指标能够与我国学生体质健康测试指标、国际上残疾青少年体质测试指标尽可能相接近。

3. 可比性

体质测试是世界各国共同关注的议题。无论是国内还是国外，都从青少年、幼儿、成年人到老年人等群体研制了各个群体的测试体系。在实施残疾学生体质测试中，既要以掌握和了解残疾学生体质健康现状，与同龄青少年的差异，又要兼顾残疾学生的成长，以及在不同年龄段的体质健康的差异。因此，在筛选残疾学生体质测试指标时既要考虑当前国内正在采用的指标，又要合理借鉴国外残疾青少年体质测试指标，让残疾学生体质健康测试指标尽可能与当前国际社会采用的测试指标接轨，使残疾学生体质健康研究具有可比性，同时满足标准化的原则。另外，要实现测试数据的可比性，还要对测试内容和细节作出说明和规定，其内容涉及统一的测量方法和要求、场地器材、计量单位、成绩记录、实施细则等。

4. 全面性

体质健康测试是一项内容广泛、指标类型多样的综合性的测试。从一级指标来讲，国内涉及有身体形态、身体机能和身体素质等方面；国外在领域的划分也涉及身体成分、有氧耐力、肌肉力量与耐力和柔韧性等方面。就二级指标而言，特别是国内体质健康测试中的身体素质和国外体质健康测试中肌肉力量与耐力维度中的二级指标，包括上肢力量与耐力、腹部肌肉力量与耐力、下肢肌肉力量与耐力等方面，在指标的选择时既不能忽视某一方面的测试内容，又不能在某一方面选择同种属性的测试指标重叠。因此，无论是筛选一级指标还是二级指标都要兼顾指标的全面性，能够多维度地测试残疾学生的体质健康。

5. 精简性

据不完全统计，体质健康测试指标有数十种类型。不同的测试内容有多项测试指标，特别是测试肌肉力量与耐力方面，其涉及的内容又可分为上肢肌肉力量与耐力、下肢肌肉力量与耐力和腹部肌肉力量与耐力。相同的测试领域又可分为多项测试指标，如上肢肌肉力量与耐力涉及握力、实心球掷远、垒球掷远、引体向上等。如测试项目过多而浪费大量的人力、物力，而且还可能导致数量过多而引起被测者的疲劳。因此，测试指标的筛选应尽量做到少而精。本研究拟对身体形态和身体机能各采用一项测试指标，身体素质根据专家的意见选取3~5项测试指标。另外，由于体质测试项目较多、测试对象较为广泛，在筛选时应该尽可能取选一些经济、实用且测试仪器易于搬运的测试指标。

第二节 残疾学生体质评价的理论基础

测量与评价是两个相互依存的概念，测量的目的在于对测量事物的各种属性进行定量描述（量化），是一种获取信息的过程。而评价的目的则超出了对属性的简单描述，它主要是判断或确定测量所得结果的价值和意义。评价结果的质量如何关键在于采集资料信息的真实可靠以及采用评价方法的恰当。反过来讲，即使测量指标具有足够的有效性，如果不能作出正确的评价，那么它的实际意义亦不能被我们直接认识。因此，测量和评价是两个互为依存的概念，测量是评价的基础或手段，评价是测量的目的。

一、体质评价的定义

评价是以测量结果为基础，以评价参照标准为依据，通过一定的程序和方法对某一事物进行的价值判断。可以认为，评价无处不在，贯穿我们生活的方方面面。从大的方面讲，在各种大型项目中需要进行评价；从小的方面看，日常生活中也离不开对事物的大小、好坏进行价值判断。科学合理的评价涉及评价方法的选取、评价标准的研制等内容。

体质评价是根据组织者或评价者的需要，采用一定的标准，对被测者体质测试中所采集的数据作出价值判断的过程。其目的是了解被测者的体质情况或体育锻炼的效果，为进一步开具运动处方提供依据。在未对个体或群体体质状况和水平的指标测量结果进行评价的情况下，所有的测量数据本身并没有更多的实际意义。只有通过对这些测量数据加以整理、分析，并对照相应的评价标准，才能确定其价值。例如，某名被测者的握力为30千克。如果仅就这一数据并没有什么实际意义，只有对照评价标准才能对这一测试结果作出适当的判断。

二、体质评价的类型

1. 诊断性评价、形成性评价和终结性评价

根据评价的时间和作用的不同，可将体质评价分为诊断性评价、形成性评价和终结性评价三种类型。

诊断性评价也称为准备性评价，是指在体育学习或活动开展前所进行的，对参加者的体质状况进行的评价活动。如浙江省有些学校开学第一天就组织学生体质测试①②。具体而言，诊断性评价的主要目的在于为后期活动的开展提供依据，对活动参加者的体质情况做到心中有数，根据体质状况提供适当的运动处方，避免活动参加者参与活动的盲目性，保障活动的安全有效开展。

形成性评价也称过程性评价，是指在教学、训练过程中进行的评价，为不断了解参与者的体质情况，以便对教学活动进行适时调节，针对被测者的身体成分、心肺耐力等要素进行监控而进行的评价。教育家布卢姆认为："形成性评价就是在课程编制、教学和学习过程中使用的系统性评价，以便对这三个过程中的任何一个加以改进。"③ 形成性评价的宗旨是为教学提供持久的反馈，从而帮助学生改进学习，以便及时反馈有关计划的完成情况，并为最终达到教学和训练总目标而不断地调整、改善、控制整个教学和训练的过程④。

表 3-3 诊断性评价、形成性评价和终结性评价的比较

类型	诊断性评价	形成性评价	终结性评价
作用	准备或探究不利因素	考查学习效果	考核学习成绩

① 杭州中小学一开学就体测［EB/OL］［2017-02-15］. http：//sports. sina. com. cn/zz/2017-02-15/doc-ifyamkpy9466622. shtml.

② 天长小学开学第一天，体质测试［EB/OL］［2012-09-03 ］. http：//hzdaily. hangzhou. com. cn/dskb/html/2012-09/03/content_ 1336227. htm.

③ 李涛 . 新中国历次课程改革中的“双基”理论与实践探索［J］. 课程 · 教材 · 教法，2009（12）：77-86.

④ 汪晓赞 . 我国中小学体育学习评价改革的研究［D］. 上海：华东师范大学，2005：69-70.

续表

类型	诊断性评价	形成性评价	终结性评价
目的	合理安置、考虑区别对待、采取补救措施	改进方法、调整方案	了解已达到的水平，预测在后续工作的开展
重点	素质、过程	进程	结果
手段	编制特定的测试项目或观察记录分析	经常性检查、日常观察	测试
测试内容	必要的预备性知识、素养或与学生学习、环境有关的内容	学习内容	学习内容
测试难度	较低	视任务而定	中等
分数解释	常模参照、标准参照	标准参照	常模参照或标准参照
实施时间	开始阶段	各单元结束后	学期或活动结束后
主要特点	预判式	前瞻式	回顾式

终结性评价是指在某项活动实施最终或相对阶段性计划实施末期，对这种活动的效果以及预定目标的完成情况进行的评价。其主要目的是为了解或甄别达到目标的情况。需要指出的是，终结性评价的次数比较少，但不仅局限于活动结束后进行，而且在活动中旨在对学习效果的评价同样也是终结性评价。例如，我国每年开展的体质健康测试或计入总成绩的期中测试，均属终结性评价。

可见，诊断性评价、形成性评价和终结性评价的差异不仅体现在评价的阶段上，更为重要的是体现在评价的功能、作用和目的上（见表3-3）。在体质测试的全过程中，若将几种评价形式融入整个过程且恰当运用，它可为我们提供体质监测信息，为教学活动的开展提供可靠的信息和依据。

2. 定性评价和定量评价

根据评价的方法划分，可将体质测试评价分为定性评价与定量评价。

定性评价是指采用开放的形式对被测者通过分析与综合、比较与分类、归纳与演绎等逻辑分析的方法获取评价信息，作出评价判断的方法。体质测试过程中的定性评价一般是通过开放式获取被测者的体质状况信息，对被测者的体质状况给予评语式评定或等级式评价的方法。例如，通过对被测者的访谈、行为的观察或测试等形式了解被测者的信息，对被测者进行分析和评价。相对而言，定性评价能够从整体了解被测者的体质状况，并根据具体情况制定有效的运动处方。但是定性评价也存在一定的缺点：缺乏客观的衡量标准，评价存在一定的主观性；评价的信效度、效度缺乏一定的科学性；评价结果不具可比性；等等。

定量评价是指采用统计的方法，收集和处理数据资料，对评价对象以定量的方式作出价值判断，如运用测量与统计的方法进行描述和判断。在体质测试中，采用定量评价的方法能够给出明确的分数，可进行甄别和选拔。如我国当前每年实施的学生体质测试都能给予明确的分数判断。由于定量评价有客观的评价标准和相应的手段，获取的信息客观、准确，评价的结果也较为客观可信。

3. 相对评价、绝对评价和内部差异评价

评价是将测量的原始成绩与某一参照标准对比，借此判断和确定其价值和意义。体质评价的参照标准是根据测量属性、评价目的及评价有关理论来选择的。相对评价而言，测量结果基本上是客观的，而评价参照标准是人为选择或确定的。能否对测量结果作出科学而又准确的评价，与所选择的评价参照标准密切相关。根据评价的参照标准，体质评价可分为相对评价、绝对评价和进步幅度评价（见表 3-4）。

表 3-4 相对评价、绝对评价和进步幅度评价的比较

	相对评价标准	绝对评价标准	进步幅度评价标准
含义	以个体与集体的平均成绩或常模相互比较，确定个体成绩等级的评价方法	以具体目标作为依据，确定被测者是否达到标准以及达标的程度如何	以个体在某一时间所表现的水平为参照，对另一时间所表现的水平或状态进行评价
评价内容	衡量个体在团体中的相对位置或名次	衡量被测者的实际水平，即掌握了什么或能做什么	衡量前后两次成绩的差异，其内容可是某一方面，也可以是综合权衡

续表

	相对评价标准	绝对评价标准	进步幅度评价标准
评价标准	团体测验的平均成绩。被测者在团体中的位置就是以个体成绩与常模比较最终确定	测试的关键是正确反映目标的要求，而不是试题的难易和鉴别力	评价对象某一时间的初始状态；或以评价对象的某种最佳状态为参照标准
主要作用	可作为分类、排队、编班和选材的依据	用于了解基础知识、技能的掌握情况，利用反馈信息及时调整、改进教学	反映个体内部差异的纵向发展变化情况
不足	忽视个人的努力状况及进步程度，对后进者的努力缺少适当的评价	测试的编制很难充分、正确地反映目标	不能反映与他人的差距，也不能反映与目标之间的差异

相对评价又称为常模参照标准评价或比较标准评价，它是借助于标准化测量程序和样本的抽样调查数据，并运用一定的统计方法及各种评价量表而制成的一种规范化的评价标准。此类评价的类型包括高考、中考及各种选拔性考试。这种参照标准主要用于评价受试者某单一属性或综合属性的现状。评价方法是将被测者的原始成绩与参照标准进行比较，从而确定个体的体质水平在群体中所处的位置。同时，还可以用于个体或群体之间的比较与评价。例如，区域性的体质评价标准就属于一种现状标准，有人把使用这种标准进行的评价叫作相对评价。在体质测试中，相对参照标准的优点是：一是由于参照标准是建立在客观的数据统计基础之上，因此该标准的客观性较好；二是能够清楚反映被测者在群体中的水平，易于解释。其不足之处在于：一是由于参照标准，只能反映个体在群体中的位置，而被测者的水平如何却不能显现，这种相对比较并不能反映被测者的健康与否。特别是当样本也处于低水平时，即使在群体中处于中上等也有可能产生体质不健康的水平。二是由于缺乏恒定的健康标准，采用百分位法制定的标准，可能会导致竞争现象的产生；特别是处于中下水平被测者，会产生一定的心理压力。

绝对评价又称标准参照评价，或理想标准评价或达标标准评价，是指被测者经过努力可能达到的标准，而不是指现实水平。绝对评价是将被测者的测试结果与设定的标准进行比较，以是否达到设定的标准作为评价的主要依据。此类评价包括如“体温测试”“血压”“60 分达标测试”“大学英语四六级考试”“等级运动员标准”等各类通过性或达标测试。在医学对人体的评价中，大多采用的是绝对评价，此类测试完全不受其他被测者或样本的干扰，强调是否通过标准，而并非强调分数的高低。也就是说，采用绝对评价参照标准不用考虑多少人达标，也不用考虑被测者高出基本标准多少分，采取的是一种合格/不合格的评价方式。在体质测试中，绝对评价参照标准是根据人在不同阶段的发展需要，经过环境、营养和锻炼的干预可能或应该达到的水平标准，反映被测者体质是否健康。这种参照标准主要用于评价个体或群体是否达到预期标准，或被测者的健康状况与适宜标准的差异，而不是评价受试者在群体中的水平位置。采用绝对评价参照的优点：一是不受其他被测者成绩的干扰，可判断被测者体质与理想水平的差异；二是设置了明确的目标标准，减少了评价时的随意性。其不足在于：一是绝对评价参照标准只能借助常模数据、实验和专家意见综合而成。相比之下，绝对评价标准的合理性却无法评价；二是体质健康中采用的理想标准是不容易产生疾病的最低标准，正常情况下大多数被测者都能达到最低标准，甚至有可能导致有些群体不用锻炼也可通过测试，从而失去了对测试的激励性和促进性；三是难以进行个体之间的横向比较，无法区分被测者之间的差别。

进步幅度评价也称内部差异评价、个人标准评价或动态标准评价，多用于个人在不同时期、不同状态下与有关指标进行的比较。进步幅度评价既不参照绝对评价标准，亦不参照所属群体的成绩，而是同自己的原有成绩相比较判断进步程度的方法。进步幅度评价的优点是：由于该种评价标准考虑到了个体差异，也考虑到了最终目标，同时又突出了个人努力的结果，易于激发被测者的动机。其不足在于：进步幅度评价受到多种因素的影响，例如生长发育、练习效应和测量误差等因素都可能影响进步幅度的变化；两次测试成绩的差异与进步幅度密切相关。也就是说，当被测者了解测试进步幅度而在初测时不尽力，则也会影响进步幅度。

综上所述，相对评价是用于个体与个体之间、群体与群体之间进行比较并对现状作出的评价；绝对评价是用于个体或群体已具备的能力和水平与应达到的能力和水平进行比较的评价。个人标准是个体不同时间维度进行比较的评价。可见，在实施评价时，应根据评价目的和任务的不同，选择适当的评价标准。

三、体质评价标准研制的方法

评价标准是对原始测量结果进行价值判断时的一种规则或尺度。其实质是将各项测试成绩（如 100 米跑成绩 13.5 秒，跳远成绩 2.48 米）转换为分数，对测量成绩进行价值判断的尺度。可以认为，体质评价标准是评价活动的核心要素，评价标准的科学性是体质评价客观性的前提。然而，评价标准的制定是一个复杂的过程。根据评价目的不同，亦可采用不同的评价标准。换言之，同样的体质测试结果，由于评价标准的不同其评价结果也必定存在一定的差异。

1. 绝对评价标准的制定

绝对评价标准又称为客观标准或理想标准，是将基准建立在评价对象群体之外，以个体或群体经过努力所要达到和可能达到的预期理想目标为依据而制定的标准。也就是说，绝对标准是将比较的判断建立在评价对象的群体之外，并不以评价对象整体状况的不同而提高或降低。例如，在学习评价中以教学大纲规定的教学目标为依据，反映学习者对教学目标达到的程度。在我国教育领域中的课程测试中，一般都以 60 分作为基准，对被测者是否达到教学目标作“及格”或“不及格”的评判，如果所有人都考过 60 分，则所有人都及格。在医学检测中，大多数采用的是绝对评价标准，即判断个体健康与否一般都是将体温、血常规检查等指标与既定的标准进行配对，在参考范围内则可判定为健康，超出参考范围则判定为不健康。

绝对评价标准一般来自惯例、专家判断和实验获得的数据。在不同领域的评判过程中，评价标准的科学性也存在一定的差异，例如在医学检测中，通过大量临床实验获得的参考范围的科学性较好。而在教育学中，以 60 分作为及格线由于缺乏科学依据往往受到多方的质疑。在体质测试领域，美国青少年体质测试体系“FITNESSGRAM”和美国残疾青少年体质测试体系“Project Target”采用了绝对评价标准。其评价标准的研制理念源于医学检测中采用的参考范围值，采用“健康域”评判被测者的体质状态。“FITNESSGRAM”和“Project Target”评价标准主要来自常模数据、专家建议和实验结果的结合。

2. 相对评价标准的制定

相对评价标准又称为常模标准、现状标准，是对特定的某一总体借助标准化测量和相应的统计方法，并以其平均状况为基准所研制的标准，常用于同一总体中个体或群体之间的相互比较。在体质评价中，由于绝对评价标准制定的主观性较大，因此当前大多数体质评价标准采用的是相对评价标准。一般而言，相对评价标准的制定方法有离差法、百分位数法、相关法和累进计分法。

（1）离差法。离差法是以测量原始观测值为参照点，以标准差为计算单位来制定评价标准。使用离差法首先要检验原始观测值是否呈正态分布。也就是说，只有原始观测值呈正态分布或接近正态分布时才能使用离差法制定评价标准。

离差法制定评分标准又称标准分，根据制定的方法又可分为Z分、T分和标准百分。由于Z分有负分，并且Z分和T分只能在测量数据范围达到标准正态分布范围 $\bar{x}\pm5S$ 时才可应用，致使这两种标准在实际应用中较少。

标准百分是由标准分演变而来的一种评分方法。使用标准百分时，一般要确定标准百分的评分范围（全距）一般为0~100。当测量数据分布范围不同时，其评分结果也不同，所以在制定标准百分时，先要明确原始测量数据取值范围，可用 $\bar{x}\pm KS$ 表示，然后再进行转换。按照正态分布曲线下面积分布的性质，$\bar{x}\pm2S$ 包括了95.45%的数据，$\bar{x}\pm2.5S$ 包括了98.76%的数据，$\bar{x}\pm3S$ 包括了99.73%的数据。此时标准百分的计算公式为：

$$\text{标准百分} = 50 + \frac{50(X - \bar{x})}{KS} \qquad (\text{式 } 3\text{-}1)$$

式3-1中 K 为常数，可定为 $K=3$、$K=2.5$ 或 $K=2$，利用标准百分公式首先要求出该样本的平均值和标准差。

（2）百分位数法。百分位数法是以原始观测值的中位数为参照点，以百分位数为离散距，对能力和水平进行分等评价的方法。百分位数法既适用于非正态分布资料，又适用于正态分布资料。在样本量较大的情况下，以百分位数法制定标准相对来说比较简单客观。因此，在体质评价中采用百分位数法制定评分标准比较常用。百分位数的计算公式为：

$$P_X = L_X + \frac{i}{F_X}\left(\frac{X \times N}{100} - C_{x-1}\right) \qquad (\text{式 } 3\text{-}2)$$

式中 P_X 为第 X 百分位数；L_X 为所求的百分位数所在组的下限；X 为所求的百分位数的秩次；$X=1, 2, 3, \cdots$；F_X 为第 X 百分位数所在组的频数；C_{x-1} 为小于 L_X 的上组累计频数；i 为组距；N 为总样本数。

（3）累进计分法。在体质测试中一个显著的特点是，测试成绩越好，成绩上升一个单位的难度越大。累进计分法是以正态分布理论为依据来建立抛物线方程，使用正态分布或接近正态分布的原始观测值的评价。累进计分法是充分考虑成绩提高难度的一种制定评价标准的方法。也就是说，累进计分法的计分间距随着测量值增加而递进（非线性量表）。这与标准分（线性量表）计分间距不完全不同，所以累进计分法制定的评价标准既可以评价成绩的进步幅度，也可评价成绩的进步难度。累进计分法计算公式为：

$$Y=KD^2-Z \qquad (式 3\text{-}3)$$

式中 Y 为累进分数，K 为系数，D 为某成绩在正态曲线图横轴上的位置，Z 为基分点以左的分数。随着 D 数值的增大，上升一个单位所得到的累进分数 Y 就越大。使用公式 3–3 关键在于求出系数 K 和常数 Z。D 可通过查阅 X、U、D 变量对应表 3–5 或通过公式 3–4 得到。

$$D=5\pm\frac{X-\bar{x}}{S} \qquad (式 3\text{-}4)$$

其计算步骤为：①求出原始观测值的 $\bar{x}$、S、M_d，并对其进行正态检验；②确定评分满分和基分点的累进分和与其对应的原始成绩。查阅表 3–5 确定基分点和满分点对应的 D 值；③将满分点和基分点相应的 D 值以及分数代入方程（式 3–3）建立方程组，求出 K 值和 Z 值；④依次将各个成绩的 D 值代入方程，求出每一成绩的累进分数，然后列出评价表。

表 3–5　X、U、D 变量对应表

原始变量 X	$\bar{x}$	$\bar{x}$	$\bar{x}$	$\bar{x}$	$\bar{x}$	$\bar{x}$	$\bar{x}$	$\bar{x}$	$\bar{x}$	$\bar{x}$	$\bar{x}$
	−	−	−	−	−		+	+	+	+	+
	5S	4S	3S	S2	S		S	2S	3S	4S	5S
标准变量 U	−5	−4	−3	−2	−1	0	1	2	3	4	5
变量 D	0	1	2	3	4	5	6	7	8	9	10

（4）进步幅度评分法。进步幅度评分法是根据被测者前后两次成绩的差异程度来进行评分的。具体包括成绩进步幅度评分法和目标值进步幅度评分法两种。

成绩进步幅度评分法是将前后两次测试的成绩差作为原始数据，采用标准百分法和百分位数法等确定评分标准。相对而言，成绩进步幅度评分法对起始成绩较低者能够起到一定的鼓励作用。在后期成绩相同的情况下，对初始成绩较低的被测者来说，进步幅度相对更大一些。因此，在测试中应该避免被测者为获得更高的评价分数在初始测试中故意获得较低分数的行为。

目标值进步幅度评分法首先应该确定目标值。一般来讲，目标值采用预期最好成绩，例如 $\bar{x}\pm3S$ 为目标值，其中用于时间项目一般采用 $\bar{x}-3S$。显然，这种评价方法对于前期成绩较好的学生较为有利，而对于前期成绩较差的学生则不利。因此，目标值进步幅度评分法更适合鼓励成绩较好的“先进生”。

$$进步幅度=\frac{后期成绩-初始成绩}{目标成绩-初始成绩}\times100 \qquad (式3-5)$$

成绩进步幅度评分法和目标值进步幅度评分法都是将分数作为原始变量，运用百分位数法或离差法进行评价。需要指出的是，采用不同的评分法可能会得到不同的结果。在评价中采用哪种方法，应根据被测者的实际情况和评价目标进行选择。由于进步幅度评价在操作中需要进行两次测试，相比之下程序较为复杂，在体质测试中难以大规模实施。

四、体质评价等级评价标准的方法

1. 离差法划分评价等级

除了采用具体的分数评价外，经常还用到等级标准评价，如优、良、中、合格、差等级别。根据评价目的和用途的不同也可划分为三级或四级。离差法划分评价等级无论采用哪种百分比，其总体应符合正态分布的特点，中等水平占多数，优劣的占少数。以五级评价等级为例，其主要步骤为：①根据需要确定评价等级数和各等级之间人数的理论百分数；②根据各等级在正态分布曲线上所围成的面积查表求出各等级之间的分界点 u 值；③以原始观测值的平均数和标准差代入表 3-6 中，求出各等级评价标准之间的分界点。

表 3-6　五级评价等级标准

等级	标准	理论百分数
优	$\bar{x}+1.28s+\Delta$以上	10%
良	$\bar{x}+0.67s+\Delta\sim\bar{x}+1.28s$	15%
中	$\bar{x}-0.67s\sim\bar{x}+0.67s$	50%
下	$\bar{x}-1.28s\sim\bar{x}-0.67s-\Delta$	15%
差	$\bar{x}-1.28s-\Delta$以下	10%

Δ为最小测量单位。

正如前文采用离差法制定评分标准一样，采用离差法制定等级评价标准也是一种相对评价方法，因为采用此种方法都是根据被测群体整体而言的。也就是说，在一群体测试数据中必然有一部分“成绩优异者”，也必然存在一部分“成绩不理想者”。

2. 百分位数法划分评价等级

用百分位数法划分评价等级相对较为简单。其步骤是：（1）确定评价等级，一般可设为三级或五级；（2）确定各评价等级人数的理论百分数；（3）确定各评价等级的分界点，以各等级的人数百分比为分界点。以五级标准为例，常用的百分位数法划分评价标准见表 3-7。

表 3-7 百分位数法划分评价等级

等级	标准（各等级分界点）	理论百分数
优	$P_{90}+\Delta$以上	10%
良	$P_{76}+\Delta\sim P_{90}$	15%
中	$P_{25}\sim P_{75}$	50%
下	P_{90}	15%
差	$P_{10}-\Delta$以上	10%

除了以上介绍的几种等级和分数评价标准的评分方法外，还有许多如相关法、指数法、转换定级法等方法。评价者可根据体质评价的目的和需要，选择合适的评价标准。

第三节 残疾学生体质综合评价的理论基础

综合评价是针对单项评价而言的。在体质健康评价中，综合评价与单项评价的最大差异在于评价指标的多少。也就是说，单项评价的指标较为单一，综合评价的指标较为多元。例如，对速度评价是单项评价，而对运动能力评价则属于多指标的综合评价。因此，综合评价中一方面涉及评价指标的筛选，另一方面又涉及各指标的赋权方法。本节主要对体质综合评价指标体系筛选的方法与权重赋值的方法进行探索，为残疾学生体质健康综合评价标准的研制奠定基础。

一、体质综合评价指标的筛选

科学合理的评价指标体系是开展体质综合评价的重要前提，是得出科学的综合评价结论的重要保障。在综合评价中，为实现综合评价往往由若干个相互联系的指标组成指标体系。例如，在体质健康评价中，评价的内容涉及身体成分、身体机能、肌肉力量与耐力等多个维度，每个维度又包含若干个测试指标。因此，在实施体质健康综合评价时应该科学选择各个维度的测试指标。

在对指标体系构建的过程中，不仅要知道指标体系由哪些具体指标构成，还要明确各指标之间的关系。在构建综合评价基本框架时，初选的指标尽可能全面。但在实际操作过程中，并不是指标越多越好。一方面是因为指标多，测试工作量大，会给体质的综合评价带来许多困难；另一方面是有些指标相互重叠，从而失去了综合测试的真实性。当然，也不是指标越少越好，因为评价指标太少，一是可能损失对评价体质有价值的信息，二是可能造成评哪项，测哪项、练习哪项。从而影响全面、系统地积累有关体质的资料，甚至会影响体质的全面发展①。因此，在选择体质健康测试指标时，首先，要考虑指标的代表性，所选指标要能够独立反映研究对象某个方面的特性；其次，要考虑指标的独立性，各个指标不能有重复；最后，还要兼顾评价指标的全面性，要能够反映评价对象的整体属性。

评价指标体系是评价目标的一种体现方式，同时也是判断评价对象价值的途径，通过每一个指标来衡量被评价对象不同方面的价值。综合评价指标选取的关键在于评价指标在评价中所起作用的大小。选取评价指标的原则就是以尽可能少的“关键”评价指标用于实际评价。当然在初步建构的评价指标集合中也可以有一些“次要”的评价指标，因此，需要按照一定的原则进行指标筛选，分清主次，合理组成评价指标体系。根据当前的研究，综合评价指标的筛选一般可分为客观筛选法和主观筛选法。具体而言，综合评价指标筛选的方法有如下几种。

1. 基于相关性的筛选方法

在各种综合评价中，一般原始指标数量较多，往往存在大量指标的重叠。因此，应消除高度相关指标对综合评价的影响，尽可能精练指标的数

① 邢文华．关于体质综合评价方法研究的综述［J］．体育科学，1985（2）：30-33.

量。基于相关性筛选指标方法就是利用皮尔逊相关系数，反映两指标之间相关关系密切程度的统计分析指标。皮尔逊相关系数用γ表示，γ取值范围在-1~1，γ>0 表示两变量呈正相关，γ<0 表示变量呈负相关，γ=0 表示两变量没有相关性。γ的绝对值越大，表示两变量之间的线性关系越密切；相反，γ的绝对值越小，表示两变量之间的线性关系越不密切。若γ=1 时表示两者完全正相关；若γ=-1 时表示两者完全负相关。两个指标可视为两个变量，假设两变量分别为 X 和 Y，则相关系数的计算公式为：

$$\gamma=\frac{L_{XY}}{\sqrt{L_{XX}\,.\,L_{YY}}} \qquad (式 3\text{-}6)$$

其中，$L_{XX}=\sum(X-\bar{X})^2$为 X 变量的离差平方和；$L_{YY}=\sum(Y-\bar{Y})^2$为 Y 变量的离差平方和；$L_{XY}=\sum(X-\bar{X})(Y-\bar{Y})$ 为 X 和 Y 变量的离差积和。

2. 基于代表性指标筛选

基于代表性指标筛选方法主要有主成分分析法和聚类法。主成分分析法是一种数学变换的方法，主要利用“降维”的思想，将多个变量转换为少数几个变量（主成分），其中每个变量都能反映原始变量的大部分信息，且各变量之间互不重复。在综合评价过程中，为了全面、系统地分析问题，需要从不同的角度分析问题的影响因素，即构成指标或变量。分析的因素越全面细致，所构成的变量也就越多。然而，不同的变量对全部信息的贡献也存在一定的差异，有些变量对信息的贡献较大，而有些变量对全部信息的贡献较少。如果将所有指标都纳入采用，不仅指标间会相互干扰，而且会导致大量的重复工作。因此，主成分分析法根据指标贡献的大小，对若干个指标进行分析，筛选出几个具有代表性的指标。具体而言，选取指标的基本步骤如下：第一步，将原始数据按行排列组成矩阵 X；第二步，对 X 进行数据标准化，使其均值变为零；第三步，求 X 的协方差矩阵 C；第四步，将特征向量按特征值由大到小排列，取前 K 个按行组成矩阵 P；第五步，通过计算 $Y=PX$，得到降维后数据 Y；第六步，计算每个特征根的贡献率，其公式为 $Vi=xi/$（x1+x2+…）；第七步，根据特征根和特征向量解释主成分的物理意义。

聚类分析法是统计学中研究“物以类聚”问题的一种方法，旨在寻找一种能客观反映事物之间亲疏关系或合理评价事物性质相似程度的统计量，然后根据统计量和规定的分类准则把事物进行分类。指标聚类是聚类分析在综合评价中的应用，在没有先验知识的情况下，将众多的指标进行归类，通过降维的方式从每一类中选取一个或若干个具有代表性的指标。聚类分析的特点是较为直观、结论形式简明，但是聚类过程仅能将各指标归入不同的组别，却不能给出各类的贡献率。

以上只是列举了一些常用的指标筛选方法，在一些具体的研究中还有很多学者根据需要研制了多种指标筛选方法，例如王硕平和王春枝分别根据评价指标之间的区分度进行了分析。该方法根据指标之间的差异程度，利用指标之间的条件选择指标。指标的差异程度越大，说明该指标的特性越大，越具有代表性①②。林燕则利用偏最小二乘变量建立回归模型方法进行了指标筛选③。王庆石则采用复相关系数法、多元回归法和逐步回归法应用到指标筛选，消除综合评价中指标重叠的问题④。

3. 基于专家意见的筛选方法

基于专家意见的筛选方法，是一种定性的指标筛选法，其形式包括专家评价法、专家调研法、专家打分法、层次分析法和德尔菲法等多种形式。在以上多种方法中，虽然在操作过程或形式上有所不同，但其实质都是一样的，基本上都是向专家发函，征求专家意见的方式。首先，研究者可根据评价目的和要求、评价对象的特征等要素，对调查表的初选指标进行设计。其次，向专家征求意见，将征询的结果进行数理统计处理。最后，将统计结果反馈给专家，经多次征询后，若专家意见较为分散则再次征询意见，直至专家意见达成共识（具体统计步骤见指标权重部分）。需要指出的是，这种基于专家意见的筛选方法，除了主观性强、评价结论难以收敛外，还需要多次反复，实际操作较复杂。

二、体质综合评价权重的赋值

权重是一个相对性的概念，是指某一因素或某一指标在整体指标体系中的相对重要程度。一般而言，在同一评价体系中，权重应满足两个条件：①各个指标的权重在 0~1；②所有指标权重总和为 1。权重越大则该

---

① 王硕平．用数学方法选择社会经济指标［J］．统计研究，1986，3（6）：56-58.

② 王春枝．综合评价指标筛选及预处理的方法研究［J］．统计教育，2007（3）：15-16.

③ 林燕．偏最小二乘变量筛选法及其应用研究［D］．厦门：厦门大学，2007.

④ 王庆石．统计指标间信息重叠的消减办法［J］．财经问题研究，1994（1）：57-61.

指标的重要程度越大，对整体的影响程度就越大；权重越小则该指标的重要程度越小，对整体的影响程度就越小。在体质评价过程中，各指标的权重一般存在两种情况：一是等权评价法，即在权重的赋值中，如果各项测试指标在综合评价中的重要性程度比较接近或差异不大，就可采用等权评价法。例如，某项评价共有 4 项评价指标，则每个指标的权重为 0.25；如某项评价共有 5 项评价指标，则每项指标的权重为 0.2。二是加权评价法，即在综合评价中，根据不同指标对整体属性的作用或影响不同，赋予各指标相应的权重。与等权评价法不同的是，加权评价法中各指标的权重可存在一定的差异。

在综合评价中，指标的权重是反映各指标在评价对象中价值地位的系数，是开展评价的核心要素。从广义上讲，权重的数量形式可以多种多样，可以是绝对数，也可以是相对数；可以是正数，也可以是负数。不同的赋权方法所得的权重也必定存在一定的差异，进而将导致不同的评价结果。因此，合理地确定权重非常重要。当前，综合评价中各指标的赋权方法依据权重数据来源不同可分为主观赋权法、客观赋权法和组合赋权法等类型。

1. 主观赋权法

主观赋权法是根据个体的主观判断来指定各指标权重的方法。主观赋权法的特点是能够较好地反映评价的背景条件或评价者的意图，但权重的准确性却有赖于专家的个人知识和经验，因而存在较大的主观随意性。一般而言，主观赋权法主要有层次分析法和德尔菲法等类型。

（1）层次分析法。层次分析法（Analytic Hierarchy Process，AHP）是由美国运筹学家 T. L. Saaty 教授于 20 世纪 70 年代提出的一种实用的多方案或多目标的决策方法①。该方法是将复杂的评价对象排列为一个有序递阶层次结构的整体，然后在各个评价项目之间进行两两比较，计算各个项目的相对重要性系数。层次分析法的核心问题是构建一个合理的判断矩阵。具体而言，层次分析法的步骤有如下几点：

确定指标的量化标准：确定指标重要性的量化标准方法有比例标度法和指数标度法。比例标度法是以对项目差别的评判标准为基础，一般以 5 级判别等级表示项目的差别。当需要更精确时，也可采用 9 级判别等级进行评价（见表 3-8）。

---

① 李青．基于 AHP-模糊综合评价模型的健康体检中心评价指标体系研究［D］．长沙：中南大学，2009：26.

表 3-8　层次分析法比例标度

因素间相互比较	量化值
同等重要	1
稍微重要	3
较强重要	5
强烈重要	7
极强重要	9
两相邻判断的中间值	2、4、6、8

确定初始权数：初始权数的确定一般采用定性分析和定量分析相结合的方法。通常是先组织专家给出相应的判断，再综合考虑各专家的意见并形成初始值。

对初始权数进行处理：根据专家对指标的评价建立判断矩阵；计算判断矩阵中每一行各标度数据的几何平均数；进行归一化处理并求得各个指标的权重系数。

检验判断矩阵的一致性：在判断指标较多的情况下，矩阵的初始权数可能存在相互矛盾的地方，因此需要进行一致性检验。

（2）德尔菲法。德尔菲法（Delphi Method）又称专家调查法或专家打分法，在 20 世纪 40 年代由 O. 赫尔姆和 N. 达尔克首创，经过 T. J. 戈尔登和兰德公司进一步发展而成。德尔菲法采用专家匿名发表意见的方式，通过多轮次调查专家对问题的看法，经过反复征询、归纳、修订意见，最后达成较一致的看法①。其特点主要是集中专家的经验和学识，确定各指标的权重，并在不断反馈和修改中得到满意的结果。其基本步骤如下：

①选择专家：选择本领域既有实际工作经验又有较深理论素养的专家 10~30 人。

②将调查的相关指标和有关资料以及确定权重的规则发放给专家进行评判。

③收回各专家的评判结果，并计算各指标的平均值和标准差。

---

① 汤立许，蔡仲林．我国体育评价研究述评［J］．上海体育学院学报，2011，35（3）：28-32.

④将计算的结果和补充材料再次发放给专家，请专家结合材料再次给予评判。

⑤根据需要重复步骤三和步骤四，直至各专家的意见基本趋于一致。

2. 客观赋权法

客观赋权法是通过数理统计的方法将各指标值经过处理后得出权数的方法。也就是说，客观赋权法是根据样本指标值本身的特点来进行赋值。这类方法包括变异系数法、主成分分析法和熵值法。在应用中，当样本指标独立性很强时，可选择采用变异系数法；当样本指标过多，计算量过大时，可采用主成分分析法；而对样本指标之间具有复杂联系时，则采用熵值法。

（1）主成分分析法。主成分分析法在权重的过程中是以主成分的方差贡献率为权重，对该指标在各主成分线性组合中系数的加权平均的归一化。因此，采用主成分分析法确定权重时应该考虑如下步骤：

一是指标在各主成分线性组合中的系数；二是主成分的方差贡献率；三是指标权重的归一化。

（2）熵值法。熵值法是根据各项指标的观测值所提供信息的大小来确定指标的权重。指标观测值差异越大，则该指标的权重系数越大；指标观测值差异越小，则该指标的权重系数越小①。然而，熵值法有可能造成重要指标的权重反而较小，而不重要的指标的权重系数大的不合理的情形。具体而言，若有 m 个评价对象、n 个评价指标，用χ_{ij}表示第 i 个评价对象第 j 个指标的原始数据值，其计算步骤如下：

①将χ_{ij}作正向正规化处理，并计算第 j 个指标第 i 个评价对象所占的比重。

$$p_{ij}=\frac{x_{ij}}{\sum_{i=1}^{m}x_{ij}}\ (i=1,\ 2,\ \cdots,\ m;\ j=1,\ 2,\ \cdots,\ n) \qquad （式 3-7）$$

②计算第 j 个指标的熵值 e_j

$$e_j=-k\sum_{i=1}^{m}p_{ij}\ \text{In}\ p_{ij}\ (j=1,\ 2,\ \cdots,\ m) \qquad （式 3-8）$$

③计算第 j 个指标的差异系数 g_j（$j=1,\ 2,\ \cdots,\ m$）

$$g_j=1-e_j \qquad （式 3-9）$$

---

① 李元年．基于熵理论的指标体系区分度测算与权重设计［D］．南京：南京航空航天大学，2008：69.

④计算第 j 个指标的权重 w_j

$$w_j = \frac{g_j}{\sum_{i=1}^{m} g_j} \tag{式 3-10}$$

（3）变异系数法。变异系数法又叫离散系数法，是根据各项指标所包含的信息，通过计算得出各指标权重。由于指标体系中各指标的量纲不同，不易直接比较其差别程度。为了消除各评价指标量纲不同的影响，需要利用各项指标的变异系数来判断各指标的差异程度。一般而言，变异系数有全距系数、平均差系数和标准差系数，其中最为常用的是标准差系数，也就是标准差与平均数的比值。具体而言，标准差异系数求指标权重的步骤如下：

①求出各指标的平均数（x）和标准差（σ）

②计算各指标的变异系数：

$$V_i = \frac{\sigma_i}{x_i}\ (i=1,\ 2,\ \cdots,\ n) \tag{式 3-11}$$

式中 V_i是第 i 项指标的变异系数；σ_i是第 i 项指标的标准差；X_i是第 i 项指标的平均数。

③求各项指标的权重：

$$w_i = \frac{v_i}{\sum_{i=1}^{n} v_i} \tag{式 3-12}$$

式中 W_i是第 i 项指标的权重。

3. 组合赋权法

从主观赋权法和客观赋权法的特点来看，主观赋权法过分依赖专家的意见，人为因素太强；客观赋权法则过分依赖统计数据。也就是说，从统计规律来讲，随着样本容量的增加，权重的变化应该越来越小，最终趋于一个稳定值，但在实际工作中的评价不可能实现样本量达到足够大。在有限样本量的情况下只能求出近似值。因此，如果单纯采用某一种方法，可能会出现指标的权重系数存在较大误差现象。

组合赋权法能够规避单一方法的弊端，综合考虑了主观赋权和客观赋权的特点，两者优势互补，将主观赋权法和客观赋权法两者相结合，以最大限度地减少信息的损失。在实际应用中，组合赋权法既能保证各指标权重系数数据值的客观性，又能体现各指标权重系数之间排序的准确性。事实上，组合赋权法不是单一的方法，而是将上述主、客观赋权方法两两或多者相结合。按照组合的方法可分为乘法集成法和加法集成法。

乘法集成法是采用主、客观赋权系数的归一化处理。该方法用于指标数量较多，权重分配比较均匀的情况。但是乘法集成法存在使大者更大，小者更小的“倍增效应”。其计算公式如下：

$$W_i = \frac{w_i^1 w_i^2}{n} \quad i=1，2，\cdots，n \qquad (式 3-13)$$

式中 W_i为第 i 个指标的组合权数，w_i^1 为第 i 个指标的客观权系数；w_i^2 为第 i 个指标的 y 主观权系数，且 $0<W_i<1$，$\sum_{i=1}^{n} w_i = 1$。

加法集成法克服了乘法集成法的“倍增效应”，具有较好的实际应用效果。该方法的关键是确定主、客观赋权方法的相对重要程度。其计算公式为：

$$W_i = \alpha w_i^1 + \beta w_i^2 i=1，2，\cdots，n \qquad (式 3-14)$$

式中 w_i^1 为第 i 个指标的客观权系数，w_i^2 为第 i 个指标的客观权系数，且 $0<W_i<1$，$\sum_{i=1}^{n} w_i = 1$。α和β表示主客观赋权方法的相对重要程度，满足 $0\leqslant\alpha\leqslant1$，$0\leqslant\beta\leqslant1$，一般取 $\alpha=\beta=0.5$。

从上述可以看出，组合赋权法虽然在一定程度上规避了主客观赋权法各自的缺陷，实现了赋权方法的优势最大化，但组合赋权法是一种机械的累加。主客观赋权法两者之间的加权系数尚未形成一定的定论。因此，从一定程度来讲，组合赋权法也存在一定的缺陷。

本章结语

体质测试涉及体质测量与体质评价两个方面。从历史线索来看，体质测量先后经历了形态测量、肌力测量、心血管测量、运动能力测量和体质综合测量阶段。当前，体质综合测量包括身体形态、身体机能和身体素质等方面。虽然与国外的身体形态、心肺耐力、肌肉力量与耐力和柔韧性在名称上存在一定的差异，但在内容上两者是一致的。虽然实验室测试能够精确测试被测者的各项指标，但由于仪器成本较高等原因，实验室测试难以大规模实施，因此当前体质测试普遍采用场地测试法。评价标准的制定是体质评价的关键问题之一。评价标准的制定包括评价指标的选择、权重的分配以及评价方法的研制等工作。评价指标的选择一般有基于相关性筛选指标和基于专家意见筛选指标等方法；指标的赋权主要有主观赋权法、客观赋权法和组合赋权法；评价方法根据不同的评价目的可分为定性评价、定量评价、相对评价和绝对评价等。当前国内外体质测试中一般采用相对评价的方法，只有个别体质测试体系采用的是绝对评价方法。值得指出的是，相对评价标准和绝对评价标准各有利弊，在研制中应该根据需要选择合适的方法。

第四章 残疾学生体质健康测试的困境与可行性

残疾学生是指在各级学校接受教育的各类残疾群体的统称。研究残疾学生的体质测试首先应对我国残疾学生的基本概况，如残疾学生数量、残疾学生类型以及残疾学生就学分布等基本问题进行分析，根据我国残疾学生的具体情况，更深入挖掘残疾学生体质健康测试面临的困境与障碍。在此基础上，还试图对残疾学生体质健康测试的可行性进行全面的分析，从而为残疾学生体质健康测试的开展提供理论依据与支持。

第一节 我国残疾学生的概况分析

一、残疾学生数量逐增

尽管中国古代就存在“大同社会”的理想主义、“仁者爱人”的伦理观和“强不执弱，富不侮贫”的道德观，但中国的特殊教育也和其他教育、其他学科一样，经历了曲折的发展过程。据《中国教育年鉴》记载，我国最早于1874年由外国传教士威廉·穆恩（Willian Moon）在北京创办了现代特殊教育学校瞽叟通文馆。随后，1887年，传教士梅理士·查理创办了中国第一所聋哑学校；1915年，盲人刘先骥先生在长沙创办了湖南导盲学校，这是中国人自己最早创办的特殊教育学校。这些学校在初创之时，在校学生数量都非常有限。据王立夫统计，1922年中国仅有17所特殊教育学校，共有在校残疾学生500余名。到1946年，全国仅有盲聋哑学校42所，在校学生不足2000人。

中华人民共和国成立后，残疾人的教育与社会参与得到了党和国家的重视。例如《中华人民共和国宪法》明确规定：“国家和社会须帮助安排盲、聋、哑和其他有残疾公民的劳动、生活与教育。”进入20世纪80年代，国民经济开始复苏，特殊教育也得到了快速发展。据统计资料表明，1987 年我国共有盲、聋学校 289 所，其中盲校 9 所、盲聋合校 63 所，聋校 217 所，共招收学生 29340 人。据不完全统计，1991 年全国各类残疾儿童学校已发展到 886 所，在校学生 8.5 万人。

1986 年《中华人民共和国义务教育法》的颁布，特别是 1990 年颁布的《中华人民共和国残疾人保障法》和 1994 年《中华人民共和国残疾人教育条例》的实施，极大地推动了我国残疾儿童青少年义务教育的发展。1999 年，我国大陆地区有 28 所盲校、871 所聋校、163 所盲聋合校、473 所智力残疾儿童学校，特殊教育学校共计 1535 所，还有 10000 多所普通学校附设的特殊教育班和一些随班就读的学生，大陆地区接受特殊教育的在校学生为 358327 人，还有大量未进入统计的各类随班就读学生①。这一现象从普通学校和特殊教育学校的横向对比也可见一斑。随着人口年龄结构和空间布局的变化，2005 年我国共有各类义务教育中小学 42.87 万所，2016 年我国各类义务教育学校只有 22.98 万所；但义务教育特殊教育学校数量从 2005 年的 1583 所增加到 2016 年的 2080 所②。在校残疾学生从 2005 年的 16.60 万人到 2016 年增加至 49.17 万人，其中在校视力残疾学生 3.61 万人，听力残疾学生 9.00 万人，智力残疾学生 26.05 万人，其他残疾学生 10.51 万人。另外，普通小学、初中随班就读和附设特教班招收的在校生 27.08 万人③。可见，中华人民共和国成立以来特别是近 30 年以来，随着党和国家对特殊教育的重视，以及经济的快速发展，我国特殊教育学校数量及在校残疾学生数量呈现出快速增长的形势。

二、残疾学生类型多样

残疾是人类社会不可避免的社会现象。由于先天遗传和后天的天灾人祸，人类社会必然会出现各种类型的残疾人群体。对残疾学生是否有必要进行分类以及如何进行分类，一直是特殊教育界颇有争议的问题。尽管围绕着分类与不分类的争论还在继续，但关注的焦点已经悄然发生变化。人

---

① 邓猛．特殊儿童教育［M］．北京：中央广播电视大学出版社，2011：29.

② 王雁，王志强，朱楠，等．我国特殊教育学校学生分布情况调查［J］．中国特殊教育，2013（1）：25-33.

③ 2016 年全国教育事业发展统计公报［EB/OL］[2017-07-10］．http：//www.moe.gov.cn/jyb_ sjzl/sjzl_ fztjgb/201707/t201707-10_ 309042.html.

们开始探寻以怎样的分类方式尽可能地减少分类带来的负面效应，从而为特殊儿童教育方案的制订提供方向。

由于残疾类型的多样，残疾学生的划分也较为复杂。划分的角度不同、依据不同，划分的方法也不同。从当前特殊教育发展的状况来看，大致可归纳为三种不同的划分系统，即学科定位、法律认定和教育定位。第一，学科定位的划分方法是指在特殊教育研究中，根据特殊教育对象的特殊性，为了使特殊教育与其他领域的研究有所区别而进行的划分。第二，法律认定的划分方法是指国家对所提供特殊教育服务的对象范围作出相关的法律规定。世界上大多数的国家和地区，通过相关的法律、法规来确定特殊教育的对象，但在不同时期、不同国家对特殊需要学生范围的理解、界定和类别划分也存在较大的差异。如我国残疾人保障法中将残疾人划分为视力残疾、听力残疾、言语残疾、肢体残疾、智力残疾、精神残疾、多重残疾和其他残疾八类。我国台湾地区将残疾人分为视觉障碍、听觉障碍、智能障碍、严重情绪障碍、学习障碍等类型。而美国残疾人的划分更为细致，如视觉障碍、听觉障碍、智力障碍等（见表 4-1）。从法律层面上讲，只要是法律规定的残疾类型的学生都可划分为残疾学生。第三，教育活动的划分是直接与教育活动相联系，根据障碍的某些相似性特征和教育的特点，把在教育教学上有着相同或相近的特殊需要的学生进行归类划分。如以感官性障碍划分的视觉或听觉障碍学生；按发展性障碍划分的智力残疾、自闭症、脑瘫、情绪行为障碍等。我国义务教育法规定县级以上地方人民政府根据需要设置相应的实施特殊教育的学校（班），对视力残疾、听力语言残疾和智力残疾的适龄儿童、少年实施义务教育。另外，《中共中央、国务院关于促进残疾人事业发展的意见》也提出“逐步解决重度肢体残疾、重度智力残疾、失明、失聪、脑瘫、孤独症等残疾儿童少年的教育问题”①。虽然从法律层面规定了接受特殊教育的对象，但仍存在一些法律规定之外的如孤独症患者、脑瘫等类型的学生。因此，从教育层面上讲，接受特殊教育的对象可统称为残疾学生。

① 中共中央、国务院关于促进残疾人事业发展的意见[EB/OL][2008-04-23].http://www.gov.cn/jrzg/2008-04/23/content_952483.htm.

表 4-1　中国、美国残疾（障碍）分类比较①

地区	感官障碍		发展性障碍					沟通障碍	身体健康障碍		多重障碍		
中国大陆	视力残疾	听力残疾	智力残疾	精神性障碍				言语障碍	肢体残疾		多重残疾		
中国台湾	视觉障碍	听觉障碍	智能障碍	严重情绪障碍	学习障碍	自闭症	发展迟缓	—	语言障碍	肢体障碍	身体病弱	多重障碍	其他障碍
美国	视觉障碍	听觉障碍	智力障碍	情绪障碍	学习障碍	自闭症	发展迟缓	外伤性脑损伤	语言或言语障碍	肢体运动障碍	聋—盲	多重障碍	其他障碍

三、残疾障碍程度不一

2011 年 5 月，国家标准化委员会、民政部和中国残联等部门联合颁布了我国首个残疾人分类与分级标准《残疾人残疾分类和分级》。随后，2017 年 1 月由最高人民法院、最高人民检察院、公安部、国家安全部等部门联合颁发了《人体损伤致残程度分级》。需要指出的是，《残疾人残疾分类和分级》用于民政部和残障的残疾分类和等级的划分；而《人体损伤致残程度分级》则用于司法鉴定程序。根据《残疾人残疾分类和分级》的划分，在《中华人民共和国残疾人保障法》对残疾人划分的基础上，将残疾程度分为若干个级别，具体见表 4-2 至表 4-7②。

在教育领域，根据障碍对学生的影响程度或障碍引起特殊需要支持程度进行划分，可分为不同程度的类别。由于同一程度的障碍学生存在许多共同或类似的特征，因此一般按程度相同的障碍学生可以采取某些类似的教育方法或措施。例如，就听力残疾而言，在教学中采用的是手语教学；就视力残疾而言，由于其听力的正常，在教学中，充分利用听觉和触觉，

① 盛永进．特殊教育学基础［M］．北京：教育科学出版社，2011：109.

② 残疾人残疾分类和分级（中华人民共和国国家标准 2011 年第 2 号公告）［EB/OL］［2013-02-18］．http：//www. bdpf. org.

采用盲文进行教学；而对智力残疾而言，其教学工作相对较为复杂。虽然残疾人保障法指出："对符合法律、法规规定条件的残疾人申请入学，不得拒绝招收。"然而考虑到办学条件以及残疾学生接受教育的可行性，当前我国特殊教育学校中智力残疾学生招收的是轻度至中度的残疾学生。入学前，教师对残疾学生情况进行全面了解，当残疾青少年具备自理能力时方可进入学校接受教育。否则，智力残疾青少年只能以"送教"的方式或在康复机构接受康复治疗。可见，虽然残疾人群体存在不同的程度，但在入学接受教育时需要满足具备自理能力这一基本要求。

表 4–2　我国视力残疾程度分级标准

分级标准	分级类别		分级指标
视力和视野状态	盲	一级	无光感～<0.02；或视野半径<5 度
		二级	0.02～<0.05；或视野半径<10 度
	低视	三级	0.05～<0.10
		四级	1～<0.3

表 4–3　我国听力残疾程度分级标准

分级标准	分级类别	分级指标
按较好耳平均听力损失（不佩戴助听放大装置）	一级，极重度障碍	听力损失：>90 dBHL
	二级，重度障碍	听力损失：81～90 dBHL
	三级，中度障碍	听力损失：61～80 dBHL
	四级，轻度障碍	听力损失：41～60 dBHL

表 4–4　我国言语残疾程度分级标准

分级标准	分级类别	分级指标
主要按语言清晰度	一级，极重度障碍	语言清晰度：≤10%
	二级，严重障碍	语言清晰度：11%～25%
	三级，中度障碍	语言清晰度：26%～45%
	四级，轻度障碍	语言清晰度：46%～65%

表 4-5　我国智力残疾程度分级标准

分级标准	分级类别	分级指标		
按 0～6 岁和 7 岁及以上两个年龄段发育商、智商和适应行为分级	一级，极重度（AB）	DQ≤25	IQ<20	WHO-DAS Ⅱ ≥116 分
	二级，重度（AB）	DQ：26～39	IQ：20～34	WHO-DAS Ⅱ 106～115 分
	三级，中度（AB）	DQ：40～54	IQ：35～49	WHO-DAS Ⅱ 96～105 分
	四级，轻度（AB）	DQ：55～75	IQ：50～69	WHO-DAS Ⅱ 52～95 分

表 4-6　我国肢体残疾程度分级标准

分级标准	分级类别	分级指标
按人体运动功能丧失、活动受限、参与局限的程度分级（不戴假肢、矫形器及其他辅助器具）	一级 极重度障碍	不能独立实现日常生活活动，并具备下列状况之一：a）四肢瘫：四肢运动功能重度丧失；b）截瘫：双下肢运动功能完全丧失；c）偏瘫：一侧肢体运动功能完全丧失；d）单全上肢和双小腿缺失；e）单全下肢和双前臂缺失；f）双上臂和单大腿（或单小腿）缺失；g）双全上肢或双全下肢缺失；h）四肢在手指掌指关节（含）和足跗跖关节（含）以上不同部位缺失；i）双上肢功能极重度障碍或三肢功能重度障碍
	二级 重度障碍	基本上不能独立实现日常生活活动，并具备下列状况之一：a）偏瘫或截瘫，残肢保留少许功能（不能独立行走）；b）双上臂或双前臂缺失；c）双大腿缺失；d）单全上肢和单大腿缺失；e）单全下肢和单前臂缺失；f）三肢在手指掌指关节（含）和足跗跖关节（含）以上不同部位缺失（一级中的情况附外）；g）二肢功能重度障碍或三肢功能中度障碍
	三级 中度障碍	能部分独立实现日常生活活动，并具备下列状况之一：a）双小腿缺失；b）单前臂及其以上缺失；c）单大腿及其以上缺失；d）双手拇指或双手拇指以外其他手指全缺失；e）二肢在手指掌指关节（含）和足跗跖关节（含）以上不同部位缺失（二级中的情况除外）；f）一肢功能重度障碍或二肢功能中度障碍
	四级 轻度障碍	基本能独立实现日常生活活动，并具备下列状况之一：a）单小腿缺失；b）双下肢不等长，差距≥50 毫米；c）脊柱强（僵）直；d）脊柱畸形，后凸>70 度或侧凸>45 度；e）单手拇指以外其他四指全缺失；f）单手拇指全缺失；g）单足跗跖关节以上缺失；h）双足趾完全缺失或失去功能；i）侏儒症（身高≤1300 毫米的成年人）；j）一肢功能中度障碍或二肢功能轻度障碍；k）类似上述的其他肢体功能障碍

表 4-7　我国精神残疾程度分级标准

分级标准	分级类别	分级指标
18 岁及以上依据 WHO-DAS 分值和适应行为表现分级，18 岁以下依据适应行为的表现分级	一级，极重度（AB）	WHO-DAS Ⅱ ≥116 分
	二级，重度（AB）	WHO-DAS Ⅱ 106~115 分
	三级，中度（AB）	WHO-DAS Ⅱ 96~105 分
	四级，轻度（AB）	WHO-DAS Ⅱ 52~95 分

四、残疾学生分布广泛

残疾学生的分布广泛主要指两个方面：一是残疾学生所在区域分布广泛；二是残疾学生就读形式多样导致的学生分布广泛。首先，由于我国幅员辽阔，再加上残疾人受损的不确定性，因此，在各个省、市、县、乡（镇）和村组等行政区域都有可能存在残疾人群体。其次，当前我国残疾学生接受教育的方式存在多种类型。根据《中华人民共和国残疾人教育条例》第十七条规定："一是残疾儿童、少年能够接受普通教育，但是学习生活需要特别支持的，根据身体状况就近到县级人民政府教育行政部门在一定区域内指定的具备相应资源、条件的普通学校入学接受义务教育。二是适龄残疾儿童、少年不能接受普通教育的，由县级人民政府教育行政部门统筹安排进入特殊教育学校接受义务教育。三是残疾儿童、少年需要专人护理，不能到学校就读的，由县级人民政府教育行政部门统筹安排，通过提供送教上门或者远程教育等方式实施义务教育，并纳入学籍管理。"从以上政策条文中可见，当前我国残疾学生（义务教育阶段）的就读形式主要有普通学校就读、特殊教育学校就读和送教到家等方式。

在普通学校中，一般有肢体残疾、轻度智力残疾、轻度听力残疾、轻度脑瘫等类型的残疾学生。在特殊教育学校中，根据我国特殊教育的创办模式，可分为独立的聋校、盲校或培智学校，也有综合型的特殊教育学校，一般包括听力残疾、视力残疾和智力残疾等类型的学生。由于我国采取的是"省办盲校、市办聋校、区（县）办培智学校"的方式，受残疾学生数量及分布特点等因素影响，特殊教育学校存在非招生范围内招收各类残疾学生的情况①。在上门送教的家庭中，残疾学生一般是重度残疾，不具备自理能力的智力残疾学生或多重残疾学生。可见，当前我国残疾学生具有多种就读形式，其中特殊教育学校中的残疾学生较为集中，普通学校和家庭送教的分布较为零散。

第二节　残疾学生体质健康测试的困境

一、智力残疾学生体质测试的困境

有研究认为，智力残疾青少年参与体育运动最大的障碍源自动机与认知能力不足②。智力障碍者由于智商低下及适应行为障碍，常常表现出不愿意参与体育运动，不会尽最大努力去完成体质测试。尽管有许多智力残疾的年轻人没有适应行为的限制，还是有从轻度到重度范围的限制存在③。因此，针对限制程度需要对测试进行细微的修改以测量身体素质。轻度的智力残疾青少年的健康水平与普通青少年的健康状况大体一致，可以在适当的环境中参加游戏和休闲活动，并能进行日常活动，但是对轻度智力残疾人在进行体质测试时，由于认知能力与适应行为存在障碍，这一群体难以尽全力参与体质测试项目，需要在测试项目上进行选择与重组。有严重智力残疾限制的青少年需要在学习和执行体能测试项目方面给予很大的帮助，需要以三个构成要素为中心对测试指标进行大范围的调整与选择，有效地对智力残疾青少年进行体质测试（见表4-8）。

表4-8　智力残疾学生体质测试的限制和需求

级别	测试的限制和需求
轻度	没有特别的需要，在执行体质健康测试时不需要进行特别的支持，测试的指标和标准可参照健全学生体质测试标准

① 王雁，王志强，朱楠，等．我国特殊教育学校学生分布情况调查［J］．中国特殊教育，2013（1）：25-33.

② FERNHALL B., PITETTI K. H. Limitations to physical work capacity in individuals with mental retardation［J］. Clinical Exercise Physiology，2001：102-113.

③ 戴昕．国外关于智障者体能限制因素的研究［J］．中国特殊教育，2007（8）：32-35+68.

续表

级别	测试的限制和需求
中度	在学习和执行体质健康测试时需要引导或部分的帮助，同时个别需要修改测试内容或提供选测项目来评价体质健康；体质健康整体框架倾向于或非常接近无残疾学生；可根据评价目的必要时对标准采取适当的修订
重度	需要广泛地支持学习和执行测试；残疾学生也需要可供选择的测试内容或大幅度地修改测试内容；这一群体更需要身体活动评价而不是体质健康。一般来说，他们需要个性化的特殊标准参照来评价体质健康

智力残疾青少年自身缺陷与测试项目的效度是影响参与体质测试障碍及信度的重要因素，但与指导服务人员也存在密切的关系①。被测对象在正式测试之前需要测试人员指导练习测试项目，并确信被测试者在正式测试之前掌握了测试项目的能力，或者对测试项目有所了解与认知。测试人员需要采用适当的方法激起被测者的动机，促使其积极参与体质测试。智力残疾儿童往往表现出异常的行为，心理存在戒备或不能正确地自我认识，通过向轻度智力残疾青少年描述测试并解释每项测试的目的，消除其参与体质测试的心理障碍。首先，测试人员对智力残疾青少年的态度会影响参与体质测试的积极性，所以需要测试人员更多关爱，对智障残疾青少年测试进行悉心的指导和帮助，才能获得更真实有效的体质测试数据；其次，测试人员对所测项目的了解也会成为智力残疾青少年参与体质测试的障碍。在对测试项目不了解的情况下，对被测者进行体质测试显然不够严谨，也是智力残疾青少年参与体质测试的隐性障碍。此外，在体质测试的过程中会出现一些突发事件，测试人员需要在了解测试项目目标的基础上表现出一种灵活应变的能力，以解决智力残疾青少年参与体质测试的障碍，保证智力残疾青少年体质测试的顺利实施②。

---

① SMITH J. J. , MORGAN P. J. , PLOTNIKOFF R. C. , et al. Mediating effects of resistance training skill competency on health-related fitness and physical activity: the ATLAS cluster randomised controlled trial [J] . Journal of Sports Sciences, 2016, 34 (8): 772.

② 陈华卫，窦丽．美国智障青少年健康体适能测评标准解读［J］．首都体育学院学报，2017，29（2）：188-192.

二、视力残疾学生体质测试的困境

视力是人类认识外部世界的主要能力。人类通过视力既可以感知光的明度、色调和饱和度，也可以感知物体的大小、形状、距离和颜色。视力残疾是指由于各种原因导致双眼不同程度的视力损失或视野缩小，很难以平常方式从事普通人所能从事的学习、工作或其他活动①。由于视力损失程度和视野的不同，视力残疾又可分为盲和低视力两种类别。虽然世界卫生组织在1973年制定了视力残疾标准，但不同国家、地区、不同时间对于视力敏锐度的测量与记录使用的标准都作了一定的修订。需要指出的是：①视力残疾指的是双眼，仅一眼为盲或低视力，而另一眼视力正常或在低视力之上都不属于视力残疾；②视力残疾是指矫正后的视力，如矫正后的视力在弱视之上则不属于视力残疾。从理论上讲，视障孩子的智力不会与明眼人存在明显的差异②。也就是说，视力残疾青少年与明眼青少年的实质差异只是在视觉方面。

美国视力残疾体质测试对视力残疾的划分主要是参照美国盲人运动员协会（U. S. Association of Blind Athletes，USABA）对视力残疾的规定：最佳矫正视力在20/200以下，或者最佳矫正视力在20/200以上，视野的最大直径所对的角不大于20度以下为盲；最佳矫正视力在20/200~20/70为弱视（见表4-9）。视力残疾对青少年儿童的影响主要有三类：第一类是视力损伤本身，如视网膜损伤；第二类是由视力损伤直接产生的影响，如对运动能力的限制；第三类与视力损伤的关系是间接的、非必然的，主要是指因视力残疾造成的间接的影响，如有的视力残疾儿童体质弱，其直接原因是体育活动少③。在体质测试上，视力残疾对青少年最直接的影响就是在一些有氧跑的测试项目上，残疾青少年难以独立完成，需要借助外界的帮助。另外，由于知觉能力较弱，有些操作性的测试项目（如引体向上、俯卧撑等）难以按规范完成。因此，虽然视力残疾青少年在体质测试认知上不存在任何障碍，但由于视觉原因，在方向感、平衡感、协调感等

① 佚名．第二次全国残疾人抽样调查残疾标准［J］．中国残疾人，2006（5）：7-9.

② 赵五州．中职视障生语文教学中口语交际教学研究［D］．广州：广州大学，2016：27.

③ 钟经华．论视力损伤对儿童发展的影响［J］．中国特殊教育，2006（6）：39-43.

方面还是存在一定的障碍。再加上日常生活中较多的静态生活，导致残疾青少年表现出行走迟缓、动作协调性差，很难学会一些需要手脚配合的动作或者比较精细的手指动作，有的不会跑和跳，有些则表现出明显身材瘦弱或缺乏力量等现象。

表 4-9　视力残疾在体质测试中的限制和需求

等级	特征	测试的限制和需求
B1	全盲（可能有一些对光的感知，但无论在哪个距离都不能识别手的形状）	该类青少年在学习和执行体质测试时，需要提供适当的帮助。需要适当修正测试指标和标准来评价体质健康状况（特别是对视觉有依赖的指标，如跑、走、跳等）。体质健康测试整体框架接近或类似明眼青少年
B2	可以感知手的形状，但视觉敏锐度不低于 20/600；或视野不高于 5 度	
B3	视觉敏锐度为 20/599～20/200，视野在 5 度到 20 度	
PS	弱视者，视觉敏锐度为 20/199～20/70	该类学生没有特殊的需要，在初次学习或测试时可适当加以指导，测试内容和明眼青少年完全一样

三、听力残疾学生体质测试的困境

听力残疾是指各种原因导致双耳不同程度的永久性听力障碍，听不到或听不清周围环境声及言语声，以致影响其日常生活和社会参与①。据调查，听力障碍是全球排名首位的致残原因。世界卫生组织发布的《全球听力残疾流行状况报告》显示，2010 年全球 15 岁以上听力残疾多达 3.28 亿人，14 岁及以下听力残疾儿童占 0.32 亿②。根据 2006 年第二次残疾人抽样调查数据推算，我国共有听力残疾 2004 万人。听力残疾主要分为两类：一类是完全丧失听力；另一类是有残留听力但辨音不清，无法进行正常听说交往。按照发生时间听力残疾可分为先天聋和后天聋；按照发生的原因可分为感音性耳聋（听觉神经受损）和传音性耳聋（声音传导通路损伤）。致残的原因包括药物中毒、创伤或意外伤害、噪声或爆震③。听力残疾学

① 第二次全国残疾人抽样调查办公室．第二次全国残疾人抽样调查主要数据手册［M］．北京：华夏出版社，2007：1.

② 高嘉敏，何平，郑晓瑛．中国听力残疾致残原因的区域分布［J］．地域研究与开发，2017，36（4）：153-157.

③ 高嘉敏，何平，陈靖，等．中国伤害致听力残疾的现患率及影响因素［J］．郑州大学学报（医学版），2017，52（4）：487-491.

生也称为聋哑学生，然而聋与哑既有关联，也有区别，其中聋是因，即第一性缺陷；哑是果，即第二性缺陷①。

听觉是人们接受外界刺激的重要渠道之一。该类群体的残疾程度是按较好耳平均听力损失，且在不佩戴助听放大装置的情况下进行。听力障碍儿童，尤其是学语前聋的儿童，由于听力损失，在语言发展、认知发展、社会交往等方面都遇到一系列困难②。对后天听力残疾学生而言，由于有良好的认知、语言基础，在后期对事物的理解，再加上手语或唇语的指导，听力残疾学生能够接受教育。然而，当前对听力残疾学生的智力发展问题有两种不同的观点：一种认为，听力残疾学生因语言发展的落后而引起思维发展的落后，从而也影响智力的发展；另一种认为，思维不一定靠语言，因此，听力残疾学生与语言概念相关的思维发展可能受到一些影响，但与语言思维关联性不大的动作思维、表象思维则不会受到影响③。对体质测试而言，听力残疾学生可以完成一些非操作性的测试指标，对一些操作性的指标，特别是有与声音有关的如发布口令、音乐节奏等方面存在一定的障碍。

表 4-10　听力残疾学生在体质测试中的限制和需求

类别	特征	测试的限制和需求
聋	一级，在无助听设备帮助下，不能依靠听觉进行言语交流，在理解和交流等活动上极度受限，在参与社会生活方面存在极严重障碍	听力残疾基本能完成传统测试指标的要求；由于其障碍在于外界的指令或节奏的听觉，故对涉及该类型的测试指标应稍作修改
	二级，在理解和交流等活动上重度受限，在参与社会生活方面存在严重障碍	
重听	三级，在理解和交流等活动上中度受限，在参与社会生活方面存在中度障碍	
	四级，在理解和交流等活动上轻度受限，在参与社会生活方面存在轻度障碍	

① 林永馨，叶立群；中国教育学会教育学研究会．特殊教育学［M］．福州：福建教育出版社，1995：26.

② 江小英，周静．中学聋生网络交往情况的调查与分析［J］．中国特殊教育，2010（9）：63-67.

③ 葛修娟．视觉文化对聋童智力开发的价值探析［D］．南京：南京师范大学，2004：18.

第三节　残疾学生体质健康测试的可行性

一、残疾学生具备体质健康测试的能力

人类在如何对待残疾人方面先后经历了杀戮到遗弃、忽视、怜悯与过度保护，进而发展到逐渐接纳，最后到最大限度地促进残疾人融合进主流社会的发展过程①。在生产力极端落后的时期，人们的思想以及对残疾的理解也极为落后，残疾人往往被视为“魔鬼缠身”“上帝的处罚”；随着生产力的提高，人文主义精神冲击着中世纪的神学、禁欲主义，导致了宗教改革、科技革命和理性时代的来临，人类对残疾的理解也更为理性。经历了文艺复兴、工业革命洗礼的西方国家，倡导个性独立、自由、平等的精神，于是特殊教育在西方国家不断兴起。产生于欧洲的早期特殊教育学校都是封闭性、养护性的机构；到了现代，特殊教育在美洲得到发展，随着义务教育观念的深入人心，更多的残疾青少年儿童进入各类学校接受教育。从这一曲折漫长的发展历程可见，残疾人本身没有任何的变化，但是在不同的时代，由于生产力、思想观念、经济状态等要素的不同，残疾人在社会活动中的参与程度存在较大的差异。

从各种残疾程度来看，视力残疾虽然在视觉上存在一定的障碍，但视力残疾的听辨能力特别强，可以通过触觉对外界或盲文的理解，也能够通过语言与外界交流。在体育活动或体质测试中，视力残疾最大的障碍是行动（跑、走、跳）及平衡能力受限。对听力残疾而言，其最大的障碍是对外界声音或语言的感觉并作出适当的语言反应，在教学及生活中听力残疾人一般通过手语与外界交流。在体育活动或体质测试中，听力残疾学生最大的障碍是对指令作出正确的反应或及时作出反应。在此种情况下，可对指令作出适当的调整，采用手势或其他形式，而不是通过声音作出指令。对智力残疾人而言，其智力活动明显低于健全人，并且显示出适应性行为的障碍。由于神经系统结构或功能障碍，其各项活动和指令受到限制，需要提供全面、广泛、有限和间歇的支持。

可见，虽然残疾学生存在各种类型的障碍，但这些障碍只能在一定程

---

① 邓猛．融合教育与随班就读：理想与现实之间［M］．武汉：华中师范大学出版社，2009：3.

度上影响学生活动的范围、频率和强度。就体质健康测试而言，既包括一些非操作性的指标，也包括一些操作性的指标。非操作性指标显然残疾学生都能够执行，而操作性指标都是一些简单的操作，甚至在体育课堂或其他形式的体育活动中都进行过的内容，并没有涉及程序复杂或需要后天习得的测试内容。因此，在有需要的情况下，对测试内容稍加调整，残疾学生完全具备参与体质健康测试的能力。

二、多元的测试指标为测试提供了条件

体质健康测试是由身体成分、心肺耐力和肌肉力量与耐力等多项要素组成的评价体系。虽然实验室能够对每项测试要素进行精准测试，但由于场地测试的实用性、高效性和经济性等特点被广泛应用，在体质健康场地测试中，每一项要素由若干个测试指标组成。如当前测试上肢力量的指标有球类掷远、握力、俯卧撑、引体向上、屈臂挂等。就心肺耐力而言，既可以通过各项形式的跑/走测试，也可通过台阶试验、肺活量、功率车等形式的测试。不同的指标在操作要求上也存在一定的差异，被测者可通过需要选择相应的测试指标。

有研究指出，针对成人国民体质测试中视力残疾和肢体残疾难以完成的指标，采用替代性指标对纵跳、选择反应时、坐位体前屈和俯卧撑等指标进行了替换，认为视力残疾采用 2 分钟坐起能替代台阶试验、选择听反应时替代选择反应时；肢体残疾采用 1 分 30 秒原地单脚跳试验替代台阶试验；单臂卧推哑铃替代俯卧撑；假肢辅助坐位体前屈替代坐位体前屈等具有较高的显著性①。王明远采用《国家学生体质健康标准》中的指标对听力残疾中学生进行了体质测试，结果显示身高体重指数、肺活量体重指数、握力体重指数、引体向上、仰卧起坐、25 米×2 往返跑、1000 米跑、800 米跑、跳绳、坐位体前屈、掷实心球、立定跳远等 13 项指标能够全部完成，但台阶试验难以全部完成。此外，可以通过电子节拍器来辅助听力残疾学生正常完成测试指标②。

可见，虽然残疾学生存在不同程度的障碍，在体质健康测试中可能存

① 董晓虹，丛湖平．视力、肢体残疾人群国民体质监测替代指标的有效性研究［J］．中国体育科技，2008，44（6）：36-39.

② 王明远．听力残疾学生体质健康测试替代指标研究［D］．天津：天津师范大学，2013：3.

在不能完成测试的问题，但体质健康测试指标的多样性为残疾学生提供了选择，同时相关研究的替代性指标也为残疾学生完成体质测试提供了可能。

三、残疾学生体质健康具备评价的可能

残疾学生体质健康测试由体质健康测量和体质健康评价两者组成。其中，残疾学生体质健康测量是残疾学生体质健康评价的基础和前提，残疾学生体质健康评价是残疾学生体质健康测量的目的与归宿。前文已经探讨了残疾学生体质健康测量的可能，故也有必要对残疾学生体质健康评价的可行性进行探究。毫无疑问，残疾学生体质健康评价的关键在于评价标准的科学性。也就是说，采用什么样的标准对残疾学生体质健康进行评价。当前，体质健康评价一般有两种方法：一种是以美国现行的青少年体质测试标准（FITNESSGRAM）；另一种则是以我国为代表的《国家学生体质健康标准》。美国现行的体质测试标准采用的是绝对评价，采用标准参照的方式，根据维持健康生活需要的体质制定的标准。美国残疾青少年体质测试也采用了该种理念研制了测试标准，而我国现行的《国家学生体质健康标准》则采用的是常模数据构建的标准。该种方法采用的是相对评价，即对评价的群体组别内进行数据的收集，采用数理统计的方法研制出常模参照标准。

就残疾学生体质健康而言，采用绝对评价和相对评价都是可行的。绝对评价能够判定残疾学生是否处于健康状态；相对评价能够判定残疾学生在群体中的健康状态。但是，残疾学生体质健康标准既不能照搬美国现行的残疾青少年体质健康标准，也不能照搬我国现行的《国家学生体质健康标准》。其理由是美国残疾青少年体质测试标准是根据美国青少年的体质，参照健康生活及参与日常活动所需建立的标准；而我国现行的《国家学生体质健康标准》是基于健全学生的体质健康测试数据，分性别、年级构建的标准；有研究表明，听觉障碍、视觉障碍和智力障碍学生身体发展调查数据显示，特殊需要学生身体发育和体质发展的总体水平与普通学生存在差距①。可见，如果采用我国现行的标准，残疾学生体质健康测试评价的成绩普遍偏低，从而也失去了评价的意义。

---

① 顾定倩．特殊教育导论［M］．大连：辽宁师范大学出版社，2001：13-17.

由于残疾学生的类型不同，在体质健康测试中存在的障碍也不同。残疾学生可借鉴当前我国学生体质健康标准的研制方法，根据分层理论，将不同残疾类型、性别、年龄的残疾学生划分为若干个组别，让不同残疾学生在相应的组别中进行评价。

本章结语

随着社会的进步和经济的发展，残疾青少年接受教育已得到党和国家的一致认可。大量的适龄残疾青少年逐步进入校园，接受各种形式的教育。当前，我国残疾学生呈现出数量逐渐增加、残疾类型多样、残疾程度不一、残疾学生分布广泛等特点。不同的残疾类型的学生在体质健康测试中存在的障碍也不尽相同，例如，视力残疾在跑、走、跳等方面存在一定的障碍；听力残疾在指令、节奏等指标测试方面存在一定的障碍；智力残疾在理解、执行等方面都存在一定的障碍。残疾学生除了各种特质存在的障碍外，还普遍存在感觉统合失调所带来的运动、行为及其一系列发展性障碍。虽然各种障碍以及感觉统合失调存在，但由于残疾学生具备参与体质健康测试的基本能力、测试指标的多元化及替代性指标的存在，体质健康评价的可能等条件为残疾学生体质健康测试提供了可行性。

第五章

美国残疾青少年体质测试的研制与解读

美国是注重国民体质监测的国家之一。在推行健全人群体质测试的同时，包括残疾青少年（学生）在内的特殊群体的体质测试也是联邦政府密切关注的对象。甚至可以说，联邦政府在推进健全青少年体质测试的同时，也逐步推行残疾青少年体质测试。经过半个多世纪的发展，美国残疾青少年体质测试已趋于成熟。因此，本章试图对美国残疾青少年体质测试实施的发展历程、研制的理念演变以及对视力残疾青少年和智力残疾青少年体质测试标准进行解读，以期让我们以更全面的视角认识残疾学生体质测试的研制工作。同时也可以避免由于“闭门造车”而产生一系列“重蹈覆辙”的不良现象。

第一节　美国残疾青少年体质测试的历史演进

一个国家国民体质的状况和健康水平，是其综合国力的重要组成部分，也是社会文明和进步的重要标志①。通过体质测试监控国民的体质健康是世界各国普遍采用的方法②。许多国家根据各自的国情以青少年体质测试为突破口，继而研制并颁发了幼儿、成年人和老年人体质测试标准，形成了完善的国民体质测试体系。然而，由于残疾青少年和健全青少年之间存在各种差异，如何对残疾青少年进行体质测试，监控残疾青少年的体质健康仍是当前我国亟待解决的难题。美国残疾青少年体质测试实施较早。在20世纪60年代，美国就颁布了残疾青少年体质测试体系，并在后

① 中国国民体质监测系统课题组．中国国民体质监测系统的研究［M］．北京：北京体育大学出版社，2000：1.

② D. Cvejć，T. Pejovć，S. Ostojć. Assessment of Physical Fitness in Children and Adolescents［J］. Physical Education and Sport，2013（11）：135-145.

期不断进行了调适和修订，形成了较为科学的残疾青少年体质测试体系。

一、美国残疾青少年体质测试的缘起

1. 残疾人社会福利理念的转变

在早期，美国残疾人的社会福利采用的是供养理念，主要通过救助、施舍或治疗的方式将其供养起来。在这一理念下，残疾人需要通过自身的努力以适应“非残疾”的社会环境，社会不会改变环境和设施来适应残疾人。《独立宣言》和《宪法》所倡导的民主和平等理念促成了美国公民追求权利的意识。20 世纪 50 年代，西方国家民权运动的兴起，发生在美国与残疾人相关的法庭裁决与辩论，专业人士以及民间团体的倡议，促使美国残疾人事业领域的理论和实践发生了深刻的变化。残疾人的社会福利理念由供养理念转向为公民权利理念。一些与残疾人服务相关的新思想和理念如“正常化”“去机构化”“回归主流”“一体化”等理念的相继提出，旨在对供养理念的批判，倡导赋予残疾人平等的公民权利，让残疾人参与正常的社会活动。

公民权利倡导者认为，传统的供养方式虽然在一定程度上能够为残疾人提供一定的保护，但这种过度的保护却剥夺了残疾人参与社会的权利。在公民权利理念的影响下，联邦政府对残疾人的保障和救助不再停留在人性的同情与怜悯，而是通过调整或改善社会中存在的各种障碍，以保障残疾人参与社会并融入社会的机会和权利。美国在建构残疾人福利制度时，采取“因你特殊，所以你需要正常化”（You are special，So you must be normalization）的平等对待原则①②。当前，美国已形成了以《宪法》为基础，以《康复法》《美国残疾人法》《残疾人教育法》等涉及残疾人社会福利的法律体系，其核心理念是赋予残疾人平等的人权，保障残疾人参与各项社会活动的机会。

---

① 李莉，邓猛．近现代西方残疾人社会福利保障的价值理念及实践启示［J］．中国特殊教育，2007（6）：3-9.

② 杨立雄．美国、英国和日本残疾人福利制度比较研究［J］．黑龙江社会科学，2014（3）：83-93.

2. 健全青少年体质测试的实施与发展

表 5-1　AAHPER 青少年体质测试指标

颁布时间	测试指标
1958 年	(1) 直腿仰卧起坐；(2) 立定跳远；(3) 引体向上 (男) /修正引体向上 (女)； (4) 50 码冲刺跑； (5) 往返跑； (6) 600 码跑/走；(7) 垒球掷远；(8) 水中运动 (选测)
1965 年	(1) 引体向上 (男) /屈臂挂 (女)；(2) 仰卧起坐 (直膝)；(3) 往返跑；(4) 立定跳远；(5) 50 米冲刺跑；(6) 垒球掷远；(7) 600 码跑/走
1976 年	(1) 引体向上 (男) /屈臂挂 (女)； (2) 1 分钟仰卧起坐 (屈膝)；(3) 往返跑；(4) 立定跳远；(5) 50 码冲刺跑；(6) 600 码跑；(7) 得克萨斯州体质-运动能力测试：9 分钟跑/1 英里跑 (10～12 岁)；12 分钟跑/1.5 英里跑 (13 岁以上) (选测)

美国的体质测试源于 19 世纪 60 年代①。自 1885 年起，美国健康、体育和休闲联合会 (American Alliance for Health, Physical Education and Recreation, AAHPER) 就非常关注青少年的体质健康。然而，政府正式介入体质测试却是 1956 年，作为对 1954 年 Kraus 和 Hirschland 发表在《健康、体育教育和娱乐杂志》的一篇名为《肌肉力量和健康》的研究结果——美国儿童的体质要弱于欧洲儿童这一结论作出的回应，艾森豪威尔总统就青少年儿童体质健康问题召集会议，并发布 10673 号总统令：成立青少年体质总统委员会 (President's Council on Youth Fitness, PCYF)。1958 年，经青少年体质总统委员会认定，AAHPER 颁发了美国第一项青少年体质测试体系 (AAHPER Youth Fitness Test, YFT)，并分别在 1965 年和 1976 年进行了修订 (见表 5-1)。随后，青少年体质测试得到了持续关注。约翰·F. 肯尼迪总统强调积极的生活方式对体质健康的影响，其出版的《运动画报》(*Sports Illustrated*, 1960、1962) 就运动对健康生活的影响进行了全面的阐析。体质测试在健全青少年中如火如荼地开展，为残疾青少年体质测试的实施奠定了基础。

① SEEFELDT V., VOGEL P. Physical Fitness Testing of Children: A 30 - Year History of Misguided Efforts? [J]. Pediatric Exercise Science, 1989: 295-302.

二、美国残疾青少年体质测试的演变历程

1. 初期阶段——残疾青少年体质测试的颁布与内容

20世纪60年代早期，随着残疾人社会福利理念的转变，残疾人群体逐步走向正常化，享受着均等化的教育、就业、体育等社会活动。1967年，AAHPER采用YFT对智力残疾青少年进行了测试，认为应对引体向上、仰卧起坐和600码跑作适当调整①。随后，AAHPER与Joseph P.、Kennedy J. R. 等人合作研制轻度智力残疾青少年体质测试标准，并于1968年颁布了《轻度智力残疾特殊体质测试手册》（*Special Fitness Test Manual for the Mildly Mentally Retarded*）。该手册是美国针对残疾青少年研制的第一项体质测试体系。该体系主要针对8~18岁IQ为50~70的可教育的轻度智力残疾青少年。在测试指标上，以1965年颁布的YFT修订版为基础，除了屈臂挂（男/女）代替引体向上、1分钟仰卧起坐取代了男生100个所需的时间和女生50个所需的时间、300码跑/走代替了600码/走三个替代性指标外，其他测试指标与YFT测试指标完全一致。在评价标准设置上，该体系基于4200名8~18岁智力残疾青少年为样本建立的常模参照标准②。

1971年，AAHPER委托长滩学院Buell C. E. 博士等人研制视力残疾青少年的体育教育、休闲活动的开展。其中，视力残疾青少年体质测试就是研究内容之一。该研究于1973年颁布了《视力残疾体育教育和休闲》（*Physical Education and Recreation for the Visually Handicapped*）。视力残疾青少年体质测试体系主要针对10~17岁视力残疾青少年。以YFT为蓝本，采用百分位法建立的常模标准③。测试指标主要有引体向上、屈臂挂、立定跳远、垒球掷远、跳高、50码冲刺跑和600码跑/走。在标准的制定上，由于视力残疾青少年长期保持较高的警惕性，参与日常活动需要付出更多

① JOHNSON R. E.，LAVAY B. Kansas Adapted/Special Physical Education Test Manual. Health Related Fitness and Psychomotor Testing [R]. Adapted Physical Education，1987：37.

② American Association for Health，Physical Education，and Recreation，Foundation J P K. Special fitness test manual for the mentally retarded [M]. American Association for Health，Physical Education，and Recreation，1968：6.

③ BUELL C. E. Physical Education and Recreation for the Visually Handicapped [R]. Long Beach School，1973：69.

的能量，要求视力残疾青少年能够与健全同龄人在体质上要求一样。因此，视力残疾青少年体质测试只有 50 码冲刺跑和 600 码跑/走重新制定了标准，其他测试指标都采用了 YFT 中的标准。在 50 码冲刺跑和 600 码跑/走的标准研制上，根据视力残疾程度分为全盲和弱视两组，以 3000 名残疾青少年为样本采用百分位法研制常模评价标准。1982 年，Buell C. E. 等人对 1973 年研制的测试内容进行了修订，引体向上、屈臂挂、立定跳远和跳高等指标仍沿用了普通标准，对 50 码冲刺跑进行了微调，同时增加了游泳、跳绳和爬绳等测试指标①。

1973 年，在《轻度智力残疾特殊体质测试手册》的基础上，密苏里州公共教育部资助 AAHPER 与 Johnson L. 、Londeree B 共同研制中等智力残疾青少年体质测试标准。经过 3 年的研制，1976 年 AAHPER 颁发了《中等智力残疾体质测试手册》（*Motor Fitness Testing Manual For the Moderately Mentally Retarded*）。该测试体系主要针对 6~21 岁中等智力残疾青少年。在测试指标方面，共有屈臂挂、仰卧起坐（30 秒）、立定跳远、垒球掷远、50 码冲刺跑、300 码走、坐位体前屈、单足跳、腾空跳、身高、体重、目标投掷和翻跟头 13 个测试指标。在评价标准上，主要对密苏里州 1097 名中等智力残疾青少年进行为期两年测试的基础上研制常模标准②。需要指出的是，由于样本数量有限，在抽样中存在的误差导致各年龄组的测试指标的标准存在一定的不规则变化，甚至多个年龄组同样的标准或较大年龄组的标准更低。在该标准中，为保证数据的原始性，各标准仍采用了原始的数据。

2. 发展阶段——Project UNIQUE 的研制与内容

1973 年，联邦政府颁布了《所有残疾儿童教育法》（PL94-142）公法。该公法明确指出所有的残疾儿童必须接受免费的、适当的公共教育，特殊教育和相关的服务必须满足残疾儿童个别化的（Unique）需要，并且强调体育教育必须满足残疾青少年个别化的需要。20 世纪 70 年代，美国青少年体质测试发生了巨大的变化。其中最为显著的是得克萨斯州（1973 年）体质测试委员会和 AAHPER（1976 年）分别在测试体系中增加了有

① BUELL C. E. Physical Education and Recreation for the Visually Handicapped. Revised Edition [R]. Long Beach School, 1982: 16.

② JOHNSON L., LONDEREE B. Motor Fitness Testing Manual for the Moderately Mentally Retarded [R]. Adapted Physical Education, 1976: 72.

氧耐力测试指标；另外，1975—1980 年，AAHPERD 研究联盟、体质测试委员会（Physical Fitness Council）和测试与评价委员会（Measurement and Evaluation Council）就青少年体质测试的发展问题进行了多次探讨，并于 1980 年颁发了健康关联的体质测试体系（Health-Related Physical Fitness Test，HRPFT）。HRPFT 是美国青少年体质测试发展的里程碑，该测试指标在采用肌肉骨骼功能指标的基础上，还增加了身体成分和有氧耐力测试指标①。

表 5-2　Project UNIQUE 的测试指标体系

测试维度	测试指标	健全人、听力残疾、视力残疾	大脑性瘫痪[a]	脊髓性肌肉症[a]	截肢/先天性异常
身体成分	皮褶厚度	√	√	√	√
肌肉力量/耐力	握力	√[b]	√[c,f]	√[g,h]	√[b,j]
	50 码冲刺跑	√	√[d]	√d	√
	仰卧起坐	√	-	-	√[i]
	垒球掷远	-	√[e]	sub[g,h]	sub[i]
柔韧性	坐位体前屈	√	√	-	√
有氧耐力	长跑	√	√	√	√

√代表可选择的指标；a：个别群体需要对测试指标进行修正或删除；b：在该组中立定跳远可替代握力作为力量测试指标；c：握力可作为男性青少年测试指标；d：冲刺跑可作为该组力量-速度测试指标；e：垒球掷远建议女生参加；f：男性青少年可用挂臂撑替代握力；g：男性青少年可用垒球掷远和挂臂撑替代握力测试；h：女性青少年可用垒球掷远替代握力；i：如仰卧起坐不安全时，垒球掷远可替代仰卧起坐；j：男性青少年可用挂臂撑代替握力。

在《所有残疾儿童教育法》的影响下，1979 年美国教育部特殊教育和康复服务办公室资助纽约州立大学布鲁克波特（Brockport）学院研制残疾

① JR M. J.，ZHU W.，FRANKS B. D.，et al. 1958—2008：50 years of youth fitness tests in the United States［J］. Research Quarterly for Exercise & Sport，2009，80（1）：1-11.

青少年体质测试标准。该项目由 Joseph P. Winnick 和 Francis X. Short 共同主持，项目命名为“Project UNIQUE：The Physical Fitness of Sensory and Orthopedically Impaired Youth”。Project UNIQUE 的提出就是为了满足感觉障碍（Sensory）和肢体残疾（Orthopedically）青少年体质测试的独特（Unique）需要之意。与初期阶段相比，Project UNIQUE 更为全面地针对体质测试中受到影响的残疾青少年群体。该测试体系主要包括 10~17 岁感觉障碍和肢体残疾青少年儿童。其中感觉障碍包括听力障碍（Auditory Impairment）和视力障碍（Visual Impairment）。听力障碍包括耳聋和重听；视力障碍包括全盲和弱视。肢体残疾可细分为截肢（Amputations）、先天性异常（Congenital Anomalies）、大脑性瘫痪（Cerebral Palsy）和脊髓性肌肉症（Spinal Neuromuscular Conditions）。其中先天异常包括畸形足（Club Foot）和四肢畸形（Deformed Limbs）；脊髓性肌肉症包括脊髓灰质炎（Post Polio）、脊柱裂（Spina Bifida）、脊髓脊椎病变（Spinal Lesions）等。可见，美国对残疾青少年体质测试的分类非常的精细。标准的研制建立在 23 个州和哥伦比亚地区的 150 所学校和机构的 3914 名样本的基础上，其中 1192 名健全青少年、1468 名听力障碍、649 名视力障碍和 605 名肢体残疾样本①。在测试指标上，Project UNIQUE 由身体成分、肌肉力量和耐力、柔韧性和有氧耐力四个部分组成。其中，身体成分测试手段为皮褶厚度；肌肉力量和耐力测试手段为握力、50 码冲刺跑、垒球掷远和仰卧起坐；柔韧性测试手段为坐位体前屈；有氧耐力为长距离跑（见表 5-2）。测试指标的选取主要基于两个方面：一是测试项目在 YFT 和 HRPFT 中，适合不同类别的残疾个体，有较好的信度、效度，并且相互干扰性较低。二是测试指标应该被体育教师熟悉，具有一定的经济性和无须精密的仪器，并且实施的时间能够合理②。

---

① WINNICK，JOSEPH P.，Short，FRANCIS X. The Physical Fitness of Sensory and Orthopedically Impaired Youth：Project UNIQUE. Final Report［R］. Age Differences，1982：18.

② WINNICK J. P.，SHORT F. X. Test item selection for the Project UNIQUE fitness test［J］. Adapted Physical Activity Quarterly，1984，1（4）：296-314.

表 5-3 Project UNIQUE II 体质测试指标体系[a]

测试维度	测试指标	静态测试指标				动态测试指标			
		A	B	C	D	Ⅰ	Ⅱ	Ⅲ	Ⅳ
身体成分	肱三头肌	√	√	√	√				
	肩胛下肌	√	√	√	√				
肌肉力量和耐力	左手握力	√	√	√					
	右手握力	√	√	√					
	50 码冲刺跑					√	√	√	
	垒球掷远（女）	√	√	√					
	挂臂撑	√	√						
柔韧性	坐位体前屈	√	√[b]						
有氧耐力	长跑					√	√	√	

√代表可选择的指标；a. 在这种情况下，所有的被测者根据测试指标细分到相应的动态和静态组；b. 痉挛性截瘫者不参加测试。

1986 年，美国教育部再次资助纽约州立大学布鲁克波特（Brockport）学院的 Joseph P. Winnick 和 Francis X. Short 教授，让其对脑瘫青少年体质测试标准进行专项研究，项目命名为“Project UNIQUE Ⅱ，The Physical Fitness Test of Adolescents With Cerebral Palsy”。该体系主要针对 10～17 岁脑瘫青少年。根据脑瘫青少年的特点主要分为轻度智力和智力正常患者两类，其中轻度智力残疾主要根据斯坦福-比奈（Stanford-Binet）测验中的范围（50～68）和韦克斯勒（Wechsler）测验中的范围（55～69）的取值。UNIQUE Ⅱ与 UNIQUE 的测试指标完全相同，但在测试指标的选择上，根据测试指标的动态和静态，将脑瘫青少年测试指标的选择作了进一步分类（见表 5-3）。在进行静态测试项目（皮褶厚度、握力、坐位体前屈、垒球掷远和屈臂挂）测试时，测试者需要将被测者置于适当的水平（A～D），即 A 针对参与常规活动无须帮助；B 针对四肢存在中等障碍，但无须参与常规活动无须外力帮助；C 针对需坐轮椅参与常规活动者；D 针对参与常规活动使用电子轮椅困难者，或需人力辅助。同样，在进行动态测试项目（冲刺跑和长距离跑）测试时，根据被测者移动的方法分为 4 类（Ⅰ～

Ⅳ），即动态指标Ⅰ类针对无帮助可独立完成者；Ⅱ参与跑步需要辅助设备者；Ⅲ需要在轮椅上进行；Ⅳ需使用电动轮椅者或人员辅助①。在评价标准上，UNIQUE Ⅱ对203名样本进行了前期测试，并采用百分位法研制了常模参照标准。

3. 成熟阶段——Project Target的颁布与具体内容

20世纪80年代，美国青少年体质测试得到了极大的发展。多家机构研制了多项青少年体质测试体系，如总统体质和运动委员会（President's Council on Physical Fitness and Sports，PCPFS）颁布的总统挑战计划（The President Challenge，1987）、AAHPERD颁布的最佳体质计划（Physical Best，1988）和库珀有氧研究所颁发的FITNESSGRAM（1987）。这些测试体系既有共同之处，又存在一定的差异，如最佳体质计划采用了皮褶测试身体成分指标，而总统挑战计划却未采用身体成分；总统挑战计划奖励体系采用常模标准，总统挑战计划却采用标准参照；作为独立的研究机构，库珀有氧研究所研发的FITNESSGRAM则注重将体质测试、身体活动和有氧健康结合起来，为被测者提供标准参照的体质健康域②。

在青少年体质测试发展的新形势下，1993年美国教育部资助了州立纽约大学布鲁克波特学院承担的项目，名为"项目目标：基于标准参照的残疾青少年体质测试标准"（Project Target：Criterion－referenced Physical Fitness Standards for Adolescents with Disabilities）。TARGET是指为残疾青少年的体质健康测试研制应达到的理想标准参照。该项目由Joseph P. Winnick和Francis X. Short共同主持，其目的是通过残疾青少年体质测试标准的研制，了解残疾青少年的健康状况，增强残疾青少年的体质健康③。1998年，该项目的最终成果："Brockport Physical Fitness Test"（简称BPFT）颁布实施并一直沿用至今。

BPFT目标群体主要适用于10～17岁的残疾青少年。残疾类型主要包括智力残疾（Intellectual Disability）、轻微受限者（Mild Limitation in Fit-

---

① WINNICK J. P.，SHORT F. X. Physical fitness testing of the disabled：Project UNIQUE［M］. Human Kinetics Publishers，1985：62.

② PLOWMAN S. A.，STERLING C. L.，CORBIN C. B.，et al. The History of FITNESSGRAM［J］. Journal of Physical Activity & Health，2006，1（3）：1-2.

③ WINNICK J. P. Introduction to the Brockport Physical Fitness Test Technical Manual［J］. Adapted Physical Activity Quarterly，2005，22（4）：315-322.

ness)、视力残疾（Visual Impairments）、脑性瘫痪（Cerebral Palsy）、脊髓损伤（Spinal Cord Injury）、先天性异常（Congenital Anomaly）和截肢（Amputation）等类别①。虽然 BPFT 主要针对以上残疾类型青少年，但还可以用来测试健全青少年人群和其他残疾类型青少年群体的体质健康。在指标体系上，BPFT 主要由有氧功能（Aerobic Functioning）、身体成分（Body Composition）和肌肉骨骼功能（Musculoskeletal Functioning）三部分构成②。其中，有氧功能包括有氧能力和有氧行为，主要有 4 项测试项目。有氧能力测试包括 20 米 PACER、16 米 PACER（2014 年修订为 15 米 PACER）、1 英里跑/走；有氧行为测试项目为目标有氧运动测试（Target Aerobic Movement Test，TAMT）。身体成分共有 2 项测试项目，包括皮褶测试（三头肌和肩胛下部皮褶总量；三头肌和小腿皮褶总量；肱三头肌皮褶）和身体质量指数（Body Mass Index）。肌肉骨骼功能由肌肉力量和耐力、柔韧性/运动幅度两部分构成，共有 21 项测试项目。其中肌肉力量和耐力测试项目 16 项，包括杠铃推举（Bench Press）、哑铃推举（Dumbbell Press）、引体向上（Pull-up）、修正引体向上（Modified Pull-up）、屈膝起身（Curl-up）、修正屈膝起身（Modified Curl-up）、等距俯卧撑（Isometric Push-up）、俯卧撑（Push-up）、坐式俯卧撑（Seated Push-up）、屈臂提铃至胸（Reverse Curl）、直臂挂（Extended Arm Hang）、屈臂挂（Flexed Arm Hang）、40 米推/走（40m Push-up）、优势手握力（Dominant Grip Strength）、俯卧背伸（Trunk Lift）、轮椅坡道测试（Wheelchair Ramp Test）。柔韧性/运动幅度有 5 项测试内容，包括修正触碰测试（Modified Apley Test）、单腿坐位体前屈（Back-saver Sit and Reach）、双向后勾（Shoulder Stretch）、修正托马斯测试（Modified Thomas Test）、目标性伸展测试（Target Stretch Test）（见表 5-4）。在评价标准研制上，BPFT 共采用 1542 名残疾和健全青少年作为测试样本，并根据前期对残疾青少年适应身体活动的研究，结合健康、体质测试和适应体育等领域专家组的建议。同时，FITNESSGRAM 是一个重要的参照体系，其主要原因：一是 FITNESS-

---

① WINNICK, JOSEPH P. SHORT, FRANCIS X. Project Target: Criterion - Referenced Physical Fitness Standards for Adolescents with Disabilities. Final Report. [R]. Adolescents, 1998: 226.

② SHORT F. X., WINNICK J. P. Conceptual Framework for the Brockport Physical Fitness Test [J]. Adapted Physical Activity Quarterly, 2005, 22 (4): 323-332.

GRAM 获得了 AAHPERD 认定，在美国青少年体质测试中具有较高的权威性和普适性；二是将 FITNESSGRAM 作为参考可以提高理念上的一致性和操作层面上的兼容性。

表 5-4 BPFT 构成要素与测试指标体系

有氧功能	身体成分	肌肉骨骼功能	柔韧性/运动幅度
20 米 PACER	皮褶测试	杠铃卧推/哑铃推举	修正 Apley 测试
16 米 PACER	身体质量指数	引体向上/修正引体向上	单腿坐位体前屈
1 英里跑/走		屈膝起身/修正屈膝起身	双向后勾
TAMT		等距俯卧撑/俯卧撑/坐式俯卧撑	修正 Thomas 测试
		屈臂提铃至胸	目标拉伸测试
		直臂挂/屈臂挂	
		40 米推/走	
		优势手握力	
		俯卧背伸	
		轮椅坡道测试	

三、美国残疾青少年体质测试演变的特点

1. 测试理念：不断满足残疾青少年个别化需求

美国将残疾人划分为聋、重听、智力残疾、多重残疾、肢体残疾、聋-盲、重度情绪困扰、学习障碍、言语损害和视力障碍等多种类型①。在这些残疾类型中，有些使用普通的体质测试并没有影响，如学习障碍、言语损害等；有些残疾类别则难以使用普通的体质测试，如智力残疾、肢体残疾等。由于残疾类别多样，程度不一，即使是同一残疾类别，其影响程度也存在较大的差异，如脑瘫患者。因此，如何满足不同残疾青少年的测试需求是残疾青少年体质测试首先要解决的问题。为满足不同类别残疾青少年体质测试的需要，美国采取了如下措施：一是逐步扩大有个别化需要的群体。在初期阶段，美国残疾青少年体质测试主要针对轻度智力残疾青少年、视力残疾青少年和中度智力残疾青少年等较为明显的残疾类型青少年。在 UNIQUE 和 TARGET 中，美国残疾青少年体质测试对象逐步扩大到

① LUTZ J. T., MCINTOSH D. E. Individuals with Disabilities Education Act [M]. Springer New York, 2011: 12.

听力残疾、视力残疾、智力残疾、大脑性瘫痪、先天性异常/截肢、脊髓神经肌肉患者、脊柱损伤等类型残疾青少年。二是测试指标的多样化。在初期阶段，残疾青少年的测试指标都采用了健全青少年体质测试指标。在 UNIQUE 和 TARGET 中测试指标作出了三方面的调整：第一，根据个别残疾类别的需要，采用了替代性指标；第二，增加可选择性测试指标；第三，研发了专门针对个别残疾类型的测试指标，如轮椅上坡测试（Wheelchair Ramp Test）、坐式俯卧撑（Seated Push-up）等。三是评价标准的多元化。为满足不同残疾类型青少年的需要，美国根据残疾类别设置标准，有些未受影响测试指标的标准与健全青少年相同（如初期阶段视力残疾青少年的屈臂挂、立定跳远等；TARGET 中智力、视力和健全青少年的体脂百分比、BMI 等）；有些标准则低于健全青少年体质测试标准，如 TARGET 中视力残疾青少年的有氧功能测试等。

2. 测试内容：从技能体适能转向健康体适能

在不同的时期，研制者对体质测试的理解不同导致体质测试指标体系也存在一定的差异。美国运动医学学会根据体质测试指标将体质测试分为技能关联体质测试（Skill-Related Physical Fitness Test）和健康关联体质测试（Health-Related Physical Fitness Test）。其中，技能关联测试指标包括灵活性、协调性、平衡性和速度等；健康关联测试指标包括心肺耐力、身体成分、肌肉力量等。由于美国体质测试起源于军队的征兵活动，征兵测试时对速度、灵活性和肌肉耐力等素质的需要，测试指标采用的是跑、跳、投等类型的测试项目。在初期阶段残疾青少年体质测试指标中都采用了 50 码冲刺跑、垒球掷远等测试力量、耐力、平衡性、协调性、灵敏性等指标。因此，在该阶段美国青少年体质测试采用的是技能关联测试指标。

第二次世界大战后，随着美国经济的复苏，人们物质水平的提高，肥胖、久坐引起的慢性疾病不断困扰着人们的日常生活。健康相关的测试指标（如有氧耐力、身体成分等）引起了体质测试领域学者的密切关注①。1973 年，得克萨斯州体质管理委员会颁发的《得克萨斯州体质和运动能力测试》首次将技能关联体质测试和健康关联体质测试区分开来，其中，技能关联体质测试包括速度测试（5 码冲刺跑、8 秒跑）、灵活性（15 码往返跑、之字跑）、爆发力（纵跳、立定跳远）；健康相关体质测试包括肌肉

① ROBERT M. Malina. Physical Fitness of Children and Adolescents in the United States: Status and Secular Change [J]. Medicine & Sport Science, 2007, 50: 67-90.

力量和耐力（引体向上、双杠臂屈伸和 2 分钟屈腿仰卧起坐）和有氧能力（12 分钟/9 分钟跑、1.5 英里/1 英里跑）。1980 年，AAHPERD 颁发的《健康关联体质测试体系》（*Health-Related Physical Fitness Test*，HRPFT）标志着美国青少年体质测试进入了健康关联体质测试时代。HRPFT 测试指标由有氧功能、身体成分和肌肉骨骼功能组成，并且首次在体质测试中采用了身体成分指标。在 1985 年颁发的 UNIQUE 和 1998 年颁发的 BPFT 中，都以残疾青少年的健康为理念，将身体活动和体质测试相结合，围绕着有氧功能、身体成分和肌肉骨骼功能等要素研制测试指标体系。可见，美国残疾青少年体质测试指标经历了从技能关联到健康关联的转变。

3. 评价方法：从常模参照转向标准参照

评价是以测量结果为基础，以评价参照标准为依据，并通过一定的程序和方法来判断测量结果的价值[①]。相对而言，体质测试的结果基本上是客观的，而评价参照标准是人为选择或确定的。也就是说，能否对体质测试进行科学评价，与选择的评价参照标准有着密切的关系。在残疾青少年体质测试的初期阶段和发展阶段的各项测试体系中都是通过收集样本数据，经过数理统计按照百分位数法建立的常模参照标准（Norm-referenced Standard）。虽然常模参照评价客观性好且易于理解，但该方法只能反映被测者在同组人群中的位置，并不能体现哪个位置是适宜的，或哪个分值才是合格的标准。因此，残疾青少年体质测试常模参照评价的问题体现在：①如果参照值并不是健康值的情况下，则参照值没有参考价值，甚至会产生一些误解；②由于不同类型、程度的残疾青少年差异较大，过于强调个体间的竞争则会导致另一种不公平现象。

20 世纪 70 年代，美国体质测试的一项新进展是采用了标准参照标准（Criterion-referenced Standard）。1978 年，南卡罗来纳体质测试首次采用了标准参照，继而今日青少年健康计划（1986）、最佳体适能计划（1988）、FITNESSGRAM（1987）都采用了标准参照。在这一背景下，BPFT 的评价方法也采用了标准参照。在 1998 年颁布的 BPFT 中，残疾青少年体质测试评价标准采用了最低值（Minimal）和最优值（Preferred）进行分界[②]。而

---

① 甄志平．体育测量与评价［M］．北京：北京师范大学出版社，2010：140.

② SHORT，FRANCIS X. WINNICK，JOSEPH P. The Brockport Physical Fitness Test Technical Manual. The National Fitness Test for Youth with Disabilities［R］. Department of Physical Education & Sport State University of New York，College at Brockport，1998：164.

在 2014 年修订的 BPFT 中采用了健康域（Healthy Fitness Zone，HFZ）。健康域分为三个级别，最低级为需要提高级（Need Improvement Zone），反映健康危险区；第二级为调适性级（Adapted Fitness Zone），反映可接受最低标准；第三级为理想的健康域。标准参照是预先设定的理想标准，能够反映被测者的健康状况，为被测者提供个性化的诊断信息。其不足在于标准参照的标准来源于专家判断、实验整合和常模数据，在缺乏科学依据的情况下必然存在一定的主观性①。在青少年体质测试中，标准参照标准比常模参照标准更为可取，因为该标准指出了健康体质应有的水平，而不用考虑参照组的水平②。

4. 奖励机制：从等级制度到评价报告

青少年体质测试的奖励机制一方面起到激励的作用，激励青少年达到更高的体质水平；另一方面则起到反馈的作用，让被测者了解自身的体质状况。美国残疾青少年体质测试体系与奖励机制长期以来保持密切的联系。在初期阶段，虽然轻度智力残疾、视力残疾和中度智力残疾青少年体质测试奖励机制存在一定的差异，但都采用了等级制度，并且与 YFT 相衔接。例如在 YFT 的基础上，SPT 设了冠军奖（Champ Award，要求被测者达到相应标准第 80 个百分位数）和优胜奖（Achievement Award，第 50 个百分位数以上）。但在奖励级别上，SPT 的最高奖冠军奖相当于 YFT 的优胜奖。在视力残疾体质测试体系中，采用徽章和证书作为对视力残疾青少年体质测试的激励。在该测试体系中，要被测试者在引体向上（屈臂挂，女）、仰卧起坐和立定跳远达到 YFT 中的常模标准，而在 50 码跑和 600 码跑采用了特殊的常模标准。授予优秀奖（Merit Award）要求测试者每项测试指标达到第 80 个百分位数或以上；授予优胜奖（Achievement Award）要求测试者每项测试指标达到相应标准第 50 个百分位数或以上。中度智力残疾青少年奖励体系在 SPT 的基础上设置了两个类别三个等级：银奖要求 6 项指标有 5 项达到相应年龄和性别测试组标准的第 50 个百分位数；金奖要求 6 项指标有 5 项达到相应年龄和测试组标准的 75%；Kennedy 冠军奖

---

① CURETON K. J.，WARREN G. L. Criterion-referenced standards for youth health-related fitnesstests：A tutorial［J］. Research Quarterly for Exercise & Sport，1990，61（1）：7-19.

② BLAIR S. N.，FALLS H. B.，PATE R. R. A New Physical Fitness Test［J］. The Physician and Sports Medicine，1983，11（4）：87-95.

是智力残疾体质测试最高奖励，要求测试者 6 项指标都达到相应年龄和组别标准的 85%。在 UNIQUE 奖励体系中，采用蓝色证书、银色证书和金色证书，要求被测者分别达到相应年龄、性别和残疾类型建议测试指标水平的 50%、75%和 85%或以上。然而，随着评价方法的转变，美国残疾青少年体质测试奖励体系也发生了较大的改变。在 BPFT 中，并没有设置奖励标准，而是为青少年和家长提供个性化的测试报告。可见，美国残疾青少年体质测试前期注重的是等级制度，激励青少年取得更高的成绩；在后期则注重自我能力的体现，根据测试成果和健康域为教师、家长和被测者提供评价报告。

第二节　美国残疾青少年体质测试标准解读
——基于 Project UNIQUE 测试体系

虽然早期有些学者对智力和感知障碍儿童的体质测试进行了研究，但测试体系涉及的残疾学生对象非常有限，随着特殊教育的发展，许多残疾学生没有可资利用的体质测试方法和标准。1979 年，美国教育部为解决这一问题筹备专项经费，委托纽约州立大学布鲁克波特学院从事残疾青少年体质测试标准的研究，项目命名为“Project UNIQUE Physical Fitness Test”（简称 Project UNIQUE）。Project UNIQUE 于 1982 年完成，并于 1984 年颁发了《残障儿童体质测试标准》。

一、Project UNIQUE 体质测试的概况

Project UNIQUE 主要是针对 10~17 岁感觉（Sensory）障碍和畸形缺陷（Orthopedic Impairments）青少年儿童。其中感觉障碍包括听力障碍（Auditory Impairment）和视力障碍（Visual Impairment）；畸形缺陷可细分为截肢（Amputations）、先天性异常（Congenital Anomalies）、大脑性瘫痪（Cerebral Palsy）和脊髓性肌肉症（Spinal Neuromuscular Conditions）。研究建立在 3914 个样本基础上，其中 1192 名健全青少年、1468 名听力障碍、649 名视力障碍和 605 名畸形缺陷（Orthopedic Impairments）样本（见表 5-5），均来自 23 个州和哥伦比亚地区的 150 所学校和机构。

表 5-5 Project UNIQUE 样本分类①

	健全青少年		听力障碍青少年		视力障碍青少年		畸形缺陷青少年	
年龄（岁）	男性（人）	女性（人）	男性（人）	女性（人）	男性（人）	女性（人）	男性（人）	女性（人）
10	77	71	72	40	39	14	60	42
11	69	62	69	59	33	27	52	38
12	93	115	66	56	41	31	35	33
13	53	131	99	78	43	39	40	45
14	38	135	84	76	69	38	37	37
15	61	64	142	124	57	43	37	34
16	80	72	199	144	58	35	32	22
17	40	31	92	68	47	35	35	26
分计	511	681	823	645	387	262	328	277
总计	1192		1468		649		605	

二、Project UNIQUE 体质测试指标的研制

Project UNIQUE 共有 18 个测试项目。根据因子结构分析，18 个测试项目分为身体成分、肌肉力量和耐力、速度、敏捷性、灵活性和心肺耐力六类。具体而言，身体成分包括三头肌皮褶、腹肌皮褶、肩胛下肌皮褶；肌肉力量和耐力包括仰卧起坐、同步抬腿、限时躯干抬起、左手握力、右手握力、屈臂挂、立定跳远、软球投掷（距离和速度）；速度包括 50 码跑；敏捷性包括起身站、爬垫子、往返跑；灵活性包括坐位体前屈；心肺耐力包括长跑（10~12 岁：9 分钟跑或 1 英里跑；13~17 岁：12 分钟跑或 1.5 英里跑）（见表 5-6）。

测试项目的选择主要来自原始体质测试项目和修订后的测试项目。具体而言，UNIQUE 测试项目主要溯源于以下方面：第一，最初的测试项目主要源于美国卫生、体育和娱乐联合会颁发的体适能测试（AAHPER Youth Fitness Test）和美国卫生、体育、娱乐和舞蹈联合会颁发的体质健康测试（AAHPERD Health Related Fitness Test），其目的是可使残疾青少年和健全

① JOSEPHP. WINNICK & FRANCIS X. Short. Pysical fitness testing of the disability［M］. Human Kinetics Publishers inc，1985：42-43.

青少年的测试更具可比性。虽然测试的过程和评分的方法需要作一定调整，但这样可让残疾儿童和同龄儿童一样参与主流的测试项目。基于此，残疾青少年没必要从测试组分离出去或专门为他们提供特殊的测试项目。

第二，主要标准是有效性。也就是说，被选择的测试项目能够测试某个部位的体质要素。这主要是通过逻辑分析法、文献资料法和因子分析法得出。在项目选择的因子分析中，主要考虑了两个要素：一是原始因子的载荷；二是因子之间的一致性。所有项目的选择因子载荷在 0.4 以上或更好，至少是 4/6 以上的因子解。

第三，主要标准是测试项目应尽量适合不同的群体。在选择测试项目时优先考虑同时适合健全群体与残疾群体中男生和女生的项目，并且符合 10~17 岁儿童和青少年身心发展的项目。然而，必须强调的是，不可能有一个项目不需要调整而适合每个群体。也就是说，在某些案例中，测试指标需要为残疾群体作一些调整；而在另一案例中，则需要删除某些测试指标。

表 5-6　Project UNIQUE 测试项目选择①

测试项目	普通、听力损伤、视力损伤	大脑性瘫痪	脊髓神经性肌肉症	先天性异常/截肢
1. 身体成分				
皮褶	√	√	√	√
2. 肌肉力量与耐力				
握力	√	√	√	√
50 码跑	√	√	√	√
仰卧起坐	√	-	-	√
软球投掷	-	√	√	√
3. 灵活性				
坐位体前屈	√	√	-	√
4. 心肺耐力				
长跑	√	√	√	√

① JOSEPH P. WINNICK & FRANCIS X. Short. Pysical fitness testing of the disability [M]. Human Kinetics Publishers inc，1985：36-37.

第四，另一个重要因素是所选的测试应避免相互交叉。这一标准就可以让每个测试项目能够获取被测者的能力信息。尽管长距离跑与肌肉力量和耐力测试具有中度相关性（0.4S~0.5S），但是测试项目测试不同的体质能力的相互交叉性一般都较低（0.00~0.30）。

第五，最后一个标准是测试项目的可靠性。在其他方面相同的情况下，测试项目最为可靠的则优先选择。

除了以上初始标准，另外还有一些二级标准在测试项目选择上也应如此。也就是说，测试项目的选择还应考虑如下因素：体育教师和学生较为熟悉；易于购买，成本较低；仪器轻便，便于移动携带；测试简单，耗时较少。

三、Project UNIQUE 评价标准的应用

1. Project UNIQUE 测试指标的选择

由于残疾类型的多样，不同类型的残疾在体质测试指标的选择上也存在一定的差异。因此，测试者的首要任务是准确地为不同残疾类型青少年选择合适的测试项目。根据该研究的对象类型大体上分为健全青少年、听力残疾、视力残疾和畸形缺陷患者，测试者应该参照每个分类以及子分类。例如，畸形缺陷可细分为截肢、先天性异常、大脑性瘫痪和脊髓性肌肉症。大脑性瘫痪又可以进一步细分为若干个类别。截瘫患者的脊髓损害程度在 T1 以下同，则须根据肢体的位置明确区分（见表 5-7）。当被测者确定了相应的类别，测试者则可根据参考指标选择适当的测试指标（见表 5-8 至表 5-11）。每个类别和子类别的建议测试项目用（√）表示。

表 5-7　先天性异常/截肢青少年体质健康测试项目选择

测试项目	独臂	无臂	独腿	无腿	独臂独腿同侧	独臂独腿异侧
1. 身体成分						
皮褶	√	√	√	√	√	√
三头肌	√	√	√	√	√	√
肩胛下肌	√	√	√	√	√	√
总和	√	√	√	√	√	√

续表

测试项目	独臂	无臂	独腿	无腿	独臂独腿同侧	独臂独腿异侧
2. 肌肉力量与耐力						
握力	√		√	√	√	√
右手	√或者		√	√	√	√
左手	√		√	√	√	√
总和			√	√		
50 码跑	√	√	√	√	√	√
仰卧起坐	√	√	√		√	√
3. 柔韧性						
坐位体前屈	√		√		√	√
4. 心肺耐力						
9 分/1 英里或 12 分钟/1.5 英里跑	√	√	√	√	√	√

表 5-8　脊髓性肌肉症体质健康测试项目选择

测试内容	选择指南
1. 身体成分	
皮褶	√
三头肌	√
肩胛下肌	√
总和	√
2. 肌肉力量与耐力	
握力	√
右手	√
左手	√
总和	√
50 码跑	√
3. 心肺耐力	
9 分/1 英里或 12 分钟/1.5 英里跑	√

表 5-9 健全儿童、听力障碍和视力障碍青少年测试项目选择

测试内容	健全儿童	听力障碍	视力障碍
1. 身体成分			
皮褶	√	√	√
三头肌	√	√	√
肩胛下肌	√	√	√
总和	√	√	√
2. 肌肉力量与耐力			
握力	√	√	√
右手	√	√	√
左手	√	√	√
总和	√	√	√
50 码跑	√	√	√
仰卧起坐	√	√	√
3. 柔韧性			
坐位体前屈	√	√	√
4. 心肺耐力			
9 分/1 英里或 12 分钟/1.5 英里跑	√	√	√

表 5-10 大脑性瘫痪青少年体质健康测试项目选择

	静止				动态			
	A	B	C	D	Ⅰ	Ⅱ	Ⅲ	Ⅳ
1. 身体成分								
皮褶	√	√	√	√	×	×	×	×
三头肌	√	√	√	√	×	×	×	×
肩胛下肌	√	√	√	√	×	×	×	×
总和	√	√	√	√	×	×	×	×

续表

	静止				动态			
	A	B	C	D	Ⅰ	Ⅱ	Ⅲ	Ⅳ
2. 肌肉力量与耐力								
握力	√	√	√	√	×	×	×	×
右手	√	√	√	√	×	×	×	×
左手	√	√	√	√	×	×	×	×
总和	√	√	√	√	×	×	×	×
50 码跑	×	×	×	×	√	√	√	
软球投掷（女）	√	√	√		×	×	×	×
3. 柔韧性								
坐位体前屈	√	√			×	×	×	×
4. 心肺耐力								
9 分/1 英里或 12 分钟/1.5 英里跑	×	×	×	×	√	√	√	

Project UNIQUE 根据青少年的特征，制定了测试项目选择表。在青少年特征上，由于健全青少年与感觉障碍（听力障碍和视力障碍青少年）有着共同的特征，因此，可在同一类别处理。

对于畸形缺陷中的四类青少年，由于脊髓性肌肉症和大脑性瘫痪的差异较为显著，因此，将该两类单独设立。先天性异常和截肢患者存在同样的特征，可将两者放在同一测试项目中。研究指出，在某些特殊群体个体差异需要对测试项目进行调适需提前咨询测试专家或管理人员。

由于视力残疾和畸形缺陷青少年移动测试差异较大，在进行测试时测试者应该记录 50 码跑和长跑移动的方法。对于全盲被测者应该在如下两种方式下完成：①视力良好、功能健全或弱视者指引伴，但不能推或拉被测者；②独立跑，但全程使用可触摸的引导绳或线。采用指引伴时则应和被测者跑得一样快，测试者可抓住指引伴的肘，手拉手地跑，或采用一根短绳子（或类似材质）接触。弱视青少年则独自并且在没有帮助的环境下进行。

对于下肢残疾被测者，必须在如下环境下开展：①用手或腿独自推动轮椅；②使用辅助设备如拐杖、支撑物、助行架或没有协助自行跑；轮椅使用者只能限定被测者日常都使用轮椅。

表 5-11 大脑性瘫痪分类

根据测试项目的动态或静止情况，大脑性瘫痪青少年主要分为如下类型：第一类测试主要是静止测试项目（包括皮褶、握力、仰卧起坐、软球投掷、直臂挂），要求测试者根据被测者的情况，将被测者置于对应的类别。第二类测试项目主要是动态测试（包括短跑和长跑），要求测试者根据被测者的情况以及移动的方法，将其划分到相应的四个类型
静止测试项目分类
类型 A
类型 A 被测者可能四肢瘫痪，有微小的或中等程度的控制问题，伴有半身麻痹或单瘫症状。该类患者在日常移动时不需要任何辅助设备。因此，该类型是大脑性瘫痪最轻度的一种
类型 B
类型 B 可能展示一至两个主要的症状。该类患者可能伴有四肢瘫痪（或类似的症状），手足或躯干在行为控制上存在中等或严重的问题，但日常没有外在辅助设备的情况下仍能移动；或者该类群体在手足或躯干伴有功能性障碍或较小的控制问题，但日常使用辅助设备或轮椅
类型 C
类型 C 被测者要么四肢瘫痪或三肢伴有中等至严重控制问题。该类别的手足和上肢躯干丧失了功能性力量。一般来讲，该类群体需使用轮椅进行日常活动
类型 D
类型 D 被测者要么伴有四肢瘫痪或三肢瘫痪，伴有严重的控制问题。该类群体功能性力量较弱并且不能独立推动轮椅。该类群体日常活动需使用电子轮椅或需要人工帮助
移动测试项目分类
类型Ⅰ
类型Ⅰ被测者完全不需要帮助。他们既不需要辅助设备，也不需要任何类型的教师或辅助人员的帮助
类型Ⅱ
类型Ⅱ被测者跑步时需要一些设备的辅助。辅助设备包括拐杖、支撑架、助行架，但不能采用其他（如教师、学生或助手）帮助

续表

类型Ⅲ
类型Ⅲ被测者参与移动测试项目时采用轮椅辅助。被测者必须独自用手或腿推动轮椅
类型Ⅳ
类型Ⅳ被测者需使用电子轮椅或需要人工的协助，因此，该类青少年不需要参与运动测试

2. Project UNIQUE 评价标准的说明

在 Project UNIQUE 中，评价标准是根据不同的组别（普通和特殊的残障类型）、性别和年龄而制定的百分位量表。被测者测试后根据残疾类型、年龄组别和性别可获得相应的得分，并且该个体的表现可与其他相关群体（如性别、年龄和残疾类型）进行比较。这种比较是通过使用 Project U-NIQUE 制定的百分位数表而得出的。测试者可根据参与者的年龄和相应的百分位数而得出。50 百分位数通常认为是平均数，更确切地说，一测试项目相应的百分位数是 50，那么该测试者则低于测试样本的 50%。例如，一名 15 岁视力残疾男性青少年左手和右手握力总数是 57 千克，那么就可以通过查到该名被测者的得分，并可以与相同年龄视力障碍者进行比较。在评价量表中，该被测者的握力成绩定位在 60 百分位数，说明该被测者的握力成绩比 60%的视力残疾都要好。同时，要想知道该测试者与健全青少年相比的成绩，根据评价量表可知，该测试者的握力成绩在健全青少年评价量表的 5%~10%，由此可知，该测试者的握力水平远远低于健全青少年。

需要指出的是，构建评价量表样本的数量在有些情况下比较少，特别是对于畸形缺陷儿童。小样本构建的评价量表的分布可能与实际分布存在一定的差异。除了使用百分比，测试者还可同时使用表中的平均数和标准差。在常态分布下，平均大约有 68%的人得分在正负一个标准差，测试者可根据得分幅度，区别得分是居于平均数，还是低于或高于平均数，甚至有些被测者可能会得到一些极端的分数。由于百分位数只受次序和得分的影响，而并不受幅度的影响，因此尽管有些是小样本，百分位量表仍可提供最有效的比较。

此外，在许多情况下有些层次的分类变量（如年龄、性别、步行的方法）进行组合而使得评价量表的基数更大。例如将 10~13 岁的脑性瘫痪者经常放在同一组别。但是，测试者不应认为该年龄段被测者每年都没有进步。相反，无论残疾类别，还是良好的体育教育计划都可以促进青少年的发展。通过分析 Project UNIQUE 数据显示，在许多情况下某些类别的差异性并不明显，因此将这些类别进行合并是恰当合理的。

通过分析 Project UNIQUE 数据显示，除了仰卧起坐以外，听力残疾和健全青少年在建议测试项目不存在显著性差异。因此，除了仰卧起坐，听力残疾青少年可使用健全青少年评价量表评价其他所有的测试项目（皮褶、握力、50 码跑、坐位体前屈和长跑）和替代性项目（立定跳远）。

视力残疾青少年的评价量表分为建议项目（皮褶、握力、50 码跑、坐位体前屈和长跑）和替代性项目（立定跳远）。对于弱视和全盲的区别主要是 50 码跑、长跑和立定跳远。评价量表对视力微弱青少年的短跑和长跑仅仅是没有借助外力的情况（如绳子、引导线和同伴）。评价量表对全盲青少年的短跑和长跑仅仅是借助外力（如绳子、引导线和同伴）的帮助下进行。

对大脑性瘫痪患者而言，建议测试项目（皮褶、握力、50 码跑、坐位体前屈、长跑、女生的软球投掷）和替代性项目（男生的直臂挂）都研制了评价量表。在许多情况下，大脑性瘫痪患者的差异在评价量表中也有所体现。因此，测试者应该根据大脑性瘫痪患者的分类，选择适合测试项目和评价量表。

针对脊髓性肌肉症研制的评价量表的主要对象是截瘫患者和轮椅使用者。评价量表呈现了建议测试项目（皮褶、握力、50 码跑、长跑）和代替性测试项目（软球投掷和直臂挂）。其中短跑和长跑都规定了标准的轮椅。

评价量表并没有将先天异常和截肢患者区分开来。一般认为，在许多情况下这类患者都是身体良好，但四肢受损。因此，测试者应该根据先天异常和截肢患者的状况，将他们与健全青少年测试项目进行对比。例如，一被测者左手可以进行测试，则可以与健全青少年对比，或对测试项目进行部分调整。皮褶、50 码跑、长跑可不作调整；仰卧起坐则一只手在胸部，坐位体前屈则可能仅只有一只右手。握力则可能只有一只左手。然而，在有些情况下有些患者是肢短异形截肢或轮椅参与活动，这种情况似乎与脊髓性肌肉症类型进行对比更为合理。因此，在进行先天异常和截肢患者评价时，测试者应首先确定该群体与哪些群体进行对比。

四、Project UNIQUE 体质促进与激励机制

1. Project UNIQUE 体质促进机制

Project UNIQUE 不仅是测试残疾青少年的体质状况，其内容还涉及通过一系列的方法促进残疾青少年的体质健康。Project UNIQUE 的体质促进机制共由七大程序组成，其内容包括：①确定残疾青少年体质健康水平；②评价残疾青少年体质健康状况；③建立每年的目标；④制定短期指导目标；⑤运动处方或活动方案的制订；⑥根据建议指南和原则，执行方案；⑦评价方案。

第一步确定残疾青少年体质健康水平。具体而言，鉴定青少年当前的健康状况，为下一步的设计方案提供了依据。青少年的体质水平和个别差异可通过分数表现出来。需要指出的是，某项测试零分并不能评判青少年的体质状况或作为青少年体质健康的评价依据。例如，某青少年握力为零分，并不能完全判断该青少年肌肉力量当前的表现水平。因此，当某青少年在某项测试中出现零分时，应该换一种测试方式。同理，当测试分数为满分或表现优异时，也不能反映青少年当前的水平。例如，当测试灵活性时，仅要求被测者在站立姿势触摸脚趾。这可能有许多人通过该项测试并且可以获得满分。此时，测试项目应该稍作调适。

第二步是评价残疾青少年体质健康状况。评价残疾青少年的目的是根据残疾青少年的状况，发现残疾青少年长处、弱点及个别需求。鉴定的过程包括：①转变原始的分数，得到 Project UNIQUE 体质健康测试中百分比，并且和健全青少年比较；②考虑个人的信息状况；③识别个别化需要。

第三步建立每年的目标。当个人评价和档案建立后，可转化为个人年度目标。目标应该陈述出残疾青少年通过指导应达到的目标。

第四步制定短期指导目标。该步骤是根据当前个体的表现、个人的特殊需要和年度目标制定的可操作性目标。与年度目标不同的是，短期目标陈述更为明确。短期目标的形成有三个步骤：①鉴定终末行为；②一些重要环境要素的描述；③进一步明确可达到的行为。

第五步是运动处方或活动方案的制订。一旦当前的水平得到确定、年度目标与短期目标形成，负责人应该选择适当的活动以提高体质。选择了适当的活动后，规划负责人应该根据生理学和运动机能学的原理，引导残疾青少年由当前水平逐步实现短期目标。

第六步执行方案。当负责人制定了运动处方并且了解了发展指南，则应确定残疾青少年所应花的时间（包括总的时间和具体项目上所花的时间）。

第七步评价方案。该部分最重要的是评判短期目标或年度目标是否达到。同时，可重新测试残疾青少年体质状况，并将测试结果报告给参与者和家长。

2. Project UNIQUE 激励机制

在 Project UNIQUE 中，奖章用来激励青少年达到更高的体质水平，以及在这一过程中学习终身健康的重要性。奖励体系由三部分组成，即蓝章、银章和金章。青少年只有每一项体质健康测试成绩分别达到前 50%、75%和前 85%才能有资格获得蓝章、银章和金章。具体而言，蓝章用以奖励各项体质测试成绩超过同年龄和同性别 50%以上的青少年；银章用以奖励各项体质测试成绩超过同年龄和同性别 75%以上的青少年；金章用以奖励各项体质测试成绩超过同年龄和同性别 85%以上的青少年。其中总握力和总皮褶是奖章的必测内容。但是，在个别情况下，残疾青少年也可以测试一个项目。例如，单臂青少年只需测一只手的握力和单只手的三头肌。

第三节　美国残疾青少年体质测试标准解读
——基于 Project Target 测试体系

早在 20 世纪 60 年代，美国就有关于不同类型残疾人群体质测试的相关研究成果①。1984 年，美国颁布了残疾青少年体质测试体系——Project UNIQUE。随着青少年体质测试的演进，美国青少年体质测试发生了较大的变化。于是，美国教育部试图对残疾青少年体质测试体系进行更新。1999 年，美国颁发并实施的“Brockport Physical Fitness Test”(简称 BPFT)，对美国残疾青少年体质测试的发展具有里程碑的意义，为美国乃至世界残疾青少年体质测试标准化迈出了重要的一步。因此，本研究试图对美国残疾青少年体质测试标准的研制背景、理念框架和基本内容等方面进行解读，期冀为我国残疾青少年体质健康标准的研制提供参考。

---

① CHANIAS A. K., REID G., HOOVET M. L. Exercise Effects on Health-related Physical Fitness of Individuals with an Intellectual Disability: A Meta-analysis [J]. Adapted Physical Activity Quarterly, 1998, 15 (2): 119-140.

一、Project Target 体质测试的概况

20 世纪 90 年代以前，美国就有一些专家和学者着手残疾青少年体质测试的相关研究①。但是其成果只局限于小范围的实施，并没有得到广泛的推广和应用。随着青少年体质测试体系的不断健全，以及残疾人群各项权益保障体系的不断完善，残疾青少年体质测试体系的研制则成为残疾青少年均等化享有体质测试服务的必然要求。在这一背景下，美国教育部于 1993 年资助了州立纽约大学布鲁克波特学院承担的项目，名为“项目目标：基于标准参照的残疾青少年体质健康标准”（Project Target：Criterion-referenced Physical Fitness Standards for Adolescents with Disabilities）。该项目由 Joseph P. Winnick 和 Francis X. Short 共同主持，其目的是通过残疾青少年体质测试标准的研制，了解残疾青少年的健康状况，增强残疾青少年的健康体适能②。1999 年，该项目的最终成果“Brockport Physical Fitness Test”颁布实施并一直沿用至今。

BPFT 目标群体主要适用于 10～17 岁的残疾青少年。残疾类型主要包括智力残疾（Intellectual Disability）、轻微受限者（Mild Limitation in Fitness）、视力残疾（Visual Impairments）、脑性瘫痪（Cerebral Palsy）、脊髓损伤（Spinal Cord Injury）、先天性异常（Congenital Anomaly）和截肢（Amputation）等类别③。虽然该测试体系主要针对残疾青少年，但在标准的研制时还是将健全青少年纳入其中。在 BPFT 的研制中，共采用 1542 名残疾和健全青少年作为测试样本。标准的构建主要源于对样本进行的适应身体活动的研究，以及健康、体适能和适应体育等领域专家组的建议。同时，还参考了一些其他有关青少年体质测试的数据。其中，健全青少年体质测试体系 FITNESSGRAM 是一个重要的参照，其主要原因：一是 FITNESSGRAM 获得了 AAHPERD 认定，在美国青少年体质测试中具有较高的

---

① JR M. J. , ZHU W. , FRANKS B. D. , et al. 1958—2008：50 Years of Youth Fitness Tests in the United States [J] . Research Quarterly for Exercise & Sport，2009，80 (1)：1-11.

② SHORT F. X. & WINNICK J. P. Conceptual Framework for the Brockport Physical Fitness Test [J] . Adapted Physical Activity Quarterly，2005，22 (4)：323-332.

③ WINNICK，JOSEPH P. ; SHORT，FRANCIS X. Project Target：Criterion-Referenced Physical Fitness Standards for Adolescents with Disabilities. Final Report [N] . Adolescents，1998：226.

权威性和普适性；二是将 FITNESSGRAM 作为参考可以提高理念上的一致性和操作层面上的兼容性，使两者能够相辅相成。

二、Project Target 研制的理念框架

BPFT 的研制理念源于健康（Health）、健康体适能（Health-related Physical Fitness）和身体活动（Physical Activity）三大领域的理论交叉及其相互关系的结合。健康是指个体在身体、社会适应和心理等方面的一种状态。健康各个方面状态都包括正负两个方面，即正健康和负健康。正健康指享受生活和抵御挑战的能力，而不仅仅是指没有疾病。负健康包括病态，甚至是与过早死亡紧密相关①。其中健康主要由生理健康和功能健康构成。生理健康指的是个体器官功能的良好，包括与健康相关的生理特征、没有疾病或患病的风险较低等方面，其测试内容包括身体成分和有氧耐力。功能健康与个体的身体密切相关，是指独立完成任务的能力以及能够独立维持这种行为的能力，包括执行每天饮食起居、维持身体活动和参与休闲活动的能力，其测试内容涉及肌肉力量/耐力、柔韧性等。生理健康和功能健康的结合能够保障个体体验生活和抵御疾病风险的能力，为残疾青少年体质测试标准的研制奠定了理论基础。

BPFT 将健康体适能定义为体适能中影响日常身体活动和健康相关状态的构成要素。也就是说，健康体适能关注的是：（1）执行并维持每天日常活动的能力；（2）降低慢性疾病发生的风险以及与运动相关的特征或能力的表现②。健康体适能测试内容包括有氧功能、身体成分和肌肉骨骼功能③。其中，有氧功能包括有氧能力（最大摄氧量或 VO_{2max}）和有氧行为（在一定强度和持续时间执行有氧活动的能力）。身体成分是身体胖瘦程度的指标（通常指体脂百分比）。肌肉骨骼功能包括肌肉力量、肌肉耐力和柔韧性（或运动幅度）。有氧功能、身体成分和肌肉骨骼功能共同构成了健康体适能内涵

---

① BOUCHARD C., SHEPHARD R. J. Physical Activity, Fitness, and Health: The Model and Key Concepts [J]. Indian Journal of Physiotherapy and Occupational Therapy, 1994: 12-23.

② PATE. R. R. The Evolving Definition of Physical Fitness [J]. Quest, 1988, 40 (3): 174-179.

③ SIMONSMORTON B. G., PARCEL G. S., O' HARA N. M., et al. Health-Related Physical Fitness in Childhood: Status and Recommendations [J]. Annual Review of Public Health, 1988, 9 (9): 403-425.

结构。通过对三要素的测试能够有效反映被测者的健康状况。

身体活动是指肌肉骨骼的收缩而产生的身体运动，并消耗大量能量的过程①。在 BPFT 中，身体活动主要是与体育、休闲活动直接关联的要素，包括锻炼、运动、训练、舞蹈和游戏等。这些身体活动可通过频率、强度和持续时间等要素的调整而实施不同的模式。其作用一方面能反映被测者当前的健康状况，另一方面通过锻炼可提高个体的健康水平。可以认为，健康、健康体适能和身体活动是一种相互影响、相互促进的关系。其中，身体活动反映了被测者的健康和健康体适能的状况。通过不同频率、强度的身体活动又可以促进健康和健康体适能的水平。身体活动为健康和健康体适能的发展提供了外部环境。在 BPFT 的研制中，综合运用身体活动、健康和健康体适能三者的关系，为残疾青少年体质测试体系的研制提供了理念框架（如图 5-1 所示）。

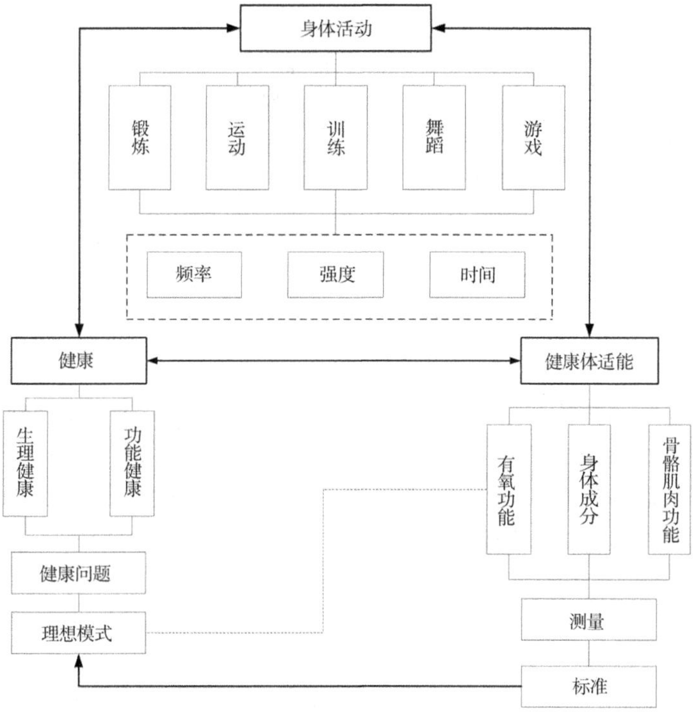

图 5-1　BPFT 研制理念框架示意

① MONTOYE H. J. Physical Activity and Health: an Epidemiologic Study of an Entire Community［M］. Prentice-Hall, 1974: 78.

三、Project Target 体质测试的内容

1. 有氧功能测试

研究表明，有氧能力和健康状态有着显著的关系①②。由于有氧能力测试可以反映心肺耐力，延长运动能力，减少高血压、心脏病、肥胖、糖尿病以及一些癌症和其他健康问题的风险，因此，有氧能力是测试有氧功能的最佳方法。在 BPFT 中，有氧能力测试被认为是生理健康典型的测试内容，其测试指标包括 1 英里跑/走、20 米往返跑、16 米往返跑和 TAMT（见表5-12）。

表 5-12　BPFT 不同残疾类型有氧功能评价指标

	项目	普通人群	智力残疾	视力残疾	脊髓损伤	脑性瘫痪	截肢/先天性异常	
							上肢	下肢
有氧能力	1 英里跑/走	建议	—	选择（15~17 岁）	—	选择	—	
	20 米往返跑	建议	建议（13~17 岁）	建议		建议		
	16 米往返跑	建议	建议（10~12 岁）	建议		建议		
有氧行为	TAMT	选择（水平 1）	建议（水平 1）	选择	建议（水平 1）	建议（水平 1）		建议

在最大摄氧量方面，男性青少年的普通标准为 42ml/kg/min 至 52ml/kg/min；女性根据年龄，其值从 35ml/kg/min 到 47ml/kg/min 不等。这一范围被认为是体质健康域（Healthy Fitness Zone，HFZ），数值低的代表最低标准，数值高的代表最佳标准（见表 5-13）。有研究指出，视力残疾在

① BLAIR S. N.，RD K. H.，JR P. R.，et al. Physical Fitness and All-cause Mortality. A Prospective Study of Healthy Men and Women ［J］. The Journal of the American Medical Association，1989，262（262）：2395-2401.

② TELL G. S.，VELLAR O. D. Physical Fitness，Physical Activity，and Cardiovascular Disease Risk factors in Adolescents：the Oslo Youth Study ［J］. Preventive Medicine，1988，17（1）：12-24.

没有生理疾病的情况下和普通人群在最高耗氧率方面没有任何区别①。所以视力残疾青少年的最大摄氧量采取普通标准。智力障碍者比同龄人要低8%~40%②。虽然在不同的研究中的值不同，BPFT将智力残疾青少年最大摄氧量降低了10%，其理由是：①还没有科学依据明确地提出智力残疾和健全青少年儿童之间有氧量代谢能力存在差异；②作为一种合理且可取的标准，能够与健全青少年的标准更为接近；③前期研究的最低标准是个体处于不佳或久坐的生活状态，并且是通过官方认可的标准，如调整为更低标准则可能会导致对健康体适能有氧能力的误导。

1英里跑建议适用于健全人群，先天性异常或截肢患者（上肢损伤），对视力损伤但没有全盲的青少年可作为选择项目，但在最低标准上男女视力残疾青少年各加了1分钟。20米往返跑是健全人群、视力损伤但没有盲者和先天异常/截肢（上）患者建议项目。该指标基于最小值和最大值研制了普通标准，同时针对全盲、智力残疾和身体受限者研制了特殊标准。其中，男生标准降低了1~6圈不等，女生的标准降低了1~2圈不等。16米往返跑是仅针对10~12岁智力残疾青少年的建议项目，但对健全青少年和其他年龄智力残疾青少年分别研制了最低标准和特殊标准。

表5-13　BPFT有氧功能测试普通标准

男生								
年龄（岁）	最大摄氧量（毫升/千克/分）		1英里跑/走（分/秒）		20米PACER（圈）		16米PACE（圈）	TAMT
	M	P	M	F	M	F	M	F
10	42	52	11：30	9：00	17	55	25	pass
11	42	52	11：00	8：30	23	61	33	pass
12	42	52	10：30	8：00	29	68	40	pass
13	42	52	10：00	7：30	35	74	48	pass
14	42	52	9：30	7：00	41	80	55	pass

① LEE M., WARD G., SHEPHARD R.J. Physical Capacities of Sightless Adolescents [J]. Developmental Medicine & Child Neurology, 1985, 27 (6): 767-774.

② FERNHALL B., TYMESON G.T., WEBSTER G.E. Cardiovascular Fitness of Mentally Retarded Individuals [J]. Adapted Physical Activity Quarterly, 1988: 11-19.

续表

男生								
年龄（岁）	最大摄氧量（毫升/千克/分）		1 英里跑/走（分/秒）		20 米 PACER（圈）		16 米 PACE（圈）	TAMT
	M	P	M	F	M	F	M	F
15	42	52	9：00	7：00	46	85	61	pass
16	42	52	8：30	7：00	52	90	69	pass
17	42	52	8：30	7：00	57	94	75	pass
女生								
10	39	47	12：30	9：30	7	35	13	pass
11	38	46	12：00	9：00	9	37	15	pass
12	37	45	12：00	9：00	13	40	20	pass
13	36	44	11：30	9：00	15	42	23	pass
14	35	43	11：00	8：30	18	44	26	pass
15	35	43	10：30	8：00	23	50	33	pass
16	35	43	10：00	8：00	28	56	39	pass
17	35	43	10：00	8：00	34	61	46	pass

有氧行为与日常活动（包括体育教育和休闲）的执行密切相关，因此有氧行为被认为是功能健康的指示灯。在 BPFT 中，TAMT 要求在一定的时间内和一定强度的运动量用于测试青少年运动参与能力的测试项目。该测试项目面向所有群体，建议智力障碍、脑瘫、脊髓损伤和先天异常或截肢者参加。其标准为被测试者在一定心跳范围内（最大心率的 70%，也可以增加 75%~80%）参与 15 分钟的运动，即可达到有氧行为的最低标准。

2. 身体成分测试

身体成分作为青少年儿童体质健康测试的指标，是基于避免肥胖可以减少慢性疾病风险的理念①。在 BPFT 中，身体成分的测试内容包括皮褶厚

① HOELSCHER D. M., DAY R. S., LEE E. S., et al. Measuring the Prevalence of Overweight in Texas Schoolchildren［J］. American Journal of Public Health, 2004, 94 (6): 1002-1008.

度和身体质量指数。其中，皮褶测试是建议测试指标，身体质量指数是选择性指标。研究指出，皮褶测试的可靠性系数达到了 0.9～0.99①。皮褶测试包括肱三头肌、肩胛下的皮褶厚度和小腿后肌群皮褶厚度。肱三头肌和小腿三头肌对智力障碍、视力障碍以及没有损伤小腿三头肌的残疾青少年是建议测试项目；肱三头肌和肩胛下的皮褶厚度对于脑瘫、脊髓损伤、先天异常或截肢者是建议测试项目。虽然肩胛下的三头肌比小腿三头肌的皮褶厚度更难采取，但由于下肢残疾的肩胛下的三头肌更为活跃，因此也更具有可行性。然而，当其他测试项目无法实施时，可采用测试三头肌皮褶厚度来评价残疾青少年的身体成分。

残疾青少年的身体成分评价都是采取同样的标准。BPFT 采用 FITNESSGRAM 中推荐的体脂百分比作为身体成分的评价标准。就男生而言，10%～25%构成了最低标准，其理想值是 10%～20%（见表 5-15）。就女生而言，身体肥胖范围最低值是 17%～32%，而其理想的范围是 17%～25%。在最高临界值以下（即男生 25%以下，女生 32%以下）的被测者，很少会产生心血管疾病或糖尿病②。需要指出的是，青少年应该保持在最低值以上，如果青少年过瘦也可能会产生健康问题，特别是营养不良引起的偏瘦。

身体质量指数是根据体重千克数除以身高米数的平方得出的数据。有研究指出，身体质量指数与体脂百分比的相关性只有 0.70～0.82③。事实上，尽管大多数体重超重者同时也是肥胖者，也可能存在肥胖者没有超重（如久坐而产生小块肌肉团的人群），也可能存在超重但不肥胖的现象（如健身爱好者和一些运动员）④。虽然该测试并没有体脂百分比那么精确，但由于身体质量指数只需通过测量身高和体重而得出，其可靠性系数非常高，因此受到广泛的应用。在 BPFT 中身体质量指数作为一种选择性的测试指标。在 BPFT 中，身体质量指数标准与皮褶指标标准一样，即男生的

---

① LOHMAN, T. G. Body Composition. InJ. R. Morrow, H. B. Falls, & H. W. Kohl. The Prudential FITNESSGRAM Technical Reference Manual [M]. Dallas, TX: The Cooper Institute for Aerobics Research, 1994: 57-72.

② LOHMAN, T. G. Body composition [M]. In J. R. Morrow, H. B. Falls & H. W. Kohl, 1994, 57-72.

③ LOHMAN, T. G. Advances in Body Composition Assessment [M]. Champaign, IL: Human Kinetics, 1992.

④ VANITALLIE, T. B. &Lew, E. A. Assessment of Morbidity and Mortality Risk in the Overweight Patient [M]. New York: Guilford Press, 1992: 5.

标准范围是10%~25%，女生的标准范围是17%~32%。有研究使用相同的方程式得出，在BPFT中身体质量指数的最优标准相当于体脂百分比的20%（男性）和25%（女性）①。

表5-14 BPFT身体成分测试最低标准

男生										
	体脂百分比（%）		三头肌和肩胛下皮褶厚度（毫米）		三头肌和小腿三头肌皮褶厚度（毫米）		三头肌皮褶厚度（毫米）		BMI	
年龄（岁）	U	L	U	L	U	L	U	L	U	L
10	10	25	11	28	12	33	7	19	15. 3	21. 0
11	10	25	12	29	12	33	7	19	15. 8	21. 0
12	10	25	13	30	12	33	7	19	16. 0	22. 0
13	10	25	13	30	12	33	7	18	16. 6	23. 0
14	10	25	14	31	12	33	7	18	17. 5	24. 5
15	10	25	14	32	12	33	7	17	18. 1	25. 0
16	10	25	15	33	12	33	7	17	18. 5	26. 5
17	10	25	15	33	12	33	7	16	18. 8	27. 0
女生										
	体脂百分比（%）		三头肌和肩胛下皮褶厚度（毫米）		三头肌和小腿三头肌皮褶厚度（毫米）		三头肌皮褶厚度（毫米）		BMI	
年龄（岁）	U	L	U	L	U	L	U	L	U	L
10	17	32	18	41	20	44	10	24	16. 6	23. 5
11	17	32	18	41	20	44	10	24	16. 9	24. 0

① MARILYN A. LOONEY, SHARON A. Plowman. Passing Rates of American Children and Youth on the FITNESSGRAM Criterion-Referenced Physical Fitness Standards［J］. Research Quarterly for Exercise and Sport, 1990, 61（3）: 215-23.

续表

女生										
	体脂百分比（%）		三头肌和肩胛下皮褶厚度（毫米）		三头肌和小腿三头肌皮褶厚度（毫米）		三头肌皮褶厚度（毫米）		BMI	
12	17	32	18	41	20	44	10	24	16.9	24.5
13	17	32	18	41	20	44	10	23	17.5	24.5
14	17	32	18	41	20	44	10	23	17.5	25.0
15	17	32	18	41	20	44	10	23	17.5	25.0
16	17	32	18	41	20	44	10	22	17.5	25.0
17	17	32	18	41	20	44	10	22	17.5	26.0

L=lower boundary；U=upper boundary.

3. 肌肉力量和耐力测试

肌肉力量和耐力是指通过肌肉收缩对物体施加力量，并能够将力量维持一定时间的能力①。有研究指出，发展腹部肌肉力量和耐力可以减少腰部酸痛，发展上身肌肉力量和耐力可以提高日常生活所必需的举、推、拉物体的能力②，甚至肌肉力量和耐力对于避免危害和应对危险情况具有重要的作用③。在 BPFT 中，肌肉力量和耐力是通过对躯干、肩部、手臂和手掌等部位的测试，反映残疾青少年参与日常活动所需的能力。

由于肌肉力量与耐力的构成要素较多，在 BPFT 中测试指标也较多。具体而言，肌肉力量与耐力测试主要分为上肢、躯干、腹部力量与耐力。其中，上肢力量与耐力又分为独立生活所需的上肢力量与耐力和参与身体活动所需的力量和耐力。独立生活所需的力量和耐力测试项目都是特殊研

① WARBURTON，D.，GLEDHILL，N.，& QUINNEY，A. Musculoskeletal Fitness and Health［J］. Canadian Journal of Applied Physiology，2001，26：217-237.

② Cooper Institute for Aerobics Research. FITNESSGRAM User’s Manual［M］. Dallas，TX：Author，1987：21.

③ MCSWEGIN，P.，PEMBERTON，C.，& GOING，S. Physical Best：The American Alliance for Health，Phyical Education，Recreation，and Dance Guide to Physical Fitness Education and Assessment. Reston，VA［M］. American Alliance for Health，Physical Education Recreation，and Dance，1989：75.

制的测试项目，包括坐式俯卧撑、屈臂提铃至胸、40 米推/走、轮椅上坡测试；参与身体活动所需的力量和耐力测试项目又可分为一般测试指标（上肢未完全受限者）和特殊测试指标（上肢严重受限者）。一般测试项目包括哑铃推举、俯卧撑、引体向上和修正引体向上；特殊测试项目包括等距俯卧撑、直臂挂、屈臂挂、握力、杠铃卧推等。在测试上肢力量与耐力的 13 个测试项目中，有屈臂挂、引体向上、修正引体向上和俯卧撑 4 项测试项目来自 FITNESSGRAM。躯干/腹部肌肉力量和耐力分为躯干伸展性以减少腰部受伤的风险和腹部力量与耐力以减少腰部受伤风险和参与身体活动的能力。躯干伸展性测试为俯卧背伸；腹部力量和耐力测试项目为屈膝起身和修正屈膝起身。在 BPFT 中测试上肢力量与耐力的 13 个测试项目中有屈臂挂、引体向上、修正引体向上和俯卧撑 4 项测试项目来自 FITNESSGRAM。

由于智力残疾青少年屈臂挂表现不佳，甚至有许多测试者为零分，因此将屈臂挂作为轻度智力残疾类型的建议测试项目和视力残疾的选测项目①。该项目除了普通标准外，还设有特殊标准，特殊标准比普通标准低 20%~50%。BPFT 保留了 FITNESSGRAM 中的俯卧撑，同时还根据残疾类型的需要研制了等距俯卧撑和坐式俯卧撑。等距俯卧撑是智力残疾青少年选择性测试项目，最低标准和最优标准分别为正常值的 20%和 60%。坐式俯卧撑是专门为肢体残疾青少年研制的测试指标。该项目在 BPFT 中主要考虑的是轮椅使用者（包括截肢、先天性异常、脑性瘫痪和脊髓损伤）。坐式俯卧撑针对所有性别的男女生设有相同的两个标准分别是 5 秒和 20 秒。其依据来自 Kosiak 和 Kottke，认为每 15 分钟 5 秒的坐式俯卧撑可以减轻或预防皮肤腐烂。20 秒这一标准来自专家的临床经验和非正式的观察，认为测试者能够支撑身体 20 秒足以适应许多环境②。引体向上和修正引体向上在 BPFT 中都为选择性测试指标，测试对象主要是视力残疾青少年，其标准都是采用普通标准（见表 5-15）。杠铃卧推对 13~17 岁智力残疾和脊柱损伤者是选择性测试指标，对一些下

① JOHNSON, R. E. & LAVAY, B. W. Kansas Adapted /Special Physical Education Test Manual [R] . Topeka, KS: Kansas State Department of Education, 1988: 26.

② KOSIAK, M., & KOTTKE, F. J. Prevention and Rehabilitation of Ischemic ulcers. In F. J. Kottke, & J. F. Lohmann. Krusen' s Handbook of Physical Medicine and Rehabilitation [M] . Philadelphia, PA: W. B. Saunders, 1990: 976-987.

肢残疾者（如先天异常/截肢患者）是建议测试项目。其最优值和最小值分别取正常值的60%和20%。哑铃推举是13~17岁的脑性瘫痪、脊髓损伤、先天异常/截肢某些类别的建议性测试指标。哑铃推举最低标准和理想标准分别选取健全青少年标准的第20个百分位数和第60个百分位数。40米坐推轮椅/走和轮椅上坡测试主要是针对脑瘫患者功能性建议测试指标。其中40米坐推轮椅/走是指最低40米/分的速度；轮椅上坡的标准为所有参与者都需要测试者使用轮椅上升到一个斜坡达到8英尺的距离以及8英寸的高度。

表5-15 BPFT肌肉力量和耐力的普通标准

性别		男								女							
年龄		10	11	12	13	14	15	16	17	10	11	12	13	14	15	16	17
屈臂挂（秒）	M	4	6	10	12	15	15	15	15	4	6	7	8	8	8	8	8
	P	10	13	15	17	20	20	20	20	10	12	12	12	12	12	12	12
俯卧撑（次）	M	7	8	10	12	14	16	18	18	7	7	7	7	7	7	7	7
	P	20	20	20	25	30	35	35	35	15	15	15	15	15	15	15	15
引体向上（次）	M	1	1	1	1	2	3	5	5	1	1	1	1	1	1	1	1
	P	2	3	3	4	5	7	8	8	2	2	2	2	2	2	2	2
修正引体向上	M	5	6	7	8	9	10	12	14	4	4	4	4	4	4	4	4
	P	15	17	20	22	25	27	30	30	13	13	13	13	13	13	13	13
俯卧背伸（英寸）	M	9	9	9	9	9	9	9	9	9	9	9	9	9	9	9	9
	P	12	12	12	12	12	12	12	12	12	12	12	12	12	12	12	12
屈膝环抱/修正屈膝环抱	M	12	15	18	21	24	24	24	24	12	15	18	18	18	18	18	18
	P	24	28	36	40	45	47	47	47	26	29	32	32	32	35	35	35
握力（千克）	M	18	21	25	29	33	37	43	49	17	19	22	24	26	29	29	29
	P	22	26	30	35	42	46	51	57	20	22	24	28	31	33	33	33
等距俯卧撑（秒）	M	40	40	40						25	25	25					
	P	40	40	40						40	40	40					

续表

性别		男								女							
年龄		10	11	12	13	14	15	16	17	10	11	12	13	14	15	16	17
杠铃卧推（次）	M				20	33	40	47	50				10	13	14	14	15
	P				34	43	50	50	50				23	26	27	27	30
直臂悬挂（秒）	M	30	30	30						20	20	20					
	P	40	40	40						40	40	40					
哑铃推举（次）	M				14	19	21	24	27				5	7	10	11	11
	P				22	28	33	39	45				12	14	16	16	16

M = Minimal；P = Preferred.

在躯干/腹部力量测试有屈膝环抱、修正屈膝环抱和俯卧背伸三项。其中俯卧背伸是 FITNESSGRAM 中的测试指标。俯卧背伸主要是针对智力残疾、视力残疾和部分先天异常/截肢患者的建议测试指标，其最低标准是 9 英寸，最优标准是 12 英寸。屈膝环抱是针对视力残疾和先天异常/截肢的测试项目。修正屈膝环抱是针对智力残疾青少年不能有效完成屈膝环抱而研制的测试项目。由于屈膝环抱和修正屈膝环抱极为相似，因此两者采用同样的标准。有研究指出，屈膝环抱比修正屈膝环抱的成绩要高①。BPFT 根据相关的研究研制了修正屈膝环抱的特殊标准②③。相比之下，特殊标准只有普通标准最低值的 60%。

4. 柔韧性/运动幅度测试

柔韧性能够增强日常活动能力、提高身体和肌肉的平衡、避免伤害以

---

① FAULKNER，R. A.，SPRINGINGS，E. J.，MCQUARRIE，A.，& BELL，R. D. A Partial Curl-up Protocol for Adults Based on an Analysis of two Procedures［J］. Canadian Journal of Sport Science，1989，14：135-141.

② PIZARRO D. C. Reliability of the Health Related Fitness Test for Mainstreamed Educable and Trainable Mentally Handicapped Adolescents［J］. Adapted Physical Activity Quarterly，1990（3）：240-248.

③ REID G.，MONTGOMERY D. L.，SEIDL C. Performance of Mentally Retarded Adults on the Canadian Standardized Test of Fitness［J］. Canadian Journal of Public Health Revue Canadienne De Santé Publique，1985，76（3）：187-190.

及减少运动后肌肉酸痛①。残疾青少年柔韧性与生活独立性密切相关②。在BPFT中，柔韧性测试项目包括测试腘绳肌群的单腿坐位体前屈、测试臀部的托马斯测试、测试肩部的触碰测试和双手后勾、测试运动幅度的目标拉伸测试（见表5-16）。

表5-16　BPFT柔韧性/运动幅度测试普通标准

性别		男								女							
年龄		10	11	12	13	14	15	16	17	10	11	12	13	14	15	16	17
单腿坐位体前屈（英寸）		8	8	8	8	8	8	8	8	9	10	10	10	10	12	12	12
双手后勾（P/F）		P	P	P	P	P	P	P	P	P	P	P	P	P	P	P	P
修正触碰测试		3	3	3	3	3	3	3	3	3	3	3	3	3	3	3	3
修正托马斯测试		3	3	3	3	3	3	3	3	3	3	3	3	3	3	3	3
目标拉伸测试	M	1	1	1	1	1	1	1	1	1	1	1	1	1	1	1	1
	P	2	2	2	2	2	2	2	2	2	2	2	2	2	2	2	2

单腿坐位体前屈是智力残疾、视力残疾和先天异常/截肢者的建议测试指标。在评价标准上采用了FITNESSGRAM中同样的标准③。双手后勾测试和触碰测试是BPFT体系中测试肩部柔韧性的测试项目。将肩部柔韧性作为选择性的项目充分说明柔韧性不仅局限于腿筋部位。双手后勾测试是FITNESSGRAM中的一项，该指标的标准是“通过/失败”，测试者将手一上一下伸至背部，手指能够互相接触即为通过。修

① SURBRUG, P. R. Flexibility Training: Program Design. In P. D. Miller, Fitness Programming, and Physical Disability [M]. Champaign, IL: Human Kinetics, 1995: 101-112.

② WARBURTON, D., GLEDHILL, N., QUINNEY, A. Musculoskeletal Fitness and Health [J]. Canadian Journal of Applied Physiology, 2001, 26: 217-237.

③ PLOWMAN, S. A., & CORBIN, C. B. Muscular Strength, Endurance, and Flexibility. The FITNESSGRAM Technical Reference Manual [M]. In J. R. Morrow, H. B. Falls, & H. W. Kohl. 1994: 73-99.

正触碰测试对大多数脑瘫和脊髓损伤青少年是建议性测试项目。将该项目作为肩部柔韧性测试项目原因如下：①对需坐轮椅青少年而言，触碰测试更容易操作和管理；②对柔韧性受到限制的青少年可以减少零分值的出现。该标准为触摸到肩胛骨的为 3 分，触摸到头顶的为 2 分，触摸到嘴的为 1 分。双手后勾和修正触碰测试对先天异常或截肢青少年都是建议性测试项目，双手后勾对智力障碍和视力障碍是选择性测试。

修正托马斯测试主要是针对脑性瘫痪、脊髓损伤、截肢以及一些先天性异常者。该指标是用来测试临床环境下臀部屈肌的长度①。尽管有些青少年存在障碍导致臀部关节的不运动或不活跃，将其作为测试项目是根据移动与姿势的关系②。托马斯测试与触碰测试、双手后勾测试一样，其普通标准不分年龄和性别，只要臀部屈肌有着正常的长度，分值都是 3。特殊标准为脑性瘫痪，等级为 C5～C7。C5 类别者具有中度或重度双侧瘫痪或单侧瘫痪。当一条腿的膝盖弯向胸部，并且背部平躺，另一条腿能够接触桌子，即为 3；当另一条腿与桌面边缘之间的距离小于 3 英寸时，即为 2；当两者的距离大于 3 英寸时则为 1；当两者之间的距离大于 6 英寸时，其分值则为 0。一般而言，腿部没有受损的青少年应该为 3，腿部受损的青少年有可能为 2。

目标拉伸测试是 BPFT 中用来测量运动幅度而研制的测试项目。当有些残疾青少年不适合测试传统柔韧性/运动幅度的项目时，目标拉伸测试由于简单易行，可作为替代性指标。目标拉伸测试由一系列的测试项目组成，主要包括腕部伸展、肘部屈伸、肩部伸展、肩部外展、肩部外旋转、前臂旋后、前臂下转、膝盖屈伸。在 BPFT 中，目标拉伸测试是脑性瘫痪的建议测试指标，适用于先天异常/截肢和脊髓损伤者，并且提供了最低标准和最优标准。

---

① KENDALL, H. O., KENDALL, F. P., & WADSWORTH, G. E. Muscles: Testing and Function [M]. Baltimore: Williams and Wilkens, 1971.

② KOTTKE, F. J. Therapeutic Exercise to Maintain Mobility. In F. J. Kottke & J. F. Lehman, Krusen's Handbook of Physical Medicine and Rehabilitation [M]. Philadephia, PA: Saunders, 1990: 436-451.

四、Project Target 体质测试的特点

1. 关注残疾青少年的健康体适能

美国的体质测试源于军队的征兵体检①。由于军事活动对速度、灵敏度和肌肉耐力等素质的需要，采用的测试都是跑、跳、投等与运动能力相关的指标。然而，在体质测试中，技能体适能与健康的关系并不是密切相关，甚至出现原本一些健康的青少年也判定为不达标的现象。另外，随着肥胖人群的不断增多，肥胖和有氧健康水平对预测慢性疾病的证据不断显著。身体成分、有氧耐力和腰部柔韧性受到公共健康的极大关注②。在这一背景下，健康关联的体质测试引起了社会的广泛关注③。1973 年，得克萨斯州的 TPFMAT 首次将体质测试（Physical Fitness）和运动能力（Motor Ability）测试分开。随后，美国运动医学学会提出体适能包括技能体适能（Skill-related Physical Fitness）和健康体适能（Health-related Physical Fitness）。1980 年，AAHPERD 颁发的健康关联体质测试体系（Health-related Physical Fitness Test）标志着美国青少年体质测试进入了健康体适能时代。对残疾青少年而言，体质测试的根本目的是了解残疾青少年的健康状况，而不是关注残疾青少年运动技能。因此，在体质测试从技能体适能向健康体适能转变的背景下，BPFT 顺应了时代发展的需要，以残疾青少年的健康为基础，从残疾青少年日常生活的体质需求出发，构建了残疾青少年体质测试体系。BPFT 中测试指标的研制都与患有疾病的风险和维持日常生活的体质紧密相关，被测者通过测试则可反映相应的健康状态。

2. 评价方法采用标准参照

青少年体质测试评价方法有常模参照评价（Norm-reference Evaluation）、标准参照评价（Criterion-referenced Evaluation）等多种方法。20 世纪 80 年代以前，美国青少年体质测试采用的是常模参照评价，其方法是收集大量

---

① SEEFELDT V., VOGEL P. Physical Fitness Testing of Children: A 30-Year History of Misguided Efforts? [J]. Pediatric Exercise Science, 2010, 47: 295-302.

② ANDREW S. JACKSON. The Evolution and Validity of Health-Related Fitness [J]. Quest, 2006, 58 (1): 160-175.

③ PLOWMAN, SHARON A., Sterling, et al. The History of FITNESSGRAM. [J]. Journal of Physical Activity & Health, 2006, 3 (S2): S5-S20.

数据，按年龄、性别进行分类，然后采用数理统计的方法制定各组别的评价标准。常模参照评价的特点是能反映个体在群体中所处的位置，但不能反映被测者与适宜标准之间的差异。例如，个体在常模评价中处于中等水平，并不能判断该个体是否健康，尤其是当中等水平为不健康状态时。另外，由于常模参照评价强调的是被测者之间的比较，容易导致处于中下水平的被测者受挫，即使有些被测者处于健康状态。毫无疑问，残疾青少年体质测试的目的不是选拔优秀、也不是与他人比较，而是对残疾青少年健康状态的诊断。BPFT 摒弃了传统的常模参照评价方法，采用了一种全新的体质测试评价方法——标准参照评价。标准参照评价方法反映的是被测者的体质状况与适宜标准之间的关系，反映被测者体质“达标”或“不达标”两种情况。也就是说，标准参照评价的出发点是建立一个适宜的健康标准，评判被测者是否达标，而不必考虑被测群体达标人数。BPFT 采用了健康域（Healthy Fitness Zone，HFZ）作为适宜标准。其中，数值低的代表最低标准，反映被测者维持日常活动所需的体质。数值高的代表最优标准，反映被测者理想的健康状态。根据测试结果可以判定被测者是否存在患疾病的风险。需要指出的是，BPFT 中健康域的研制来自调查研究、实验、逻辑分析、专家判断和常模数据（平均数和百分位数）综合而成。在缺乏科学依据的情况下，标准参照评价难免存在一定的主观性①。

3. 个别化的体质测试服务

对残疾青少年而言，由于残疾类型多样，即便是同等残疾类型也存在较大的差异。因此，个别化服务是有效实施残疾青少年体质测试的保障。BPFT 为了满足不同残疾青少年体质测试的个别化需求，有针对性地研制了智力残疾、视力残疾、脊柱损伤、先天异常/截肢等残疾青少年的测试指标体系和标准。在实施过程中要求测试者按照一定的程序进行，其内容包括：①根据被测者的症状特征划分到相应的残疾类型，并根据残疾类型和程度进一步划分。②根据划分的类别选择适当的测试项目。其中，优先测试必测指标，适当选择相应的选测指标。③测试前对被测者进行相应的流程或设备操作指导。④测试并根据结

---

① CURETON K. J.，WARREN G. L. Criterion-referenced Standards for Youth Health-related Fitness Tests：A Tutorial［J］. Research Quarterly for Exercise and Sport，1990，61（1）：7-19.

果进行评价。⑤填写测试报告并反馈。在测试指标的选择上，BPFT 根据各项测试指标的特征以及残障青少年的症状，以建议测试指标和选择性测试指标相结合。每名被测者要求选择 4~6 个项目进行测试。其中，有氧功能测试一项，身体成分测试一项，肌肉骨骼功能测试 2~4 项。

虽然 BPFT 研制的出发点是针对残疾青少年，但研制的评价标准不仅分为普通标准和特殊标准，而且在评价对象上分为残疾青少年和健全青少年，其目的是更好地服务残疾青少年。也就是说，当被测者残疾程度较轻或能够达到相应残疾类别的标准时，则鼓励被测者参加健全青少年组别的测试与评价。然而，由于残疾类型存在较大的差异，当被测者无法完成操作时，测试者可根据残疾青少年的个别需求对建议参数进行适当的调整。从严格意义上讲，这种调整可能在一定程度上缺乏一定的科学依据，但是适当调整可为类似症状的残疾青少年体质测试提供机会。可见，BPFT 从研制到实施过程都是以残疾青少年的个别化需要为出发点。为了满足残疾青少年个别需要，分别在测试指标、评价标准、测试程序和测试方法等方面作了调整。

第四节　美国视力残疾青少年体质测试标准解读
——基于 Project Target 测试体系

视力残疾青少年是最受关注的群体之一。1973 年，AAHPER 资助长滩学院研制的《视力残疾青少年体育教育和休闲》中就有关于体质测试的内容。随后，1985 年颁发的“Project Unique”和 1997 年颁发的“Project Target”分别对视力残疾青少年体质测试体系进行了系统的研发。视力残疾学生是我国特殊教育主要对象之一。因此，本研究试图对美国视力残疾青少年体质测试标准进行解读，以期为我国视力残疾青少年体质测试体系的研制提供参考。

一、美国视力残疾青少年体质测试指标体系

表 5-17　视力残疾青少年体质测试指标体系①

<table>
<tr><th colspan="2">构成要素</th><th>指标选择</th><th>测试指标</th><th>选择指南</th></tr>
<tr><td colspan="2" rowspan="3">有氧功能</td><td rowspan="3">选测一项</td><td>渐进式有氧耐力跑（15 米或 20 米）</td><td>建议</td></tr>
<tr><td>1 英里跑/走</td><td>选测</td></tr>
<tr><td>目标有氧运动测试</td><td>选测</td></tr>
<tr><td colspan="2" rowspan="3">身体成分</td><td rowspan="3">选测一项</td><td>体脂百分比</td><td>建议</td></tr>
<tr><td>皮褶测试（三头肌和腓肠肌皮褶总和）</td><td>建议</td></tr>
<tr><td>身体质量指数</td><td>选测</td></tr>
<tr><td rowspan="8">肌肉骨骼功能</td><td rowspan="6">肌肉力量与耐力</td><td rowspan="2">两项必测</td><td>屈膝环抱</td><td>建议</td></tr>
<tr><td>躯干上抬</td><td>建议</td></tr>
<tr><td rowspan="4">选测一项</td><td>俯卧撑</td><td>建议</td></tr>
<tr><td>引体向上</td><td>选测</td></tr>
<tr><td>修正引体向上</td><td>选测</td></tr>
<tr><td>屈臂挂</td><td>选测</td></tr>
<tr><td rowspan="2">柔韧性</td><td rowspan="2">选测一项</td><td>单腿坐位体前屈</td><td>建议</td></tr>
<tr><td>双手后勾</td><td>选测</td></tr>
</table>

测试指标的确定是视力残疾青少年体质测试的前提。科学合理的测试指标能够有效反映测试要素的信息。BPFT 是以健康关联体质测试为出发点，围绕有氧耐力、身体成分、肌肉力量/耐力和柔韧性/运动幅度等要素测试指标进行的研制。在指标研制过程中，主要考虑了测试指标的有效性、可靠性、普适性、经济性和可行性等方面。具体而言，有氧功能包括有氧能力测试（1 英里跑/走和渐进式有氧耐力跑）和有氧行为（目标有氧运动测试），被测者可根据残疾情况选择其中一项。身体成分测试由体脂百分比、皮褶测试和身体质量指数 3 项指标构成，要求被测者选测 1 项。

① WINNICK J. P. , SHORT F. X. The Brockport Physical Fitness Test Manual [M] . Human Kinetics, 2014: 34.

肌肉骨骼功能测试是一种非常特殊的肌群测试，包括肌肉收缩类型、收缩速度、肌肉技能类型等。每一种测试结果都源于相应的测试指标，没有一项测试能够独立评价全身肌肉力量和肌肉耐力，因此肌肉力量和耐力测试指标也较多。其中，测试上肢肌肉/耐力由俯卧撑、引体向上、修正引体向上、屈臂挂 4 项测试指标组成，要求选测 1 项；测试躯干/腹部力量和耐力测试指标由屈膝环抱和躯干上抬两项指标组成，要求两项都为必测。可见，美国视力残疾青少年体质测试较为注重被测者的上肢和躯干力量/耐力，尚未涉及下肢肌肉力量测试指标。柔韧性/运动幅度由单腿坐位体前屈和双手后勾两项指标构成，要求选测 1 项。同时，在测试指标选择时，选测指南还对每项测试指标给出了相应的建议测试和选择测试指导，测试者可根据视力残疾青少年的个人情况适时选择相应的测试指标。美国视力残疾青少年体质测试体系由 14 项测试指标构成，要求被测者选择 6 项测试指标（见表 5-17）。在指标的选择上，BPFT 在每个构成要素中都提供了选择指南（包括建议测试和选择测试）。测试者可根据被测者的身心特点和需要优先选择建议指标；在建议测试指标无法完成或有个别需要时可采用选测指标。

二、美国视力残疾青少年体质的评价体系

如果说体质测试是获取体质数据和信息的过程，那么体质评价则是对测试信息赋予意义和价值的过程。因此体质测试评价是体质测试的一项重要环节。一般而言，体质测试评价方法有常模参照评价（Norm-referenced Assessment）和标准参照评价（Criterion-referenced Assessment）。20 世纪 80 年代以前，美国视力残疾青少年体质测试采用的是常模参照标准，其方法是将视力残疾青少年根据性别、年龄进行分组，采用百分位法对各组的数据进行处理，确定各组别的评价标准。常模参照评价方法的优点是通过统计处理所得出的标准较为客观，但这种评价强调的是个体与样本数据的比较，却并不能对被测者体质合格与否进行评判①。BPFT 采用了标准参照评价，其方法是根据常模数据、专家判断、实验结果等方法确定各组的健康域。健康域由需要提高域、调适健康域和体质健康域组成。其中需要提

① CURETON K. J. , WARREN G. L. Criterion-referenced Standards for Youth Health-related Fitness Tests: a Tutorial [J] . Research Quarterly for Exercise & Sport, 1990, 61 (1): 7-19.

高域是最不理想的状态，已经患有或极有可能患有疾病的风险；调适健康域是针对残疾群体受障碍的特殊标准，处于能够被接受的最低限度。体质健康域是理想的标准，反映个体正处于健康的状态。通过测试结果与标准的对比可判定被测者是否具有维持日常生活所需的体质以及是否存在患有疾病的风险。标准参照评价方法的优点是反映被测者是否达到适宜水平，并不鼓励被测者之间的竞争或排名。

1. 有氧功能评价

20 世纪 70 年代，有氧功能/心肺耐力就已成为体质测试的重要组成部分。有氧功能与大肌肉群参与的、动力性中等到较大强度的长时间运动能力相关。将有氧功能作为健康关联体质测试的重要组成是基于以下两点认识：①有氧能力能够执行较长剧烈运动的能力，并且能够减少高血压、冠心病、肥胖、糖尿病和一些癌症等健康问题发病的风险；②有氧功能与早期死亡风险的明显增加有关，特别与心血管疾病所致死亡相关①。因此，有氧功能是评估健康关联体质生理健康的理想指标。

最大摄氧量（VO_{2max}）是有氧能力的标准测量指标。视力残疾青少年的有氧能力能通过运动消耗的最大摄氧量进行测试，包括 1 英里跑/走和 20 米渐进式有氧耐力跑。1 英里跑评估有氧能力是通过不同性别、年龄组所需要的时间计算最大摄氧量。视力残疾青少年 1 英里跑/走测试健康域与健全青少年采用的标准相同，其主要原因是：①研究发现并没有生理因素说明视力残疾青少年的最大摄氧量达不到健全青少年的水平；②多项研究显示，常规的活动水平在最大摄氧量起着重要的作用；③视力残疾青少年体质达到更高的水平需要一份充满活力的身体活动计划，因为他们和健全青少年达到同等的水平需要付出更多耗氧量。在调适健康区上，视力残疾青少年与健全青少年存在一定的差异。如图 5-2 所示，在 10~12 岁，男女最大摄氧量相对平稳且较为接近，随着年龄的增长，男生的最大摄氧量得到一定的提高；而女生最大摄氧量却不断降低。其原因是女生进入发育期，体内脂肪大量增加，单位面积的耗氧量相对值降低，影响最大摄氧量的水平。而男生瘦体重相对稳定，并且进入发育期后还存在一定降低的趋势，因此在最大摄氧量上有所提高。

20 米往返跑采用计圈的方式，计量被测者根据音乐的节奏能够跑的圈

---

① CURETON，K. J. FITNESSGRAM Test Administration Manual ［J］. Dallas，TX，1994：33-55.

数。西方国家体质测试有氧能力测试中已普遍采用了20米往返跑测试。视力残疾青少年测试标准中则用了特殊标准，其原因是视力残疾青少年需要采用引伴或引导绳协助。在调整的标准上采用Buell研究的降低10%的标准①。如图5-3所示，在10~12岁，男女20米往返跑的标准基本相同，但13岁以后随着年龄的增长男生的提高速度较大，而女生的提高速度较慢。

有氧行为是通过测试一定强度的活动并维持一定时间的能力。有氧目标运动测试是一种较新的测试项目。该测试项目通过让被测者参加跑步、游泳、舞蹈等运动，心率能够在最大心率区间维持15分钟即为通过，否则为不通过。可见，该测试项目的特点是采用多样的运动方式测试视力残疾青少年的有氧行为。

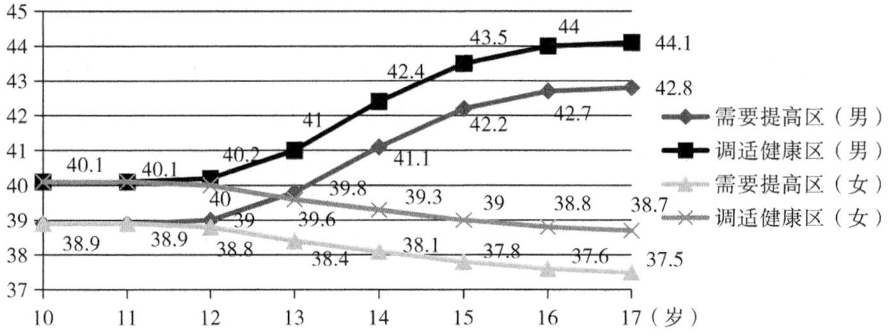

图5-2　1英里跑测试标准（单位：mL/kg/min）

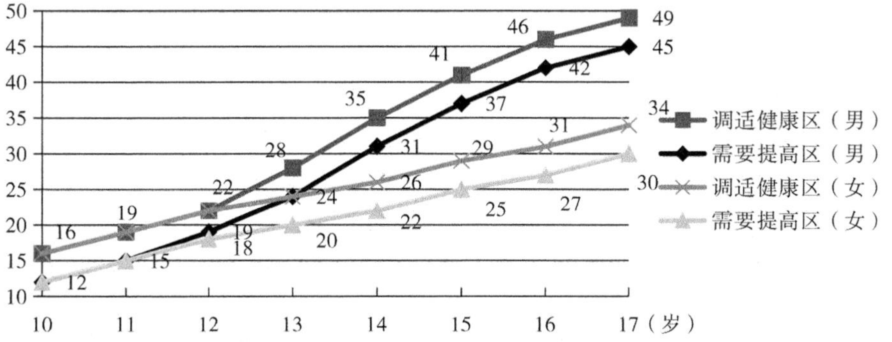

图5-3　20米往返跑测试标准（单位：圈）

① BUELL C. E. Physical Education for Blind Children [M]. Charles Thomas, Illinois, 1983: 226.

2. 身体成分评价

视力残疾青少年身体成分的评价是基于青少年肥胖与健康问题关系①。肥胖指的是体内含有的脂肪过多而导致的体重过重②。研究表明，过多的身体脂肪尤其是腹部脂肪与高血压、代谢综合征、2 型糖尿病、中风、心血管疾病和血脂异常等相关③。体重指数（BMI）、围度测量、皮褶测量、生物电阻抗分析（BIA）等是测试身体成分常用的方法。皮褶厚度与水下称重法测试身体成分高度相关（r=0.7~0.9），具有较高的准确性；而 BMI 评价体脂百分比存在较大的标准差（±5%脂肪），但是身高体重数据较容易获取，因此皮褶厚度作为建议测试指标，BMI 作为一种选择测试指标。

在体脂百分比和身体质量指数上，男女组分别设置了偏瘦区、体质健康区、需要提高区和健康危险区（如图 5-4、图 5-5 所示）。皮褶评价标准根据三头肌和腓肠肌总和研制了体质健康区（如图 5-6 所示）。测试值在体质健康区内则反映被测者身体成分处于良好状态，在健康范围之外，则说明需要通过增加锻炼和补充营养达到健康域。视力残疾青少年各组别身体成分评价标准主要考虑两个要素：一是青少年生长发育的特点。例如，女生的青春期阶段是长脂肪时期，而男生是长肌肉时期。因此，男生在 10~12 岁身体脂肪不断上升至高点后，随着年龄的增长逐步下降；女生从 10 岁开始身体脂肪含量不断上升。二是体脂百分比与慢性疾病的关系。有研究指出，在体脂最高值以下（男 25%，女 32%）可减少患有心血管疾病和糖尿病的风险④。需要指出的是，低于最低值也可能产生健康相关的问题，特别是由于营养不良引起的偏瘦。因此，视力残疾青少年男女各年龄组均应控制在体脂最高值以内，同时也应该控制在最低值以上。视力残

---

① HOELSCHER D. M., DAY R. S., LEE E. S., et al. Measuring the Prevalence of Overweight in Texas School Children [J]. American Journal of Public Health, 2004, 94 (6): 1002-1008.

② RUSH, S. Obesity: America's Growing Epidemic. Fighting Obesity and Its Complications [J]. Health Fitness Journal, 2004, 8 (6): 25-27.

③ ROGER V. L., Go A. S., LLOYDJONES D. M., et al. Executive summary: heart disease and stroke statistics——2012 update: a report from the American Heart Association [J]. Circulation, 2012, 125 (1): 188.

④ LOHMAN, TIMOTHY G. Advances in Body Composition Assessment [J]. Medicine & Science in Sports & Exercise, 1992, 25 (6): 762.

疾青少年身体成分测试中没有设定特殊标准。也就是说，视力残疾青少年与健全青少年身体成分采用同样的评价标准。尽管有些研究指出，由于视力残疾青少年长期处于静态生活，皮褶厚度比健全青少年要厚，但并没有相关研究说明超过既定的厚度是健康的。

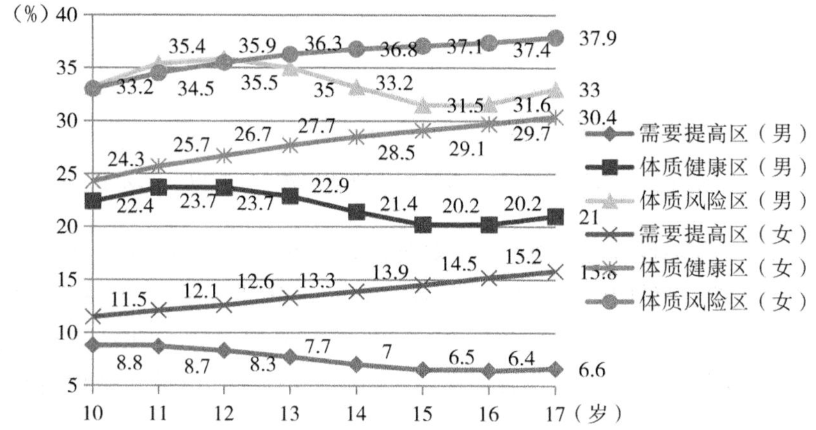

图 5-4　体脂百分比测试标准

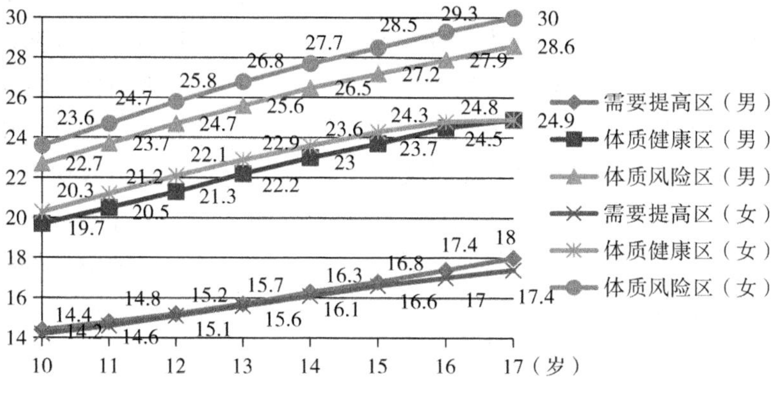

图 5-5　身体质量指数测试标准（单位：千克/米^2）

3. 肌肉骨骼功能评价

肌肉力量和肌肉耐力是指通过肌肉收缩产生力量的能力，并且产生的力量需要维持一定时间或重复收缩的能力。作为健康关联体质测试中的一项重要指标，肌肉力量和肌肉耐力在国内外体质测试中得到广泛应用。研究表明，腹部肌肉力量和肌肉耐力能够避免腰部酸痛的风险，提高上肢力

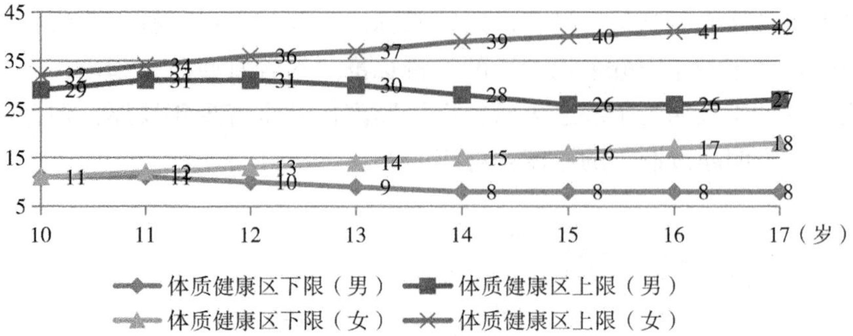

图 5-6 皮褶测试（三头肌与腓肠肌之和）（单位：毫米）

量和肌肉耐力能够提高日常活动中举、提、推、拉物体的能力①。同时，还有研究指出，肌肉力量与独立生活、生活质量呈正相关，与死亡和潜在的过早死亡呈负相关②。因此，对于生长发育阶段的视力残疾青少年，拥有强健的肌肉是保障日常生活、学习和运动的需要，也是避免患有疾病风险的良方。

尽管肌肉力量和肌肉耐力与健康的逻辑关系较容易建立，但两者的直接关系则难以发现。也就是说，个体需要拥有多强肌肉力量和耐力才能满足健康状况指标要求。与身体成分和有氧耐力不同，肌肉力量和肌肉耐力的需要根据不同的任务和不同的目的也有所差异。美国视力残疾青少年体质测试标准主要依据四种方法：①专家建议；②常模数据；③日常生活中活动的逻辑关系；④有价值的相关文献中发现。美国将视力残疾青少年肌肉力量和耐力常模标准的第 20 个百分位数作为分界点。其主要原因是：第一，有研究在分析肌肉力量与肌肉耐力数据显示，男女组别中最低的五分组比第二个五分组男女患疾病的风险更高③；第二，有研究对男女健康组和疾病组的肌肉力量和耐力进行了分析，疾病组只有健康组的 80%左右。

---

① MARGARET J. SAFRIT, TERRY M. WOOD. The Test Battery Reliability of the Health-Related Physical Fitness Test［J］. Research Quarterly for Exercise & Sport, 1987, 58（2）：160-167.

② WARBURTON D. E., GLEDHILL N., QUINNEY A. Musculoskeletal Fitness and Health［J］. Canadian Journal of Applied Physiology, 2001, 26（2）：217.

③ BLAIR S. N., KOHL H. W., PAFFENBARGER R. S., et al. Physical Fitness and All-cause Mortality: A Prospective Study of Healthy Men and Women［J］. Journal of the American Medical Association, 1989, 262（17）：2395-2401.

其中男女握力测试分别为87%和88%；仰卧起坐分别为75%和76%①。

在屈臂挂项目中，男女生组在10岁（4秒）至11岁（6秒）年龄段标准一样；女生13岁以后以及男生在14岁以后处于平稳状态，但男女各年龄间的差异更加显著（如图5-7所示）。测试视力残疾青少年肌肉力量和肌肉耐力的6项指标中，俯卧撑、引体向上、屈膝环抱和修正引体向上采用计数的方法。在男生组别中，10~13岁年龄段引体向上评价标准都为1次，13岁后随着年龄的增长，评价要求不断提高；其他测试项目在14岁以前呈不断上升趋势，14岁以后则呈相对缓慢增长状态。而在女生组别中，引体向上、俯卧撑和修正引体向上各年龄组都是同一标准，只有10~12岁三个年龄段呈上涨趋势，12岁以后各年龄段都是同样的标准（如图5-8所示）。躯干抬起是一项综合性的项目，该测试项目既是测试躯干和腹部肌肉力量和耐力的指标，又是测试柔韧性的一项指标。该测试项目标准男女都一样，小于或等于8英寸为需要提高区，9~12英寸为体质健康区。可见，在上肢力量上视力残疾男生比女生要求要高，女生只要维持相应的水平就能降低疾病的风险，而男生的要求则根据年龄增长有所提高。在躯干和腹部肌肉力量和耐力上，女生在12岁就能达到平稳状态，男生到14岁才能达到平稳状态。

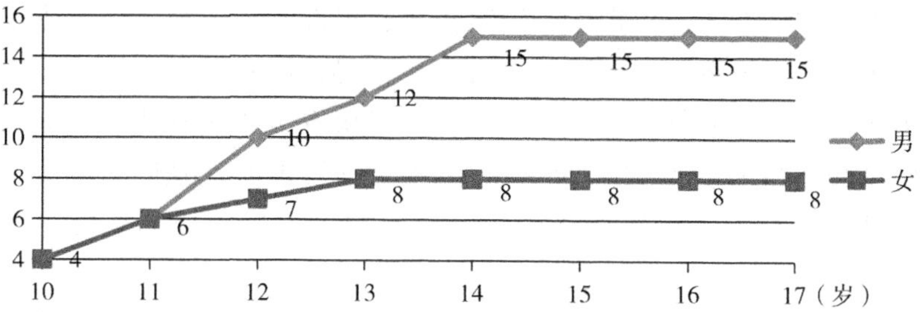

图5-7　屈臂挂测试标准（单位：秒）

4. 柔韧性评价

柔韧性是肌肉骨骼功能的重要组成部分。由于肌肉力量与耐力反映的是肌肉特性，柔韧性反映的是关节特性，故将两者分开论述。柔韧性是活动某一关节使其达到最大关节活动度的能力，传统的测试方法是个体能触摸多远。由于柔韧性取决于一些特殊变量，如关节囊的伸展性、肌肉黏滞

---

① MALKIA, E. Strenghth and Aging: Patterns of Change and Implications For Training [M]. In k. harms-ringdahl, 1993: 141-166.

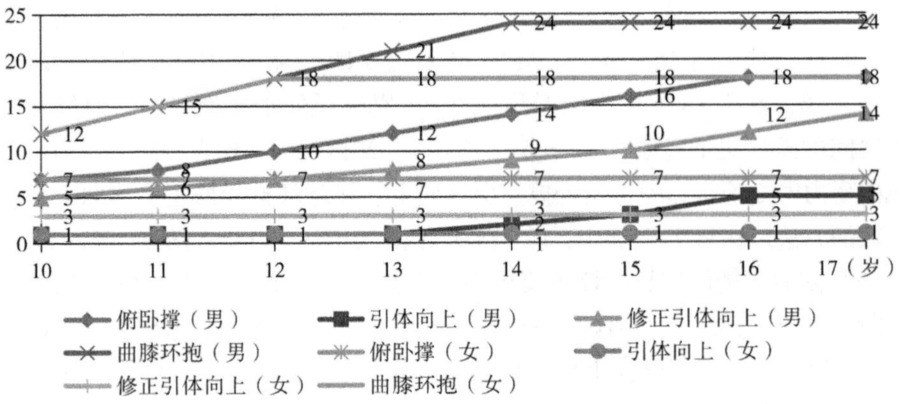

图 5-8 肌肉力量与耐力测试标准（单位：次）

性和充分的准备活动等，因此没有单一的测试指标能够用于评价全身的柔韧性。BPFT 测试柔韧性的指标是双手后勾和坐位体前屈。坐位体前屈是用来反映腰部和髋关节柔韧性测试的指标，但其与有效预测腰痛的发生率相关性有限①。另外，相对腰部柔韧性来说，坐位体前屈测试能够更好地测试腿部柔韧性②。由于腰部和腿部对日常活动和运动相对重要，因此将其作为测试柔韧性的一项指标。研究指出，男性组别上视力残疾青少年与健全青少年在坐位体前屈测试上没有任何差异，而女性组别视力残疾与健全青少年存在一定的差异，但有 1/3 视力残疾青少年达到或超过健全青少年的中位数③。因此要求视力残疾青少年女性组也要达到同样的标准。如图 5-9 所示，视力残疾男性青少年各年龄组坐位体前屈的标准都为 8 英寸；女性青少年则随着年龄的增大其标准有所提高。双手后勾是用来测试肩部柔韧性的指标，其方法是左右分别以一手通过肩部外展转向背部，另一手通过背部向上伸，两手指尖相互触及即为通过。因此，无论男女性别或各年龄组，其评价标准都一样。作为一种功能健康测试，双手后勾在许

① JACKSON A. W., JR M. J., BRILL P. A., et al. Relations of Sit-up and Sit-and-reach Tests to Low Back Pain in Adults [J]. J Orthop Sports Phys Ther, 1998, 27 (1): 22-6.

② ALLEN W. JACKSON, ALICE A. BAKER. The Relationship of the Sit and Reach Test to Criterion Measures of Hamstring and Back Flexibility in Young Females [J]. Research Quarterly for Exercise & Sport, 1986, 57 (3): 1-3.

③ WINNICK J. P., SHORT F. X. Test Items and Standards Related to Flexibility/Range of Motion on the Brockport Physical Fitness Test [J]. Adapted Physical Activity Quarterly, 2005, 22 (4): 401-417.

多日常活动中都非常重要，能够反映各组别个体肩部柔韧性的状况。

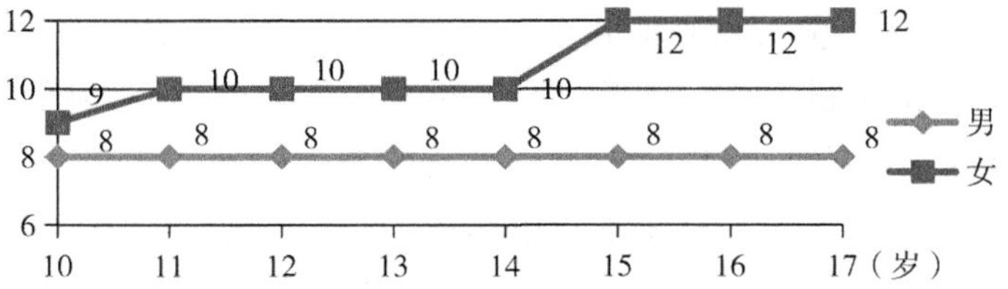

图 5-9　坐位体前屈（单位：厘米）

5. 结束语

美国视力残疾青少年体质测试围绕健康关联体质测试，根据健康、身体活动和健康关联体质测试的关系，在充分考虑视力残疾和生长发育特点的基础上，从有氧功能、身体成分、肌肉骨骼功能等方面构建了 14 项测试指标。测试指标不仅考虑信度、效度和可行性等要素，还为被测者提供了可选择性和兼容性。在评价标准上，美国视力残疾青少年体质测试摒弃了传统体质测试采用的常模评价方法，而是根据专家建议、常模数据和实验结果等方法研制了基于标准参照的评价标准。评价标准由需要提高区、调适健康区和体质健康区组成健康区，突出了对视力残疾青少年患有疾病风险的预判。可见，无论在测试指标的构建，还是评价方法和标准的研制上都显现出美国视力残疾青少年体质测试的科学性与前沿性。

第五节　美国智力残疾青少年体质测试标准解读
——基于 Project Target 测试体系

智力残疾（Intellectual Disabilities）概念是 1992 年美国智力迟钝协会（The American Association on Intellectual and Development Disability，AAIDD）根据术语“智力缺陷”修订而成。AAIDD 把智力残疾定义为：当前功能的实质性缺失，它的特征是智力功能显著低于平均水平，具体表现在沟通、自我照顾、居家生活、社会技能、融入社会团体、自我指导、健康和安全、实用的学术、休闲和工作等领域受到限制[①]。智力残疾作为一种典型

① COCKRAM J.，JACKSON R.，UNDERWOOD R. Perceptions of the judiciary and intellectual disability［J］. Australian Journal of Mental Retardation，1993，18（3）：189-200.

的残疾类型，其体质测试一直受到广大学者的关注。20 世纪 90 年代中期，美国卫生、体育、娱乐和舞蹈联合会（AAHPERD）采用了库珀研究所推荐的残疾人体质测试标准，库珀研究所推荐的残疾人体质测试手册对不同类型以及程度不同的残疾年轻人提出系统的测试内容和标准。为了满足不同类型与程度的残疾青少年体质健康测试的需要，纽约州立大学在特殊教育和康复服务办公室的支持下，提供专项资金用于开发 10~17 岁残疾青少年的体能测试标准①。这一标准为不同类型与程度的残疾青少年提供了个性化体质测试指南，为测试管理员提供了可选择的测试项目以及一套科学的体质测试程序，使智力残疾青少年体质测试规范化、程序化、科学化以及具有可操作性。

一、美国智力残疾青少年体质测试指标体系

智力残疾青少年体质测试指标由三个健康相关的内容要素组成：有氧功能、身体成分、肌肉骨骼功能，其中肌肉骨骼功能又包括了肌肉力量与耐力、柔韧性两个要素（见表 5-18）。三个内容要素由 14 项具体测试指标构成，测试指标的选择分为选测与必测，针对智力残疾青少年的特征，残疾青少年健康评估手册测试实施为测试管理者选择具体的测试指标提供了选择指南②。智力残疾青少年体质测试只需选择其中 7 项指标即可。

有氧功能测试指标包括了 15 米往返跑（10~12 岁）与 20 米往返跑（13~17 岁）、有氧行为。往返跑需要一定的速度与耐力，是体质测试中评价有氧功能的一个重要指标，不仅可以评估智力残疾青少年的运动能力，还可以间接反映出意志力的薄弱。有氧行为是智力残疾青少年体质测试有氧功能的一个重要选测指标，有氧行为测定是通过在氧气供应充足的情况下，在一定的时间内以及达到规定的运动强度综合评价有氧功能。身体成分的测量数值与人体脂肪值有关，建议选择体脂百分比和肱三头肌与腓肠肌之和两个指标。体脂百分比与身体质量指数相比更具有科学性，不仅可

---

① WINNICK J. P. , SHORT F. X. E. The Brockport Physical Fitness Test Training Manual. Project Target. ［M］. Human Kinetics Publishers , 1998：178.

② WINNICK J. , SHORT F. Brockport Physical Fitness Test Manual - 2nd Edition With Web Resource：A Health-Related Assessment for Youngsters With Disabilities［M］. Human Kinetics Publishers，2014：121.

以反映出身体形态，还可以对内脏脂肪含量进行估算；因此体脂百分比的测试对智力残疾青少年预防肥胖与降低心脏病风险有重要的作用。肱三头肌与腓肠肌之和测试指标运用于智力残疾青少年体质测试指标身体成分要素，这是根据智力残疾的特性而选择的一个具有针对性的测试指标。在学校或生活中，智力残疾青少年的骨骼肌肉相对于肢体残疾青少年骨骼肌肉运用得更频繁，而且肱三头肌与腓肠肌之和测试指标比肱三头肌与肩胛下肌之和指标更具有可接受的效度和信度，因为测试管理人员更容易对小腿肌肉进行测量。

美国智力残疾青少年测试标准中评价肌肉力量与耐力和柔韧性的测试指标与日常学习、生活和运动中身体所要运用的部位密切相关，主要设置了上肢、躯干评价指标，针对下肢的测试指标较少。肌肉力量耐力是通过对青少年肌肉生长发育规律的认识基础上，选测握力、等距俯卧撑（10~12 岁）与杠铃推举（13~17 岁）两个指标进行测试。而作为选测指标直臂挂（10~12 岁）与屈臂挂（13~17 岁），选择指南更倾向于建议此测试指标对智力残疾青少年进行肌肉力量与耐力的测试。肌肉力量与耐力测试中修正屈膝环抱与躯干抬起指标是作为两项必测内容，在智力残疾青少年体质测试指标体系中占有重要地位。有研究表明，上身躯干和腹部肌肉力量在逃逸危险或急救中发挥着重要的作用，以及可以提高工作能力和降低患下背痛的风险。

表 5-18　智力残疾青少年体质测试指标体系

构成要素		测试指标	选择指南
有氧功能	选测一项	15 米往返跑（10~12 岁）/20 米往返跑（13~17 岁）	建议
		有氧行为	建议
身体成分	选测一项	体脂百分比	建议
		肱三头肌与腓肠肌之和	建议
		肱三头肌与肩胛下肌之和	选测
		身体质量指数	选测

续表

构成要素			测试指标	选择指南
肌肉骨骼功能	肌肉力量与耐力	选测一项	握力	选测
			等距俯卧撑（10～12 岁）/杠铃推举（13～17 岁）	选测
		选测一项	直臂挂（10～12 岁）	建议
			屈臂挂（13～17 岁）	建议
		两项必测	修正屈膝环抱	建议
			躯干抬起	建议
	柔韧性/运动幅度	选测一项	单腿坐位体前屈	建议
			双手背勾	选测

柔韧性测试指标有单腿坐位体前屈和双手背勾测试两项指标。其中单腿坐位体前屈是建议测试项目，双手后勾是选择性测试项目。有研究指出，肌肉骨骼功能最大限度地发挥与肌肉的柔韧性和骨骼运动的角度存在密切关系。在合理的范围内，肌肉的柔韧性与肌肉收缩产生的力量呈正相关。

二、美国智力残疾青少年体质测试标准解析

1. 有氧耐力评价标准

有氧耐力是体质测试有氧功能的构成要素，是衡量人的体质健康状况与工作生活能力的生理指标之一。20 米往返跑测试已被视为一种有效地间接测量最大摄氧量、评价人体有氧耐力的运动项目。智力残疾青少年 20 米往返跑评价标准分为需要提高区与调适健康区，需要提高区代表青少年有氧耐力水平已经危及身体健康，需要加强对身体的干预提高有氧耐力水平，降低疾病的发生；调适健康区是处于健康标准区下调了 10%，通过积极的身体锻炼有氧耐力水平可以达到健康标准区。男性与女性最大摄氧量都随着年龄的增长而不断增加，且呈上升趋势。智力残疾青少年有氧耐力标准（如图 5-10 所示）横轴为年龄，纵轴为 20 米往返跑圈数，10～12 岁男女调适健康区趋于一致，由于女性生理发育期脂肪增加明显，瘦体重比重下降，最大摄氧量随之逐渐下降，而男性以骨骼肌增加为主，最大摄氧

量增加明显，需要提高区男女在 11 岁就体现出区别，男性比女性提高幅度要大①。12～14 岁男女调适健康区与需要提高区增幅明显，但是男性提高的值远远大于女性。如 13 岁的女性需要提高区与调适健康区分别为 13 圈与 24 圈，14 岁相对应为 16 圈与 26 圈；而男性 13 岁的需要提高区与调适健康区分别为 17 圈与 28 圈，14 岁相对应为 24 圈与 35 圈。综合分析得出，智力残疾青少年有氧耐力评价标准分为三个发展阶段：一是 10～12 岁男女有氧耐力评价标准相一致，有氧耐力能力无性别差异；二是 12～14 岁有氧耐力评价标准表现出明显的性别差异，男性评价标准高于女性；三是 14～17 岁男女有氧耐力评价标准呈稳定增加的趋势。

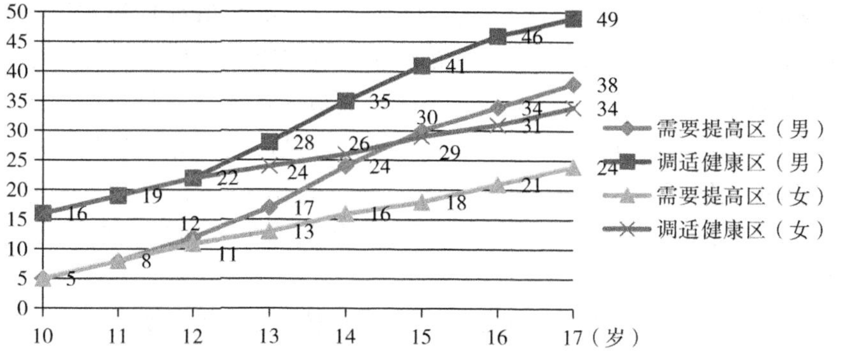

图 5-10　20 米往返跑测试标准（圈）

2. 身体成分评价标准

众所周知，肥胖问题是影响身体健康的主要因素之一，在智力残疾青少年群体中更加突出。身体成分测试主要是对智力残疾青少年身高、体重与皮褶厚度的测量，经过科学的方法计算得出被测者身体的胖瘦程度。虽然有研究认为，残疾人身体成分与普通人身体成分标准应该是相同的，这只是人们对残疾人身体健康的期望。也有研究显示，智力残疾青少年的生活方式会造成皮褶厚度更高，但是并没有科学依据证明他们的观点是正确

① SHORT F. X., WINNICK J. P. Test items and standards related to aerobic functioning on the Brockport physical fitness test [J]. Adapted Physical Activity Quarterly, 2005, 22 (4): 333-355.

的①。美国智力残疾青少年身体成分评价标准是基于智力残疾青少年的特征结合普通青少年生理成长的规律，制定了体脂百分比评价标准、皮褶厚度评价标准以及身体质量指数评价标准。通过以上标准评价智力残疾青少年肥胖程度，同时为保持身高与体重之间比例的关系提供了参考。

体脂百分比评价标准共分三个区（如图 5-11 所示），分别是体质健康区、需要提高区与体质风险区。同一年龄阶段因性别的不同，每个评价标准区都存在很大的差异，即使是同一被测者在不同年龄阶段体脂百分比评价的标准也不同。同一年龄的女生比男生体脂百分比体质健康区评价标准值偏大，随着年龄的增长评价标准值之间的差距越明显。女生体脂百分比评价标准体质健康区、需要提高区与体质风险区的数值都是随着年龄的增长而增加，但是男生体脂百分比评价标准体质健康区数值呈下降趋势直至 15 岁之后趋于平稳；而需要提高区与体质风险区评价标准的数值曲线呈先上升再下降的走势，说明男生在青春期开始阶段体脂百分比呈先提高后降低的趋势，到 12 岁体脂百分比就开始下降，直至 15 岁之后趋于平稳。表明青春生理期男生主要是以肌肉的增长为主，女生却是脂肪增加的敏感期。

美国智力残疾青少年体质测试身体质量指数评价标准（如图 5-12 所示）男女生体质健康区的评价数值都是随着年龄的增长而增加，两者的数值大小相差较小。虽然男女需要提高区与体质风险区评价标准数值都是随年龄的增长而增加，但是女生评价标准的数值大于男生评价标准的数值，15 岁之后女性需要提高区评价标准的数值逐渐降低，直到 17 岁与同龄男生身体质量指数需要提高区评价数值相等。说明智力残疾青少年青春期男生身高增高与体重增加同步提高，而女生体重的增加大于身高增长的幅度。

皮褶厚度是推断全身脂肪含量、判断皮下脂肪发育情况的一项重要指标。由于这个测量方法比较直观，美国智力残疾青少年体质测试采用皮褶厚度测试作为身体成分构成要素中的一个重要测试指标。皮褶厚度评价标准并没有一个绝对的参考值，而是把皮褶厚度的评价标准分为体质健康区下限与体质健康区上限（如图 5-13 所示）。男生与女生的皮褶厚度评价标准数值与年龄关系的总体趋势与男女生体脂百分比评价标准数值走向大致相同。

---

① WINNICK J. P. , SHORT F. X. Test Items and Standards Related to Body Composition on the Brockport Physical Fitness Test [J] . Adapted Physical Activity Quarterly, 2010, 22 (4): 356-370.

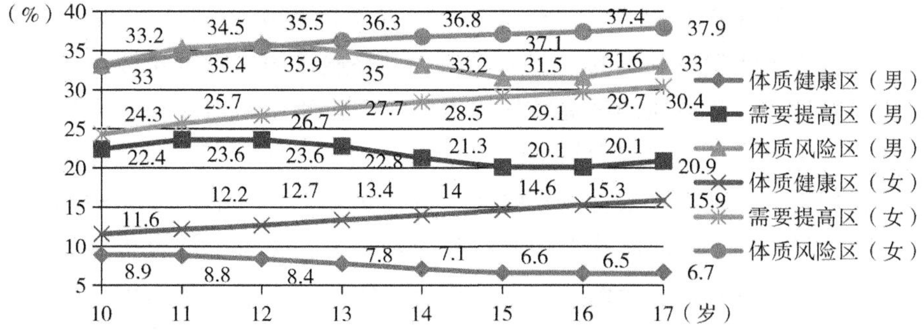

图 5-11　体脂百分比评价标准

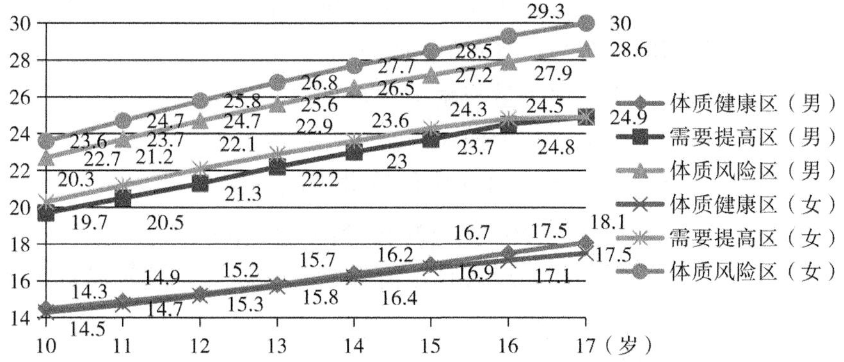

图 5-12　身体质量指数评价标准（单位：千克/米²）

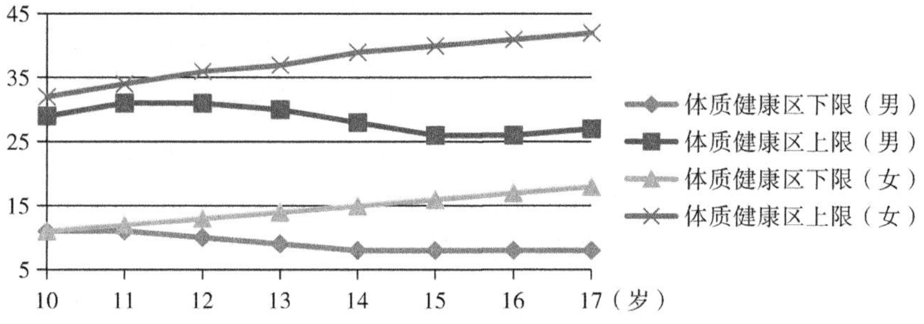

图 5-13　皮褶厚度测试评价标准（单位：毫米）

3. 肌肉力量与耐力评价标准

肌肉是人体进行一切活动的力量基础，肌肉力量与耐力是反映肌肉是否强健的标志。拥有强健的肌肉对于每个人都很重要，是日常生活行为得以表现的基础，同时保持良好的身体姿势，提高肌肉平衡，可以支撑其关节的灵活度和保障肌肉的灵活性，进而预防运动损伤①。肌肉力量与耐力作为评价青少年健康状况的一项重要内容，普遍运用于青少年体质测试标准中。普通青少年体质测试标准是智力残疾青少年肌肉力量与耐力评价标准的来源。虽然评价肌肉力量、肌肉耐力的测试指标众多，评价标准存在差异，但是美国智力残疾青少年肌肉力量与耐力评价标准（如图 5-14、图 5-15、图 5-16 所示）是基于普通标准中常模参照评价、结合研究结论的推荐与参考值综合而设定的。智力残疾青少年肌肉力量与耐力评价标准在普通青少年体质测试标准的基础上，通过设置调适健康区与体质健康区评价智障青少年的等距俯卧撑、直臂挂、屈臂挂、杠铃推举、修正屈膝环抱以及握力的水平。与普通青少年体质测试评价标准不同，智力残疾青少年通过维持运动时间的长短与在规定时间内完成的数量进行肌肉力量与耐力的评价；而普通青少年肌肉力量与耐力评价更侧重于完成动作的次数。例如，等距俯卧撑测试指标，智力残疾青少年是通过参与的时间长短进行肌肉力量与耐力评价，10~12 岁男女生体质健康区分别为 40 秒、25 秒；普通青少年 10~12 岁男女生体质测试等距俯卧撑评价标准为不少于 7、8、10 个与不少于 7 个；而直臂挂、屈臂挂、杠铃推举、握力测试是以普通青少年体能测试健康标准最低值进行计算。

4. 柔韧性/运动幅度评价标准

柔韧性反映人体某个关节或多个关节的运动幅度，同时也反映了该关节的肌肉、肌腱等软组织的运动能力②。体质测试采用不同的柔韧性测试指标与测试方法得出的结果直接或间接反映出不同的关节幅度大小。坐位体前屈是柔韧性测试的一个重要指标，它主要的预测属性是受试者下肢肌群、韧带的伸展性和弹性以及下肢与躯干可能达到的运动幅度。有研究表明，坐位体前屈可以有效测量个体的柔韧性，同时对预防腰背疼痛以及提高骨骼肌功能起到了积极的作用。普通青少年与智力残疾青少年的柔韧性并没有显著的差异。虽然 6~9 岁年龄阶段的男女生坐位体前屈差异不明显，但是 10~17 岁年龄阶段女生的柔韧性明显优于男生（见图 5-17）。美

---

① WINNICK J. P. , SHORT F. X. Test Items and Standards Related to Muscle Strength and Endurance on the Brockport Physical Fitness Test [J] . Adapted Physical Activity Quarterly , 2005, 22 (4): 371-400.

② PLOWMAN S. A. , CORBIN C. B. Muscular strength, endurance, and flexibility [J]. The Prudential FITNESSGRAM technical reference manuals, 1994: 57-72.

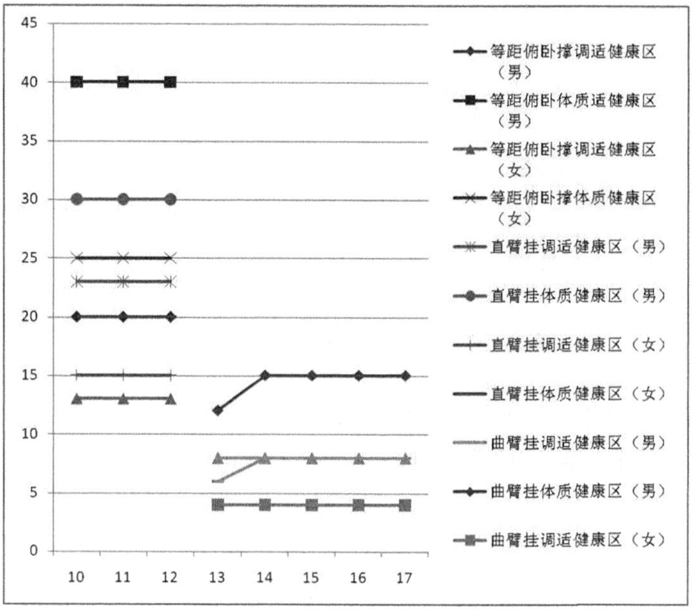

图 5-14　肌肉力量与耐力评价标准（单位：秒）

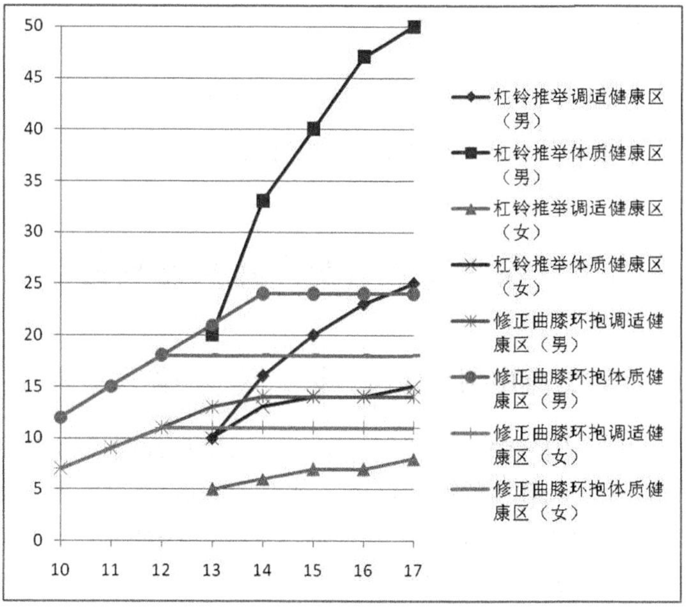

图 5-15　肌肉力量与耐力测试评价标准（单位：次）

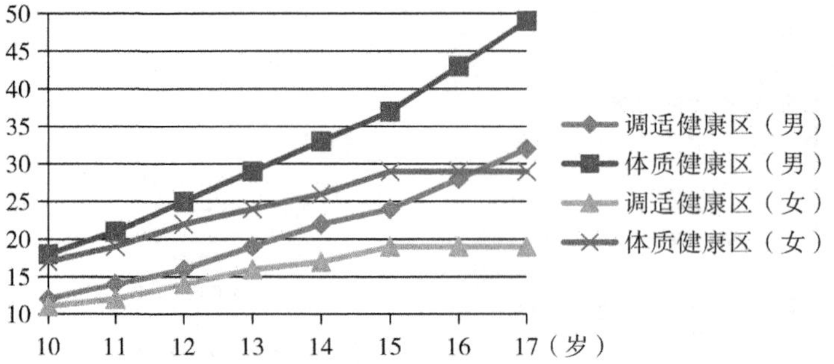

图 5-16　握力测试评价（单位：千克）

国智力残疾青少年体质测试柔韧性评价标准是基于一般标准的健康值，把男女生坐位体前屈测试评价标准设定为体质健康区，一般标准健康值代表良好的柔韧性。

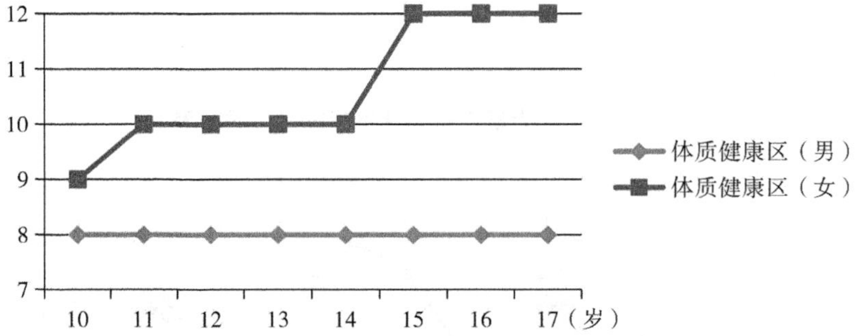

图 5-17　坐位体前屈测试评价标准（单位：厘米）

第六节　美国残疾青少年体质测试的启示

一、以建设健康中国为契机，树立科学的体质健康观

党的十八届五中全会建设“健康中国”战略目标的提出为我国健康事业的发展提供了千载难逢的历史机遇与条件。随后中共中央、国务院印发的《“健康中国 2030”规划纲要》更是为健康领域的改革指明了方向。该纲要提出：“全民健康是建设健康中国的根本目的。立足全人群和全生命

周期两个着力点……实现更高水平的全民健康。”① 从此种意义来讲，检验健康中国是否实现的标准是是否实现了全民健康。从全民健康的两个着力点来看，在横向上包括全人群，在纵向上包括全生命周期。因此，全民健康包括全体国民，自然也包括残疾青少年群体。另外，作为特殊群体的残疾青少年正处于成长的关键时期，是最需要健康服务的群体。根据木桶理论，即决定一只木桶盛水的多少，不是取决于长板，而是取决于短板。因此，从一定程度上讲残疾青少年的健康服务和健康水平是衡量健康中国建设的标尺之一。

在不同的时期，人们对健康的认识也存在一定的差异。传统健康观认为，健康就是没有疾病。随着人们对疾病认识的不断深化，健康由原来的生物医学模式转变为生物、心理、社会医学模式。WHO 指出健康不仅仅是没有疾病或病痛，而且包括身体、心理和社会的完好状态②。也就是说，残疾青少年的健康包括体质健康、心理健康和社会适应等方面。然而，受医学模式的影响，我国一直存在“残疾人是不健康的”的错误思想。其实，残疾青少年的体质是否健康，需要通过体质测试得出，同时，依据体质健康状况制定相应的干预措施，可增强残疾青少年的体质健康。因此，在建设健康中国的时代背景下，应树立科学的残疾青少年体质健康观，将体育科学与医学相结合，不遗余力地推动残疾青少年体质健康的发展。

二、转变人道主义思想，保障残疾学生体质测试权利

长期以来，人类就如何对待残疾人先后经历了杀戮到遗弃、忽视、怜悯与过度保护，进而发展到逐渐接纳，最后到最大限度地促使残疾人融入主流社会的发展过程③。我国自古以来就有“尊老、慈幼、扶弱、助残”的优良传统。古代典籍《礼记 · 礼运》就有“故人不独亲其亲……鳏寡孤独废疾者皆有所养”的叙述④。遗憾的是，漫长的封建社会将人分为若干等级，残疾人长期生活在金字塔的最底层。中华人民共和国成立以来，虽

① 曾钊，刘娟．中共中央、国务院印发《“健康中国 2030”规划纲要》［J］．中学政史地（高中文综），2016（12）：5-20.

② 冯宏鹏，钟建伟，庄静，等．关于我国健康评价指标体系建设的几点建议［J］．成都体育学院学报，2010，36（10）：61-64.

③ 邓猛．融合教育与随班就读：理想与现实之间［M］．武汉：华中师范大学出版社，2009：15.

④ 刘全礼．特殊教育导论［M］．北京：教育科学出版社，2003：80.

然残疾人引起了社会的广泛关注，残疾人事业取得了巨大的发展，但是在处理残疾人事务上仍存在一些传统的理念，如“残疾青少年的体育课单独开设保健班或免修”“残疾青少年体质测试实施免测”等。从表面来看，这些“免修”“免测”是对残疾青少年的关怀和保护，但深入分析则会发现，这种关怀是一种朴素的人道主义关怀，实质上是对残疾青少年体质测试权利的剥夺。

当前，在我国体质测试已覆盖幼儿、青少年、成年人和老年人各阶段的群体，并且根据性别进行了区分。可以认为，体质测试已成为我国人人可享有的一项公共健康服务。从公民的权利来讲，残疾青少年应该和其他公民一样享有体质测试这一公共健康服务的权利。就学校教育的角度而言，体质测试已成为青少年健康教育的重要内容，并且是开展体育教育的依据。从受教育的权利来讲，残疾青少年应该和健全青少年一样接受体质测试的权利。虽然与健全青少年相比，残疾青少年存在一定的缺陷或差异，但这些缺陷并不能影响残疾青少年接受平等的体质测试的权利。事实上，在健全人体质测试中男女性别之间，不同年龄阶段的体质测试的实施都存在一定的差异。因此，当残疾青少年无法参加常规体质测试时，应该通过改善或优化体质测试手段和方法，消除常规体质测试手段给残疾青少年造成的各种限制和障碍，从而保障残疾青少年的体质测试权利。

三、构建残疾学生体质测试标准，加强体质健康服务

考虑到当前我国残疾青少年体质测试标准缺失的现状，当务之急无疑是要加快研制《残疾青少年体质测试标准》。诚然，残疾青少年存在类型多样、程度不一等特点，与健全青少年体质测试标准相比，残疾青少年体质测试标准的研制存在一定的复杂性。但是从美国的演变历程来看，残疾青少年体质测试体系主要围绕两大主线：①根据残疾类型和程度进行分类设置测试指标和标准；②与健全青少年体质测试保持密切的联系，甚至在残疾青少年达到相应标准的情况下还鼓励其参与健全青少年的体质测试。也就是说，残疾青少年体质测试体系不仅应具有科学性和可行性，同时还要具有兼容性。因此，我国残疾青少年体质测试标准的研制一方面应该汲取美国残疾青少年体质测试研制的理念和方法，根据我国的残疾青少年的类别分类研制；另一方面也应该与我国现行的《国家学生体质健康标准》的研制理念相一致。

需要指出的是，体质测试并不仅是一项独立的测试活动，而是一项集测试、评价、监控、反馈、干预于一体的教育活动。美国残疾青少年体质测试最早就与体育教育相互依存，并作为个别化体育教育服务的依据。由此可见，残疾青少年体质测试的开展并不是目的，而是开展体质健康服务的手段之一。虽然长期以来我国学龄青少年体质测试每年实施一次，并要求将测试结果与评优、评先、升学挂钩，但我国尚未将青少年体质测试融入体育教育和健康促进之中。由此导致相关责任主体只关心测试结果，甚至产生伪造数据、代测等乱象，却对如何有效利用测试结果并没有引起应有的重视。因此，在残疾青少年体质测试的研制与实施中，应将残疾青少年体质测试与体育教育的开展、运动处方的制定和运动康复等体质健康服务环节相融合，加强残疾青少年体质健康服务体系的构建。

本章结语

残疾青少年体质测试是监测残疾青少年体质健康的重要方式，也是保障残疾青少年体育权利的手段。美国残疾青少年体质测试体系发展较早。以 1968 年颁布的《轻度智力残疾特殊体质测试手册》为起点，美国残疾青少年体质测试体系已经历了半个多世纪的演变。在此过程中，根据各个测试体系的内容和特点可分为初期阶段、发展阶段和成熟阶段。总体而言，美国残疾青少年体质测试的演变特点主要有：测试理念为不断满足残疾青少年的需求；测试内容从技能体适能到健康体适能的转变；评价标准从常模参照方法到标准参照方法的转变。当前，美国残疾青少年体质测试体系无论是研制理念，还是测试手段和评价方法都走在世界各国的前列。因此，我国在研制残疾学生体质健康标准过程中，应根据我国残疾学生的实际情况并积极汲取美国残疾青少年体质测试的经验，研制具有我国特色的残疾学生体质健康标准。

第六章

体质健康场地测试指标与方法的比较

一般而言，体质健康测试由身体成分、心肺功能和肌肉骨骼功能组成，其中肌肉骨骼功能包括肌肉力量和耐力、柔韧性两项①。我国一般将体质健康测试划分为身体成分、身体机能和身体素质等要素。事实上，国内测试体系中的身体机能就是国外的心肺功能；国内测试体系中的身体素质相当于国外测试体系中的肌肉骨骼功能。可见，从体质健康的组成要素来看，国内外并没有较大的差异，但不同的测试体系中场地测试指标却存在较大的差异。本章尝试对国内外体质测试体系中身体成分、心肺功能、肌肉力量与耐力和柔韧性等要素的测试指标进行梳理，并就各测试指标在国内外的研究进行比较，以期为残疾学生体质健康测试指标的筛选提供依据。

第一节　身体成分测试指标与方法的比较

一、前言

身体成分是组成人体组织、器官各种化学成分的总和，通常以体脂为参照将身体成分划分为体脂重和去脂体重两个基本部分。身体成分受年龄、性别、种族和遗传等多种因素影响，在临床上可用于监测人体的营养状况、评价生长发育等，在健康科学与临床医学研究领域具有重要的应用价值。在评定营养状态以及在跟踪介入性计划引起的变化方面，身体成分

---

① VANHELST J., FARDY P. S., ULMER Z., et al. Reliability of health-related physical fitness tests in adolescents: the MOVE Program [J]. Clinical Physiology & Functional Imaging, 2016, 36 (2): 106-111.

测量是一个不可或缺的手段。具体而言，身体成分测量可以确保为个体维持生长和发育所必需的最低的、理想的和最大的体重提供信息①。同时，青少年肥胖会对社会和经济发展产生重要的影响，同时也会引起一系列慢性疾病②。因此，对脂肪及去脂肪身体成分（Fat-Free Body，FFB）进行测量和分析，在评定健康、身体素质和营养状态方面是极为重要的。

活体身体成分测量是在20世纪40—50年代的科学研究中建立起来的。其概念和假设是建立在密度计量法（Densitometry）、液体比重测定法（Hydrometry）以及全身化学尸体分析法（Whole - body Chemical Cadaver Analysis）的基础上。在早期的研究中，建立了成人身体成分的模型并不断形成现代方法学的基础。但是，这些被假设成对所有个体都适用的模型并没有考虑年龄、种族、营养状况和身体发育的问题。因此，早期建立的各种成人模型无法得到普遍的应用。近年来，世界很多国家的体质测试体系都包括身体成分测试指标，但是不同国家不同地区身体成分的评价指标并不统一，在指标设置、测试方法和评价标准方面都存在一定差异。即便指标相同，但是有些指标的测试方法和动作要求也存在一定的差异。因此，哪一项测试项目更为科学，能够保障身体成分测试的有效性与可靠性，则是科学开展体质测量的必然要求。

本研究以国内外12个体质测试体系为蓝本，对身体成分评价体系和测试指标进行对比，期冀找出评价身体成分最科学的方法，为进一步完善我国体质测试体系提供参考，同时为我国残疾学生体质健康测试指标的筛选提供支持。

二、测试体系中身体成分指标的设置

在被整理的体质测试体系中，有些测试体系并未纳入身体成分的评价指标。在7个国家和地区体质测试体系中，共有12个测试体系涉及身体成分评价指标（见表6-1）。例如，日本的《体力诊断测验》和《运动能力测验》、新加坡的《国民体适能奖励计划》、加拿大体质表现测定Ⅱ（Fitness

---

① LOHMAN, T. G. Advances in Body Composition Assessment: Current Issues in Exercise Science [M]. Human kinetics, Champaign, IL, 1992: 75.

② GORTMAKER S. L., MUST A., PERRIN J. M., SOBOL A. M., DIETZ W. H. Social and economic consequences of overweight in adolescence and young adulthood [J]. England Journal of Medicine, 1993, 14: 1036-1037.

Performance Test Ⅱ)、美国的《总统挑战：身体健康》(President's Challenge: Physical Fitness，PCPF)、《美国业余体育测试体系》及《国家青少年身体计划》(National Youth Physical Program) 等。

三、身体成分测试指标的特点

1. 测试指标呈现多样化

身体成分测量是用来评判身体营养状况（过于肥胖或营养不良）的一种基本方法。对当前身体成分研究文献梳理可以发现，存在各种各样的身体成分的测量方法，主要有密度计量法（Densitometry)、人体测量法（Anthropometry)、液体比重测定法（Hydrometry)、身体钾盐测定法（Body Potassium)、中子激活分析法（Neutron Activation Analysis)、肌酐排泄法(Creatinine Excretion)、肌肉代谢产物分析法、基础代谢率分析法（Basal Metabolic)。除此之外，还出现了一些新的技术，如生物电阻抗分析和传导法、光子吸收测量技术、红外线交互法、磁共振影像和计算机断层扫描等，并且这些方法都在儿童和青少年身体成分测试中得到应用。然而，大部分测试方法由于操作复杂性或成本较高等局限并未得到广泛实施。在中国、美国等 7 个国家和地区的测试体系中，共涉及 7 种测试方法，分别为身高标准体重（Height for Weight)、生物电阻抗（Bioelectric Impedance Analysis，BIA)、皮褶厚度、身体质量指数、腰围、臀围和腰围与臀围之比等方法。

表 6-1　不同体质测试体系中身体成分评价指标分布

	标准名称	指标名称	年龄	备注
中国	国家学生体质健康标准	身高标准体重 身体质量指数		各级在校学生
	国民体质测定标准	身高标准体重		其他年龄组国民
美国	FITNESSGRAM	身高标准体重 皮褶厚度 生物电阻抗	5~17	生物电阻抗和皮褶厚度两者选一
	总统挑战计划	身高标准体重 身体质量指数	6~17	

续表

	标准名称	指标名称	年龄	备注
美国	最佳体适能计划	皮褶厚度	5~18	1980年版：肱三头肌部与肩胛下角部皮褶厚度 1988年版：肱三头肌与腿小肌皮褶之和
	YMCS 青少年体质测试	身高标准体重 皮褶厚度	6~17	皮褶厚度测量肱三头肌部与肩胛下角部之和
	体质健康测试	身高标准体重 皮褶厚度	5~18	皮褶厚度只测肱三头肌
欧洲	青少年体适能测试	身高标准体重 皮褶厚度	6~18	肱二头肌、肱三头肌、肩胛下、腹部、小腿
加拿大	加拿大国民身体活动、体质和生活方式	身高标准体重 腰围 臀围 腰围与臀围之比 皮褶厚度 身体质量指数	15~69	皮褶厚度测量肱三头肌部与肩胛下角部之和
澳大利亚	澳大利亚体质教育奖励教育计划	身体质量指数	9~19	—
新西兰	新西兰体质测试	身高标准体重 皮褶厚度	6~12	皮褶厚度测量肱三头肌部与肩胛下角部之和
中国香港	中国香港体适能奖励计划	身高标准体重 皮褶厚度		皮褶厚度测量肱三头肌部与肩胛下角部之和

2. 测试指标相对较为集中

虽然身体成分测试有众多的测试指标，但其指标大致可分为四个类别。具体分布如下：①只需要测量身高和体重：测试项目包括身体质量指数和身高标准体重；虽然在技术上身体质量指数不能归类为身体成分测量，但是该方法在临床和流行病学方面得到了广泛的应用。②测量皮褶厚度：皮褶厚度可用X光、超声波、皮褶卡钳等方法测量。在不同的测试体系对皮褶测量的部分也不一致，一般涉及肱三头肌、肩胛下部、小腿肚肌、肱二头肌等7个部位。通过皮褶厚度评价身体成分分为两种类型：一是单独测量某一部位的皮褶，例如美国的《体质健康测试》只测肱三头肌，欧洲的《青少年体适能测试》分别测肱二头肌、肱三头肌、肩胛下、腹部、小腿。另一种是测量两个部位皮褶之和，如美国的《YMCS青少年体质测试》、加拿大的《加拿大国民身体活动、体质和生活方式》。③围度测量：通过测量腰围、臀围、腹围、大腿围等身体围度，以判定身体成分。④生物电阻抗：在统计的体质测试体系中，唯有美国的FITNESSGRAM在2004年修订版使用了该测试项目。

3. 测试指标可操作性强

当前身体成分测量方法多样。大致分为两类：一类为实验室方法，例如水下称重、身体钾盐测定法等；另一类为人体测量学分支，例如皮褶厚度、身高标准体重等。要确保体质测试有效开展，前提是选择可大范围开展，性价比高且易于操作的评价指标。同时，还要考虑有效性和可靠性较强的评价指标。有些测试指标（如X射线）的可信度、精确度较高，但由于成本较高，而且要求技术人员经过严格的培训，因而很少用于常规健康/体适能测试[①]。测试身体成分的黄金标准为“水中称重法”。虽然水中称重法的原理较简单，但却需要昂贵的测试设备，并且对于受测者来说也不便，所以水中称重法并未得到广泛使用。生物电阻抗作为一种创新的分析技术，可降低操作过程产生的错误、操作时间较短，但也存在仪器费用较高等缺陷。可以认为，由于各测试方法具有不同的特征，精选具有代表性的评价值尤为重要，甚至决定着身体成分评价的结果。

在表6-1列举的身体成分测试指标中，大多采用能够通过直接测量的方法（如身高、体重、腰围、臀围等），然后进行计算即可得出。各体质测试体系中，身高标准体重和身体质量指数使用的频率最高，两者最大的特点是可直接通过测量身高和体重得出；皮褶厚度测试操作较为简单，也得到了广泛应用。但该方法对解剖位置要求较高，甚至有些会侵犯到身体私密处。体围测量法和腰臀围比也得到了各测试体系的广泛应用。该方法只要测量相应体围，并进行简单计算即可。

---

① S. M. AYATOLLAHI，Z. BANGHERI. New Trends in Weight-for-Height Charts of Shirazi School Childrenin Relation to the CDC Reference Data［J］. Iranian Journal of Pediatrics，2010，20（4）：407-412.

四、身体成分测试各测试指标的研究

1. 身高标准体重

身高标准体重是国际上体质测试最常用的评价指标之一。其中，身高和体重都能够不同程度地反映个体的身体形态。从广义来讲，个体的形体可以反映个体的身体形态和身体成分。但是，仅仅依靠体重这一单一的指标却不能反映个体的胖或瘦。然而，在身高既定的条件下，不同的体重却可以反映个体的身体成分①。身高标准体重是广泛用来测量身体形态和评价营养状态从而反映身体成分的有效方法。作为一种筛查工具，身高标准体重测量在两个公共健康方面作用最为显著，即蛋白质能量营养不良症和肥胖②。从表 6-1 也可以看出，身高标准体重是各体质测试体系中最为常用的指标。该测试指标最大的特点是不受年龄的限制，通过身高和体重两项指标即可进行评判。

具体而言，身高标准体重可分为两种评价方法：一种是通过计算公式判定身体成分；另一种是通过查表法判定身体成分的方法。通过查表法判定身体成分是当前最常用的身体成分评价方法。有研究指出，如对年龄较大的儿童（女生 9~13 岁，男生 11~15 岁）营养状况的评价，需要对当前身高标准体重的临界值进行适当调整，因为在青春期不同年龄群体的身体形态差异较大③。该研究与 Musa 的研究结果如出一辙，Musa 指出应该对青春期儿童（女生 11~15 岁，男生 12~16 岁）的临界值进行调整，因为该阶段儿童的身体形态存在较大的差异④。有研究指出皮褶厚度与身高标

---

① CHINN S.，RONA R. J.，GULLIFORD M. C.，Hammond J. Weight-for-height in children aged 4-12 years. A new index compared to the normalized body mass index [J]. Eur J Clin Nutr，1992，46：489-500.

② C. L. POST，C. G. VICTORA. The Low Prevalence of Weight-for-Height Deficits in Brazilian Children Is Related to Body Proportions [J]. Journal of Nutrition，2001，131 (4)：1290-1296.

③ GRELL G. A. C.，DESAI P.，SERJEANT G. R.，MILLER R. Anthropometric measurements of school children in Dominica，West Indies [J]. Ann Troj Paedia LT，1981，1：241-243.

④ MUSA S. A. Nominal Versus Adjusted Weighl-for-height Glassificario 715 of Rural School Children (Community Healm Project) [R]. Lusaka：School of Medicine，University of Zambia，1986：10-12.

准体重的相关性为 0.28～0.33，身体质量指数与身高标准体重的相关性为 0.38①。

2. *皮褶厚度*

在解决使用皮褶厚度估算儿童和青少年身体成分有关的许多问题上，斯劳特等提供了通用公式。该公式在考虑年龄、性别和种族的基础上同时参考了化学成熟的变异性问题，提出了两个部位总和预测公式。采用了密度、水分和矿物质的测量指标，并已经在若干独立儿童样本上进行交叉验证，是当前最有效的测评方法。有研究指出，通过皮褶厚度测量确定身体成分与水下称重法确定身体成分高度相关 r＝0.70～0.90②。此技术的测量原理是皮下脂肪与身体总脂肪量成一定比例，假设约有 1/3 的身体脂肪分布于皮下。但皮下脂肪与身体总脂肪量的确切比例受性别、年龄和种族的影响③。因此，用回归方程将皮褶厚度之和转化为体脂百分比时，要考虑这些变量以获得最准确的结果。

在各种通过皮褶厚度测量评价身体成分的方程式中，回归方程使用 Bland-Altman 法进行了大量的分析，以及使用了方差分析进行了重复的测试。Rodriguez 等人研究指出，使用回归方程将肱二头肌、肩胛下肌、肱三头肌、小腿肚肌测量青少年男女身体脂肪具有较高的一致性④。Buison 等人发现，布鲁克方程是测试 7～10 岁儿童身体脂肪有效的替代方法（身体脂肪率的平均差异为-1.4%；临界区间为±12.2%）⑤。Treuth 研究指出，用皮褶厚度测试青春前期不同民族女孩的身体脂肪率可靠程

---

① K. M. Flegal Commentary：Is there a best index of weight for height［J］. International Journal of Epidemiology，2011，40（1）：44-46.

② HEYMSFIELD S. Human body composition（2nd）［M］. Champaign（IL）：Human Kinetics，2005：523.

③ ROCHE A. F. Anthropometry and ultrasound. Human body composition［M］. Champaign：Human Kinetics：167-169.

④ RODRIGUEZ G.，MORENO L. A.，BLAY M. G.，et al. Body fat measurement in adolescents：comparison of skinfold thickness equations with dual-energy x-ray absorptiometry［J］. Eur J Clin Nutr，2005，59：1158-1166.

⑤ BUISON A. M.，ITTENBACH R. F.，STALLINGS V. A.，et al. Methodological agreement between two-compartment body-composition methods in children［J］. Am J Hum Biol，2006，18：470-480.

度的相关指数为 $R^2=0.69$①。Gutin 等人研究指出，回归方程式和标准测量（生物电阻抗和骨密度检测）具有较高的相关性，但是两者间的临界区间较高（骨密度与皮褶厚度临界区间为-3.65 至 9.5，而生物电阻抗与皮褶厚度临界区间为-10.81至 9.89）②。无独有偶，Campanozzi 在进行肥胖青少年和儿童布鲁克方程与骨密度检测和生物电阻抗测试后发现具有同样的结果。值得注意的是，青少年肥胖程度的不同，测试方法的差异也不尽一致③。

Ihmels 等人研究指出，采用生物电阻抗与肱三头肌及肩胛下皮褶之和测试个体身体成分的结果有着很高的一致性（一致值为 82.8%～92.6%）④。Guida 等人指出生物电阻抗测试与肱三头肌测试身体脂肪率有着中等程度的相关性（$r=0.79$，$p<0.001$），并且不受身材的影响⑤。Goran 等人研制了一些方程式计算腹腔内的脂肪组织和腹部皮下脂肪组织。研究指出，腹腔内的脂肪组织可以较好地预判腹部皮褶和肩胛下皮褶（$R^2=0.82$，SEE：9.8cm²）；而腹部皮下脂肪组织可通过腰围、高度和腹部皮褶有效预测（$R^2=0.92$，SEE：28.8cm²）⑥。然而，对于肥胖的儿童和青少年使用超声波作为黄金标准方法测量肱三头肌与肩胛下皮

---

① TREUTH M. S. , BUTTE N. F. , WONG W. W. , et al. Body composition in prepubertal girls: comparison ofsix methods [J] . Int J Obes Relat Metab Disord, 2001, 25: 1352-1359.

② GUTIN B. , LITAKER M. , ISLAM S. , et al. Body-composition measurement in 9-11-yr-old children by dual-energy x-ray absorptiometry, skinfold-thickness measurements, and bioimpedance analysis [J] . Am J Clin Nutr, 1996, 63: 287-292.

③ CAMPANOZZI A. , DABBAS M. , RUIZ J. C. , et al. Evaluation of lean body mass in obesechildren [J] . Eur J Pediatr, 2008, 167: 533-540.

④ IHMELS M. , WELK G. J. , MCCLAIN J. J. , et al. The reliability and convergent validity of field tests of body composition in young adolescents [J] . JPAH, 2006, 3: 67-77.

⑤ GUIDA B. , PIETROBELLI A. , TRIO R. , et al. Body mass index and bioelectrical vector Distributionin 8-year-old children [J] . Nutr Metab Cardiovasc Dis, 2008, 18: 133-141.

⑥ GORAN M. I. , GOWER B. A. , TREUTH M. , et al. Prediction of intra-abdominal and subcutaneous abdominal adipose tissue in healthy pre-pubertal children [J] . Int J ObesRelat Metab Disord, 1998, 22: 549-558.

褶并不能显示较高的有效性（分别为 r=0.13~0.34；r=0.02~0.37）[①]。可见，由于测试方法、统计方法和对皮褶测量方法的不同，很难将现有的研究作出比较。

3. 身体质量指数

通过多种方法检验，身体质量指数与身体脂肪的相关性一般都超过0.50，甚至有的研究中相关性更高。根据推理，BMI 有着较高的可靠性，然而有研究指出，当具有不同类型的人口统计学特征，BMI 应该谨慎使用[②]。Ellis 等人研究指出，3~10 岁的儿童身体脂肪率与 BMI 有着显著的相关性（女孩 $R^2=0.70$，$p<0.001$；男孩 $R^2=0.34$，$p<0.001$）。但是，当使用线性模型，BMI 评判身体脂肪的准确性则较弱（女孩 SEE：4.7%；男孩 SEE：7.3%）[③]。Daniels 等人研究了 BMI 针对 7~17 岁儿童和青少年在性别、年龄、种族、生长发育和脂肪分布方面是不是一种具有代表性的测试。研究结果显示，BMI、性别、年龄、种族、生长发育和脂肪分布和身体脂肪率具有显著的独立相关性（$R^2=0.77$）[④]。

为了探究身体成分的变化，Guida 等人分析了 8 岁儿童生物电阻抗和 BMI 的关系，结果显示：使用 BIA 和 BMI 测量脂肪量的关系（$r=0.92$；$p<0.001$），使用 BIA 和 BMI 测量去脂肪量的关系（$r=0.58$；$p<0.001$），但是该研究并没有区分体重的改变以是不是脂肪重量和去脂身体成分的变化[⑤]。Moreno 等人根据 13~17 岁青少年身体脂肪率的预测，以提高国际肥

---

① SEMIZ S., OZGOREN E., SABIR N. Comparison of ultrasonographic and anthropometric methods to assess body fat in childhood obesity [J]. Int J Obes (Lond), 2007, 31: 53-58.

② LINDSAY R. S., HANSON R. L., ROUMAIN J., et al. Body mass index as a measure of adiposity in children and adolescents: relationship to adiposity by dual energy x-rayabsorptiometry and to cardiovascular risk factors [J]. J Clin Endocrinol Metab, 2001, 86: 4061-4067.

③ ELLIS K. J., ABRAMS S. A., WONG W. W. Monitoring childhood obesity: assessment of theweight/height index [J]. Am J Epidemiol, 1999, 150: 939-946.

④ DANIELS S. R., KHOURY P. R., MORRISON J. A. The utility of body mass index as a measure of body fatness in children and adolescents: differences by race and gender [J]. Pediatrics, 1997, 99: 804-807.

⑤ GUIDA B., PIETROBELLI A., TRIO R., et al. Body mass index and bioelectrical vectordistribution in 8-year-old children [J]. Nutr Metab Cardiovasc Dis, 2008, 18: 133-141.

胖工作组 BMI 的界限值，研究指出，作为肥胖程度的标准，BMI 界限值是非常实用的，但并不能精确地预测特定身体脂肪率①。因此建议将 BMI 作为一种筛选性的测试，但在临床环境下评价身体成分应该采用更精确的测试方法。

还有研究比较了 BMI 和皮褶厚度测量人体脂肪的精确性。Steinberger 等人研究指出，11~17 岁青少年儿童骨密度检测与皮褶厚度测量呈高度相关②。同样地，Sarria 等人研制了一些方程式通过水下称重以测量 7~16 岁青少年儿童的身体密度。研究显示，身体密度与皮褶厚度比 BMI 的相关性更高（前者 $r=0.781\sim0.820$；后者 $r=0.586\sim0.798$）③。Freedman 等通过皮褶厚度测量 5~18 岁儿童青少年的身体成分，使用皮褶厚度减少了整体预判误差 20%~30%。然而，在超重儿童中，使用皮褶厚度评价身体脂肪率的误差只减少了 7%~9%④。同样，在评判身材较瘦的青少年女性身体脂肪程度时，BMI 比皮褶厚度总和的准确性更差（BMI 和身体脂肪率-DXA 关系：$r=0.67$，$p<0.001$；皮褶厚度和身体脂肪率-DXA 关系：$r=0.80$，$p<0.001$）⑤。

从以上研究可见，尽管 BMI 作为评判身体肥胖的指标，但是受身体脂肪程度的变化，皮褶厚度比 BMI 更能够预判儿童的肥胖。

---

① MORENO L. A., BLAY M. G., RODRIGUEZ G., et al. Screening performances of the International Obesity Task Force body mass index cut-off values in adolescents [J]. J Am Coll Nutr, 2006, 25: 403-408.

② STEINBERGER J., JACOBS D. R., RAATZ S., et al. Comparison of body fatness measurements by BMI and skinfolds vs dual energy x-ray absorptiometry and their relation to cardiovascular risk factors in adolescents [J]. Int J Obes (Lond), 2005, 29: 1346-1352.

③ SARRIA A., GARCIA-LLOP L. A., MORENO L. A., et al. Skinfold thickness measurements are Better predictors of body fat percentage than body mass index in male Spanishchildren and adolescents [J]. Eur J Clin Nutr, 1998, 52: 573-576.

④ FREEDMAN D. S., WANG J., OGDEN C. L., et al. The prediction of body fatness by BMI and Skinfold thicknesses among children and adolescents [J]. Ann Hum Biol, 2007, 34: 183-194.

⑤ ELIAKIM A., ISH-SHALOM S., GILADI A., et al. Assessment of body composition in balletdancers: correlation among anthropometric measurements, bio-electrical impedance analysis, and dual-energy x-ray absorptiometry [J]. Int J Sports Med, 2000, 21: 598-601.

4. 腰围（WC）、臀围、腰围与臀围比（WHR）

体脂分布类型是健康及疾病预后的重要指标①。向心性肥胖的特点是脂肪堆积在身体躯干部位（即腹部肥胖），其高血压、代谢综合征、2型糖尿病、血脂异常和心血管疾病发生率较高，以及早期死亡率较离心性肥胖（脂肪分布在臀部和大腿）个体较高。此外，在腹腔内脂肪增加的个体中，与皮下脂肪增多相比，高水平的腹部脂肪使代谢综合征的发生风险增加②。

围度测量可用于预测身体成分，且适用于男女及不同年龄层次的人群③。若受试者具备最初有效人群的特征且测量工具较准确，围度测量的准确度与实际身体成分相关 2.5%～4%。用带有橡皮绳的布带尺测量能减小对皮肤的压迫从而提高测量的准确性。

腰臀比是腰围除以臀围，是评价身体脂肪分布，并确定个体具有较多腹腔内脂肪简单常用的方法④。健康风险随腰臀比的增加而增长，且因年龄和性别而不同。例如，年轻男性腰臀比大于 0.95 时健康风险极高，而年轻女性腰臀比大于 0.86 时健康风险极高。对于 60～69 岁的人群，男性腰臀比大于 1.03，女性腰臀比大于 0.9 时，具有与之前所述年轻人相同的极高健康风险水平⑤。

Goran 等人试图通过腰围、皮褶和骨密度评估青春前期儿童腹腔内脂肪组织和腹部皮下脂肪组织。研究发现，WHR 与腹腔内脂肪组织（r=0.32）和腹部皮下脂肪组织（r=0.40）的相关性很低。然而，腰围与腹

---

① REIS J. P.，MACERA C. A.，ARANETA M. R.，LINDSAY S. P.，MARSHALL S. J.，WINGARD D. L. Comparison of overall obesity and body fat distribution in predictingrisk of mortality［J］. Obesity，2009，17（6）：1232-1239.

② PI-SUNYER F. X. The epidemiology of central fat distribution in relation to disease［J］. Nutr Rev，2004，62：120-126.

③ TRAN Z. V，WELTMAN A. Predicting body composition of men girth measurements［J］. Hum Biol，1988，60（1）：167-175.

④ DUREN D. L.，SHERWOOD R. J.，CZERWINSKI S. A. Body composition methods：comparisons and inter-pretation［J］. J Diabetes Sci Technol，2008，2（6）：1139-1146.

⑤ HEYWARD V. H.，WAGNER D. R. Applied Body Composition Assessment［M］. Champaign（IL）：Human Kinetics，1996：221.

腔内脂肪组织（r=0.84）和腹部皮下脂肪组织（r=0.93）的相关性很高①。该研究与 Taylor 等人的研究一致。Taylor 等人指出，腰围是有效评判青少年儿童腹型肥胖的有效方法（r=0.92，$p<0.001$），但腰围与臀围比的有效性却很低（男女生分别为 r=-0.04 和 r=-0.40）②。Brambilla 等人在大样本中利用磁共振成像同样支持了这一观点，指出腰围是最好的单独评价内脏脂肪组织的指标（有效系数为 64.8%），BMI 是最好的评价皮下脂肪组织的指标（有效系数为 88.9%）③。有研究采用超声测量肥胖儿童的脂肪分布，研究显示：在肥胖儿童中，BMI 是评判内脏脂肪组织最佳的方法（$R^2=0.53$）。然而，皮褶厚度、腰围和腰臀围比的相关性较低（有效性系数分别为：r=0.02~0.37，r=0.08~0.42，r=0.08~0.42）。在控制组，内脏脂肪组织与 BMI、皮褶厚度和腰围呈显著相关（$p<0.05$），但与腰臀围比的相关性却不显著（$p>0.05$）④。可见，由于腹部肥胖是最根本的问题，腰围可作为一种健康风险评价指标单独使用。在不同体重指数分级下，随腰围水平增加，健康风险也增加⑤。

5. 生物电阻抗（BIA）

生物电阻抗分析是一种非侵入性、方便操作的测量身体组成的方法。其原理是利用身体非脂肪组织会导电的原理，即人体脂肪为含水量少的组织（为 14%~22%），因此是一种导电性较差的导体；相反，人体肌肉则为含水量 90%以上与电解质丰富的组织，是一种导电程度较好的导体。现有

---

① GORAN M. I.，GOWER B. A.，Treuth M.，et al. Prediction of intra-abdominal and subcutaneous abdominal adipose tissue in healthy pre-pubertal children［J］. Int J Obes Relat Metab Disord，1998，22：549-558.

② TAYLOR R. W.，JONES I. E.，WILLIAMS S. M.，et al. Evaluation of waist circumference，waist-to-hip ratio，and the conicity index as screening tools for high trunk fat mass，asmeasured by dual-energy x-ray absorptiometry，in children aged 3-19 y［J］. Am J Clin Nutr，2000，72：490-495.

③ BRAMBILLA P.，BEDOGNI G.，MORENO L. A.，et al. Crossvalidation of anthropometry againstmagnetic resonance imaging for the assessment of visceral and subcutaneousadipose tissue in children［J］. Int J Obes（Lond），2006，30：23-30.

④ CANOY D. Distribution of body fat and risk of coronary heart disease in men and women［J］. Curr Opin Cardiol，2008，23（6）：591-598.

⑤ JANSSEN I.，KATZMARZYK P. T.，ROSS R. Body mass index，waist circumference and health risk：evidence in support of current National Institutes of Health Guidelines［J］. Arch Intern Med，2002，162（18）：2074-2079.

大量出版物已经提供了有关使用 BIA 的基本理论和原理的研究[①]。由于人体测量法是通过身体局部的测量来判断身体成分，而生物电阻抗是通过全身的测量来判断身体成分。目前，大量的研究确认了该方法用于评估儿童和成年人身体成分的价值。

JacksonA. S. 等人为探究生物电阻抗测量身体成分的有效性与可靠性，以及比较该测试方法与人体测量方法（皮褶厚度和液体比重测量法）的准确性，指出生物电阻抗测量身体成分的标准误为 5%~6%，方程式 MIA_{FFW} 和 MIA_{BD} 两者都没有皮褶厚度方程式准确，并且两者存在同样的预判错误[②]。该研究与 Segal 等人研究的结论一致，认为生物电阻抗测试没有人体测量学准确[③]。Lukaski 等人用生物电阻抗测量对健康成年男女身体成分的可靠性进行了研究。研究指出，生物电阻抗与骨密度测量的相关性很高（r=0.979），并且女性相关性也很高（r=0.954）。与液体比重测定法相比，生物电阻抗测量身体成分的预判差或标准误较低，两者标准差分别为 2.7%和 3.9%。该研究指出生物电阻抗用来测量健康人体的身体成分不仅可靠而且有效[④]。另有相关研究指出，生物电阻抗测量身体总水分与骨密度测试和同位数稀释测量法具有较高的相关性[⑤]。一般来讲，BIA 的准确性与皮褶测量法相当，同时遵循严格的测试要求（如保证正常的水合状态）、输入分析器里的公式是正确的，则测试人群的测

① BAUMGARTNER, R. N., CHUMLEA, W. C. ROCHE, A. F. Bioelectric impedance for body composition [J]. Exercise & Sport Sciences Reviews, 1990, 18: 193-224.

② JACKSON, A. S., MICHAEL L. POLLOCK, JAMES E. Graves. Reliability and validity of bioelectrical impedance in determining body composition [J]. Journal of Applied Physiology, 1988, 64 (2): 529-534.

③ M. AVRIL, B. GAMAIN, C LÉPOLARD, N. VIAUD, A Scherf Estimation of human body composition by electrical impedance methods: a comparative study [J]. Journal of Applied Physiology, 1985, 58 (5): 1565-1571.

④ H. C. LUKASKI, W. W. BOLONCHUK, C. B. HALL. W. A. Siders. Validation of tetrapolar bioelectrical impedance method to assess human body composition [J]. Journal of Applied Physiology, 1986, 60 (4): 1327-1332.

⑤ LUKASKI H. C., JOHNSON P. E., BOLONCHUK W. W., LYKKEN G. I. Assessment of fat-free mass using bioelectrical impedance measurements of the human body [J]. Am J Gin Nutr, 1985, 41: 810-817.

量结果应该是准确的①。可见，生物电阻抗的研究结论存在冲突，其原因可能是样本过小或样本多样化导致的，并且各研究间都没有经过交叉验证。

尽管 BIA 可测出肥胖个体较准确的体脂百分比，但与正常体重者相比，无法区分身体水分分布②。然而，有研究指出由于生物电阻抗测试仪以及预测方程的多样性，到目前为止，还不能判别哪一项测试仪和预测方程最为有效。同样，在测试时也不能判定哪一个 BIA 程序最为准确（例如粘贴电极是否比按压接触更准确）。需要指出的是，当前国内还鲜有生物电阻抗的相关研究。

五、结论

身体成分的测量在生理学和营养学研究领域已得到广泛认可。当前，身高标准体重、生物电阻抗、皮褶厚度、身体质量指数、腰围、臀围和腰围与臀围比等测试指标应用于世界各国的体质测试体系中。大量的研究显示，BMI 和皮褶厚度是测量身体脂肪较好的方法。Slaughter 方程能够有效测量青少年的身体成分，但不适合肥胖儿童。BMI 的准确性受身体脂肪量的影响，脂肪量高其显著性则更强。腰围是测量身体脂肪有效的方法，但对腰臀围的研究比却不能反映该结论。虽然生物电阻抗在国外有些许研究，但由于该方法测试仪器成本较高，在国内尚未触及该测试指标的研究。在所有的评价指标中，BMI 广泛应用于不同年龄、性别和种族的不同群体身体成分的测量，但 BMI 不能在脂肪和去脂肪之间有效区别。由于一些常规的测试方法自身的缺陷，难以在广大群体体质测量中使用。因此，研制出既快速又方便，既安全又非侵入性，既可靠又有效的测量身体成分的方法乃是体质测试的当务之急。

① H. TALMA, M. J. M. CHINAPAW, B. BAKKER, R. A. HIRASING, C. B. TERWEE. Bioelectrical impedance analysis to estimate body composition in children and adolescents: a systematic review and evidence appraisal of validity, responsiveness, reliability and measurement error [J]. Obesity Reviews, 2013, 14 (11): 895-905.

② W. C. CHUMLEA, S. S. GUO. Bioelectrical impedance and body composition: present status and future directions [J]. Nutrition Reviews, 1994, 52 (9): 323-325.

第二节 心肺耐力测试指标与方法的比较

一、前言

心肺耐力是指循环系统和呼吸系统对机体供应氧气以作人体持续活动之用的能力[①]。氧气是维持人体正常新陈代谢的基石。心肺耐力好的个体之所以活动能力强，是因为能够有效摄入、运转和利用吸入体内的氧气，使个体体力能够有效保持。当前，基于以下几点认为心肺耐力是健康相关的重要组成：①心肺耐力水平低下与早期全因死亡风险的明显增加有关，特别是与心血管疾病所致死亡相关；②提高心肺耐力与降低全因死亡率相关；③高水平的心肺耐力与较高水平的体力活动习惯有关，形成这种习惯可获得多种健康收益[②③④]。有研究表明，心肺耐力能够评价心脏、血管、血液、肺脏以及相关肌肉，在许多形态运动要求下的功能性能力。因此，心肺耐力是评价体质健康测试中的一个重要指标。

近年来，很多国家和地区的学者对心肺耐力指标和测试方法进行了大量的研究，选取了多种指标测试心肺耐力，但是不同的国家和地区对心肺耐力的评价指标并不统一。各个国家的体质测试体系中心肺耐力素质测试在指标设置、评价标准甚至操作方法方面都存在一定的差异。在体质健康测试日益走向科学化的今天，选择科学合理，能够有效且可靠测试心肺耐力的测试指标则成为体质健康测试的必然要求。

---

① 卢鹏涛．普通大学生“体适能”心肺耐力评价指标及测试项目设置合理性的研究［D］．西安：西安体育学院，2011：8.

② BLAIR S. N. , KOHL H. W. , BARLOW C. E. , PAFFENBARGER R. S. , GIBBONS L. W. Changes in physical fitness and all－cause mortality［J］. The Journal of the American Medical Association, 1995, 273 (14): 1093-1098.

③ KODAMA S. , SAITO K. , TANAKA S. , etal. Cardiorespiratory fitness as a quantitative predictor of all-cause mortality and cardiovascular events in healthy men and women: a meta-analysis［J］. The Journal of the American Medical Association, 2009, 301 (19): 2024-2035.

④ WANG C. Y. , HASKELL W. L. , FARRELL S. W. , et al. Cardiorespiratory fitness level among US adults 20-49 years of age: findings from the 1999—2004 National Health and Nutrition Examination Survey［J］. American Journal of Epidemiology, 2010, 171 (4): 426-435.

本研究以中国、美国等国家的 14 个测试体系为蓝本，对各个测试体系间及各指标间进行比较分析，以确定各评价指标的优良性，期冀找到最优的心肺耐力素质指标，为优化我国体质测试心肺耐力素质评价指标提供支持，同时为残疾学生体质健康测试指标的筛选提供有效依据。

二、测试体系中心肺耐力指标的设置

心肺耐力的测量方法较多，有直接反映心脏泵血功能的最大心输出量测量和反映机体氧气摄取和利用能力的最大吸氧量，也有间接推测心血管功能的最大运动负荷试验、亚最大运动负荷试验和非运动负荷试验等。间接推测法一般是台阶试验（Step Test）、往返跑、各种时间和距离的跑走试验。由于间接测试方法简单且易被接受，因此成为当前心肺耐力测试的常用指标。在世界各国的体质测试，心肺耐力测试指标最为广泛，涉及 6 分钟跑、9 分钟跑、12 分钟跑、0.25 英里跑、0.5 英里跑、1 英里跑、1.5 英里跑、800 米跑、1000 米跑、台阶试验和肺活量等指标。据统计，20 米往返跑有 8 项研究，1 英里跑/走有 3 项研究，其中我国现行的《国家学生体质健康标准》中采用的是肺活量测试（见表 6-2）。

表 6-2　不同体质测试体系中心肺耐力评价指标一览

	标准名称	指标名称	年份	备注
中国	国家学生体质健康标准	台阶试验 肺活量体重指数 1000 米跑（男）/800 米跑（女） 肺活量	2002 2002 2002 2014	台阶试验：五年级及以上。肺活量体重指数：五年级及以上。1000 米跑/800 米跑：初中及以上。肺活量：所有学生
	国民体质测定标准	肺活量 台阶试验	1995 1995	肺活量：成年人和老年人。台阶试验：成年人
欧洲	青少年体适能测试	20 米往返跑	1987	

续表

	标准名称	指标名称	年份	备注
加拿大	体质表现测试(Ⅱ) CAHPER-FPT Ⅱ	1.5 英里跑/走 1 英里跑/走 0.5 英里跑	—	0.5 英里：7~14 岁男女青少年；1 英里跑：15 岁以上女性；1.5 英里跑：15 岁以上男性
澳大利亚	体质教育奖励计划(9~19 岁)	1 英里跑/走 20 米往返跑		
新西兰	新西兰体质测试	9 分钟跑 12 分钟跑 台阶试验	1989 1989 1989	9 分钟跑：6~8 岁男女 12 分钟跑：10~15 岁男女 台阶试验：12~15 岁男女
中国香港	中国香港体适能奖励计划	6 分钟跑 9 分钟跑		6 分钟跑：6~8 岁 9 分钟跑：9~18 岁
美国	FITNESSGRAM	1 英里跑 20 米往返跑 1 英里走	1987 1992 1999	
	总统挑战计划	1 英里跑/走 20 米往返跑	1987 1987	
	青少年体质测试	50 码跑 往返跑 600 码跑/走 9 分钟跑 12 分钟跑 1 英里跑 1.5 英里跑	1958 1958 1958 1976 1976 1976 1976	9 分钟跑、12 分钟跑：10~12 岁男女二项选测一项；1 英里跑、1.5 英里跑：13 岁及以上二项选测一项
	YMCA 青少年体质测试	1 英里跑/走		
	最佳体质计划	1.5 英里跑/走 1 英里跑/走 0.5 英里跑/走	1988	1.5 英里跑/走：14 岁以上男女；1 英里跑/走：13 岁及以下男女；0.5 英里跑/走：9 岁及以下男女

续表

	标准名称	指标名称	年份	备注
美国	业余体育联合会测试体系	1 英里跑 0.5 英里跑/走 0.25 英里跑/走 Hoosier 耐力往返跑	—	—
新加坡	国民体适能奖励计划	4×10 米往返跑 2.4 千米走/跑	1982 1982	—

三、心肺耐力测试指标的特点

1. 测试指标类型呈多样化

心肺耐力测试是体质测试的重要组成部分。世界各国专家和学者都对体质测试指标进行了广泛的研究。心肺耐力测试指标最显著的特征是测试方式的多样化。就表 6-2 而言，在 14 个体质测试体系中，心肺耐力测试指标有 18 种类型。根据测试的要求不同，可将心肺耐力测试分为实验室测试和常规测试。实验室测试包括电动跑台测试和自行车测功器。但由于电动跑台较昂贵、不易运输，而自行车测功器易导致局部肌肉疲劳等局限，因此只限于实验室使用。就常规测试而言，按照各测试指标类型的划分，可分为定距离测试、定时间测试、肺活量测试和台阶试验等类别。其中定距离测试类型最多，包括 0.25 英里跑/走、0.5 英里跑/走、1 英里跑/走、1.5 英里跑/走、800 米跑、1000 米跑、2.4 千米走/跑、50 码跑、600 码跑/走等，在定距离测试中，还包括 4×10 米往返跑、10 米折返跑、20 米往返跑、50 米×8 往返跑等。定时间测试包括 6 分钟跑、9 分钟跑和 12 分钟跑。肺活量测试包括肺活量、肺活量体重指数两种类别。可以看出，在不同国家不同的研究中，心肺耐力测试指标存在较大的差异。

2. 以辅助测试方法为主

心肺耐力主要指标包括最大摄氧量（Maximal Oxygen Uptake）、摄氧量动力学（Oxygen Kinetics）、乳酸/换气闭值（Lactate/ventilator Threshold）、最大摄氧量的速度（The Velocity at VO_{2max}）以及运动经济性（Exercise E-conomy）等指标。最大摄氧量（VO_{2max}）和无氧阈（AT）都是评定人体有氧能力的重要生理指标。VO_{2max} 的高低标志着人体有氧运动能力的潜力，主要反映心肺功能。AT 反映了人体在渐增负荷运动中血乳酸开始急剧堆积时的 VO_{2max} 百分利用率，主要反映骨骼肌的代谢水平，两者可全面反映机体有氧工作能力。跑台直接测定法测试 VO_{2max} 和 AT 两指标结果准确、可靠，被认为是测试 VO_{2max} 的黄金标准。但由于跑台仪器昂贵，测试技术要求严格且测试方法烦琐，因此难以在大量人群测试中实施。心肺耐力的辅助评量方式包括特定距离的跑步（或走）测验（1600 米、3000 米）、特定时间的跑步距离测验（12 分钟跑）、20 米往返跑、台阶试验等场地测试指标。

场地测试是指在对给定的时间内行走的距离或跑动一定距离所花费的时间来预测心肺耐力（例如 12 分钟和 2.4 千米走/跑，1 分钟或 6 分钟步行测试）。这些测试要求受测者尽最大努力预测心肺耐力，测试方法包括走、跑、骑车、游泳等方式。定距离跑从几百米到几千米跑不等；定时跑一般是 6~12 分钟。由于该测试项目便于在同一时间管理大量测试人群，且设备简单（如只用 1 块秒表即可），因此场地测试中的定距离跑和定时间跑深受各测试体系的青睐。从操作层面来讲，定距离跑比定时间跑更容易测试和操作，受试者也更有目标性。定距离跑和定时间跑成绩通过代入预测方程估测最大摄氧量。

需要指出的是，场地测试仍存在一些不利之处，即对于某些个体而言，特别是那些心肺耐力低下的个体，场地测试可能会成为极量测试，且不利于检测血压和心率。另外，每个人的动机和跑步能力对测试结果也有很大影响。这些全力走/跑测试不适合那些静坐少动人群或存在心血管及骨骼肌肉并发症等危险因素的人群，但仍可由测试结果推算出 VO_{2max}。

3. 测试指标受年龄、性别影响较大

对被测试者年龄规定存在一定差异，例如我国 2007 年颁布的《国家学生体质健康标准》台阶试验、肺活量体重指数指标针对五年级以上学生；虽然现行的《国家学生体质健康标准》中肺活量测试指标针对所有年级的学生，但 1000 米跑/800 米跑仅针对初中及以上年级学生。美国的《青少年体质测试》中的 9 分钟跑、12 分钟跑针对 10~12 岁青少年。1 英里跑、1.5 英里跑针对 13 岁及以上青少年。美国的《最佳体适能》测试中 1.5 英里跑/走测试针对 14~18 岁男女青少年；1 英里跑/走测试针对 10~13 岁儿童；0.5 英里跑/走测试针对 5~9 岁儿童。新西兰的《新西兰体质测试》中的 9 分钟跑针对 6~8 岁男女儿童；12 分钟跑针对 10~15 岁青少年；台阶试验：12~15 岁青少年。

在性别规定方面，我国的《国家学生体质健康标准》规定男生测试1000 米跑，女生测试 800 米跑。加拿大的《体质表现测试（Ⅱ）》中 0.5 英里跑测试针对 7~14 岁男女青少年；1 英里跑针对 15 岁以上女性；1.5 英里跑针对 15 岁以上男性。

四、心肺耐力评价各测试指标的研究

1. 最大摄氧量

最大摄氧量（VO_{2max}）是指人体在进行最激烈的运动的时候，组织细胞所能消耗或利用氧的最高值。在众多指标中 VO_{2max} 是许多研究者用于研究评定心肺耐力的可靠指标。临床上用这一变量的相对值［mL/（kg/min）］和绝对值（mL/min）表示，这样可以在不同体重人群之间进行有效的比较。VO_{2max} 由最大心输出量 Q（L 血液/ min）和最大动静脉氧差（mL O_2/L 血液）决定。在没有肺部疾病的人群中，因为最大心输出量的个体差异，VO_{2max} 和体质健康水平也存在明显不同。因此，VO_{2max} 与心脏功能能力密切相关。在逐级递增运动测试中，最终的 VO_{2max} 可以反映个体的真实水平限制。在最后两级测试中可观察到摄氧量的平台期，但这一平台期在心血管疾病和肺部疾病人中很少能观察到。因此，用峰值摄氧量（VO_{2peak}）来描述这类存在慢性疾病和健康问题的人群的心肺耐力①。

一般而言，直接测试最大氧耗的困难就是测试有氧功率的有效试验。这些试验常常被用作验证其他试验（如次极限试验和场地试验）是否有效的黄金标准或标准尺度。所以，主要问题是这些试验的方案和方式是否能够获得氧耗的最高水平。在跑台上得到的数值要比在自行车功率计上得到的高 7%~9%。但是 CummingG. R. 等人对 9 种不同方案和自行车与跑台两种方式的极限试验的方案和自行车与跑台两种方式的极限试验进行了比较，他们的结论是，测试结果的排序存在高度的相关性。研究认为，一向用于一个实验室的任何试验都可以用来比较该试验所测试的身体素质以及

---

① ROSS ARENA，JONATHAN MYERS，MARK A. WILLIAMS，et al. Assessment of Functional Capacity in Clinical and Research Settings A Scientific Statement From the American Heart Association Committee on Exercise，Rehabilitation，and Prevention of the Council on Clinical Cardiology and the Council on Cardiovascular Nursing［J］. Circulation，2007，116（3）：329-343.

比较各种儿童群体的身体素质①。

Cummingham 等对 66 名 10 岁冰球运动员为期 4～5 个月的最大吸氧量进行了比较，以便确定结果的可靠性和可重复性。结论指出，在极限用力时出现 VO_2平台的情况下，可靠性提高了（r=0.74），而不出现平台的男孩可靠性较低（r=0.27），均值之间却无显著性差异。测试之间的时间间隔当然降低测试结果可靠性的程度②。其后的一项研究为期 3～4 周，使用 3 种跑台方案以及每一个方案测试 3 次，结果发现慢跑和跑步之间的可靠性相关系数极高（0.9），变异系数为 3%～5%，甚至在无法采用平台标准来确定 VO_{2max} 时，结果也是如此，与此相反，行走测试的可靠性较低（0.56），变异系数较高（8%）③。

当前尚未发现关于自行车功率计测试 VO_2 的可靠性和一致性类似综合研究。Beunen 等人报道，达到 VO_{2max} 标准儿童的变异系数分别为 4.4% 和 4.5%④。在约束踏车转速、确保车座和车把设置标准化的情况下，测试—再测试的可靠性会进一步提高。对于跑台和功率车试验，确保 10 岁以下儿童的气阀和嘴罩的室腔小并不超出 55 毫升就能提高有效性和可靠性⑤。

2. 20 米往返跑测试

20 米往返跑对测量功能性最大有氧功率被认为是一个有效和可靠的方法⑥。与长跑相比，该测试的优点是不依靠单位时间内的跑步速度，可以在室内应用，花费时间较短。该测试在 20 米的距离内尽可能长时间往返跑

---

① CUMMING, G. R., LANGFORD, S. Comparison of nine exercise tests used in pediatric cardiology [M]. Human Kinetics Champaign IL, 1998: 58-67.

② CUMMINGHAM, D. A., PETERSON, D. H. Reliability and Reproducibility of maximal oxygen uptake measurement in children [J]. Sports Science, 1977, 9: 104-118.

③ PATERSON, D. H., CUNNINGHAM, D. A. & DONNER, A. The effect of different treadmill speeds on the variability of VO_{2max} in Children [J]. APPL. Physilo, 1981, 47: 113-122.

④ BEUNEN, G., VAN GERVEN, D & VANDEN EYNDE, B. Reliability of there cardorespiratory field tests in Frontiers of activity and child health [M]. Pelican, Quebec, 1977: 75-81.

⑤ BAR-OR. Pediatric Sports Medicine for the practitioner [M]. springer-verlag, New York, 1983, 3: 126-128.

⑥ MAHAR M. T., WELK G. J., ROWE D. A., et al. Development and validation of a regressionmodel to estimate VO_{2peak} From PACER 20-m shuttle run performance [J]. J Phys Act Health, 2006, 3: S34-46.

步。速度从 7.5km · h^{-1}开始，每分钟增加 0.5 km · h^{-1}，直至受试者无法保持速度或自愿退出测试。一些研究试图研制方程式以测量最大摄氧量。McVeigh 等人指出，通过 20 米往返跑测量峰值氧耗（VO_{2peak}），在回归方程中加入皮褶厚度信息可提高准确性，对女生来讲结果更为显著（女生：R^2 = 0.85，SEE：2.4 mL/kg/min；男生 R^2 = 0.68，SEE：3.23 mL/kg/min）①。该研究在 Barnett 和 Matsuzaka 等人研究中也得到了印证②③。相反的是，Mahar 等人指出，对于 12～14 岁青少年而言，在测量峰值氧耗（VO_{2peak}）时涉及性别、测试步伐数、体重或皮褶厚度的模式并不准确（R^2 = 0.65，SEE：6.35 mL/kg/min）④。

此外，有研究研制了一个 20 米往返跑评价 13～19 岁青少年最大摄氧量的新方程式，使用了性别、年龄、身高和体重等信息构建更加先进的数学模型，也就是人工神经网络模型（R^2 = 0.92，百分误差：7.30%，SEE：2.84 mL/kg/min）⑤。一些研究交叉验证了上述方程。Pitteti 等人对 Leger 方程和 Fernhall 方程进行了验证，研究发现两方程的回归方程和峰值氧耗之间存在显著但适度的关系（相关系数和概率值分别为：$r=0.57$，$p<0.01$；$r=0.66$，$p<0.01$）⑥。Ruiz 等人评价了 5 个不同方程式（分别为

---

① MC VEIGH S. K., PAYNE A. C., SCOTT S. The reliability and validity of the 20-meter shuttletest as a predictor of peak oxygen uptake in Edinburgh school children, age 13 to 14years [J]. Pediatr Exerc Sci, 1995, 7: 69-79.

② BARNETT A., CHAN L. Y. S., BRUCE I. C. A preliminary study of the 20-m multistage shuttlerun as a predictor of peak VO_2 in Hong Kong Chinese students [J]. Pediatr Exerc Sci, 1993, 5: 42-50.

③ MATSUZAKA A., TAKAHASHI Y., YAMAZOE M., et al. Validity of the multistage 20-mshuttle-run test for Japanese children, adolescents, and adults. Pediatr Exerc Sci, 2004, 16: 113-125.

④ MAHAR M. T., WELK G. J., ROWE D. A., et al. Development and validation of a regressionmodel to estimate VO_{2peak} From PACER 20-m shuttle run performance [J]. J Phys Act Health, 2006, 3: 34-46.

⑤ RUIZ J. R., RAMIREZ-LECHUGA J., ORTEGA F. B., et al. Artificial neural network-basedequation for estimating VO_{2max} from the 20 m shuttle run test in adolescents [J]. Artif Intell Med, 2008, 44: 233-245.

⑥ PITETTI K. H., FERNHALL B., FIGONI S. Comparing two regression formulas that predictVO_{2peak} using the 20-m shuttle run for children and adolescents [J]. Pediatr Exerc Sci, 2002, 14: 125-134.

Ruiz、Leger、Barnett、Barnett 和 Matsuzaka 等人研制）的有效性。通过 48 名 13~19 岁葡萄牙青少年 20 米往返跑测试最大摄氧量，研究指出 20 米往返跑评价最大摄氧量方程式不应该针对个人而言，认为 Barnett 和 Ruiz 研究的方程式在评价青少年最大摄氧量时最为准确①。

Anderson 指出，往返跑与自行车功率计测试 VO_{2max} 之间的相关系数为 0.72，发现多级往返跑与跑步速度（40 米冲刺）、1600 米的相关系数很高（分别为 0.79 和 0.85），该研究解释为跑步效率的差异和两种有氧测试的差异。同时指出，往返跑测试在实测的 VO_{2max} 数值与预测的数值之间存在明显的差别②。

3. 定距离跑测试

固定距离跑是体质测试体系中测试心肺耐力的指标之一，其包括 0.2 英里跑、0.5 英里跑、1 英里跑/走、1.5 英里跑/走、2.4 千米走/跑以及国内的 1000 米跑（男）/800 米跑（女）等指标。Safrit 等分析了使用长距离跑各种研究的“通用有效性问题”以及跑台测试 VO_{2max} 的标准尺度。依据 5 项针对女孩和 8 项针对男孩的研究分析，得出的结论是：长距离跑对男女孩都具有普遍的意义。但也建议对长跑有效性的解释应该慎重，因为样本太小和距离过短（<1600 米），女孩和男孩的真正有效性均值的相关系数分别为 0.710 和 0.78③。

1 英里跑/走测量峰值氧耗最常用的是 Cureton 方程式，该方程式用在 FITNESSGRAM 体系中测试峰值氧耗④。有研究通过 66 名 8~17 岁青少年儿童检测 Cureton 方程式的衡量测验有效性的参照标准，研究显示在测量和评价峰值氧耗时存在显著平均差（10.01mL/kg/min，95%置信区间为9.2~11.8，$p<0.001$）。将年龄、性别和体重状况进行分析时，结果并没有得到实质性变化，这就说明该方程在测量耐力训练的青少年儿童的峰值氧耗时

---

① RUIZ J. R.，SIIVA G.，NORTIN O.，et al. Criterion related validity of 20 m shuttle run test in Adolescents aged 13-19 years［J］. J Sports Sci，2001：13-19.

② ANDERSON，G. S. The 1600m run and multistage 20m shuttle run as predictive tests of aerobic capacity in children［J］. Pediatrics Exercise Science，1992，(2)：302-311.

③ SAFRIT，MARGARET J. Introduction to measurement in physical education and exercise science［M］. Times Mirror/Mosby College，1990：112-113.

④ CURETON K. J.，SLONIGER M. A.，O' BANNON J. P.，et al. A generalized equation for prediction of VO_{2peak} from 1-mile run/walk performance［J］. Med Sci Sports Exerc，1995，27：445-451.

并未不准确①。Buono 等人通过 1 英里跑/走的时间测量峰值氧耗的方程式，研究得出 SEE：4.3mL/kg/min（$R^2 = 0.84$）②。

需要指出的是，1 英里跑/走不是一项理想的测试，特别是对青少年而言。其中最主要的问题是参与者形成适当步伐的能力。参与者有可能前期走跑很快以致后程难以保持前面的速度，或者参与者起步可以很慢，当想加速时路程却已经跑完。为了改进这一问题，研制了一些新的版本如 1 英里走、1 英里次极量沿轨道慢跑、0.5 英里跑/走测试③④。有研究通过 6~17 岁青少年儿童 0.5 英里跑/走测试有效性的参照标准，同时针对 10~17 岁的子样本检测了 Fernhall 方程的效标。研究发现 0.5 千米跑、性别与皮褶厚度与峰值氧耗有着显著的关系，在有效分组和交互验证中没有系统性偏差（$p>0.1$），均方根误差和百分误差分别为 6.5mL/kg/min 和 13.9%。然而，测量 10~17 岁子样本采用最新研制的方程比 Fernhall 方程的均方根误差和百分误差都要低（均方根误差分别为 7.2mL/kg/min 和 17.7mL/kg/min，百分误差分别为 16.0%和 50.4%，$p<0.001$）⑤。

当前，国内定距离跑用以间接测量有氧耐力的方法一般是男生 1000 米跑，女生 800 米跑。有研究指出，1000 米跑成绩与 VO_{2max} 和 VT 相对值呈低度负相关。叶心明等人对 20 米往返跑、1000 米跑与跑台直接测试法测得的 VO_{2max} 的相关系数，男生分别为 0.468 和 0.440，女生（800 米跑）分别为 0.765 和 0.513。在测量青少年心肺耐力方面，20 米往返跑优于 1000

① CASTRO-PINERO J., MORA J., GONZALEZ-MONTESINOS J. L., et al. Criterion-related validity of the one-mile run/walk test in children aged 8-17 Years [J]. J Sports Sci, 2009, 27: 405-413.

② BUONO M. J., ROBY J. J., MICALE F. G., et al. Validity and reliability of predicting maximumoxygen uptake via field tests in children and adolescents [J]. Pediatr Exerc Sci, 1991, 3: 250-255.

③ MCSWEGIN P. J., PLOWMAN S. A., WOLFF G. M., et al. The validity of a one mile walk test for high school age individuals [J]. Meas Phys Educ Exerc Sci, 1998, 2: 47-63.

④ HUNT B. R., GEORGE J. D., VEHRS P. R., et al. Validity of a submaximal 1-mile track jog testin predicting VO_{2max} in fit teenagers [J]. Pediatr Exerc Sci, 2000, 12: 80-90.

⑤ CASTRO-PINERO J., ORTEGA F. B., Mora J., et al. Criterion related validity of 1/2 mile run-walk test for estimating VO_{2peak} in children aged 6-17 years [J]. Int J Sports Med, 2009, 30: 366-371.

米跑（男生）和800米跑（女生）①。

4. 台阶试验

台阶试验在体质测量测试中已有50余年的历史，并已经发展出许多的测试方式，提供心肺耐力的预测。作为一种成本较低的测试指标，台阶试验可以通过测量给定频率或给定高度上下台阶的心率或运动后恢复期心率来评定心肺耐力。由于台阶试验所需设备简单且运输方便，上下台阶技术几乎不需要培训，测试时间短，因此特别适用于群体测试②。在文献中可以找到许多台阶测试的方式，例如麦卡德尔试验、皇后学院台阶测试和哈佛台阶试验等。一般而言，哈佛台阶试验最为常用，其他可得的台阶试验通常是该测试方法的修订，测验内容皆具有相同的台阶高度或测试时间。

该测试方法要求受测者在标准的台阶或长凳（台阶高度应标准一致）上，在固定的时间内有节奏进行上下登台阶测试。完成后，测量恢复时的心跳率并用来预测有氧能力。运动后（恢复期）心率随心肺耐力的改善而降低，测试结果易于向受试者解释③。在进行台阶测试时，要特别注意那些有平衡问题或体能特别差的人群。某次单次台阶试验所需能耗是7~9METs，这可能超过某些人的最大功能能力④。因此，运动负荷要适用于受试者的体适能水平。此外，不按节拍上下台阶和优势下肢过度疲劳会影响测试结果。

台阶试验也可以用于评价VO_{2max}。在Astrand和Ryhming使用的单级台阶试验中，女性使用的台阶高度是33厘米（13in）。男性使用的台阶高度是40厘米（15.7in），频率是22.5次/分钟。这些试验要求男女性摄氧量分别达到25.8mL/（kg/min）和29.5mL（kg/min）。可按功率车记功计的

① 叶心明，尹小俭，季浏，等．青少年心肺耐力测试方法的研究［J］．成都体育学院学报，2014，40（12）：73-78.

② CASTELLANI J. W.，YONG A. J.，DUCHARME M. B.，et al. American college of sports medicine position stand：prediction of cold injuries during exercise［J］. Medicine Science Sports Exercise，2006，38（11）：219-222.

③ JETTE M.，CAMPBELL J.，MONGEON J.，ROUTHIER R. The Canadian home fitness test as a predictor for aerobic capacity［J］. Canada Medicine Associtіon，1976，114（8）：680-692.

④ ASTRAND P. O. Aerobic work capacity in men and women with special reference to age［J］. Acta Physiologica Scandinavica Supplementum，1960，49（169）：45-60.

试验方法测心率，连接各级心率①。此外，Maritz 等人使用高度 12 英寸（30.5 厘米）的单级台阶、4 级频率逐步增加负荷。测量每级功率的稳定心率，连接各级心率成一条直线并以此推断出年龄预测最大心率。最大功率确定方法与 YMCA 功率车测试相同②。需要指出的是，台阶测试应用时应对台阶试验进行改良以适合不同人群。加拿大家庭体质测试证明这些测试适用于大规模测试，而且成本较低③。

除了以数量不同次极量负荷的心率变化推算 VO_{2max} 以外，多种台阶试验根据受试者标准试验后恢复期心率耐力分类。3minYMCA 台阶试验就是一个很好的示例。此测试用 12 英寸（30.5 厘米）高的台阶，上下台阶频率为 24 次/分钟［推算氧耗量为 25.8 mL/（kg/min）］。试验结束后，受试者立即坐下测 1 分钟心率。心率计数必须要在试验结束后的 5 秒内开始。根据心率值从已经发表的标准表格中可推算受试者的体质状态④。陈飞渡等人研究将实验对象分为建模组和评估组，以 VO_{2max} 和 AT 作为效标，台阶试验指数与最大摄氧量（VO_{2max}）和无氧阀（AT）之间均无相关性⑤。这与国内学者王健、邓树勋⑥、周志雄等人⑦的研究不谋而合。

有研究指出，通过台阶试验来反映耐力的有效性很低。在台阶高度不变的情况下，青少年身高和腿长的增加会导致测试数据与之前的数据缺乏可比性。此外，耐力跑的成绩与台阶试验指数的相关性也普遍偏低，存在一定的差异。同时，值得关注的是，台阶试验指数能否反映以最大耗氧量、最大心输出量为代表的心脏功能增龄性变化规律和男女之间存在的性

---

① ASTRAND P. O., I. RYHMING. A nomogram for calculation of aerobic capacity (physical fitness) from pulse rate during sub-maximal work [J]. Journal of Applied Physiology, 1954, 7 (7): 218-221.

② MARITZ J. S., MORRISON J. F., PETER J., et al. A Practical Method of Eetimating an individual's Maximal Oxygen Intake [J]. Ergonomics, 1961, 4 (2): 97-122.

③ SHEPHARD R. J., THOMAS S., WELLER I. The Canadian Home Fitness Test. 1991 update [J]. Academic Therapy, 1991, 18 (6): 358-66.

④ YMCA of the USA, GOLDING L. A. YMCA Fitness Testing and Assessment Manual 4th ed [M]. Champaign (IL): Human Kinetics, 2000: 27-28.

⑤ 陈飞渡，常永玲，汤长发．普通男大学生有氧能力监测指标研究［J］．体育与科学，2014，35（6）：114-118.

⑥ 王健，邓树勋．台阶试验质疑［J］．中国体育科技，2003，39（2）：61-64.

⑦ 周志雄，季钢，张凡，等．《国家学生体质健康标准》中大学生心血管机能评价指标有效性的实验研究［J］．首都体育学院学报，2009，21（1）：57-59.

别差异也是个问题。

5. 定时跑测试

定时跑测试是场地测试的一种，要求被测者在指定的时间内跑动最大的距离，其涉及6分钟跑、9分钟跑和12分钟跑测试。最常用的用于评价心肺耐力的跑步测试是12分钟跑测试。除了独立预测发病率和死亡率外，6分钟步行测试可用于评定老年人和某些临床病人（如慢性心衰）的心肺能力①②。美国胸科协会发布了6分钟步行测试流程和解释指南③。尽管这是一种次极量测试，对于那些低体质水平或患病人群来说，这种测试可能是接近极量强度的运动④。如被测者6分钟内完成的距离小于300米，与超过这一水平的个体相比，其体质状况显然较差⑤。

在定时测试中，12分钟跑/走测试最为普及。该测试由美国得州达拉斯有氧协会的Ken Cooper博士发明，这一测试需要受被测者尽可能地在12分钟内完成最大的距离，被测者可以使用走的方式完成，之后登记12分钟完成的距离，以米为单位。该测验预测有氧能力的公式为：

$$VO_{2max}\ (mL/kg/min) = (完成距离\ m-504.9)\ /44.73$$

在陈飞渡等人对大学生的有氧耐力进行研究，指出12分钟定时跑与VO_{2max}呈高度相关，相关系数$r=0.854$（$p<0.01$）。12分钟定时跑与VT的相关系数$r=0.701$（$p<0.01$）。同时指出，与VO_{2max}相对值的相关性20米往返跑>12分钟>1000米跑；与VT相对值的相关性12分钟>20米往返跑>

---

① CASANOVE C., COTE C., MARIN J. M., et al. Distance and oxygen desaturation during the 6-mile walk test as predictors of long-term mortality in patients with COPD [J]. Chest, 2008, 134 (4): 746-752.

② SALZMAN S. H. The 6-min walk test: clinical and research role, technique, coding and reimbursement [J]. Chest, 2009, 135 (5): 1345-1352.

③ ATS Committee on proficiency standards for clinical pulmonary function laboratories. ATS State-ment: guidelines for the six-minute walk test [J]. Am Jrespir Crit Care Med, 2002, 166 (1): 111-117.

④ JEHN M., HALLE M., SCHUSTER T., et al. The 6-min walk test in heart failure: is it a max or sub-maximum exercise test? [J]. Eur J Appl physiol, 2009, 107 (3): 317-323.

⑤ CAHALIN L. P., MATHIER M. A., SEMIGRAN M. J., DEC G. W. The six-minute walk test predicts peak oxygen uptake and survival in patients with advanced heart failure chest [J]. Chest, 1996, 110(2): 325-332.

1000 米跑。该研究与李俊勇等人的研究结果相一致①。

五、结论

体质健康测试各要素测试中，心肺耐力测试指标数量较多。研究显示，逐级增加负荷试验是测试有氧功率的最好方法，也是测量 VO_{2max} 的最佳方法。但是，该方法的弊端是仪器昂贵，需要专家来指导测试 VO_{2max}，不适合大样本的测试。20 米往返跑测试最能有效测量有氧能力。20 米往返跑作为一种间接评价 VO_{2max} 的方法，在欧洲各国、美国、加拿大和日本等广泛施行，但我国对其研究尚不充分。从研制的方程式来看，Barnett 和 Ruiz 方程式测试最大摄氧量的结果较为理想。也有一定量的研究表明，1 英里跑/走测试能有效测量最大摄氧量（或峰值氧耗）。然而，1 英里走测试、0.5 英里跑/走测试、1 英里次极量沿轨道慢跑测试用来测试最大摄氧量（或峰值氧耗）的有效性还较有限。在 1 英里跑/走测试中，Cureton 方程式是最有效的，但被测者的健康状况却影响该方程的有效性。台阶试验测试成绩受被试者的身高、体重、腿长以及心理、室内温度、饮食过量、脱水和疲劳等众多非心血管功能性因素的影响，测试结果准确性差。因此认为台阶试验指数不适合作为评价学生心血管功能和耐力素质水平的指标。1000 米跑能量供应 50%~60%来自无氧供应，是一类在高乳酸和缺氧的环境下保持长时间跑的运动项目，是以无氧运动为主，有氧和无氧混合的运动，反映人体的无氧耐力素质主要为测试结果受精神因素、测试动因等影响较大，具有不稳定性和不可靠性。

第三节　肌肉力量与耐力测试指标与方法的比较

一、前言

肌肉力量与耐力由肌肉力量与肌肉耐力两部分组成。ACSM 将肌肉力量、肌肉耐力和做功能力统称为“肌肉适能”，并将其作为健康体适能的有机组成部分。肌肉力量是指肌肉完成最大随意收缩时克服和对抗阻力的

---

① 李俊勇，任晋军，曹峰锐．最大摄氧量、无氧阈和最大摄氧量平台同高校男生 12 分钟跑和 1000 米跑的相关性分析［J］．北京体育大学学报，2011，33（8）：65-67.

能力，包括等长肌力、等张肌力和等速肌力①。肌肉耐力反映肌肉持续收缩的能力或重复收缩的次数，通常根据肌肉收缩形式的不同，分为等长肌肉耐力、等张肌肉耐力和等速肌肉耐力等②。肌肉功能测试是一种非常特殊的肌群测试，包括肌肉收缩类型、收缩速度、肌肉反映类型、关节活动范围等。到目前为止，没有一种测试方法能够独立评价全身肌肉耐力和肌肉力量，各种测试方法只能反映相应的肌肉力量与耐力。

由于各个具体肌肉工作的表现，以及不同能量体系的使用，使得最大肌肉力量和耐力测试建立黄金标准存在较大的挑战。一次重复最大值（One Repetition Maximum，简称 1 RM）和最多能重复或连续一次最大值的一定量（例如 1 RM 的 50%，或 1 RM 的 70%）作为力量测试的黄金标准。传统的力量测试指肌肉少数几次重复用力（<3 次）以达到瞬间疲劳时测得的肌力，而多次（>12 次）重复用力以达到瞬间疲劳时测得的肌力为耐力测试。此外，在最大重复次数（即在特定阻力下重复 4 次、6 次或 8 次）也可用于力量测试③。

虽然各项体质健康测试体系将力量素质作为必测项目，但是不同的国家甚至相同国家不同的测试体系对力量素质测试指标的设置、测试标准以及测试方法都存在一定的差异。因此，在体质测试日益走向科学化的时代背景下，哪项测试指标更为科学，能够有效且可靠地测试国民体质中的力量素质则成为当前面临的紧迫议题。本研究以美国、日本、加拿大、新西兰等多个国家体质测试体系为蓝本，对不同测试体系中的肌肉力量与耐力测试指标进行对比分析，以期为残疾学生体质健康测试指标的筛选提供支持。

二、测试体系中力量素质指标的设置

长期以来，肌肉力量与耐力一直是各国体质测试体系中的重要测试指标。在调查的体质测试体系中，肌肉力量与耐力涉及握力、引体向上、俯卧撑、仰卧起坐、立定跳远、掷垒球、屈臂挂等多项测试指标。各指标根

---

① 王健，何玉秀．健康体适能［M］．北京：高等教育出版社，2010：52.

② 邓树勋，王健，乔德才．运动生理学［M］．北京：高等教育出版社，2005：181.

③ 美国运动医学学会，王正珍．ACSM 运动测试与运动处方指南［M］．北京：北京体育大学出版社，2010：95.

据测试的身体部位可分为上肢力量与耐力、躯干力量与耐力和下肢力量与耐力。具体见表 6-3。

表 6-3　不同体质测试体系肌肉力量与耐力测试指标一览

	标准名称	测试指标			备注
		上肢	躯干	下肢	
中国	国家学生体质健康标准	引体向上 投沙包 掷实心球 握力体重指数	仰卧起坐	立定跳远	引体向上：2007 年版初中及以上男生，2014 年版三年级及以上男生。投沙包：小学一二年级男女生；掷实心球：小学三年级及以上男女生。握力体重指数：小学五年级及以上男女生。仰卧起坐：三年级至六年级男女生，初中及以上女生；2014 年版三年级及以上男女生。立定跳远：所有学生，2014 年版初一及以上男女生
	国民体质测定标准	网球掷远 握力 俯卧撑	仰卧起坐	立定跳远 纵跳	网球掷远：3~6 岁男女；握力：20 岁以上成人及老人；俯卧撑：20~39 岁男；立定跳远：3~6 岁幼儿；纵跳：20~39 岁男女；仰卧起坐：20~39 岁女
日本	体力诊断测试（旧标 6~59 岁；新标 6~79 岁）	握力 掷垒（手）球	仰卧起坐	立定跳远	握力：旧标 10~29 岁，新标各年龄通用。手球掷远：旧标 12~29 岁，新标 12~19 岁。垒球掷远：新旧标 6~11 岁。立定跳远：旧标 6~9 岁，新标 6~64 岁。纵跳：10~59 岁。仰卧起坐：各年龄通用
	运动能力测验（10~29 岁）	投软（手）球 斜身引体 引体向上	—	急行跳远	急行跳远：各年龄通用。引体向上：12 岁以上男。斜身引体：10~11 岁男，10~29 岁女。投软（手）球：12~29 岁男女

续表

	标准名称	测试指标			备注
		上肢	躯干	下肢	
欧洲	青少年体适能测试	握力 屈臂挂	仰卧起坐 俯卧背伸	立定跳远	6~18 岁男女
加拿大	体质表现测试（Ⅱ）	—	仰卧起坐	立定跳远	7~69 岁男女
	身体活动、体质和健康生活方式	握力 俯卧撑	俯卧背伸	屈膝起身 纵跳	15~69 岁男女
新西兰	新西兰体质测试	掷实心球 掷沙球 推铅球	—	屈膝起身 立定跳远	掷沙球：0.25 千克。推铅球：1 千克、2 千克、3 千克、4 千克或 5 千克。上肢三项选一；下肢二项选一
澳大利亚	体质教育奖励计划	掷篮球	—	屈膝起身	9~19 岁男女
美国	FITNESS-GRAM	屈臂挂 修正引体向上 90 度 俯卧撑	俯卧背伸 修正仰卧起坐	—	5 岁以上者 上肢三选一，躯干两项全选
	总统挑战计划	引体向上（男） 屈臂挂（女） 俯卧撑	1 分钟仰卧起坐（双手胸前交叉） 半仰卧起坐	—	6~17 岁青少年儿童 上肢三选一，躯干两项选一
	青少年体质测试	引体向上 修正引体向上 垒球掷远	屈膝仰卧起坐 直腿仰卧起坐	立定跳远	5~17 岁青少年儿童；上肢三选一；躯干二选一
	最佳体质计划	引体向上	仰卧起坐（双手胸前交叉）	—	5~18 岁青少年儿童

续表

	标准名称	测试指标			备注
		上肢	躯干	下肢	
美国	YMCA 青少年体质测试	修正引体向上	—	屈膝起身	6~17 岁青少年儿童
	业余体育联合会测试体系	屈臂挂 引体向上 俯卧撑 修正俯卧撑 等臂俯卧撑	—	立定跳远	6~17 岁青少年儿童；上肢五选二
新加坡	国民体适能奖励计划	引体向上 修正引体向上	仰卧起坐	立定跳远	引体向上：15 岁及以上男生；修正引体向上：9~14 岁男生，9 岁及以上女生；仰卧起坐、立定跳远：9 岁以上男女生

三、肌肉力量与耐力测试指标的特点

1. 测试指标呈“体块”分布

人体形态结构是测试力量素质的基础。从外形上看，可将人的身体分为头部、躯干、颈和四肢四大部分，形成基本的人体结构。人体的肌肉绝大多数附着于骨骼上，肌肉收缩时牵动骨骼，在神经系统的支配下引起人体的各种随意运动。各种体育动作都是由许多肌肉协同工作而实现的①。在运动过程中，由连接体块形成的体块与体块的相互扭动变化。力量素质主要是通过肌肉的工作形式表现出来的，如肌肉在工作时要克服的阻力有内部阻力和外部阻力。受肌肉群收缩的合力、骨肉群收缩的协调能力以及骨杠杆的机械率的影响，力量素质存在一定的极限。

力量测试指标大体分为上肢力量测试、下肢力量测试和躯干力量测

① 闫啸宇 . 20~39 岁成年人肌肉耐力评价指标的筛选与标准的建立［D］. 北京：北京体育大学，2016：19.

试。从表 6-3 可以看出，各个体质测试体系根据体块的分布较为明显，各测试指标都以上肢、躯干和下肢以及这些部位的连接处筛选力量测试指标。到目前为止，尚未发现一项测试指标能够测试两项或两项以上，也未发现一项单独能够测试全身力量的指标。可见，当前力量素质测试指标与人体体块的运动基本解剖规律以及肌肉分布的特点相一致，这也反映了各个体质测试指标体系将上肢力量、躯干力量和下肢力量进行力量素质测试的合理性。

2. 指标数量严格限定

在研制体质测试指标时，必须要考虑体质测试的实施。一般而言，体质测试的实施是面向群众性大规模的体质监测或普查工作。就表 6-3 而言，测试力量素质的指标多达 30 项。在进行大规模体质测试时，不可能将所有的测试指标纳入指标体系进行测试。因此，在研制体质测试指标体系时应该对测试指标进行限定。同时，体质测试指标体系中测试指标的选择一定要精练。

从我国体质测试体系来看，《国家学生体质健康标准》主要采用引体向上、投沙包、掷实心球、握力体重指数测试上肢力量、仰卧起坐测试躯干力量以及立定跳远测试下肢力量。在《国民体质测定标准》中上肢力量分别采取了网球掷远、握力和俯卧撑测试项目，仰卧起坐测试躯干力量，纵跳和立定跳远测试下肢力量。虽然某一力量测试（如上肢力量）有多个测试指标，但是针对某一特定年龄和性别群体时只有一项测试指标。除了美国的 FITNESSGRAM 测试躯干力量指标（俯卧背伸和修正仰卧起坐），业余体育联合会测试体系上肢测试指标五项选二（屈臂挂、引体向上、俯卧撑、修正俯卧撑、等臂俯卧撑）和下肢测试指标（立定跳远、Phantom 椅）；日本的《体力诊断测试》的上肢力量测试（握力、掷垒球）、欧洲的《青少年体适能测试》的上肢测试（握力、屈臂挂）以及加拿大的《身体活动、体质和健康生活方式》的上肢测试（握力、俯卧撑）采用两项测试指标，其他测试都采用一项指标。

3. 上肢力量测试指标较多

上肢力量测试指标相对较多是各个体质测试体系的一大共性。与躯干力量测试指标和下肢力量测试指标相比，上肢力量测试指标的可选择性显然更多。相比之下，躯干力量测试指标和下肢力量测试指标较为单一。除了美国《最佳体质计划》《YMCA 青少年体质测试》，加拿大的《体质表现测试（Ⅱ）》和澳大利亚的《澳大利亚体质教育奖励计划》外，其他体质测试体系上肢力量测试可选择指标有2~5个。

具体而言，就上肢力量测试指标可分为三种类别：①自由选择，即在指定的测试指标项目中可自由替换。例如，我国2007年颁布的《国家学生体质健康标准》中，初中及以上男生上肢测试掷实心球、引体向上和握力体重指数可供选择。美国的上肢力量测试有屈臂挂、修正引体向上、90度俯卧撑三项指标可选择一项。《青少年体质测试》有引体向上、修正引体向上、垒球掷远三项测试上肢力量指标可选择一项。②按性别选择：如新加坡的《国民体适能奖励计划》上肢力量测试指标对15岁以上青少年采用引体向上，对15岁及以下男生则采用修正引体向上。美国《总统挑战计划》关于上肢力量测试指标中，其中引体向上和屈臂挂分别为男、女青少年测试项目。③按年龄选择：该类测试指标根据被测者年龄特征，按照年龄的不同对上肢力量测试。如日本的《体力诊断测试》中上肢力量测试指标握力测试旧标10~29岁，新标各年龄通用。手球掷远：旧标12~29岁，新标12~19岁。垒球掷远：新旧标6~11岁。我国2007年颁布的《国家学生体质健康标准》上肢力量测试小学一、二年级采用投沙包；三、四年级采用掷实心球；五、六年级采用掷实心球和握力体重指数备选项；初中及以上除了掷实心球和握力体重指数外，另增加了引体向上测试指标。

有研究指出，一个人力量素质的大小与年龄有一定的关系。战国时期的《内经》是这样论述年龄与肌肉力量的关系的："女子……四七筋骨坚"；"丈夫……三八骨气平均、筋骨劲强，四八筋骨隆盛。"这与现代科学的研究成果相契合。13~17岁是力量素质发展敏感期，最大力量快速增长的第一个高峰期在13岁，这时候青少年的力量与体重增长同步。此时也是身高的快速增长期，因为肌肉向长度增长比横向增长更快。在18岁以后如不坚持锻炼力量则随年龄的增长逐年下降。另外，肌肉力量与性别也存在一定的关系。女性肌纤维比男性肌纤维细，肌肉重量约占体重的35%，而男性约为43.5%；女性单位面积肌肉为男子的96%，但肌肉绝对力量仅为男子的60%~80%。可见，根据年龄、性别的差异，适时调整测试指标符合青少年成长的规律。

4. 躯干和下肢力量测试指标单一

按照"体块"的划分，一般将力量素质测试从上到下可分为上肢力量测试、躯干力量测试和下肢力量测试①。当前，躯干力量测试指标和下肢力量测试指标较为单一。从表6-3可见，躯干力量测试指标主要有仰卧起坐（屈膝仰卧起坐、修正仰卧起坐、直腿仰卧起坐等）和俯卧背伸两大类型。在统计的8个国家和地区的16个测试体系中，有4个国家5个体质测试体系没有躯干力量测试指标。其中包括澳大利亚的《澳大利亚体质教育奖励计划》、新西兰的《新西兰体质测试》、日本的《运动能力测验》、美国的《业余体育联合会测试体系》和《YMCA青少年体质测试》。在另外11个测试体系中，有10个测试体系采用仰卧起坐或修正仰卧起坐。只有加拿大的《身体活动、体质和健康生活方式》采用了俯卧背伸这一个测试指标。可见，当前的体质测试体系对躯干力量的测试较为侧重屈肌，而对伸肌测试还存在一定的分歧。

有研究指出，人体的力量素质，尤其是人体的下肢力量素质是走、跑、跳等各种活动的动力，是人们日常生活以及运动员取得优异成绩的关键。也就是说，下肢力量是上肢等其他部位力量不可比较的。然而，体质测试是否需要测试下肢力量尚未达成共识。在统计的体质测试体系中，16个测试体系共有3个测试体系未设置测试指标。在设置了下肢力量测试的12个测试体系中，测试指标主要有立定跳远、急行跳远、纵跳和屈膝起身4个测试项目。其中共有9个测试体系设置立定跳远的测试项目（7个测试体系完全采用立定跳远测试项目）；4个测试体系设置了屈膝起身测试项目；2个测试体系中设置了纵跳测试项目；1个测试体系中涉及急行跳远测试项目。

四、肌肉力量与耐力各测试指标的研究

1. 上肢力量测试指标

相比下肢力量与躯干力量测试指标，上肢力量测试指标在数量上优势较为突出。然而，由于测试指标数量的繁多，各体质测试体系的研制过程中在选择测试指标时往往存在混乱的局面。同时，尽管上肢力量测试指标较为丰富，但在有些测试体系中具体到某一特定年龄、性别的测试指标却不多。也就是说，上肢力量测试指标应该有一项，但有些涉及具体的年龄和性别时，仍存在没有测试上肢力量的指标。例如，我国教育部颁发的

---

① 杨贤罡，胡志刚，李燕春，等．儿童少年体质场地测试手段的信度研究：系统评价［J］．体育科学，2011，31（11）：35-42.

《国家学生体质健康标准（2014年修订）》中完全没有针对女生上肢力量测试设置测试指标，而针对男生上肢力量测试只针对初中及以上年级，且测试指标只有引体向上这一测试项目①。加拿大的《体质表现测试（Ⅱ）》根本没有设置上肢力量测试指标。然而，也有一些测试体系需要测试两项指标，例如美国的《业余体育联合会测试体系》需要在屈臂挂、引体向上等五项测试指标中选择两项；日本《体力测试体系》中6~19岁青少年儿童需要测试握力和屈臂悬垂两个指标；我国《国民体质测试标准手册》中20~39岁成年男性需要测试握力和俯卧撑。

引体向上、俯卧撑、屈臂悬垂和握力是多数体质测试体系中的主要指标。其中，引体向上和俯卧撑衍生出了许多的测试指标。引体向上衍生出的指标包括斜身引体、修正引体向上；俯卧撑包括修正俯卧撑、等臂俯卧撑。引体向上是很多体质测试体系测试上肢力量和耐力的指标。然而有研究对6~12岁男性青少年儿童标准引体向上测试进行了研究，结果显示，有25%的被测者一个引体向上都不能完成，40%的被测者只能完成一个；在6~17岁女性青少年中，有35%的被测者一个引体向上都不能完成，70%被测者只能完成不多于两个引体向上②。另一研究也证实了这一观点，该研究对初中二年级男生进行了引体向上测试，研究结果显示，优秀率和良好率分别为1.43%和3.56%，不及格率占了65.81%，零分率为32.76%③。

Woods等人使用一次重复最大值（1RM）和最多能重复最大值50%的1RM研究了9~11岁青少年屈臂悬挂、俯卧撑、引体向上和两个修正引体向上的有效性。研究指出，这些测试并不能有效测试肌肉耐力，身体脂肪比是影响肌肉耐力的主要因素④。6~17岁青少年儿童的肌肉力量受身体重

---

① 范洪彬．上海市6~14岁学生力量素质测评体系优化研究［D］．上海：华东师范大学，2017：62.

② FITNESSSPORTS P C O P，WASHINGTON. The President' s Council on Physical Fitness and Sports 1985. National School Population Fitness Survey［J］. Nasnewsletter，1986，33（49）：107.

③ 陈跃元．“0”的困惑——对初二年级体质健康测试引体向上的分析［J］．学周刊，2016（27）：173-174.

④ WOODS J. A.，PATE R. R.，BURGESS M. L. Correlates to Performance on Field Tests of Muscular Strength［J］. Pediatric Exercise Science，2010，4（4）：302-311.

量的影响，特别与负重测试有关①。有研究指出，在 2778 个测试样本中，有 1037 位（85%）女生、889 位（约 60%）男生不能重复进行引体向上测试。同样，有 478 位（占 39%）女生、409 位（28%）男生在屈臂挂项目测试上几乎不能持续 1 秒。这些研究结果指出，这些测试项目不适合青少年儿童上肢肌肉耐力的测试②。

有研究对 171 名男孩和 192 名女孩（4~12 岁）中，由于某些年龄组的重复测量间存在显著差异，建议为获得可靠的测试结果，有必要对男孩进行 2 次测试，女孩则无此要求③。Pate 等人的研究中 3 种引体向上测试的重复测试信度系数，男孩分别为 0.80、0.83 和 0.81，女孩为 0.66、0.85 和 0.88④。由于各种改进型引体向上测试存在差异，因此，比较不同研究的结果同样需要谨慎。

俯卧撑测试指标常常被用来测试手臂和肩部的力量和耐力。由于该测试项目比引体向上和直臂挂更容易操作，因此受到研究者的青睐。传统的俯卧撑测试方法主要针对男生，用脚趾和手掌撑在地面，也叫全身俯卧撑。针对女性则采用修正俯卧撑，将膝盖和手掌撑在地上，也叫屈膝引体向上。在 FITNESSGRAM 针对男生和女生研制了 90 度俯卧撑，该测试将脚趾和手掌撑在地面，身体往下沉直至手臂成 90 度。相比之下，屈膝俯卧撑比 90 度俯卧撑更容易操作。McManis 等人研究指出，力量较小的女性很难正确操作 90 度俯卧撑，但可以正确地操作屈膝俯卧撑⑤。Ahmad Hashim 随机选择 300 名大学生（男生 168 名，女生 132 名）企图用皮尔森积矩相关系数法用来评判 90 度俯卧撑的客观性、可靠性和有效性，测试对 90 度俯

---

① CASTRO-PIÑERO J., GONZÁLEZ-MONTESINOS J. L., MORA J., et al. Percentile values for muscular strength field tests in children aged 6 to 17 years: influence of weight status [J]. Journal of Strength & Conditioning Research, 2009, 23 (8): 2295.

② CLEMONS J. M., DUNCAN C. A., BLANCHARD O. E., et al. Relationships between the flexed-arm hang and select measures of muscular fitness [J]. Journal of Strength & Conditioning Research, 2004, 18 (3): 630-636.

③ COTTEN J. An analysis of the NCYFS Ⅱ modified pull-uptest [J]. Res Q Exe Sport, 1990, 61: 272-274.

④ PATE R. R., BURGESS M. L., WOODS J. A., et al. Validity offield tests of upper body muscular strength [J]. Res Q ExeSport, 1993, 64: 17-24.

⑤ MCMANIS, B. G., BAUMGARTNER, T. A, & WUEST, D. A. Objectivity and reliability of the 90-degree push-up test [J]. Measurement in Physical Education and Exercise Science, 2000, 4 (1): 57-67.

卧撑测试两次，采用俯卧举进行测试与重复测试。研究指出，90 度俯卧撑的两次测试呈高度的相关性（r=0.99）。同样，90 度俯卧撑两次测试可靠值男女分别为 0.93。然而，90 度俯卧撑与俯卧举的相关性男女存在一定的差异（即男 r =0.64，女生 r=0.28）。因此，该研究指出，90 度俯卧撑测试男性青少年上肢力量的有效性比女性青少年要强①。

修正俯卧撑是各个测试体系常用的测试指标，特别对女性青少年上肢力量测试而言。Fawcett M. 等人对 20 名 11～12 岁女性青少年（体重 44.000± 10.7 kg，身高 149.9 00± 8.9 cm）修正俯卧撑的有效性与可靠性进行了检验。被测者采用修正俯卧撑进行两次测试和一组为体重 40%的仰卧举测试，组间相关系数（ICC）用来评价两次俯卧撑的可靠程度，皮尔逊相关系数（PCC）用于量化俯卧撑的平均值与俯卧举分数的效标效度。结果显示，测试 1 和测试 2 的修正俯卧撑结果分别为 24.200±9.3 和 25.400±9.0；体重 40%的俯卧举次数 15.600±7.8 组间相关系数为 0.89，两次修正俯卧撑的平均值与俯卧举重的效标相关系数 r=0.52，从以上参数可看出，修正俯卧撑是一种可靠的测试指标②。

Miller 对俯卧撑和屈膝俯卧撑进行了比较。研究指出，男性和女性都可以使用俯卧撑测试，然而只有女性才可以使用屈膝俯卧撑测试③。然而，Heather M. Wood 对屈膝俯卧撑的有效性与可靠性进行了研究，研究指出屈膝俯卧撑稳定可靠性系数为 0.83，屈膝俯卧撑与修正俯卧撑的相关系数为 0.75；屈膝俯卧撑与俯卧举相关性系数为 0.68。研究指出，屈膝俯卧撑有较好的有效性，能够较好地用来测试女性手臂和肩部力量，以确保对力量较弱者上肢力量的有效测试④。

---

① AHMAD HASHIM. Objectivity, Reliability, and Validity of the 90°Push-Ups Test Protocol Among Male and Female Students. Global Journal of Medical Research, 2012: 103-106.

② M. FAWCETT, M. DEBEISO. The Validity And Reliability of Push-upsas A Measure of Upper Body Strength For 11 - 12 Year-old Females [J]. Journal of Fitness Research, 2014, 3 (1): 4-11.

③ MILLER, D.K. MEASUREMENT By the Physical Educator: Why and How (4th ed.) [M]. New York, NY: McGraw-Hill, 2002: 87.

④ HEATHER M. WOOD, TED A. BAUMGARTNER. Objectivity, Reliability, and Validity of the Bent-Knee Push-Up for College-Age Women [J]. Measurement in Physical Education & Exercise Science, 2004, 8 (4): 203-212.

有研究对123名平均年龄为13.6岁的青少年的屈臂挂进行了验证，在初始测试与重复测试之间没有明显的差异（男生为-0.7±13.9s，女生为0.0±16.3s）。然而，分值特别高者与分值较低者相比，测试与重复测试的差异性特别高（$p<0.05$）①。

V. España-Romero 等人研究了青少年肘的姿势对青少年握力的影响，以及不同型号的握力计的有效性和可靠性。研究将66名12~16岁在肘关节伸直及在90度屈折姿势下握力的变化情况，Jamar、DynEx 和 TKK 三种类型握力器的有效性和可靠性则是通过已知重量的测试。结果显示，TKK握力器所测试肘部伸直的情况下的得分最高，三种握力器有效性分别为-1.92、-1.43和0.49（$p< 0.05$）。三种指标的系统性偏差分别为0.23、0.26和0.02（$p>0.05$），TKK型握力器测试青少年肘关节伸直姿势最大握力最为合适。除此之外，TKK握力器测试的有效性与可靠性最高②。在另一研究中也证实了这一研究结果，该研究指出，在进行握力测试时，根据性别和年龄差异将握力器的握柄调到合适距离，相关系数在0.96~0.98，并且在测试与重复测试不存在显著差异（$p>0.05$）③。

Santos J. R. F. 等人对180名（其中女生82名，男生98名）6~12岁青少年儿童上肢力量测试指标篮球掷远、握力和俯卧撑的有效性与可靠性进行了验证，所有的测试项目测试两次（相隔7天），测试完成后用俯卧举测试一次最大力量（1RM）。结果显示，除了俯卧撑测试（组间差为0.77，$p < 0.001$，百分误差为9%），其他测试项目可重复性非常高（组内相关系数ICC> 0.9），其中握力与一次最大力量（1RM）的相关性最大（$r=0.79$，$p<0.01$）。研究得出，握力和篮球掷远测试指标能够有效测试

① ORTEGA F. B., ARTERO E. G., RUIZ J. R., et al. Reliability of health-related physical fitness tests in European adolescents. The HELENA Study [J]. International Journal of Obesity, 2008, 32: 49-57.

② V. ESPAÑA - ROMERO, F. B. ORTEGA, G. VICENTE - RODRÍGUEZ et al. Elbow Position Affects Handgrip Strengthin Adolescents: Validity and Reliability of Jamar, DynEx, and TKK Dynamometers[J]. Journal of Strength & Conditioning Research, 2009, 24(1):272-277.

③ ESPAÑA-ROMERO V., A RTERO E. G., SANTALIESTRA-PASIAS A. M. Hand span influences optimal grip span in boys and girls aged 6 to 12 years [J]. J Hand Surg Am, 2008, 33: 378-384.

上肢力量和耐力①。

Woods J. A. 等人指出，虽然上肢力量测试经常用在青少年儿童场地测试中，很少有关上肢力量影响因素的相关研究，但该测试对 56 名女生和 38 名 9~11 岁青少年上肢力量和耐力场地测试的影响因素进行了研究，测试指标涉及引体向上、屈臂挂、俯卧撑以及两种修订俯卧撑。影响因素涉及年龄、性别、身高、体重、脂肪百分比。结果显示，脂肪百分比在上肢力量测试中有着重要的关系②。

2. 躯干力量测试指标

在躯干力量测试中，共有仰卧起坐、俯卧背伸和背肌力三个测试指标。俯卧背伸测试指标在美国的 FITNESSGRAM、欧洲的《青少年体适能测试》和加拿大的《身体活动、体质和健康生活方式》中被采用。在 16 个测试体系中，共有 10 种测试体系采用了仰卧起坐，而有些测试指标如俯卧背伸只有在个别的体质测试体系中采用。

（1）屈肌指标：仰卧起坐。仰卧起坐常用来测试腹部肌肉力量和耐力，根据测试的要求可分为不同的测试方法和类型。各国体质测试体系中仰卧起坐动作形式的 5 种上肢摆放位置带来不同的动作完成难度；膝关节均要求弯屈；双脚存在固定与非固定两种要求；躯干最大运动幅度分两种，即第一种为 30~90 度；第二种为大于 90 度。计分方式分为规定时间数个数和根据节奏数个数。

1 分钟内数仰卧起坐的个数是多数测试体系采取的测试方法。M. H. Diener 等人对 1 分钟内半仰卧起坐的有效性与可靠性进行了研究，该研究采用 142 个样本分别进行了重复测试可靠性、组间的可靠性、测试者的可靠性与有效性进行了验证。结果显示，重复测试的可靠性系数为 0.98，组间的可靠性系数为 0.71，测试者的可靠性系数为 0.76。半仰卧起坐与全仰卧起坐的相关性系数为 0.67，与等长肌肉的相关系数为 0.38。研究认为，半仰卧起坐是一种可靠的测试项目，可用来作为测试腹部肌肉力

---

① FERNANDEZ SANTOS J. R.，RUIZ J. R.，GONZALEZ-MONTESINOS J. L.，et al. Reliability and Validity of Field-Based Tests to Assess Upper-Body Muscular Strength in Children Aged 6-12 Years［J］. Pediatric Exercise Science，2016，28（2）：331-340.

② WOODS J. A.，PATE R. R.，BURGESS M. L. Correlates to Performance on Field Tests of Muscular Strength［J］. Pediatric Exercise Science，1992，4（4）：302-311.

量和耐力的替代性测试项目①。有研究指出，7 级仰卧起坐的 ICC 男孩为 0.96，女孩为 0.91。重复测试间均无显著差异，差异均值男孩为 0.0±0.9 级，女孩为 0.3±0.9 级。CV 男孩为 12.5%，女孩为 17.1%②。改进型仰卧起坐基于 FITNESSGRAM 体质标准体育教师重复测试间的 Pa = 0.89，Kappa=0.78,体质专家的 Pa=0.86，Kappa=0.72③。

在一项探讨包括不同动作形式与定时测试和节奏测试的研究中发现，节奏仰卧起坐动作要求（属于节奏测试，双臂胸前交叉、双脚不固定、躯干运动幅度为 35~45 度）的仰卧起坐适用于大学生，该仰卧起坐具有逻辑效度（反映腹肌力量耐力）和结构效度（表面肌电显示了较为合适的肌肉参与)④。该结果说明半仰卧起坐在一个相对限制的运动范围内比全仰卧起坐更能动用有效的肌群参与。

（2）伸肌指标：俯卧背伸与背力。美国的 FITNESSGRAM、欧洲的《青少年体适能测试》和加拿大的《身体活动、体质和健康生活方式》三个测试体系采用了俯卧背伸测试指标。该指标的设置是基于腹部肌肉力量现耐力与下背痛症状况有着密切的联系。在儿童和青少年时期，对腰背部肌群的关注可较少。随着年龄的增长，腰背部受力次数与重量的增加，下腰椎、躯干肌肉群、髋屈肌肉群的能力逐步凸显。俯卧背伸分为两种测试方式，一种是 Robertson 1 分钟俯卧背伸（Robertson & Magnusdottir, 1987)，另一种是节奏俯卧背伸（也称 GT curl-up test)。

有研究对 88 名 11~15 岁男女青少年根据 FITNESSGRAM 测试体系中的要求进行连续两次（每天一次）俯卧背伸测试。用组内相关系数评价常模

---

① M. H. DIENER, L. A. GOLDING, D. DIENER. Validity and reliability of a one - minute half sit - up test of abdominal strength and endurance [J]. Research in Sports Medicine, 1995, 6 (2): 105-119.

② LUBANS D. R., MORGAN, CALLISTER R., et al. Test - retestreliability of a battery of field - based health - related fitness measures for adolescents [J]. J Sports Sci, 2011, 29 (7): 685-693.

③ MORROW J. R., MARTIN S. B., JACKSON A. W. Reliability andvalidity of the FITNESSGRAM: quality of teacher-collected health-related fitness surveillance data [J]. Res Q Exe Sport, 2010, 81 (3 Suppl): 24-30.

④ PHILLIP B. SPARLING, MINDY MILLARD - STAFFORD, TERESA K. SNOW. Curl-Up Testing in College Students: Validity and Practicality of a Field Test-a Reply to Zhu's: Commentary [J]. Research Quarterly for Exercise & Sport, 2013, 69 (3): 311-313.

参照的可靠性，用 P 检验和卡方检验评价标准参照的可靠性。另外，用角度尺测量俯卧背伸和躯干运动范围。在单独的测试中，男生的相关系数为 0.9，女生的相关系数为 0.85。利用 9 寸作为分数线，男生的 p 值为 0.93，吻合率（Kappa）为 100%；女生的 p 值和吻合率（Kappa）都为 100%。需要指出的是，93%的男生和 100%的女生两次都通过了俯卧背伸测试。俯卧背伸测试得分与角度尺测量得分的相关系数男生为 0.7，女生为 0.68。这些数据显示，俯卧背伸是一种既简单可靠性又高的测试项目①。Sparling P. B. 等人对节奏俯卧背伸适应于大学生腹部力量和耐力测试有效性与可行性进行了分析，该研究对 205 名大学生进行了 1 分钟仰卧起坐测试和两次 1 分钟俯卧背伸测试，然而从样本中抽取 85 名大学生进行了节奏俯卧背伸测试，每隔一天测试一项（共经历 7 天完成），为确保评价内容的有效性，结果显示，节奏俯卧背伸、仰卧起坐和 1 分钟俯卧背伸的平均分和标准误分别为 M = 46.2，SD = 17.8；M = 46.4，SD = 10.2；M = 69.7，SD = 14.1。皮尔逊积差相关系数 $r \leq 0.50$，节奏俯卧背伸组间相关系数为 0.92。指出在节奏俯卧背伸测试中，由于动作较慢，不需要任何特殊设备能够更好地控制目标端点，测试的不规则现象可减少到最小。研究得出，节奏俯卧背伸是一种可靠测试大学生腹部肌肉力量和耐力的测试指标②。

3. 下肢力量测试指标

下肢力量测试中，立定跳远、纵跳和屈膝起身是体质测试体系中常用的测试指标。立定跳远是评价下肢力量素质的典型性指标。在表 6-3 中，下肢力量测试指标中共有 9 个测试体系采用了立定跳远测试指标。在我国大、中、小学的毕业考试和《国家体育锻炼标准》以及新颁布的《国家学生体质健康标准》中，都把立定跳远作为评价学生身体素质和运动能力的一项主要指标③。有研究对 94 名（45 名女性）6~17 岁青少年儿童下肢力量测试之间的关系，以及下肢力量与上肢力量之间的关系，被测者参加了

---

① PATTERSON P.，RETHWISCH N.，WIKSTEN D. Reliability of the trunk lift in high school boys and girls［J］. Meas Phys Educat Exerc Sci 1997，1：145 - 151.

② P. B. SPARLING，M. MILLARD-STAFFORD，T. K. Snow. Development of a cadence curl-up test for college students［J］. Research Quarterly for Exercise & Sport，1997，68（4）：309-316.

③ 周莉，张建，毕春佑，等. 女大学生立定跳远成绩与形态、机能和身体素质指标的相关性分析［J］. 体育学刊，2003，4（10）：74-76.

蹲跳、纵跳、下蹲跳和立定跳远测试，上肢力量测试采取了投掷篮球、俯卧撑、等长肌力测试项目，使用多元回归方程分析其关系。结果显示，立定跳远与其他下肢力量测试呈高度相关（R^2=0.829~0.864），与其他几项上肢力量测试项目也有较高的关联度（R^2= 0.694~0.851）。同时，由于该项目操作简单、省时、设备成本低等特点，可用作测试下肢力量素质的基本项目①。有研究采用69名男孩和53名女孩（平均年龄为13.6岁）对立定跳远的信度进行了研究，指出立定跳远重复测试不存在显著的差异。男孩的差异均值为-0.3±12.9厘米，女孩的差异均值为0.3±9.0厘米，且无方差不齐②。

立定跳远是一项基本的人类运动，该运动需要上肢和下肢复杂的运动协调。然而，不同跳的方法除了在运动方向上引起运动学和动力学上的差异外，还有一些差异包括上肢是否摆动、最佳的角度等问题。手臂的摆动不仅可以增加身体的动力，而且还可以促进身体的平衡。不同的姿势对立定跳远的距离也有一定的影响。Blake M. 等人研究指出，手臂摆动比手臂静止姿势的跳远距离长21.2%，摆臂立定跳远平均成绩为2.097±0.03 m，而手臂静止状态下立定跳远的平均成绩为1.727±0.03米③。

纵跳也是测试下肢力量的测试指标之一。我国国民体质健康测试将纵跳设定为20~39岁男女的必测试指标，也是加拿大《身体活动、体质和健康生活方式》的测试指标。在纵跳测试中，起跳时手臂的摆动通过提高高度和身体重心的速度来增加跳高④。对于纵跳而言，测量问题是该测试指标研究的热点。有研究对力板测量和光学智能系统同时存在的有效性与可靠性进行了研究，采用20例样本进行蹲跳和原地纵跳检测测试的有效性，

---

① CASTROPIÑERO J.，ORTEGA F. B.，ARTERO E. G. Assessing muscular strength in youth：usefulness of standing long jump as a general index of muscular fitness [J]. Journal of Strength & Conditioning Research，2010，24（7）：1810-1817.

② ORTEGA F. B.，ARTERO E. G.，RUIZ J. R.，et al. Reliability of health-related physical fitness tests in European adolescents. The HELENA Study [J]. Int J Obes（Lond），2008，32 Suppl 5：49-57.

③ BLAKEM.，HEEGAARD J. H. Role of arm motion in the standing long jump. [J]. Journal of Biomechanics，2002，35（12）：1631-1637.

④ FELTNER，M. E.，FRASCHETTI，D. J.，CRISP，R. J. Upper extremityaug mentation of lower extremity kinetics during counter movement vertical jumps [J]. Journal of Sports Sciences，1999，17：449-466.

另外20个样本通过相隔一周检测测试的可靠性。结果显示：两组的相关系数非常高（R=0.997~0.998），即使力板和光感测试都存在一定的系统性差异。光感系统重复测试的可靠性非常高，组内相关系数为0.982~0.989，变异系数较低（2.7%），随机误差也较低（±2.81厘米）。光感测试系统表现出很好的有效性和同时表现出重复测试较高的可靠性。光感测试系统和力板测试可进行交替互换，其计算公式为：立板跳高测试=1.02×光感测试高度+0.29。认为采用光感测试系统作为场地测量纵跳高度具有合理性①。另外，Milliken等人使用一次腿举最大量作为标准测试7~12岁青少年儿童立定跳远和纵跳的有效性。研究指出，立定跳远和纵跳与身体质量指数相比，分别占一次腿举重复最大值的44.4%和40.8%②。

五、结论

肌肉力量素质评价指标是各国体质测试体系中重要的指标体系。基于上文对肌肉力量素质评价指标的分析，各国肌肉力量素质评价指标既表现出一定的共性，又表现出一定的差异性。具体而言，肌肉力量素质评价指标根据人体解剖特征表现出“分区而治”的特点，即将肌肉力量素质评价划分为上肢、躯干和下肢肌肉力量与耐力的测试。因此在后续的体质测试研究中仍然应该采用这一方式。

1. 上肢力量测试指标应该精选

在上肢力量测试、躯干力量测试和下肢力量测试中，上肢力量测试指标数量最多。在调查的16个体质测试体系中，只有加拿大的《体质表现测试（Ⅱ）》未设置上肢力量素质测试指标。虽然各测试体系上肢力量测试指标各有不同，但握力、引体向上、俯卧撑、屈臂挂、投掷沙包（篮球）等则是各测试体系中常用的测试指标。同时，引体向上、俯卧撑等测试指标派生出一系列的测试指标（如修正引体向上、90度俯卧撑、屈膝俯卧撑等）。大量数据显示握力测试将肘关节伸展，并将握距调到与手相适

① J. F. GLATTHORN, S. GOUGE, S. NUSSBAUMER. Validity and Reliability of Optojump Photoelectric Cells for Estimating Vertical Jump Height [J]. Journal of Strength & Conditioning Research, 2011, 25 (2): 556-560.

② MILLIKEN L. A., FAIGENBAUM A. D, LOUD R. L, et al. Correlates of upper and lower bodymuscular strength inchildren [J]. J Strength Cond Res, 2008, 22: 1339-1346.

应的距离能够有效测量等长肌肉力量。由于研究数量有限，当前的研究显示，屈臂悬挂、俯卧撑、引体向上和两个修正引体向上并不能有效测量肌肉耐力。

2. 躯干力量测试应该兼顾伸肌的测试

身体躯干部位能有效传递能量和保持身体姿势的能力，其力量素质的优劣不言而喻。在躯干力量测试指标中，仰卧起坐测试指标占有绝对的优势。除了一些未将躯干测试纳入体质测试体系外，美国的 FITNESSGRAM 和加拿大的《身体活动、体质和健康生活方式》未采用仰卧起坐，其他体质测试体系都是采用这一指标。但是在不同的体质测试体系中，仰卧起坐的动作要求与计量方式等要求又不尽一致。动作要求包括双脚固定或无固定；躯干的运动幅度等。计量方式包括按节奏测试和规定时间测试。具体哪一种动作形式更为科学合理还有待实验验证。

需要指出的是，躯干力量测试包括屈肌和伸肌测试两种类别。屈肌和伸肌力量对健康的重要性已得到广泛的认可。然而在调查的体质测试体系中，大多数测试体系都只设有屈肌测试，只有美国的 FITNESSGRAM，欧洲的《青少年体适能测试》和加拿大的《身体活动、体质和健康生活方式》的测试体系中采用了伸肌测试指标。因此，在体质测试体系后续研究中应将躯干伸肌纳入力量素质评价指标中。

3. 下肢力量测试应该成为必测项目

体质测试对下肢力量测试的焦点主要在两个方面：一是下肢力量测试的必要性；二是下肢力量测试指标的有效性与可靠性。根据解剖学划分，下肢是人体的重要组成部分。无论对个体日常生活的影响，还是下肢生理结构特征、下肢力量素质都是不可忽视的。在被调查的 16 个测试体系中，有 13 项测试体系采用了下肢力量测试指标。这一现象充分说明，下肢力量测试的必要性已得到广泛的认可。

在下肢力量素质测试指标设置上，立定跳远和纵跳是各测试体系常用的测试指标。立定跳远测试下肢力量素质已得到较为广泛的认可。但由于该测试指标存在一定的技术性，即立定跳远的成绩受被测者技术的影响，使该测试指标仍存在一定的争议。纵跳能反映肌肉力量、身体协调性、柔韧性以及灵活性等素质。但是，纵跳的核心问题乃是纵跳的测量，也就是说，能否科学准确地测试人体纵跳高度仍是当前存在较大争议的问题。

第四节　柔韧性测试指标与方法的比较

一、前言

柔韧素质是指人体关节活动幅度的大小以及跨过关节的韧带、肌腱、肌肉、皮肤及其他组织的弹性和伸展能力①。柔韧素质主要包括关节活动幅度的大小和跨过关节的肌肉、肌腱、韧带等软组织的伸展性两个方面②。也就是说，柔韧素质的好坏，取决于关节的解剖结构和关节周围软组织的体积大小及韧带、肌腱、肌肉及皮肤的伸展性。柔韧素质的优劣在一定程度上决定了身体的协调能力，优越的柔韧素质在防止运动损伤以及更好发挥力量、速度等方面都有着积极的作用。在各国的国民体质测试中，柔韧素质常作为一项重要的测试内容③。

中华人民共和国成立以来，我国先后制定了《劳卫制》《青少年体育锻炼标准》《国家体育锻炼标准》《学生体质健康标准》和《国家学生体质健康标准》等测试体系，都将柔韧素质作为体质健康的测试指标之一。当前，世界各国体质测试体系中大多数都包括柔韧素质的测试。但在不同的测试体系中，柔韧素质测试指标的设置、测试方法乃至测试标准都存在一定的差异。即便有些测试指标相同，测试方法也存在一定的差异。然而，哪一种测试指标或测试方法更为科学，能够更为有效且可靠地测试柔韧素质则是优化体质测试面临的关键问题。

本研究以美国、日本、加拿大等国家的体质测试体系为蓝本，对不同体质测试体系中柔韧素质测试指标进行分析，为优化体质测试柔韧素质评价指标提供依据，同时，为残疾学生体质测试指标体系的构建提供支持。

二、测试体系中柔韧性指标的设置

从表 6-4 可见，在调查的 14 项体质测试体系中，柔韧性测试指标共

---

① 刘晔，郑晓鸿．体育训练基本理论与实用方法［M］．北京：北京体育大学出版社，2011，78.

② 张莹．幼儿期体能练习方法研究［D］．北京：北京体育大学，2011：178.

③ 徐玉明．相对柔韧性测评有效性的研究［J］．体育科学，2004，24（4）：48-50.

有坐位体前屈、单腿坐位体前屈、双手后勾、V 形位体前屈、立位体前屈和俯卧背伸等。其中坐位体前屈在 13 项体质测试体系中都有涉及。

表 6-4　不同体质测试体系柔韧性测试指标一览

	标准名称	指标名称	应用年份	备注
中国	国家学生体质健康标准	坐位体前屈	2002 年至今	所有学生（除 2002 年版三、四年级学生）
	国民体质测定标准	坐位体前屈	1995	幼儿、成年人和老年人必测
美国	FITNESSGRAM	坐位体前屈 单腿坐位体前屈 双手后勾	1987 1992 1992	—
	总统挑战计划	坐位体前屈 V 形位体前屈	1987	二选一
	最佳体质计划	坐位体前屈	1980	—
	YMCA 青少年体质测试	坐位体前屈	1989	—
	业余体育联合会测试体系	坐位体前屈 V 形位体前屈	—	二选一
日本	体力诊断测试	坐位体前屈 立位体前屈 俯卧背伸	1989 1964 1964	坐位体前屈：各年龄通用。立位体前屈、俯卧抬上体：10 ~ 29 岁男女
欧洲	青少年体适能测试	坐位体前屈	1987	—
加拿大	体质表现测试 Ⅱ	—	—	—
	身体活动、体质和健康生活方式	坐位体前屈	—	—
新加坡	国民体适能奖励计划	坐位体前屈	1982	—
新西兰	新西兰体质测试	坐位体前屈	1989	6~15 岁青少年
澳大利亚	澳大利亚体质教育奖励计划	双手向勾 坐位体前屈	—	—

三、柔韧性测试指标的特点

1. 测试指标较为集中

从表6-4的测试指标可见，在被调查的16个测试体系中柔韧素质测试共有坐位体前屈、双手后勾、俯卧背伸、立位体前屈、单腿坐位体前屈和V形位体前屈等测试指标。其中13项测试体系采用了坐位体前屈，我国的《国家学生体质健康标准》《国民体质测定标准》，美国的《最佳体质计划》《YMCA青少年体质测试》等8个测试体系仅只有坐位体前屈一项测试指标。需要指出的是，坐位体前屈、俯卧背伸、立位体前屈、单腿坐位体前屈和V形坐位体前屈测试指标都是躯干、腰、髋等关节可能达到的活动幅度的测试。可见，坐位体前屈作为柔韧素质测试已得到世界各国体质测试研究专家的认可。然而，双手后勾指标测试的是上肢柔韧性，其测试部位相对较为单一。

另外，脊柱的柔韧性包括脊柱屈的能力和脊柱伸的能力。由于坐位体前屈测试指标的特点，当前各测试体系较注重的是脊柱屈的能力。俯卧背伸的欲测属性是躯干的绝对柔韧性，主要测量脊柱伸的能力，颈椎的运动幅度是影响俯卧背伸测量结果的主要因素。相对于坐位体前屈而言，俯卧背伸在测量上难度较大，方法复杂，准确测试需要测试助理的辅助，且评价方法与指标并不完善，不适用于大范围的体质测试。因此，在调查的测试体系中只有一项测试体系采用了该测试指标。

综上所述，当前测试柔韧性有坐位体前屈类、单腿坐位体前屈类、俯卧背伸类和双手后勾。亚洲和欧洲的大部分国家均采用坐位体前屈类，如中国、日本、新加坡等。但是美国及其周边国家主要采用单腿坐位体前屈类、俯卧背伸和双手后勾等类型的测试指标。

2. 注重静力性柔韧素质测试

从外部运动状况的表现来看，柔韧素质可划分为动力性柔韧素质和静力性柔韧素质。动力性柔韧素质是指肌肉、肌腱、韧带根据动力性动作需要，拉伸到最大的限度能力，同时能够利用弹性回缩力完成所要完成的动作。所有爆发力前的拉伸均属于动力性柔韧性。静力性柔韧性是指肌肉、肌腱、韧带根据静力性动作的需要，拉伸到动作所需要的位置角度，控制并停留一定时间所表现出来的能力。如体操中的控腿、舞蹈中各种造型等都是静力性柔韧性。可以认为，静力性柔韧素质是动力性柔韧素质的基础。在表6-4中，坐位体前屈、单腿坐位体前屈、V形坐位体前屈和双手后勾都是静力性柔韧素质测试。

3. 测试方法较为单一

从柔韧性素质的分布来看，柔韧性的测量带有局部性的特点。也就是说，柔韧性测试只能单一地涉及身体有关部位的关节。从身体不同部位的表现来看，柔韧素质可分为上肢柔韧性、下肢柔韧性、腰部柔韧性、肩部柔韧性等。柔韧性的测量方法通常有踝关节柔韧性测试（涉及踝关节伸展测试和踝关节背屈测验）、髋关节柔韧性测试（涉及左右劈叉和前后劈叉）、髋关节和腰椎关节柔韧性测试（涉及坐位体前屈、立位体前屈、俯卧背伸等）、肩关节柔韧性测试（旋肩测试）。

一般而言，柔韧性测量的内容是角度和距离。测量的方法包括机械测角法、电子机械法（或电子测角法）等。由于柔韧素质的大小主要体现在关节的弯曲角度上，而关节活动度是一项角度指标，因此，角度测试是一项更为直接有效的评价指标。然而，在实践操作中，关节活动度的测试过程较为烦琐，并且所需时间较长。因而，当前国内外主要采用距离测试反映柔韧素质。

4. 柔韧素质的差异测试尚未体现

柔韧素质的影响因素是多方面的。科学测试柔韧素质既要考虑人体的生理结构，也要考虑生理结构以外的因素。具体而言，包括两个方面：一是人体解剖学上的影响因素如骨关节结构，跨过关节的肌肉、肌腱及韧带的伸展性，关节周围组织的体积；二是解剖学外的因素，如年龄及性别、身体活动水平、温度以及疲劳程度等。例如，有研究指出从人的生理自然成长规律来看，柔韧性最好的是出生的婴儿。随着年龄的增长，肌肉柔韧性逐渐加强，骨骼逐渐骨化。在10岁之前，柔韧性获得自然发展，10岁之后柔韧性随着年龄的增长而相对降低。值得注意的是，10~13岁这个时期可对柔韧性素质进行弥补，超过这个年龄，若想发展柔韧性，将会容易受伤，经历较大的痛苦，并且费时长、收效较慢①。从性别差异方面来看，根据解剖和生理特点，男性的肌纤维长，横断面积大于女性，伸缩度较大，全部肌纤维的3/4强而有力；而女性的肌纤维细长，横断面积小于男

① 高升．儿童青少年柔韧素质测试方法的研究［D］．上海：华东师范大学，2015：21.

性，伸展性好，对关节活动限制小，全身仅有 1/2 的肌纤维强而有力①。总体来说，女性的柔韧素质好于男性。从当前柔韧素质的测试指标来看，不同测试群体的测试指标的差异并未得以体现。

四、柔韧性评价各测试指标的研究

1. 立位体前屈测试指标

立位体前屈是测试柔韧性素质中最早采用的方法。该方法要求被测者站立在离地至少 40 厘米的测试台上，人体姿势处于膝关节伸直为 180 度、身体躯干向前屈 180 度站立时，小腿、大腿以及躯干部后群肌肉须保持一定张力，以维持身体重心处在两脚的支撑面内。然而，由于站立在较高的平台，被测者的恐惧感和潜意识的自我保护等多种因素限制了被测者能力的发挥②。另外，有研究指出立位体前屈测定法与下肢、上肢长、躯干长的体格构造有关③。也就是说，在立位体前屈测试中，体格对测量成绩存在直接的关联，并不能反映关节活动幅度的大小，因此反映该方法明显存在不合理的方面。

2. 坐位体前屈测试指标

坐位体前屈是当前体质健康测试中测量柔韧性素质最为常用的测试指标之一。该测试指标可追溯到 1942 年，Leighton、Jack 将坐位体前屈作为柔韧性测试。1952 年，Wells 研制了坐位体前屈测试方法④。由于这种测量方法简便易行，对仪器的要求也不高，因此在欧美、日本、加拿大等国家广泛使用。我国的《国家学生体质健康标准》和《国民体质测定标准》都采用的是坐位体前屈。

Mayorga-Vega 等认为，虽然坐位体前屈操作方法简单，可用于大规模

---

① 阎智力，荣俊杰，季浏．青少年柔韧素质测试标准的改革研究［J］．山东体育学院学报，2014（3）：67-71.

② 杨霏．普通大学生“健康体适能”身体成分和柔韧性测试指标的优选及评价标准的研究［D］．西安：西安体育学院，2012，24.

③ 陆大江．新坐位体前屈测定法的研究［J］．上海体育学院学报，2002，26（2）：36-40.

④ WELLS，KATHARINE & EVELYN. The sit-and-reach a test of back and leg flexibility［J］. Research Quarterly，1952，（23）：115-118.

的测试研究，但就准确性而言，坐位体前屈明显不如角度测试法①。Drenowatz C. 等认为腿部肌肉伸展性的不同会对坐位体前屈测试成绩产生影响，当个体腿部伸展性下降和破坏时，用坐位体前屈来评价腿部的柔韧性，有效性较低②。陆大江认为，坐位体前屈作为测试腰背、腿部和髋关节柔韧性的主要测试方法，会受到受试者上肢长、躯干高和下肢长等形态指标的影响，并指出该方法可靠性高，但有效性较差③。Perin A. 等以 30 名年龄在 18~19 岁的男性为实验对象，利用摄影测量法分析受试者在完成坐位体前屈过程中参与的身体部位以及达到最好成绩时臀部、腰椎和胸椎的角度时，发现用坐位体前屈来测量腿部柔韧性的可靠性并不高，因为达到最好成绩时受试者臀部角度几乎在同一水平，其成绩却有高有低，究其原因则为腿部、胸部和腰部的肌肉共同参与整个测试过程当中④。徐玉明等人对 240 名大学生（男 116 名，女 124 名）的坐位体前屈以及身高、坐高、上肢长、下肢长进行测试，同时采用关节角度仪对脊柱各段运动幅度（Range of Motion，ROM）进行分解测量，结果显示：身高对坐位体前屈有较小的影响，该影响主要来自下肢长；坐位体前屈属于相对柔韧性，能够反映大学生脊柱前屈和骨盆在髋关节处屈的能力；坐位体前屈有显著的性别差异和等级差异，该差异主要来源于骨盆 ROM⑤。

综上所述，坐位体前屈测试指标存在两个方面的弊端：一是该测试指标与身体形态的相关性很高。即测量结果在一定程度上受到受试者坐位躯干高、上肢和下肢长度等体格构造的影响。也就是说，上肢越长，坐位体前屈成绩越好，或者下肢越短，坐位体前屈成绩越好。二是测试过程会对

① MAYORGA-VEGA D.，MERINOMARBAN R.，VICIANA J. Criterion-Related Validity of Sit-and-Reach Tests for Estimating Hamstring and Lumbar Extensibility：a Meta-Analysis [J]. Journal of Sports Science & Medicine，2014，13 (1)：1-14.

② DRENOWATZ C.，STEINER R.P.，BRANDSTETTER S.，et al. Organized sports，overweight，and physical fitness in primary school children in Germany [J]. Journal of Obesity，2013，(3，part 2)：17-28.

③ 陆大江．新坐位体前屈测定法的研究 [J]．上海体育学院学报，2002，26 (2)：36-40.

④ Perin A.，Neves E. B.，Ulbricht L.，et al. Assessment Protocol of Hamstring Flexibility Level By Photogrammetry [J]. 2013，3 (1)：1-14.

⑤ 徐玉明，满会磊．大学生坐位体前屈欲测属性的解析研究 [J]．中国体育科技，2013，49 (4)：86-91.

脊椎造成挤压，损伤腰椎间盘。在进行坐位体前屈测试时，若腿部韧带太紧，坐位时伸腿，腿部将出现颤搐，脊柱将被迫承受这些多余的力，若长期重复这个动作会对下背部功能活动有所影响。即使缓慢地去完成，在动作牵拉阶段，这种静态的姿势也会对腰椎间盘施加很大的压力，产生不良影响。

3. 修正坐位体前屈

基于坐位体前屈的弊端，学者们试图规避坐位体前屈测试指标的不足，研制更为科学的柔韧性测试项目。在传统坐位体前屈（Classic Sit-and-Reach Test）的基础上，学者们研制了 V 形坐位体前屈（V Sit-and-Reach Test）、单腿坐位体前屈（Back-Saver Sit-and-Reach Test）、修正单腿坐位体前屈（Modified Back-Saver Sit-and-Reach Test）和修正坐位体前屈（Modified Sit-and-Reach Test）。这些测试方式最主要的区别是姿势的不同（例如，双腿并拢和向两侧分开；站立和坐立；臀部的姿势）和设备使用的不同（例如，是否使用盒子，在桌子上或地板上执行）①。欧洲共同体体力协会、美国健康体育娱乐协会、美国运动医学会、亚洲体力测定和日本新体力测定等都在使用各种版本的改良坐位体前屈，它们的测试原理相同，方法大同小异②。

（1）V 形坐位体前屈测试指标。Cuberek R. 对 V 形坐位体前屈测试的可靠性进行了验证，该研究对 43 名女学生（年龄 21.2± 0.5 岁），采用 T 检验（$p<0.05$）和皮尔逊相关系数来确定系统性偏差和自身内在的可靠性，标准误和 Bland-Altman（简称 B-A）方法用于评价柔韧性测试的可靠性。结果显示：V 形坐位体前屈具有很高的内部相关性（$r=0.98$），绝对可靠性（标准误）为 0.139 厘米，并指出 V 形坐位体前屈测量腿筋、腰部的柔韧性具有较高的可靠性③。

（2）单腿坐位体前屈测试指标。单腿坐位体前屈（Back-Saver Sit-and-

① AYALA F., BARANDA P. S. D., CROIX M. D. S., et al. Reliability and validity of sit-and-reach tests: Systematic review [J]. Revista Andaluza De Medicina Del Deporte, 2012, 5 (2): 57-66.

② KATHURIA N., KALRA S. Comparison of Two Sit and Reach Tests for Measurement of Hamstring Flexibility in Female University Physiotherapy Students [J]. Indian Journal of Physiotherapy and Occupational Therapy - An International Journal, 2013, 7 (3): 216-220.

③ CUBEREK R., MACHOVÁ I., LIPENSKÁ M. Reliability of V sit-and-reach test used for flexibility self-assessment in females [J]. Acta Universitatis Palackianae Olomucensis Gymnica, 2013, 43 (1): 35-39.

Reach Test，也称“Single-Leg Sit-and-Reach”）是库珀公司1999年研制的柔韧性素质测试指标。有研究对常模参照标准和标准参照单腿坐位体前屈评价指标的有效性与可靠性进行了验证，该研究对179名（男生87名，女生92名）6~12岁青少年儿童，随机选择44名隔天进行重测。将单腿坐位体前屈、修正Schober测试（测试腰部标准测试）、被动直抬腿（腿筋标准测试）、主动伸膝、腰椎伸展测试、腰椎屈曲测试和双腿坐位体前屈测试进行随机测试。研究显示，组内相关系数非常高（0.98~0.99），测量腿筋单腿坐位体前屈常模参照有效性系数男生为中等（左右腿分别为0.67和0.68），女生中等偏低（左右腿分别为0.48和0.44）；单腿坐位体前屈测量腰部灵活性的相关性系数非常低（男女生相关系数为0.03~0.06）。测量腿筋单腿坐位体前屈标准参照有效性系数非常低甚至难以接受，左腿和右腿的（Km：0.48，0.58）；男孩和女孩的（Km：0.40，0.22）。同时指出，测量腿筋时单腿坐位体前屈与双腿坐位体前屈非常相似，但测试腰部则存在一定的差异。标准参照下单腿坐位体前屈与被动直腿抬高应重复测试，单腿坐位体前屈与被动直腿抬高应进行相应的调整，以提供更好的分类标准①。

Castropiñero J. 等对坐位体前屈和修正坐位体前屈测试青少年儿童腿筋的有效性，以及验证修正坐位体前屈是否比坐位体前屈更有效。该研究对87名（45名男生，42名女生）儿童（6~12岁）和青少年（13~17岁）进行测试，用角度测量法测试被动直腿抬高腿筋的灵活性，用回归分析法分析坐位体前屈和修正坐位体前屈的关系。结果显示：坐位体前屈测试儿童和青少年腿筋的结果分别为 $\beta=1.089$，$R^2=0.281$，$p=0.001$；$\beta=0.690$，$R^2=0.333$，$p=0.004$。修正坐位体前屈测试儿童和青少年腿筋的结果分别为 $\beta=1.296$，$R^2=0.298$，$p<0.001$；$\beta=0.588$，$R^2=0.243$，$p=0.027$。坐位体前屈和修正坐位体前屈测试儿童和青少年腿筋的效度都非常低，当前的数据并不能说明修正坐位体前屈比坐位体前屈测试方法更加

① JENNIE GILBERT HARTMAN, MARILYN LOONEY. Norm-Referenced and Criterion-Referenced Reliability and Validity of the Back-Saver Sit-and-Reach [J]. Measurement in Physical Education & Exercise Science, 2003, 7 (2): 71-87.

有效①。

G. Baltaci 等人对坐位体前屈、坐椅体前伸、单腿坐位体前屈和被动伸直抬腿进行了比较。研究对 102 名平均年龄为 22 岁的女大学生在同一天进行测试。结果显示，传统坐位体前屈与单腿坐位体前屈的皮尔逊相关系数呈显著关系（$p<0.01$）。同时，单腿坐位体前屈的左腿和右腿与腰部的柔韧性都有显著相关性（$p<0.01$）（左腿的相关性为 $r=0.37$ 和 0. 25 ，右腿的相关性分别为 $r=0.50$ 和 0. 44）。结果表明，对于女大学生而言，单腿坐位体前屈测定腰部柔韧性更为有效并且更为可靠。单腿坐位体前屈不仅安全而且可靠，可作为传统坐位体前屈、坐椅体前伸的替代性项目②。

Chillón P. 等人采用 138 名青少年（57 名女性，81 名男性，年龄为 14. 5±1. 7 岁）对柔韧素质测试进行了验证，采用角度测量法对髋、腰进行测试，同时进行单腿坐位体前屈测试，采用逐步线性回归模型和 Bland-Altman 方法进行数据分析，结果显示，髋部柔韧性是影响单腿坐位体前屈的主要因素，并指出单腿坐位体前屈可作为此年龄段髋部和下背部的柔韧性的测试方法③。

（3）改良坐位体前屈测试指标。改良坐位体前屈主要测量静态时下背部、腿部和臀部的柔韧性，它能够有效剔除和减少下肢和上肢长的影响，在一定程度上提高了测量的效度，但并没有完全克服身体形态因素的影响④。有研究对有修正坐位体前屈的有效性进行验证，该研究对 156 名（男 92 名，女 64 名，年龄为 20. 77±2. 51 岁）大学生进行了传统坐位体前屈、CSR、V 形坐位体前屈、单腿坐位体前屈（左右腿）和修正坐位体前

---

① CASTROPIÑERO J. , CHILLÓN P. , ORTEGA F. B. , et al. Criterion-related validity of sit-and-reach and modified sit-and-reach test for estimating hamstring flexibility in children and adolescents aged 6-17 years [J] . International Journal of Sports Medicine, 2009, 30 (9): 658-662.

② G BALTACI, N. Un, V. TUNAY, A. BESLER, S. GERCEKER. Comparison of three different sit and reach tests for measurement of hamstring flexibility in female university students [J] . British Journal of Sports Medicine, 2003, 37 (1): 59-61.

③ PALMA CHILLÓN, JOSé CASTRO-PIÑERO, JONATAN R. RUIZ, et al. Hip flexibility is the main determinant of the back-saver sit-and-reach test in adolescents [J] . Journal of Sports Sciences, 2010, 28 (6): 641-648.

④ 孙庆彬，杜云，陈诗强 . 坐位体前屈的测量效度分析 [J] . 体育科技，2007，28 (2): 69-71.

屈（左右腿）进行随机测试，以检验效标关联效度和可靠性，将测试得分与标准测试进行比较。结果显示：传统的坐位体前屈、修正坐位体前屈和单腿坐位体前屈测量腰部柔韧性的参照标准较弱，但在测量腿筋柔韧性时，具有中等效度参照标准。所有坐位体前屈组内可靠性相当高（$r=0.89\sim0.98$），修正坐位体前屈测试腰部和腿筋的相关系数显著，男性 $r=0.47\sim0.67$，女性为 $r=0.23\sim0.54$，修正坐位体前屈测试腰部和左腿筋的有效性比单腿坐位体前屈和传统坐位体前屈要显著（$p<0.01$）；反之，在女性测试中修正坐位体前屈和其他测试项目效标没有任何差异，但是各测试指标的舒适度存在显著的差异（$p<0.001$），修正坐位体前屈被认为是最舒适的测试姿势。修正坐位体前屈不仅是一种可靠的测试腰部和腿筋的测试方法，而且更能有效测试腰部和腿筋的灵活性①。

改良坐位体前屈则是通过开始阶段和测试阶段的两次成绩得到最终成绩，用所得最终成绩评价个体的柔韧性，消除了体格因素的影响，合理、科学地反映了人体柔软素质的实际水平②。

（4）改良单腿坐位体前屈。根据单腿坐位体前屈的弊端，有学者研制了改良单腿坐位体前屈。改良单腿坐位体前屈的操作方法是让受试者坐在板凳上，测试腿伸直在板凳上，另一条腿成 90 度弯曲，脚底放置在地面上。

Hui S. 等人认为，改良单腿坐位体前屈是一种最实用的柔韧素质测试方法，它不需要准备时间和仪器，并且可以消除后背部椎间盘受到挤压的危险性。改良单腿坐位体前屈在简洁性、安全性以及全面性上均具有很大的优势，但该方法的缺点是人体无法在统一的姿势下测试，这样容易导致误差的产生。另外，研究还以 156 名大学生为研究对象，随机要求其分别进行传统坐位体前屈、改良坐位体前屈、单腿坐位体前屈和改良单腿坐位体前屈的测试，结果表明，与其他三种测试方法比较，改良单腿坐位体前

---

① HUI S. S.，YUEN P. Y. Validity of the modified back-saver sit-and-reach test：a comparison with other protocols［J］. Medicine & Science in Sports & Exercise，2000，32（9）：1655-1659.

② 尹小俭，季浏，高升，等．中国学生柔韧素质测试方法的探索研究［J］．成都体育学院学报，2014，40（11）：84-89.

屈的可靠性最高①。

Hemmatinezhad M. A. 等人就肢体长度对传统单腿坐位体前屈和改良单腿坐位体前屈的关系进行了研究，共测试 210 名（体重为 57.1±12.4 千克，身高 166.4±10.8 厘米，年龄 15.4±1.3 岁）青少年，受试者分三组分别对左右腿进行测试，所有的人体测量特征都先于柔韧性测试。结果显示，坐位体前屈与所有的人体测试有显著的关系（$p<0.05$），但控制其他因素外，改良坐位体前屈与两臂伸展距离，传统坐位体前屈和肢体总和以及手臂的长度呈显著关系（$p=0.05$）。但是，传统坐位体前屈和改良坐位体前屈与上肢和下肢的比例并没有显著关系。两臂伸展距离的变异系数显著（$p=0.05$）。对于传统坐位体前屈而言，下肢长度占该测试影响因素的 21%，而下肢长度影响改良坐位体前屈的 18%。上肢和下肢的比例可降低下肢对坐位体前屈的影响②。

五、结论

柔韧性是测试身体素质的重要因素之一，也是世界各国体质测试中常用的构成要素。由于人体中关节活动范围大小各异，不可能采用一项测试来评定全身的柔韧性。因此，颈、躯干、髋关节、下肢、肩关节等部位的柔韧性应分别进行评定。当前，柔韧性的测试指标较少且较为集中，主要测试指标为坐位体前屈、立位体前屈、双手后勾以及由坐位体前屈改良后的单腿坐位体前屈、V 形坐位体前屈等。虽然改良后的各种类型坐位体前屈是针对坐位体前屈的弊端而修订的，但由于测试方法的不统一性，当前仍未得到大规模实施③。从当前的研究来看，双手后勾仅针对的是上肢的柔韧性；俯卧背伸在测量上难度较大，方法复杂；坐位体前屈测试指标受身体形态影响较大，如上肢长度、下肢长度和躯干高度等因素的影响。可

---

① HUI S., YUEN P. Comparing The Validity And Reliability of The Moddified Back Saver Sit-reach test and Four Other Protocols [J]. Medicine & Science in Sports & Exercise, 1998, 30 (5): 31-38.

② HEMMATINEZHAD M. A., AFSHARNEZHAD T., NATEGHI N., et al. The relationship between limb length with classical and modified back saver sit-and-reach tests in student boys [J]. International Journal of Fitness, 2009, 9: 13-21.

③ BALTACI G., UN N., TUNAY V., et al. Comparison of three different sit and reach tests for measurement of hamstring flexibility in female university students [J]. British Journal of Sports Medicine, 2003, 37 (1): 59-61.

见，虽然柔韧性测试有多项测试指标，但由于柔韧性本身测试的复杂性、测试部位的多面性，当前仍未研制出能够科学测试的个体柔韧性的测试指标。

本章结语

从国际视野来看，体质健康测试一般由身体成分、心肺功能、肌肉力量与耐力和柔韧性四项要素构成。但在不同的时间以及不同国家的体质测试体系中，各个要素的测试指标存在较大的差异。例如，我国 2007 年颁布的《国家学生体质健康标准》中身体成分采用的是身高标准体重，而 2014 年修订的《国家学生体质健康标准》则采用的是身体质量指数。在身体成分要素上，国内较倾向于采用身高和体重测量数据进行评判，国外特别是美国较倾向于采用皮褶厚度测试；心肺功能要素上，主要涉及各种限定时间跑、限定距离跑、往返跑、台阶试验和肺活量。在肌肉力量与耐力要素上，测试指标呈“体块”分布，如上肢力量与耐力、躯干力量与耐力和下肢力量与耐力等。其中上肢力量与耐力测试指标最为广泛，如屈臂挂、直臂挂、引体向上、握力、投沙包、掷实心球、俯卧撑等指标，而躯干和下肢力量与耐力测试指标较为单一；在柔韧性测试指标上，测试指标涉及立位体前屈、坐位体前屈、双手后勾及修正坐位体前屈等指标，其中大多数体质测试体系都采用坐位体前屈测试指标。因此，在构建体质健康测试指标体系时，应根据被测对象的年龄、性别和研制理念，选择适合的测试指标。

第七章

残疾学生体质健康测试指标体系的构建

测试指标体系的构建是开展体质健康测试以及研制评价标准的重要前提。据不完全统计，国内外体质健康测试指标具有数十种类别。然而，由于残疾学生与健全学生在身心上存在一定的差异，再加上残疾学生之间也存在一定的差异，直接采用健全学生现行的体质健康测试指标（特别是需要操作的指标）显然行不通。因此，残疾学生体质测试指标不可能完全照搬现行的《国家学生体质健康标准》中的测试指标。本研究尝试根据前文研究的结果，并结合残疾学生的身心特点，采用文献资料法和专家调查法对智力残疾、听力残疾、视力残疾和健全学生体质健康测试指标体系进行构建。

第一节　残疾学生体质健康测试指标的研制思路

一、残疾学生体质健康测试指标构建的目的

残疾学生体质健康测试指标体系的构建是研制残疾学生体质健康标准的前提。事实上，残疾学生体质健康测试体系的构建主要包括测试指标的筛选和指标权重的确定等两个方面的内容。虽然国内外已有多种体质健康测试体系，甚至国外已有较成熟的残疾青少年体质健康测试体系，但由于测试对象、研制理念等方面的不同，各指标体系在测试指标和权重的设置上均存在一定的差异。

在青少年体质健康测试指标上，测试指标体系主要有两种类型：一种是以美国为代表的一元性指标；另一种是以我国为代表的多元性指标。以美国为代表的一元性测试指标体系是指测试指标在所有组别（年龄、性别）都是采用同样的测试指标。这种测试指标的优点在于既可以横向上与同一组别同龄人甚至不同组别同龄人进行比较，也可以在纵向上与被测者自身的测试结果进行比较。以我国为代表的多元性测试指标体系是指测试指标在不同组别（包括性别、年龄）都存在一定的差异。例如，我国现行的《国家学生体质健康测试标准》一、二年级有身体质量指数、肺活量、坐位体前屈、50 米跑和 1 分钟跳绳五项指标；而三、四年级增加了 1 分钟仰卧起坐，共测 6 项指标；五、六年级增加了 50 米×8 往返跑，共测 7 项指标；到初中以上需要测试身高标准体重、肺活量、50 米跑、坐位体前屈、立定跳远、引体向上（男）/坐位体前屈（女）、1000 米跑（男）/800 米跑（女），共测 7 项指标。多元性测试的优点是能够根据被测者的身心特点采用相应的指标，但其不足之处是测试指标不具备连续性，被测者体质状况无法进行纵向比较。

在测试指标的权重方面，当前国内外体质健康测试体系的权重设置亦存在多种类型：一种是以美国为代表的等权；另一种是以我国为代表的加权。需要指出的是，当前我国实施的《国家学生体质健康标准》中各指标的权重存在一定的差异，有些测试指标的权重并不是固定的分权，而是一种不固定的分权。也就是说，即使是同一指标在不同的组别中也存在一定的差异。例如，坐位体前屈是我国所有年龄段学生体质健康测试的必测指标，但是在一、二年级权重为 30%，三、四年级权重为 20%，五、六年级及以上年龄段权重为 10%。

可见，无论是体质健康指标体系的构建，还是各指标权重的确定都没有固定的蓝本。因此，根据残疾学生的身心特点，结合体质健康发展的需要，筛选适合残疾学生体质健康测试的指标则成为不可或缺的内容。

二、残疾学生体质健康测试指标构建的程序

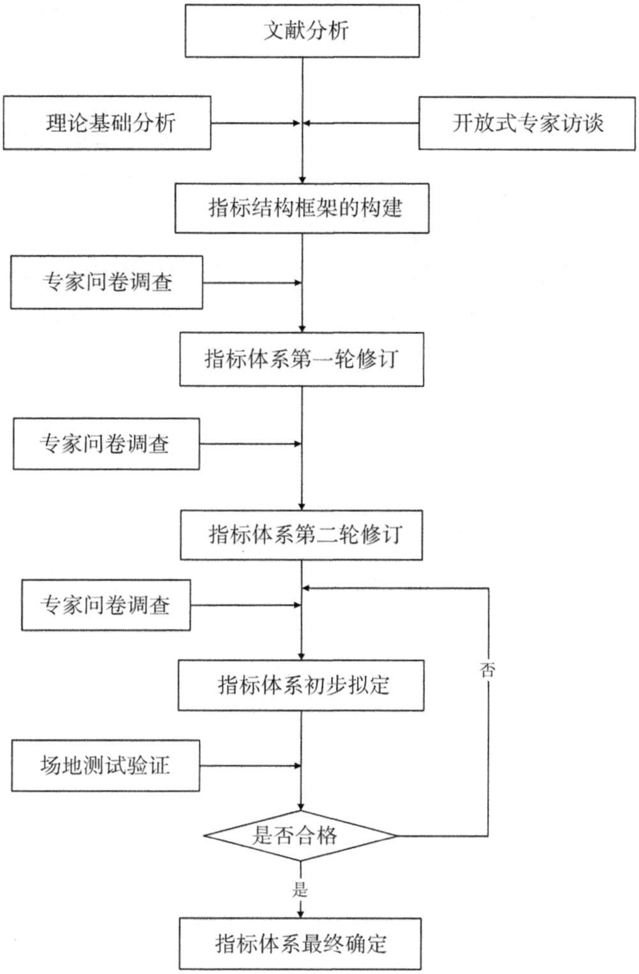

图 7-1　残疾学生体质健康测试指标筛选技术路线

三、残疾学生体质健康测试指标构建的方法

1. 文献资料法

通过查阅国内外有关体质研究的文献，从身体形态、身体机能和身体素质等方面选择和收集适用于体质测试或调研的指标，并结合前文的研究，将国内外较成熟的体质测试指标体系中常用的指标确定为初选指标。

根据国内当前实施的《国民体质测定标准》和《国家学生体质健康标准》将身体形态、身体机能和身体素质确定为一级指标；通过对文献的分析将身高、体重、皮褶等35项指标确定为二级指标，并列入各一级指标的指标池。

2. 德尔菲法

德尔菲法又称为专家调查法，本研究的专家调查主要包括专家访谈和专家问卷调查两个部分。第一轮为开放式的专家访谈；第二轮为评价式的专家调查；第三轮为重审式的专家调查。

在专家访谈中，结合编制的《残疾学生体质健康测试指标专家访谈问卷》，主要根据研究的需要就残疾学生体质健康测试指标体系构建中的相关问题（如研制的理念、指标的合理性、重要性、表述合适性、内容全面性等）向相关领域的专家进行咨询。

在专家问卷调查中，结合《残疾学生体质测试指标调查问卷》，请本学科、交叉学科及在一线从事特殊体育教学的专家对视力残疾、听力残疾、智力残疾和健全学生四类学生采用体质健康测试指标的合理性及重要程度进行评判。首先，请专家对测试指标选取的适合性进行判断，适合即建议保留的指标，不适合则建议删除的指标；其次，基于专家认为测试指标适合残疾学生采用的基础上，对测试指标的重要性进行判断，问卷采用李克特5点计分法，即非常重要计5分、重要计4分、有点儿重要计3分、不重要计2分、很不重要计1分；最后，请专家根据已有的经验并结合残疾学生的特点对测试指标或相关的内容进行补充。

在第三轮调查中，根据统计分析的结果和专家提出的建议，依据指标筛选的原则确定进入下一轮测试指标，制定第三轮专家调查问卷。在第三轮专家调查中，请专家根据第一轮的结果重新评判指标的合理性和重要程度。

3. 场地测试法

在文献资料法和专家调查的基础上，通过小规模对初步拟定的指标体系进行验证。首先，选取视力残疾、听力残疾、智力残疾和健全学生若干人，严格按照测试要求对被测试者进行测试；其次，根据测试的数据从可行性、可靠性、有效性等方面进行验证，试图对初步拟定的指标作进一步论证，确定最终采纳的指标，为评价标准的制定奠定基础。

4. 数据统计法

将采集的数据由 Microsoft Excel 储存，并建立数据库。数据统计由

SPSS（Statistical Package for the Social Sciences）软件包完成。具体而言，该部分数据统计主要由两部分构成：一是对专家调查的基本信息、积极程度、协调程度及调查结果进行统计，为指标体系的构建提供依据；二是拟定指标验证中的数据统计，将对原始数据根据不同的残疾类别、不同年龄学生的初测产生数据在通过率（可行性）、重复测试的相关性（可靠性）、因子分析（结构效度）等方面进行统计。

第二节　残疾学生体质健康测试指标的筛选

一、残疾学生体质健康测试指标的结构框架

1. 残疾学生体质健康测试指标框架的依据

本研究采用非结构性访谈对体质测量、残疾人体育、康复、特殊教育等研究领域的专家进行了初步访谈。访谈采用自行编制的访谈提纲，分别采用当面访谈、电话访谈进行。

专家们一致认为，残疾学生体质测试指标应该与国内正在实施的《国家学生体质健康标准》紧密联系，从身体形态、身体机能和身体素质等方面进行测试。但在指标的选择上应该联系残疾学生的身心特点，尽量减少测试指标的数量，并尽可能兼顾不同残疾学生的需要。

有些专家认为，残疾学生体质健康测试的最大问题是如何兼顾不同残疾类型学生的需要，例如听力残疾学生在出发指令、计时等信号指令方面需要修改，视力残疾在跑/走测试中需要引导；也有专家认为残疾学生体质健康测试的最大问题是如何区别不同程度残疾学生。但专家们一致认为，残疾学生体质健康测试应根据残疾学生的残疾类型、残疾程度、年龄、性别等要素研制体质健康测试体系和评价标准。

有部分专家了解或接触过一些国外残疾人群体质测试指标和评价标准。专家们一致认为，残疾学生体质健康测试可适当借鉴国外发达国家残疾人群体质测试研制理念，并结合我国残疾学生的现实状况以及我国当前学生体质健康测试的实施研制残疾学生体质健康测试标准。同时，残疾学生体质健康测试指标不能过于复杂以及划分组别不应过于烦琐，要有利于标准的实施和可操作性。

2. 残疾学生体质健康测试指标的结构框架

以文献资料法为基础，并结合专家访谈对当前世界各国体质测试体系

普遍采用的测试指标及我国青少年体质测试多次采用的指标纳入相应的指标条目池。根据我国《国家学生体质健康标准》和《国民体质测定标准手册》各年龄段测试内容的构成，本研究将残疾学生体质健康测试指标划分为身体形态、身体机能和身体素质三个一级指标，以及由身体质量指数、身高标准体重等 35 项二级指标组成。

表 7-1 残疾学生体质健康评价指标条目框架

<table>
<tr><th>一级指标</th><th>测试指标</th><th>一级指标</th><th colspan="2">测试指标</th></tr>
<tr><td rowspan="8">身体形态</td><td>身体质量指数（BMI）</td><td rowspan="19">身体素质</td><td rowspan="9">上肢力量
耐力素质</td><td>引体向上</td></tr>
<tr><td>身高标准体重</td><td>修正引体向上</td></tr>
<tr><td>皮褶</td><td>屈臂挂</td></tr>
<tr><td>腰围</td><td>直臂挂</td></tr>
<tr><td>臀围</td><td>掷实心球</td></tr>
<tr><td>生物电阻抗</td><td>网球掷远</td></tr>
<tr><td></td><td>俯卧撑</td></tr>
<tr><td></td><td>握力</td></tr>
<tr><td rowspan="11">身体机能</td><td>肺活量</td><td>握力体重指数</td></tr>
<tr><td>台阶试验</td><td rowspan="3">躯干力量
耐力素质</td><td>仰卧起坐</td></tr>
<tr><td>50 米×8 往返跑</td><td>屈膝仰卧起坐</td></tr>
<tr><td>20 米往返跑</td><td>俯卧背伸</td></tr>
<tr><td>男 1000 米跑
（女 800 米跑）</td><td rowspan="3">下肢力量
耐力素质</td><td>纵跳</td></tr>
<tr><td>12 分钟跑</td><td>立定跳远</td></tr>
<tr><td>9 分钟跑</td><td>50 米跑</td></tr>
<tr><td>1 英里跑/走</td><td rowspan="4">柔韧性</td><td>坐位体前屈</td></tr>
<tr><td>1.5 英里跑/走</td><td>单脚坐位体前屈</td></tr>
<tr><td>肺活量体重指数</td><td>V 形位体前屈</td></tr>
<tr><td></td><td>双手后勾</td></tr>
</table>

二、残疾学生体质健康测试指标的调查结果

1. 调查专家的基本情况

调查专家的选择是调查能否取得成功的基础。一般而言，调查在选择专家时主要考虑两个方面：一是专家的代表性，不仅要选择本学科领域的专家，而且要选择跨学科、交叉学科的专家代表。二是专家的数量。有研究指出，预测的精度与参加咨询专家的数量呈函数关系，咨询专家的数量太少，学科代表性及调查的结果必定受到限制；专家的数量太多，进行组织和统计的难度也会随之增加。有研究提出咨询专家的数量在 10~50 人为宜①。

表 7-2 咨询专家基本信息

	类别	第一次咨询（N=34）		第二次咨询（N=22）	
		人数（人）	比例（%）	人数（人）	比例（%）
研究领域	残疾人体育	19	55.88	13	59.09
	运动人体科学	8	23.53	6	27.27
	康复治疗	7	20.59	3	13.64
工作单位	高等院校	12	35.29	8	36.36
	特教学校	14	41.17	10	50.00
	康复机构	5	14.71	2	9.09
	研究机构	3	8.82	2	9.09
工作年限	10 年以下	4	11.76	2	9.09
	10~20 年	15	44.12	10	45.45
	21~30 年	9	26.47	6	27.27
	30 年以上	6	17.65	4	18.18

① 叶明海，于磊，胡志莹．市场调查与预测［M］．上海：同济大学出版社，2007：269.

续表

	类别	第一次咨询（N=34）		第二次咨询（N=22）	
		人数（人）	比例（%）	人数（人）	比例（%）
学历	博士研究生	14	41. 18	9	40. 91
	硕士研究生	9	26. 47	7	31. 82
	本科	8	23. 53	5	22. 73
	本科以下	3	8. 82	1	4. 55
职称	高级	13	38. 24	8	36. 36
	中级	7	20. 58	5	22. 72
	初级	9	26. 47	7	31. 81
	其他	5	14. 70	2	9. 09

本研究第一轮向专家发放问卷 39 份，共收回有效问卷 34 份；第二轮向专家发放问卷 29 份，共收回有效问卷 22 份。其中有 8 位在高校从事相关教学科研工作；10 位在特殊教育学校从事特殊体育教学工作；2 位在康复机构从事残疾人康复治疗工作；还有 2 位在科研机构工作。在研究领域，有 6 位从事运动人体科学研究，13 位从事残疾人体育教学科研工作，3 位从事康复治疗研究；相关工作年限都在 7~34 年，平均 16. 7 年，有 2 人工作 10 年以下；10 人工作在 10~20 年；6 人工作 21~30 年；4 人工作 30 年以上。在学历方面：9 人具有博士研究生学历；7 人具有硕士研究生学历；5 人具有本科学历；1 人是本科以下。在职称方面：8 人具有高级职称；5 人具有中级职称；7 人具有初级职称；2 人为其他职称。

2. 咨询专家的积极性系数

专家的积极性系数一般通过专家问卷的回收率来表示，回收率在一定程度上可反映咨询专家对该领域的关心程度。专家的积极性系数=回收咨询表的份数/发放咨询表的份数×100%进行计算。有研究指出，可以用来分析和报告的最低回收率为 50%，60%的回收率是好的，能够达到 70%的回收率就已经非常好了①。本研究通过当面拜访、电子邮件等多种方式发

① ［美］艾尔巴比．社会研究方法［M］．李银河，编译．成都：四川人民出版社，1987：21.

放问卷 39 份，收回有效问卷 34 份，有效回收率为 87.2%。第二轮调查问卷发放 29 份，收回有效问卷 22 份，回收率为 75.9%。虽然第二次回收率比第一次有所下降，但足以满足统计学对样本所需的数量，同时也反映专家对该领域调查有较高的关注度。

3. 咨询专家的权威程度

专家的权威度能够衡量专家在某一领域的评价群体中的影响力，影响力大的专家对事物本质的剖析往往比较深入，得出的评价结论也相对更具有说服力。在调查研究中，常以咨询专家对调查内容的熟悉程度来考察研究的可靠性。当前，一般通过专家的权重来体现专家的权威程度。专家权重的确定方法一般有三种：一是主观法，主要根据专家的名望、声誉来确定权重；二是客观法，采用赋值的方法对评判的内容进行打分，通过统计得出权威系数；三是主客观结合，结合前两种方法，兼顾主观与客观要素，确定判断内容的影响力。在本研究中采用等权的方式判断专家的权威程度。

本研究对专家权威程度的确定主要是通过专家给予的熟悉程度的分数统计而来。在熟悉程度的必选条目中，让专家对调查内容的熟悉程度分 5 个程度进行赋值，即不熟悉赋值 0.2 分，一般熟悉赋值 0.4 分，比较熟悉赋值 0.6 分，熟悉赋值 0.8 分，很熟悉赋值 1 分。咨询专家的熟悉程度的平均值=∑赋值×专家数/专家总数①。一般而言，专家熟悉系数大于 0.7 可被接受②。在第一轮调查的 34 名专家中，熟悉程度系数在 0.4~1，平均值为 0.77。在第二轮调查的 22 名专家中，熟悉程度系数在 0.6~1，平均值=（0.6×5+0.8×10+1×7）/22=0.818，反映本研究专家权威程度处于较高水平，提供的反馈信息可靠性较高，其参考和利用价值也较大。

4. 专家评判的协调程度

在多位专家对某事物进行评判时，经常会面临专家的评判结果是否一致的问题。如对某一指标评判不一致，则说明评价存在一定的随意性或专家对该指标存有不同的观点；专家的协调程度较为一致时说明专家对该问题达到了共识，对评判更加可靠。因此，协调系数不仅反映了专家意见的一致性，

---

① 魏巍，荆鲁，徐凤芹．利用德尔菲法确立心血瘀阻证诊断标准［J］．中国中西医结合杂志，2010，30（6）：585-588.

② 关勋强，李瑞兴．医学研究生教育评价与实践［M］．北京：军事医学科学出版社，2000：67.

也是咨询结果可信程度的指标。专家意见的协调程度又称为变异系数。一般而言，协调系数用变异系数（Vs）表示，Vs＝标准差/均值。变异系数说明评判专家对指标评价相对重要性的波动程度，其值越小，表示专家对某一指标的判断分歧越小，专家之间的协调程度越高。相反，变异系数越大，表示专家对某一指标的判断分歧越大，专家之间的协调程度越低。有学者认为变异系数≥0.25，则说明专家协调程度不够，存在较大分歧①。

本研究对条目重要性的评价采用五点评分方式，即“很不重要”赋值“1”；“不重要”赋值“2”；“一般”赋值“3”；“重要”赋值“4”；“很重要”赋值“5”。在第一轮测试中，专家之间的协调程度在0.19~0.45；在第二轮评判中，专家之间的协调程度在0.18~0.38（见表7-3）。首先，从所有指标的评判程度来看，国外体质测试体系中所采用的指标的协调程度较大，其原因是部分专家建议尽量少采用国外体质健康测试指标，而有些专家认为国内对修正指标了解较少，多数人对操作程序较为陌生，故应以国内实施的体质健康测试指标为主。其次，身体素质中一些操作性的测试指标的协调程度也较低。其主要原因是残疾学生的障碍不同，专家在选择测试指标时的考虑要素也存在一定的差异。另外，第二轮专家的协调程度也高于第一轮专家的协调程度。从平均分值较高的指标来看，身体质量指数、肺活量、握力、掷实心球、仰卧起坐和坐位体前屈等评判得分较高的测试指标的协调程度也较好。表明经过两轮专家咨询，专家的意见基本趋于一致。

表7-3　专家调查统计结果

指标	第一轮专家评判结果			第二轮专家评判结果		
	平均值	标准差	变异系数	平均值	标准差	变异系数
1 身体形态						
1.1 身体质量指数	3.88	0.91	0.24	3.94	0.89	0.22
1.2 身高标准体重	3.71	0.84	0.23	3.76	0.79	0.21
1.3 皮褶	3.28	1.08	0.33	3.16	0.88	0.28
1.4 腰围	2.74	0.99	0.36	2.91	1.03	0.35

① 史文文．体彩问题彩民的购彩特征及心理机制［D］．武汉：华中师范大学，2013：34.

续表

指标	第一轮专家评判结果			第二轮专家评判结果		
	平均值	标准差	变异系数	平均值	标准差	变异系数
1.5 臀围	2.79	0.95	0.34	2.85	0.89	0.31
1.6 生物电阻抗	2.71	0.90	0.33	2.77	0.92	0.33
2 身体机能	—	—	—	—	—	—
2.1 肺活量	4.12	0.88	0.21	4.21	0.77	0.18
2.2 台阶试验	2.74	0.59	0.22	—	—	—
2.3 50米×8往返跑	2.38	0.57	0.24	—	—	—
2.4 20 米往返跑	2.16	0.80	0.37	—	—	—
2.5 男 1000 米/女 800 米	2.64	0.49	0.19	—	—	—
2.6 12 分钟跑	2.75	1.19	0.43	—	—	—
2.7 9 分钟跑	2.23	0.43	0.19	—	—	—
2.8 1 英里跑/走	2.58	0.70	0.27	—	—	—
2.9 1.5 英里跑/走	2.85	0.82	0.29	—	—	—
2.10 肺活量体重指数	2.79	1.05	0.38	2.82	1.07	0.38
3 身体素质						
3.1 引体向上	2.64	1.19	0.45	—	—	—
3.2 修正引体向上	2.24	0.91	0.41	—	—	—
3.3 屈臂挂	2.38	1.05	0.44	—	—	—
3.4 直臂挂	2.47	0.57	0.23	2.77	0.77	0.28
3.5 掷实心球	3.56	1.02	0.29	3.29	1.09	0.33
3.6 网球掷远	3.24	0.74	0.23	3.29	0.72	0.22
3.7 俯卧撑	3.12	0.84	0.27	3.18	0.83	0.26
3.8 握力	3.47	1.05	0.30	3.76	0.92	0.25
3.9 握力体重指数	3.06	0.85	0.28	3.12	0.77	0.25
3.10 仰卧起坐	3.82	1.00	0.26	3.91	0.87	0.22

续表

指标	第一轮专家评判结果			第二轮专家评判结果		
	平均值	标准差	变异系数	平均值	标准差	变异系数
3.11 屈膝仰卧起坐	2.70	0.85	0.31	2.73	0.84	0.31
3.12 俯卧背伸	2.85	1.06	0.37	3.12	0.91	0.29
3.13 纵跳	2.91	1.00	0.34	3.00	1.04	0.35
3.14 立定跳远	3.41	0.86	0.25	3.50	0.83	0.24
3.15 50 米跑	3.22	1.05	0.33	—	—	—
3.16 坐位体前屈	3.94	0.98	0.25	4.03	0.83	0.21
3.17 单脚坐位体前屈	3.26	0.79	0.24	3.32	0.77	0.23
3.18 V 形位体前屈	2.59	0.99	0.38	2.74	0.93	0.34
3.19 双手后勾	3.12	0.84	0.27	3.18	0.72	0.23

5. 专家对测试指标的评判结果

专家对条目池中测试指标的评判是筛选残疾学生体质健康测试指标的主要依据。本研究需要专家对测试指标两个方面作出评判：一是对测试指标是否对残疾学生合适。由于条目池中的测试指标都是以健全人群体质测试为基础，因此需要专家根据视力、智力和听力三类残疾作出判断。二是对适合开展的测试指标的重要程度作出评判。由于不同维度测试指标过多，不可能对每项指标开展测试，在对该指标适合性作出判断的基础上（根据上文中的五点评分方式）对各指标的重要程度作出评判。在本研究中，有 5 位或者以上专家认为该测试指标不适合视力、智力或听力学生中的任何一个群体，则直接从被选条目中删除，不再进行第二轮咨询。但以其他专家的评判依据进行统计分析。当有 1~4 位专家认为不适合作为测试指标，则继续进行第二轮测试。

在第一轮咨询中，台阶试验有 7 人认为不合适，50 米×8 往返跑有 5 人认为不合适，20 米往返跑有 5 人认为不合适，男 1000 米跑（女 800 米跑）有 12 人认为不合适，12 分钟跑有 10 人认为不合适，9 分钟跑有 11 人认为不合适，1 英里跑/走有 13 人认为不合适，1.5 英里跑/走有 14 人认为不合适，引体向上有 6 人认为不合适，修正引体向上有 5 人认为不合适，50 米跑有 7 人认为不合适。从以上数据可见，除了台阶试验、引体向上和修正引体向上三项指标外，其他专家认为不合适的指标都聚集在各种跑/走测试指标中。究其原因主要涉及两个方面，一是视力残疾学生不利于进行跑测，需要配有引跑者，操作程序较为复杂；二是有些残疾学生在剧烈的运动中会发生继发性病症（如癫痫、哮喘）的可能。此外，还有些测试项目如生物电阻抗、直臂挂、俯卧撑、双手后勾等指标分别有 2 位、3 位、1 位和 3 位专家认为不合适。从专家评判的分值来看，平均值在 2. 16～4. 12，标准差在 0. 43～1. 19，身体质量指数、肺活量、掷实心球、仰卧起坐和坐位体前屈等指标的平均值较高。在第二轮专家评判中，咨询专家对 23 个指标进行评判，平均值在 2. 73～4. 21，标准差在 0. 72～1. 09，身体质量指数、肺活量、握力、仰卧起坐和坐位体前屈等指标的平均值较高。除了握力之外，其他四项的平均分值都较高，并且前后两次都达成一致意见。

三、残疾学生体质健康测试指标体系的构成

残疾学生体质健康测试是国民体质健康测试的重要组成部分。在筛选残疾学生体质健康测试指标时既要与国民体质健康测试的理念相一致，与不同年龄组的测试指标保持一定的连续性，又要考虑残疾学生自身的特殊需要。为此，本研究根据残疾学生体质健康测试的需要在提出科学性、相关性、可比性、全面性和精简性的原则的基础上，通过文献资料法对国内外具有代表性的体质健康测试指标进行了总结与归纳，并初步构建了残疾学生体质健康测试指标被选条目池。根据条目池中各测试指标形成了专家咨询问卷，其中一级指标包括身体形态、身体机能和身体素质三个部分，二级指标包括身高标准体重、身体质量指数等 35 项指标。采用德尔菲法对残疾学生体质健康测试指标的适合性和重要程度两个方面进行了专家咨询，经过两轮的咨询，受访专家意见基本达成一致。

在指标的选择理念上，本研究根据国内外体质健康测试体系，特别是根据《国民体质测定标准手册》和《国家学生体质健康标准》的研制理念，以及残疾学生体质健康测试体系筛选的原则，前期研究的结果并结合专家的评判得分最终生成。在数量的选择上，根据体质健康测试要素，选

取身体形态测试指标1项，身体机能测试指标1项，身体素质中上肢、腹部和下肢肌肉力量与耐力各1项，柔韧性1项，共选取6项测试指标。

在指标筛选过程中，为确保被筛选的指标能够有较高的效用，应同时符合如下筛选原则：①在第二轮专家评判中重要指数平均值居各子指标首位；②5位或以上专家认为不适合残疾学生则该指标直接删除；③咨询专家的变异系数大于0.25则该指标也不采用。也就是说，被筛选的指标只有同时符合适合残疾学生的情况下，重要程度得到了专家们的认可，即平均值居各子指标的首位，并且也有较好的协调程度。根据表7-3中的统计数据可见，身体形态方面，身体质量指数以平均值3.94分，变异系数0.22作为首选指标；身体机能方面，肺活量以平均值4.21分，变异系数0.18作为首选指标；上肢肌肉力量与耐力方面，握力以平均值3.76分，变异系数0.25作为首选指标；腹部肌肉力量与耐力方面，仰卧起坐以平均分3.91分，变异系数0.22作为首选指标；下肢肌肉力量与耐力方面，立定跳远以平均值3.5分，变异系数0.24作为首选指标；在柔韧性方面，坐位体前屈以平均值4.03分，变异系数0.21作为首选指标（具体见表7-4）。

表7-4　残疾学生体质健康测试指标

测试维度		测试指标
身体形态		身体质量指数（BMI）
身体机能		肺活量
身体素质	上肢肌肉力量与耐力	握力
	腹部肌肉力量与耐力	1分钟仰卧起坐
	下肢肌肉力量与耐力	立定跳远
	柔韧性	坐位体前屈

第三节　残疾学生体质健康测试指标的检验

一、残疾学生体质健康测试指标的检验过程

本研究通过文献资料法和专家咨询法，结合国内外青少年体质健康测试指标体系研究的基础，建立了残疾学生体质健康测试指标备选条目池。

通过两轮德尔菲法，请专家从指标的适合性和重要程度对备选条目池进行了筛选，初步构成了残疾学生体质健康测试指标体系。然而，由于测试指标都源于健全人群采用的测试指标，而本研究主要涉及的是残疾学生（包括视力残疾、听力残疾和智力残疾），并且每种残疾类型的程度都存在一定的差异。因此，在研制评价标准前，本研究试图对构建的测试指标的可行性、可靠性、有效性和客观性等进行小规模的验证，以期为残疾学生体质健康标准的研制提供保障。

1. 测试指标检验过程的管理

（1）测试前的准备。测试前的准备工作主要涉及两个方面：一是测试队伍的组建；二是测试队伍的培训。在测试队伍的组建上，由于本次测试对象主要是智力残疾、视力残疾和听力残疾学生，在测试过程中的沟通交流以及潜在的危险性都是预先应该考虑的问题。因此，课题组选择体育类专业与特殊教育专业的教师和学生组成的测试队伍。在测试队伍的培训上，培训内容主要涉及残疾学生沟通技巧、测试方法的培训、具体操作的规范、仪器的调节与使用、测试数据的填写以及安全防范等内容。

（2）测试组织与管理。受试者测试前应该保持安静状态，不要从事剧烈的身体活动，尽量着运动服和运动鞋参加测试；在测试前进行相应的热身与拉伸运动。测试者在测试现场维持好测试纪律。

在测试顺序上，目前还没有研究提供多项体质健康测试指标（即身体形态、身体机能、肌肉力量与耐力和柔韧性）的最佳测试顺序，但测试之间应该有充分的时间使心率恢复到基础水平。因此，在本研究中，先测试安静的指标（如身高、体重、肺活量），再测试动态指标（如握力、仰卧起坐、立定跳远和坐位体前屈）。在测试中，以两人一组进行配合作业，其中一人负责指导测试、调整仪器等工作；一人负责记录测试结果。

2. 各指标的测试方法

为保障测试的科学性，尽量减少不必要的误差，本研究从被测者、测试者以及数据读取等方面进行规范，具体要求如下。

（1）身高测试方法。

①被测者尽量赤脚或穿袜、摘帽呈立正姿势站在身高计的底板上，脚跟、骶骨部及两肩胛与立柱相接触，保持耳屏上缘与眼眶下缘呈水平位。

②测试人员站在被测试者右侧，将水平压板轻轻沿立柱下滑，轻压于被测者头顶。测试人员两眼与水平压板呈水平位进行读数。

③保持同一姿势连续测量两次，记录员复述后取最大值进行记录，以厘米为单位，取1位小数。

（2）体重测试方法。

①体重采用体重秤测试。被测者自然站在体重秤的中央，上、下体重秤时，动作要轻缓；被测者尽可能减少着装。由于气候原因无法满足穿短裤和短袖的情况下，被测者尽可能脱下外套，以减少测试中产生的误差。

②测试人员等体重测试秤数字或指针稳定之后，快速地读取数值。读数以千克为单位，取小数点后1位小数。

（3）肺活量测试方法。

①在通风良好的室内进行，先将肺活量计放置在平稳的桌面上，将电源安装牢固，按工作键液晶屏显示“0”即表示机器进入工作状态。

②测试前告知被测者听到“开始”指令后，手持吹气嘴，深吸一口气，然后屏住气以中等速度向嘴里全力吹，直至不能再呼为止（测试中途不得二次吸气）。

③吹气完成后，液晶屏上最终显示的数字即为肺活量数值。

④每名被测者测两次，前后可间隔5~10秒，取最大值记录。肺活量测试以毫升为单位，取整数。

（4）握力测试方法。

①握力的测试采用握力计测试。测试时，被测者身体直立，两脚自然分开（与肩同宽），两臂自然下垂，禁止摆臂、下蹲或将握力计接触身体。

②测试时，被测者转动握力计的握距调节钮，调至适宜握距，然后用最大力紧握上下两个握柄。

③如果被测者分不出有力手时，则双手各测两次，取最大值。记录以千克为单位，保留小数点后1位。

（5）坐位体前屈测试方法。

①测试前，被测者应做准备活动，防止肌肉拉伤。

②测试时，被测者坐在测试垫上，双腿伸直，脚跟并拢，脚尖自然分开，全脚掌蹬在测试仪平板上，上体前屈，双臂并拢平伸，掌心向下，用双手中指指尖推动游标平滑前移，直至不能移动。

③坐位体前屈可测试两次，取最大值；记录以厘米为单位，保留小数点后 1 位并注意正确填写正负号。

（6）1 分钟仰卧起坐测试方法。

①测试前，准备垫子和秒表，被测者应做适量的放松活动，防止腰腹部肌肉拉伤。被测者仰卧于水平放置的垫子上，双腿稍分开，屈膝成 90 度，双手手指交叉抱于脑后。

②测试时，一名测试者（计时员）发出“开始”口令并开始计时，另一名测试者压住双脚以固定下肢并兼计数员。被测者快速起坐，双肘触及或超过双膝，然后还原为仰卧，双肩胛触垫子时即为完成 1 次。

③如果被测者借用肘部撑垫的力量完成起坐、双肘未触或未超过双膝，该次不计数；当计时员发出时间到指令时，计数员停止计数。

④记录被测者有效的仰卧起坐的个数。

（7）立定跳远测试方法。

①立定跳远测试采用沙坑和量尺进行，如无沙坑可在土质松软的平地上进行（测试地要平坦，不得有坑凹），起跳线至沙坑近端不得少于 30 厘米。

②测试时，被测者两脚自然分开站立于起跳线后，脚尖不得踩线；两脚原地同时起跳，不得有垫步或连跳动作。

③每人试跳两次，记录其中最好一次成绩；若受试者犯规时，可允许再跳，直至取得成绩为止。

④成绩的测量用量尺量取从起跳线后缘至最近着地点后垂直距离，量尺应拉直。数据记录以厘米为单位，取 1 位小数。

3. 测试对象

由于本研究对象涉及智力残疾、视力残疾、听力残疾和健全学生等类型，年龄范围涉及 6~14 岁在校男女残疾学生。课题于 2015 年 3—4 月在江西省随机选取 4 所特殊教育学校和 1 所完全学校视力残疾、听力残疾、智力残疾和健全学生四类学生进行检验性测试。测试人员对每个组别的每个年龄随机选取 5 人，共 360 个样本进行验证（见表 7-5）。

表 7-5　残疾学生体质健康测试指标检验测试信息（单位：人）

年龄＼性型	视力残疾		听力残疾		智力残疾		健全学生	
性别	男	女	男	女	男	女	男	女
6 岁	5	5	5	5	5	5	5	5
7 岁	5	5	5	5	5	5	5	5
8 岁	5	5	5	5	5	5	5	5
9 岁	5	5	5	5	5	5	5	5
10 岁	5	5	5	5	5	5	5	5
11 岁	5	5	5	5	5	5	5	5
12 岁	5	5	5	5	5	5	5	5
13 岁	5	5	5	5	5	5	5	5
14 岁	5	5	5	5	5	5	5	5
总数	45	45	45	45	45	45	45	45

二、残疾学生体质健康测试指标的可行性分析

一般而言，测试的可行性主要是指被测者能否有效完成测试任务。考察测试的可行性主要包括测试的回收率、完成率和测量时间等要素。在量表类测试中，通常要求量表回收率和完成率≥85%，完成时间要求小于 20 分钟①。当前，对体质测试指标的可行性鲜有涉及。在《中国国民体质监测系统的研究》中，将测试指标的可行性称为测试难度，是指参加测试的群体中能通过某项指标测试者占总体的比值，即某项指标的难度 P（%）= 能完成本指标测试的人数÷被测总人数×100%。中国国民体质监测系统的研究中指出：难度（尤其是生理机能指标和运动素质指标）如果低于 85%，提示有相当部分儿童不能真实表现出其真实水平，即指标不适用于本监测

① DEVELLIS，R. F. Scale Development：Theory and Applications 3^ed [M]．California：SAGE Publications，2011：61.

指标体系①。另一研究中对老年人测试难度的具体指标如下：①80%以上的70岁以下老人，70%以上的70岁以上老人在测试结束后没有明显的疲劳感觉；②在测试中不会出现高度的精神紧张；③不致因测试而诱发呼吸、循环系统的疾病，包括原有慢性疾病的复发等；④在测试过程中不致发生摔倒、跌伤或肌肉拉伤等；⑤至少有80%的老年人能够顺利通过各项目的测试②。此外，测试所需的时间、测试程序的危险性、场地/器械的获得性等都是检验测试指标可行性的要素，但由于本研究初步拟定的测试指标都是经典的体质健康测试指标，对场地器械要求相对较少，因此在借鉴国民体质测试难度要求的基础上，结合三类残疾学生的实际情况，从完成率和所需时间对拟定的测试指标进行可行性分析。

本研究试图对视力残疾、听力残疾和智力残疾学生进行小规模验证。结果显示，大部分残疾学生都能够完成拟定的测试指标。在身高和体重测试指标上，由于操作程序简单且无须消耗体力，各类残疾学生都能够按要求完成。在肺活量指标上，有少许智力残疾学生难以完成。其原因主要是智力残疾学生没有掌握吹气，甚至还有残疾学生在吸气时发音。在仰卧起坐指标上，视力残疾学生和听力残疾学生都能够完成，有部分智力残疾学生难以掌握。在立定跳远指标上，听力残疾学生都能够完成，但有部分视力残疾和智力残疾学生难以完成，其原因主要是部分残疾学生没有掌握和理解跳跃技术。在坐位体前屈指标上，视力残疾和听力残疾学生都能够完成，有个别智力残疾学生难以完成。

需要指出的是，由于残疾学生残疾类型的多样性、残疾程度不同等特征，很难有测试指标能满足每个群体。从测试的结果来看，三类残疾学生绝大部分能够完成测试，其中听力残疾和视力残疾学生完成情况较好，智力残疾学生肺活量、仰卧起坐和坐位体前屈等指标存在一定的障碍。其主要原因是智力残疾学生感觉统合失调或习得性等原因不能完成，但也能够在可控制范围内。在完成时间上，各类学生都能够在5~10分钟内完成。由此可见，初步拟定的测试指标具有较好的可行性（见表7-6）。

---

① 武东明．澳门居民身体机能与身体素质的现状和变化规律的研究［D］．广州：广州体育学院，2010：34.

② 中国国民体质监测系统课题组．中国国民体质监测系统的研究［M］．北京：北京体育大学出版社，2000：17.

表 7-6　残疾学生体质健康测试指标完成率

测试指标	视力残疾学生		听力残疾学生		智力残疾学生		健全学生	
	男	女	男	女	男	女	男	女
身高	100%	100%	100%	100%	100%	100%	100%	100%
体重	100%	100%	100%	100%	100%	100%	100%	100%
肺活量	100%	100%	100%	100%	92.5%	91.1%	100%	100%
握力	100%	100%	100%	100%	97.8%	100%	100%	100%
仰卧起坐	100%	100%	100%	100%	86.7%	84.4%	100%	100%
立定跳远	100%	97.8%	100%	100%	93.3%	100%	100%	100%
坐位体前屈	100%	100%	100%	100%	95.6%	93.3%	100%	100%

三、残疾学生体质健康测试指标的可靠性分析

测试指标的可靠性检验又称信度检验，是指在相同测量条件下，对同一受试者使用相同测量手段进行重复测试，测量结果的一致性程度。一般而言，一个好的测量工具，只要遵守操作规范，其测量就不应随测试者或使用时间等方面的变化而发生较大的改变①。信度检验可分为重测信度(Test-retest Reliability)、复本信度、分半信度、评价者信度和同质性信度五种。重测信度是指在两天或数天时间内，测试者对同一批受试者重复测量结果的一致程度。即测试—重复测试结果的一致程度较高，表示所测事物具有较好的稳定性。反之亦然。在验证测试指标时，如某指标的特性具有相对稳定性，其测量—再测量的结果之间的差异是由于测量误差而引起的，这时可采用稳定可靠性描述测量误差，如身高、体重、速度素质等指标；而有些测试指标稳定性较差，测试—再测试结果之间的差异是指标本身变化而引起的，并不完全是由误差引起的，这就会低估测量的可靠性。这类指标如脉搏、血压等。复本信度是指采用平行的两项测试指标测试同一批测试者所得结果的一致程度。该种信度检验在测试中通常是 AB 卷或备用卷的关系。分半信度是指将一测试分成对等的两半后，所有被试者在这两半上所得分数的一致程度。评价者信度是指多个评分者给同一批人评

① 戴海崎．心理与教育测量［M］．广州：暨南大学出版社，2011：69.

分的一致性程度。该类测试一般出现在主观性打分的评价中。同质性信度也叫内部一致性系数，是指测试内部所有题目间的一致性程度。本研究为了检验指标的可靠性，在测试过程中设计了指标稳定性和内部一致性两种检验方法。

表 7-7　残疾学生体质健康测试指标的可靠性检验

	第一次测试 $\bar{x}\pm s$	第二次测试 $\bar{x}\pm s$	相关系数	两次测试均值差
身高	143.6±10.3	143.9±9.8	0.98（p<0.01）	-0.3（p>0.05）
体重	39.1±6.5	38.8±6.6	0.91（p<0.01）	0.3（p>0.05）
肺活量	1927±746	1895±681	0.78（p<0.01）	32（p>0.05）
握力	19.6±7.7	18.4±7.3	0.91（p<0.01）	1.2（p>0.05）
仰卧起坐	22.3±10.2	20.7±9.0	0.90（p<0.01）	1.6（p>0.05）
立定跳远	146.7±30.5	143.2±29.7	0.82（p<0.01）	3.5（p>0.05）
坐位体前屈	2.7±4.1	2.1±3.7	0.89（p<0.01）	0.6（p>0.05）

在体质健康测试指标的可靠性研究中，可通过测试—再测试的方法，计算前后两次测量之间的相关系数来反映测试指标的信度。因此，本研究采用重测方法，两次结果作配对 T 检验，同时计算两次测试的相关系数，从稳定可靠性对残疾学生体质健康拟定的测试指标进行检验。需要指出的是，重测方法有两个重要的影响因素：一是重测受前一次测试的影响；二是重复测试的间隔时间，测试结果可能会随时间的变化产生变化。这两种现象都不是由误差引起的，但都会严重影响测试结果。考虑到本研究检验的是测试指标的可靠性，避免成长或外在因素对测试结果的影响，对被测者测试间隔一天后进行重复测试更为适当。为减少偏倚，在受试人员的饮食与穿着、重测的地点、重测的时间等事项进行事前叮嘱。在相关系数方面，以"［-1，1］"相关数值域为参照标准，其相关系数的绝对值反映相关的强度。相关系数的值域越大，两者的相关越强。有研究指出信度系数≥0.75 表示再测信度很好，而低于 0.4 表示较差。如果结果表明某个问卷项目的信度系数低于 0.4，则要考虑对该项目进行修改或者删除该项目①。

① 李灿，辛玲．调查问卷的信度与效度的评价方法研究［J］．中国卫生统计，2008，25（5）：541-544.

本研究从360个样本中随机抽取50人（男25人，女25人）作为重测信度检验样本，其中在间隔一天后进行重复测试。计算两次测试的相关系数，同时两次结果作配对T检验。经分析两次测试的相关程度都较高，相关系数分别在0.78~0.98，其中无须操作指标的两次测试相关系数较好，但需要操作测试指标两次测试存在一定波动性，但差异不具有统计学意义。配对检验结果表明，尽管各指标重复测试数据都存在不同程度的差异，但均值差均无显著性意义。可以看出，本研究选用的测试指标的可靠性较好，具有较高的信度。

此外，在同一天内、相同条件下（同一测量人员使用同一量具或仪器，在同一场地）对同一批受试者实施两次测试，其两次测试结果的相关系数见表7-8。

表7-8 残疾学生体质健康测试指标的内部一致性检验

指标	相关系数	两次测试均值差
身高	0.98（p<0.01）	1.3（p>0.05）
体重	0.93（p<0.01）	0.5（p>0.05）
肺活量	0.88（p<0.01）	−35.6（p>0.05）
握力	0.92（p<0.01）	2.9（p>0.05）
仰卧起坐	0.87（p<0.01）	1.2（p>0.05）
立定跳远	0.89（p<0.01）	2.3（p>0.05）
坐位体前屈	0.91（p<0.01）	−1.4（p>0.05）

从表7-8的检验结果可见，残疾学生体质健康测试指标重复测试结果的相关系数都基本上达到高度相关，反映所选指标的可靠性相当高。在进行配对T检验时，各指标的两次测试结果存在一定程度的差异，但不具有显著性意义。

四、残疾学生体质健康测试指标的有效性分析

有效性又称为效度，是指所选择的测量手段达到测量目的的准确程度。也就是说，测验所能测量的属性与欲测属性之间的相关一致程度。1954年，美国心理学会出版的《心理测验的标准》将效度分为四大类，即内容效度、构想效度、预测效度和同时效度。1974年，由美国心理学会颁

布的《教育和心理测验的标准》将“同时效度”与“预测效度”统称为效标关联效度，并将效度分为效标关联效度、内容效度和构想效度三种类型。随着效度研究的深入，三类效度被指出存在高度相关。1985 年，美国心理学会出版的《教育和心理测验的标准》一书认为很可能只存在一种效度类型。著名的心理测验学家安娜斯塔西认为，三类效度并非平行的概念，构想效度包含了前两者，效标关联效度和内容效度实际上是构想效度的验证方式。鉴于国内当前还没有形成规范的残疾学生体质健康测试标准，无法确定相关的效标，因此本研究主要通过内容效度和结构效度对指标体系进行效度检验。

1. 内容效度

内容有效性是指所选择的测量内容和引起预期反应所达到的程度，即所选择的测量内容与拟测事物属性的一致性程度。评估内容效度的方法有逻辑分析的方法和用测试内容与所测内容相配对的方法。也就是说，内容效度的评估缺乏严格统计学的方法，其原因在于所属内容域较难以确定。一般而言，测试的内容效度采用专家判断法。

就本研究而言，内容效度是指筛选的测试指标是否能够反映残疾学生体质健康的主要方面。在研制过程中，本研究构建的残疾学生体质健康测试指标主要依据世界卫生组织（WHO）和世界各国采用的体质测试指标体系为基础，并通过两项措施确保内容效度的准确性：①结合国内外体质测试体系，对测试指标进行详细的分析，并制定出评判框架；②通过两轮专家调查法总结众多相关专家的意见，从适合性和重要程度对备选条目进行筛选，以确保每项被选指标能够测量出所要测量的内容。根据表 7-3 可见，初步形成的测试指标体系都是专家评判的各类最高分，专家评分在 3.50~4.21，标准差在 0.77~0.92，每项指标能够测量出所要测量的属性，可以认为具有较好的内容效度。

2. 结构效度

为了检验测试指标之间的相关关系与理论预测是否一致，本研究采用了验证性因子分析对指标体系进行结构效度检验。结构效度是指一组测量所包含的各项内容与总体属性各种拟测成分在结构上的一致性程度。例如，假设篮球运动技能是由运球、传球和投篮组成，如果一个测验是由这三种技术测验构成，就可以认为该测量具有结构有效性，因为其中每一种技术测验都能够测量到利于基本技能的一个方面。通过对构成总体属性的各个成分或特征的测量，在结构上体现了一种系统性。一般而言，采用探索性因子分析判断测试指标的结构效度。

有研究指出，可用 KMO 统计量探索各变量是否适合进行因子分析，KMO 统计量取值范围在 0~1，当 KMO 大于 0.9 时效果最佳，0.7 以上效果中，0.6 时效果很差，0.5 以下时不适宜作因子分析①。具体在 SPSS 中的操作程序为：①统计分析；②数据降维；③因子分析。在因子分析的对话框中将需要验证的测试指标选入右边变量下的空框中；在描述子对话框中选择“原始分析”和“KMO 和巴特利特球形度检验”；在提取对话框中选择“主成分分析”，选择“相关性矩阵”和“未旋转因子解”，在抽取因素时限定在特征值大于 1 的因素。在旋转对话框中，选取“最大方差法”“旋转后的解”，并按“确定”得出处理数据。经分析得出，KMO 值为 0.832（$p<0.01$），反映变量之间具有共同因素存在，且变量之间的相关性很好，适合进行因子分析（见表 7-9）。

表 7-9 KMO 和巴特利特检验

KMO 取样适切性量数		0.832
巴特利特球形度检验	近似卡方	115.747
	自由度	21
	显著性	0.000

表 7-10 残疾学生体质健康测试指标因子载荷矩阵

	第一个因子	第二个因子	第三个因子
身高	0.939	—	—
体重	0.732	—	—
肺活量	—	0.795	—
仰卧起坐	—	—	0.865
立定跳远	—	—	0.516
坐位体前屈	—	—	0.896
握力	—	—	0.645

① 张文彤．SPSS11 统计分析教程［M］．北京：北京希望电子出版社，2002：192.

采用主成分分析法结合最大变异法，经正交旋转后特征值大于1的因子共提取3个，所得3个因子特征值分别为2.441、1.394和1.037，方差百分比分别为36.208%、17.929%、14.803%，总解释方差变异的68.940%，其中第一个因子包含的变量为身高、体重等身体形态方面；第二个因子包含的变量为以肺活量为代表的身体机能方面；第三个因子包含的变量为以握力、仰卧起坐、立定跳远和坐位体前屈等为代表的身体素质方面（见表7-10）。经探索性因子分析后，建立的残疾学生体质健康测试指标体系与我国国民体质测定标准指标结构、国外经典的体质测试指标以及WHO提出的健康体适能理论结构相一致。总体而言，因子分析结果说明建立的指标体系具有较好的结构效度。

五、残疾学生体质健康测试指标的区分度分析

表7-11　残疾学生体质健康测试各指标与总分的相关系数

		6岁	7岁	8岁	9岁	10岁	11岁	12岁	13岁	14岁
身高	相关性	0.76	0.71	0.85	0.9	0.77	0.72	0.80	0.78	0.91
	显著性	0.00	0.00	0.00	0.00	0.00	0.00	0.00	0.00	0.00
体重	相关性	0.46	0.62	0.33	0.57	0.49	0.53	0.64	0.66	0.79
	显著性	0.00	0.00	0.00	0.00	0.00	0.00	0.00	0.00	0.00
肺活量	相关性	0.74	0.70	0.38	0.51	0.44	0.49	0.50	0.44	0.36
	显著性	0.00	0.00	0.00	0.00	0.00	0.00	0.00	0.00	0.00
握力	相关性	0.33	0.47	0.37	0.36	0.51	0.58	0.49	0.25	0.79
	显著性	0.00	0.00	0.00	0.00	0.00	0.00	0.00	0.00	0.00
仰卧起坐	相关性	0.36	0.51	0.27	0.56	0.34	0.47	0.22	0.36	0.84
	显著性	0.00	0.00	0.00	0.00	0.00	0.00	0.01	0.00	0.00
立定跳远	相关性	0.34	0.51	0.84	0.34	0.76	0.31	0.33	0.67	0.89
	显著性	0.00	0.00	0.00	0.00	0.00	0.00	0.00	0.00	0.00
坐位体前屈	相关性	0.60	0.38	0.83	0.74	0.77	0.70	0.74	0.79	0.92
	显著性	0.00	0.00	0.00	0.00	0.00	0.00	0.00	0.00	0.00

区分度是指测试指标对所测试的属性的鉴别能力。也就是说，在该测

试指标得分高的测试者，其对应的品质也较为突出，因此又可称为项目的效度。区分度的检验有多种方法，如相关系数法、鉴别指数法和方差法等。本研究采用相关系数法，即通过测试指标得分与测试总分的相关性进行判断，相关性越大说明区分度越高。在检验中，先将各项残疾学生体质健康测试指标转换为标准分 Z 值，然后求总分，并分别计算每个年龄段的各体质健康测试指标得分与总分的题总相关系数，从而来检验各个体质健康测试指标的区分性。从表 7-11 可见，各年龄组的测试指标与总分的相关程度都较高，并且具有显著意义，表明各指标的区分度较好。

六、残疾学生体质健康测试指标的客观性分析

测量的客观性是测量可靠性意义的延伸与发展，是指不同测试人员对同一批受试者进行同一测试时结果的一致程度。一般而言，测量的客观性分为一人测量客观性和多人测量客观性。前者是指同一测试者对同一受试者多次重复测量结果的一致程度，后者是指多名测试者对同一受试者测量结果的一致程度。在测试过程中，影响客观性的因素包括：①测试尺度的标准化；②测试者的水平；③测试者人数；④测试指标特征。当前判断客观性的估算方法有和谐系数法，另外一些估算测量可靠性的方法，也适用于估算测量的客观性，如方差分析法、a 系数法等。本研究在测试之前充分考虑测试的客观性问题，分别采取如下措施：①测试前对测试人员进行培训，要求每名测试人员熟练掌握各项指标的测试方法及相关注意事项；②严格按照国家国民体质测试仪器配置要求购置相应的测试仪器；③在测试过程中严格按照各指标的测试规范与要求测试和登记各项测试指标；另外，本研究中的 7 项测试指标都为定量化的指标，测试方法都是国内外经典的测试方法，并进行了多次反复的实践验证。因此，初步拟定的残疾学生体质健康测试指标符合测试的客观性要求。

第四节　残疾学生体质健康综合评价权重的设置

综合评价的关键是评价体系中各个评价指标权重的确定。一般而言，体质综合评价有加权综合评价和等权综合评价。由于各指标反映人体体质的方面不同，反映的深度也不同，因此，从理论上讲，在综合评级标准中所有参与评价

的指标都应当赋予不同的权数①。我国前期研制的体质综合评价中，采用加权的有 1989 年颁布的《中国学生体质综合评价方法与标准》；2002 年颁布的《学生体质健康标准（试行方案）》，2007 年颁布的《国家学生体质健康标准》以及 2014 年颁布的《国家学生体质健康标准（修订版）》等。采用等权的有 1996 年颁布的《中国成年人体质测定标准手册》，2003 年颁发的《国民体质测定标准手册》幼儿部分、成年人部分和老年人部分等。

从各阶段我国实施的《国家学生体质健康标准》来看，各指标的类权重均存在较大的差异（见表 7-12），2002 年颁布的《标准试行方案》中，小学一、二年级身高标准体重权重占 60%，而小学五、六年级及以上年级权重占 15%。在现行的《国家学生体质健康标准（2014 年修订）》中，则对各类指标的权重进行了统一，例如身体形态占 15%、身体机能占 15%、身体素质占 70%。具体指标的权重上，由于身体形态和身体机能只有一个测试指标，故其按类指标的权重实施。在身体素质指标上，各指标的权重根据指标的数目与属性，以及对体质健康综合评价的贡献率采用"等权"方法，但由于各学段学生身体素质评价指标数目存在一定的差异，各指标则按照从小学一年级至大学逐渐递增的趋势，采用共性指标逐渐降低和新增个性指标逐渐增加的原则对部分指标进行微调②。因此，现行的《国家学生体质健康标准》中各指标权重的设置采用分权与等权相结合的方法。

表 7-12　各阶段《国家学生体质健康标准》类指标权重的分布

测试指标	《标准试行方案》（2002 年）	《标准》（2007 年）	《标准》（2014 年）
身体形态（%）	60、40、15、15 小学一年级至大学	20、20、10、10 小学一年级至大学	15 小学一年级至大学
身体机能（%）	15 小学五年级至大学	20 小学五年级至大学	15 小学一年级至大学
身体素质（%）	40、60、70、70 小学一年级至大学	80、80、70、70 小学一年级至大学	70 小学一年级至大学

① 江崇民，于道中，季成叶，等．《国民体质测定标准》的研制［J］．体育科学，2004，24（3）：33-36.

② 张一民．切实提高学生体质健康水平——《国家学生体质健康标准（2014 年修订）》解读［J］．体育教学，2014，34（9）：5-7.

表 7-13　残疾学生体质健康测试指标权重

组别	类指标	类权重	测试指标	权重
各年龄组	身体形态	15%	身体质量指数	15%
	身体机能	15%	肺活量	15%
	身体素质	70%	握力	17.5%
			仰卧起坐	17.5%
			立定跳远	17.5%
			坐位体前屈	17.5%

本课题组采用访谈法向专家咨询残疾学生体质健康测试综合评价的权重。专家组认为，当前的测试指标都是在根据前期研究成果和专家建议基础上研制的，每个指标都代表体质健康测试中特定的组成部分和意义。现行的《国家学生体质健康标准》经过多次修订，其测试指标权重的设置已充分考虑到各指标在学生体质健康中的重要性。残疾学生体质健康测试作为学生体质健康测试的组成部分，可充分借鉴现行标准中各指标权重的设置。鉴于残疾学生体质健康标准的研制与现行的《国家学生体质健康标准》的研制理念与方法的一致性，故在指标权重的设置时参照现行的《国家学生体质健康标准》，实行分权与等权相结合的方式。虽然本研究中的测试指标体系与现行的《国家学生体质健康标准》的测试内容与数量均存在一定的差异，但其类指标是完全一致的。因此，根据现行《国家学生体质健康标准》指标权重的设置，本研究类指标权重分别为身体形态 15%、身体机能 15%和身体素质 70%。在测试指标权重上，由于身体形态和身体机能分别只有身体质量指数和肺活量一项，故其权重分别为 15%；在身体素质指标上，共由握力、仰卧起坐、立定跳远和坐位体前屈 4 项构成，按照等权的方法，各指标权重分别为 17.5%（见表 7-13）。

本章结语

根据国际上体质健康测试研究的前沿，并结合国内国民体质健康测试实施的现状，采用专家访谈和问卷调查法对智力残疾、听力残疾、视力残疾和健全学生的体质健康测试指标从身体形态、身体机能和身体素质等方面进行了构建。在第一轮调查中共有 34 位专家参加了调查，第二轮调查中共有 22 位专家参与了调查。调查专家表现出较好的积极性、权威性和协调程度。结果显示，身体质量指数、肺活量、握力、仰卧起坐、立定跳远和坐位体前屈能够分别作为身体形态、身体机能、上肢力量与耐力、躯干肌肉与耐力和下肢力量与耐力和柔韧性的测试指标。通过场地测试检验显示，身体质量指数、肺活量、握力、仰卧起坐、立定跳远和坐位体前屈绝大部分能够完成测试，具有较好的可行性；在重复测试中表现出较好的可靠性；同时表现出较好的有效性和客观性。在各指标的权重上，采用分权和等权相结合的方法，即类指标身体形态、身体机能和身体素质采用分权，分别为 15%、15%和 70%，其中身体质量指数权重为 15%，肺活量权重为 15%，身体素质中各指标为等权，各指标权重分别为 17.5%。

第八章

残疾学生体质健康标准的探索性研制

评价残疾学生体质健康状况，前提是制定科学合理的残疾学生体质健康测试标准。当前，国际上通常有两种研制体质健康评价标准的方法：一种是以美国 FITNESSGRAM 和 Project Target 为代表的标准参照方法；另一种是以我国现行的国民体质健康测试为代表的常模参照方法。两种评价方法由于理念不同，在实施的过程中均存在一定的利弊。然而，如何研制残疾学生体质健康测试标准不仅要考虑科学性和合理性，还要与一个国家国民体质健康测试的研制理念与方法相一致。也就是说，残疾学生体质健康测试标准在横向上能够与健全同龄学生具有可比性，在纵向上与不同年龄国民的体质健康测试具有一定的衔接性和延续性。

第一节　残疾学生体质健康标准的研制思路

一、残疾学生体质健康评价理念的确定

当前，国内外体质健康标准的研制主要有两种方法：一种是常模参照方法，该方法是当前国内外最常用的体质健康标准研制方法，我国国民体质健康标准的研制一直是沿用该方法；另一种是标准参照方法，该方法最典型的是 20 世纪 80 年代以来美国国民体质测试标准研制的方法，其中当前美国残疾青少年体质测试标准也是采用效标参照研制的标准。该两种方法的利弊在前文中已经论述，在此不再赘述。本研究根据专家的调查建议，并结合国内外文献的梳理，残疾学生体质健康标准的研制采用常模参照标准。其理由是：①根据美国残疾青少年体质健康标准研制的经验，残疾青少年体质健康测试一直与健全青少年体质健康测试标准的研制方法保持密切的联系。在早期，健全青少年体质测试标准采用的是常模参照标

准，残疾青少年体质测试标准也采用的是常模参照标准；20 世纪 80 年代以后，健全青少年体质测试标准采用的是效标参照标准，残疾青少年体质测试标准也采用的是效标参照标准。可见，美国残疾青少年体质健康测试标准与国民体质健康测试密切联系，而且在各阶段都保持了标准研制理念的一致性。②标准参照评价存在一定的主观性，国内体质健康测试尚未采用这一评价方法。因此，基于我国国民体质测试体系采用的是常模参照标准，为了残疾学生的体质健康在横向上具有对比性，同时在纵向上又具备发展性，当前我国残疾青少年体质健康标准的研制中也应该采用常模参照方法。

需要指出的是，在当前以常模参照研制的体质测试标准中，存在多种建模的方法，如指数法、离差法、百分位数法、相关法等。因每种方法都存在不同的特点，在使用时，一般根据样本的分布情况及评价表的性质，采用不同的方法①。例如，2002 年我国颁布的《学生体质健康标准（试行方案）》、1978 年日本文部省颁布的《中小学生体力诊断与评价标准》等模型的构建都采用的是离差法。美国颁布的“AAHPER Youth Fitness Test”、美国残疾青少年体质测试体系（Project UNIQUE）、张彦峰等人研制的“儿童青少年体质综合评价体系”②、于学礼等人研制的“天津市幼儿体质综合评价标准”③ 则采用的是百分位数法。在综合考虑各方法特点的基础上，鉴于百分位数法是以中位数为基准值，以其余各百分位数为离散距，既可以在正态分布，也可以在非正态分布的情况下应用，同时由于残疾青少年体质健康数据并不一定处于正态分布，故本研究采用百分位数法对残疾学生体质健康标准进行建模。百分位数法是以数值的序位划分等级为标准。在具体分数制定中，为了与《国家学生体质健康标准》相兼容，本研究在评价方法的选取上与当前现行的《国家学生体质健康标准（2014 年修订）》相一致。

二、残疾学生体质健康标准研制的分组

分组是科学研制各类人群体质健康标准的重要方法。一般而言，组别

---

① 江崇民，于道中，季成叶，等．《国民体质测定标准》的研制［J］．体育科学，2004，24（3）：33-36.

② 张彦峰，王美娟，刘莹莹，等．儿童青少年体质综合评价体系的研究与建立［J］．山东体育学院学报，2013，29（1）：74-80.

③ 于学礼，姜达维，闫沂，等．天津市幼儿（3~6 岁）体质综合评价标准研究［J］．天津体育学院学报，1998，13（4）：45-48.

划分得越细，越有利于体质健康的评价，但是组别划分过细又会失去测试的操作性。根据当前国内外体质健康标准研制的先例，通常采用的是男女分组、不同阶段的群体分组，如幼儿组、青少年组、成年人组和老年人组等分组类型。然而，在各类型的组内划分上，特别是青少年组（学生组）各评价标准的划分却存在较大的差异，例如国内 2002 年颁布的《学生体质健康标准（试行方案）》和 2007 年颁布的《国家学生体质健康标准》均是以年级为组别，将小学一、二年级划分为同一组，小学三、四年级划分为同一组，小学五、六年级划分为同一组，初中、高中和大学各年级分别为一组，而在 2014 年颁布的《国家学生体质健康标准》中则是以各年级分别划分为一组，即一年级、二年级、三年级各为一组。从美国青少年体质测试的划分来看，无论是青少年体质健康测试标准，还是残疾青少年体质测试组别的划分都是以年龄为组别单位，即每一岁为一个组别。

从标准研制的科学性来讲，同一组别的样本之间的误差尽可能小，样本之间的特征尽可能相近。就残疾学生体质健康标准的研制而言，应考虑到研究对象的性别、年龄、残疾类型、残疾程度、种族、地区、城乡等多种差异。例如，处于快速生长发育阶段的青少年，特别是幼年儿童，相隔一年甚至几个月可能就存在较大的差异。为了减少样本之间的误差，尽可能减少样本之间的年龄差异。一方面，我国幅员辽阔，地大物博，各地气候的因素也可能成为残疾学生体质健康差异的要素。另一方面，将各组类别划分过细势必影响标准研制的可操作性问题。例如，当前我国城镇化建设不断加快，城乡之间的差距越来越小，再加上一般乡镇都没有开设特殊教育学校，农村生源的残疾学生也需要在县市级特殊教育学校就读。因此，任何特殊教育学校都可能存在既有来自农村的残疾学生，也有来自城市的残疾学生。如果一所学校采用多种测试标准，其测试的可操作性显然难以保障。再且，虽然从理论上讲，种族差异、地区差异等因素应该作为残疾学生体质健康标准研制的要素，但从国内外研制的体质测试标准来看，还鲜有国家研制的标准将这些要素作为分类的要素。

在本研究中，残疾学生的分组主要考虑以下几个方面：一是按残疾类型分组。根据我国残疾类型的分类，并结合我国特殊教育的现状，即我国特殊教育体系中的残疾学生一般是针对智力残疾、听力残疾和视力残疾三种类型，本研究将残疾学生划分为智力残疾学生、听力残疾学生和视力残疾学生三种组别。需要指出的是，残疾程度也应该是残疾学生体质健康标准研制应该考虑的要素，但当前我国特殊教育一般指中轻度的残疾学生，重度残疾学生一般在医疗康复机构或以“送教”的方式开展教育。也就是说，在特殊教育学校接受教育的残疾学生一般都具备一定的“自理能力”和“可教育性”。并且在前期指标的筛选中已经考虑了残疾程度因素，所选的指标基本满足在校残疾学生的可操作性；同时考虑到标准研制的可操作性并借鉴美国青少年体质测试标准的研制经验。因此，本研究不再对残疾学生的残疾程度作进一步划分。二是按学生性别分组。在国内外各年龄段体质测试中，按性别分组是各国惯用的做法。本研究亦将各残疾类型根据性别划分为男女两组。三是按学生年龄分组。我国早期实施的《学生体质健康标准（试行方案）》和现行的《国家学生体质健康标准》中都是按照年级分组。按照年级分组是基于入学年龄的一致性，各年级健全学生的年龄相同。但在我国，学生不仅入学年龄存在一定的差异，且入学后也存在一定的留级、跳级等现象，导致各年级学生的实际年龄均存在一定的差异。就残疾学生的教育而言，由于残疾学生存在各种生理或心理障碍，不可能像健全同龄学生一样按年龄分布在各个年级，而是按照残疾学生对知识的接受性为基础。也就是说，同一年级中可能有多个年龄段的残疾学生。因此，与按年级分组相比，残疾学生根据年龄分组更为合适。在实施过程中，年龄计算方法为：测试时已过当年生日的学生：年龄=测试年-出生年；测试时未过当年生日的学生：年龄=测试年-出生年-1。

根据以上分析，本研究分为健全学生、智力残疾、视力残疾和听力残疾四个类别，其中每个类别按性别分为男女组别，每个组别从 6 岁至 14 岁又分为 9 个年龄组。

三、残疾学生体质健康评价标准的方法

在体质健康综合评价中，一般有评分和评级两种方法，也有采用单项评分评级和综合评分评级相结合的方法。其中，我国现行的《国家学生体质健康标准》采用的就是单项评分评级与综合评分评级相结合的方法。

就评级方法而言，一般根据级别的需要划分若干个等级，如优、良、中、差等。我国现行的《国家学生体质健康标准》采用优秀、良好、及格和不及格 4 个级别，单项评级和综合评级分别取 90.0 分及以上为优秀，

80.0~89.9 分为良好，60.0~79.9 分为及格，59.9 分及以下为不及格①。为了更好地与现行的健全学生体质健康测试相衔接，并根据研究的需要，本研究采用《国家学生体质健康标准》中单项指标和综合评级的方法。即 90.0 分及以上为优秀，80.0~89.9 分为良好，60.0~79.9 分为及格，59.9 分及以下为不及格。

在各等级成绩的分布上，根据现行的《国家学生体质健康标准》，对评分表中评价等级对应的理论百分位数进行相应的限定。其中 10% 的学生达到优秀；15% 的学生达到良好；65% 的学生达到及格；不及格率控制在 10%。根据理论百分位，四个等级的分别取第 10、75、90 百分位数作为界值点。各等级分布见表 8-1。

表 8-1　各等级界值点分布

	不合格	合格	良好	优秀
百分位数	P10 以下	P10~P74	P75~P89	P90 以上
理论比例（%）	10	65	15	10

就评分方法而言，主要有两种：一是采用百分制，如我国现行的《国家学生体质健康标准》；另一种是采用 5 分制，如我国现行的《国民体质测定标准》幼儿部分、成年人部分和老年人部分等。就在校学生而言，采用百分位数法操作较为简单，也易于理解。而采用 5 分制是根据百分位法生成的标准再进行统计，计算相应分数的百分位数和区间生成的评分方法。由于本研究主要是针对在校的残疾学生，学生的学业成绩一般都是按百分制。因此，在本研究中为了与现行的《国家学生体质健康标准》相兼容，同时又达到易于让学生理解，单项评分和综合评分都采用百分制评分法。

在单项评分上，本研究根据《国家学生体质健康标准（2014 年修订）》的研制理念，采用百分位数法和分段累进计分法相结合的统计方法。百分位数法和分段累进计分法相结合的优势是避免了单一百分位数法的成绩分布的不规则性。例如某一成绩段人数分布较多，有可能造成前后两分值的成绩相同，特别是样本量有限的情况下，更有可能发生多个分值

① 周通．辽宁省中小学学生体质评价标准的制定研究［D］．沈阳：沈阳体育学院，2017：34.

同样的成绩的现象（美国 Project UNIQUE 评价标准中就存在该现象）。百分位数法和分段累进计分法的结合在临界值的选取上采用百分位数法（如 P10、P75、P90）的数据，各等级内的分值则根据各等级的分值段的数量分布，使各段分值的成绩逐步增加。

现行《国家学生体质健康标准》中采用的计分方式是 10、20、30、40、50、60、62、64、68、70、72、74、76、78、80、85、90、95、100 等分值。由此可见，《国家学生体质健康标准》中不及格等级的分值是以 10 分为间隔；优秀和良好等级的分值是以 5 分为间隔；而及格等级则以 2 分为间隔。为了与《国家学生体质健康标准（2014 年修订）》的数据统计相一致，本研究在优秀、良好和及格等级的分值均采用现行标准中的分值。在及格等级中，为了便于统计并且结合课题研究的需要，采用 5 分间隔。因此，本研究的评分表采用 10、20、30、40、50、60、65、70、75、80、85、90、95、100 等作为各单项的计分。其中优秀等级每 5 分为一个分值间隔，设立为 3 个分值段；良好等级每 5 分为一个分值间隔，设立为 2 个分值段；及格等级每 5 分为一个分值间隔，设立为 4 个分值段；不及格等级每 10 分为一个分值间隔，设立为 5 个分值段（见表 8-2）。

表 8-2 评价等级与分值对应

	不合格	合格	良好	优秀
分值范围（分）	50~10	60~75	80~85	90~100
分值间隔（分）	10	5	5	5
分值段（个）	5	4	2	3

综合评分评级与单项评分评级较为相似。在综合评分上，根据各单项的分数与对应的权重相乘，并将各单项加权后的分数相加即可得到相应的综合评分。在综合评级上，根据综合评分的结果，综合评分 90.0 分及以上为优秀，80.0~89.9 分为良好，60.0~79.9 分为及格，59.9 分及以下为不及格。①

① 国家学生体质健康标准说明［EB/OL］［2014-07-28］. http：//www.csh.edu.cn/wtzx/bz/20141226/2c909e854a84301a014 a8440085e000d.html.

四、残疾学生体质健康测试数据的收集

1. 数据采集的过程管理

残疾学生体质健康数据的采集是构建残疾学生体质健康标准的一项重要工作。根据数据采集的工作程序，可分为数据采集前的准备工作和数据采集后的整理工作。

数据采集前的准备工作主要包括：①数据采集人员的组织。数据采集人员主要由课题组成员、体育教师和在校的体育专业和特殊教育专业的研究生和本科生共 32 人组成。②数据采集人员的培训。在数据采集前，对人员进行了关于残疾学生的心理、语言沟通技巧、指标的操作规范、器材的使用、测试成绩的填写、特殊情况的处理等内容培训工作。③合理进行抽样。一般而言，抽样调查中样本的数量越大，误差产生的可能性越小；样本量越小，越有可能产生误差。当适量增加样本量时，可减少抽样误差的产生。在本研究中，由于残疾学生数量较大，且分布广泛等特征，对样本的抽样则必不可少。考虑到各省份的发展状况和地理分布，本研究选取广东、江西、湖北、河南、贵州、四川和吉林 7 个省份进行抽样。

为保障数据的准确性，数据采集从以下方面着手：①每两人一组进行数据采集，合理进行分工。其中身高、体重为一组，一人引导测试和整理器材，一人记录成绩；肺活量测试一人引导测试和整理器材，一人记录成绩；握力测试一人引导测试和整理器材，一人记录成绩；仰卧起坐测试一人引导学生测试，一人记录成绩；立定跳远一人引导测试，一人记录成绩；坐位体前屈测试一人引导学生测试，一人记录成绩。②规范数据采集仪器。其中身高、体重、肺活量、握力、坐位体前屈和立定跳远采用相应的测试仪器；仰卧起坐采用垫子。③统一测试程序。各指标测试程序先后分别为身高、体重、肺活量、握力、仰卧起坐、立定跳远和坐位体前屈。

数据收集后由课题组成员对数据进行整理，删除无效数据，并对有效数据录入电脑并保存。采用 SPSS 统计软件对数据进行统计和分析。

2. 数据采集的结果

根据前期准备，本研究采用整群随机抽样，选取广东、江西、湖北、河南、贵州、四川和吉林 7 个省份中的 89 所特殊教育学校（其中县级特殊教育学校 57 所，市级特殊教育学校 32 所）和 11 所普通中小学（其中小学 3 所，中学 5 所，完全学校 3 所）中 6~14 岁的学生为测试对象。需要

说明的是，由于特殊教育学校一般都分布在县（市）级地区，即使是农村的生源也在就近的县（市）级特殊教育学校就读，因此在抽样中不作城市和农村地区残疾学生生源的划分。删除样本中存在的无效数据，最终获得健全学生有效数据 3897 人；智力残疾学生有效数据 2623 人；听力残疾学生有效数据 2416 人；视力残疾学生有效数据 1495 人（见表 8-3）。

表 8-3　各类学生体质健康标准抽样调查　　（单位：人）

年龄（岁）	健全		智力		听力		视力	
	男	女	男	女	男	女	男	女
6	185	195	132	127	133	127	66	74
7	203	224	124	152	148	136	79	65
8	211	182	144	138	135	148	85	92
9	234	191	156	147	140	134	81	78
10	240	207	146	144	126	142	79	94
11	268	229	155	158	134	111	87	91
12	238	215	174	142	147	120	98	84
13	223	232	160	133	130	148	89	79
14	216	204	153	138	124	133	78	96
小计	2018	1879	1344	1279	1217	1199	742	753
总计	3897		2623		2416		1495	
	10431							

第二节　残疾学生体质健康调查的统计结果

根据调查结果，对各组别中各指标的平均数和标准差进行统计。各指标的平均数和标准差均保留 1 位小数。其中身高的单位为厘米、体重的单位为千克、肺活量的单位为毫升、握力的单位为千克、仰卧起坐的单位为次/分、立定跳远的单位为厘米、坐位体前屈的单位为厘米。各组数据均保留 1 位小数，见表 8-4 至表 8-11。

一、健全学生体质健康调查的统计结果

表 8-4　健全学生体质健康调查的统计结果（性别：男）

		6岁	7岁	8岁	9岁	10岁	11岁	12岁	13岁	14岁
身高（厘米）	平均值	120.7	124.4	129.6	133.8	140.2	144.1	149.6	158.7	162.9
	标准差	5.5	4.6	4.9	5.1	5.7	5.4	8	7.4	5.9
体重（千克）	平均值	23.7	25.2	27.9	30.7	33.3	36.7	39.2	46.3	50.1
	标准差	2.9	3.7	3.2	5.5	4.2	5.1	7.4	8.2	7.2
肺活量（毫升）	平均值	1226.2	1303	1453.3	1618.6	1834.4	1990.7	2292.7	2683.4	2955.7
	标准差	310.6	334.7	243.3	265.7	344.1	415.2	502.9	499.8	598.1
握力（千克）	平均值	7.9	9.2	10.8	12.1	13.8	16.5	19.2	25.1	29.9
	标准差	2.1	2.1	3.1	4.2	4.2	4.9	5.2	6.3	7
仰卧起坐（次/分）	平均值	16.5	19.4	21.6	28.1	29	29.5	31.6	33.3	35.5
	标准差	4.5	6	7.6	8.2	8.6	8.4	8.5	9.7	10.6
立定跳远（厘米）	平均值	107.3	124.6	134.3	149.5	162.8	166.6	177.2	189.6	203.3
	标准差	17.4	15.4	14.6	14.4	15.7	14.8	21.1	20.8	22.3
坐位体前屈（厘米）	平均值	7.5	7.9	8.5	7.3	8.8	8.3	7.7	7.9	8.3
	标准差	4.7	4.9	5	5.1	6	4.9	5.1	5.4	5.8

表 8-5　健全学生体质健康调查的统计结果（性别：女）

		6岁	7岁	8岁	9岁	10岁	11岁	12岁	13岁	14岁
身高（厘米）	平均值	117.9	123.9	127.1	132.9	139.5	145.7	150.3	155.8	158.8
	标准差	5.5	4.9	4.8	6.3	7.2	7.5	7.0	6.0	5.6
体重（千克）	平均值	20.8	22	24.7	27.4	28.3	35.5	37.8	43.7	47.5
	标准差	2.5	3.7	3.3	4.8	4.7	7.1	5.6	6.8	5.9
肺活量（毫升）	平均值	999.6	1132	1247.9	1388.3	1708.2	1824.8	2111.2	2205.8	2425.4
	标准差	263.5	303.7	223.1	247	245.3	343.2	442.2	431.8	483.4

续表

		6 岁	7 岁	8 岁	9 岁	10 岁	11 岁	12 岁	13 岁	14 岁
握力（千克）	平均值	7.4	8.5	9.1	11.6	12.5	14.9	16.9	20	21.9
	标准差	1.8	1.9	2.3	3.4	4.2	4.3	3.6	3.6	4.1
仰卧起坐（次/分）	平均值	15.7	17.6	19	25.4	27.5	31.2	30.5	33	36
	标准差	4.2	8.2	7.8	8.5	11.2	8.2	9.4	8.2	9.4
立定跳远（厘米）	平均值	107.7	118.3	128.2	138.6	146.6	155.8	159.7	163.4	167.2
	标准差	18	14.4	14.1	15.1	14.8	14.9	14.7	15.4	14.3
坐位体前屈（厘米）	平均值	8.1	11.2	11.5	12	13.1	12.3	11.5	11.4	11.4
	标准差	4.3	4.2	3.5	4.5	5.2	5.1	5.0	4.6	6.6

二、智力残疾学生体质健康调查的统计结果

表 8-6　智力残疾学生体质健康调查的统计结果（性别：男）

		6 岁	7 岁	8 岁	9 岁	10 岁	11 岁	12 岁	13 岁	14 岁
身高（厘米）	平均值	116.6	122.6	127.9	132.4	138.2	145.3	147.4	157.7	161.4
	标准差	5.6	4.6	4.7	5.2	5.4	6.0	7.7	6.2	5.7
体重（千克）	平均值	22.7	24.6	26.5	29.5	33.8	37.3	39.9	46.6	50.4
	标准差	2.9	4.3	3.5	5.1	4.9	6.0	7.8	7.6	7.0
肺活量（毫升）	平均值	880.9	1012.9	1239.3	1397.4	1475.1	1697.0	1984.7	2286.9	2521.9
	标准差	250.8	254.1	272.2	310.9	427.9	345.5	591.4	662.8	701.2
握力（千克）	平均值	4.7	6.1	7.7	8.6	9.8	11.3	13.7	15.8	21.0
	标准差	1.3	2.3	2.5	3.1	3.5	4.3	4.8	5.7	7.8
仰卧起坐（次/分）	平均值	9.3	11.8	12.9	16.4	18.5	19.3	21.6	24.5	25.3
	标准差	5.0	4.9	6.3	7.2	8.1	8.1	10.2	8.7	7.8
立定跳远（厘米）	平均值	84.5	95.2	107.2	111.1	117.4	122.6	129.9	134.9	141.2
	标准差	15.7	23.3	27.9	31.8	34.5	35.2	33.7	37.3	28.7
坐位体前屈（厘米）	平均值	3.6	4.7	5.3	4.3	4.7	6.8	5.3	5.9	6.2
	标准差	3.4	4.4	4.2	4.7	5.4	5.1	4.6	4.8	5.5

表 8-7 智力残疾学生体质健康调查的统计结果（性别：女）

		6岁	7岁	8岁	9岁	10岁	11岁	12岁	13岁	14岁
身高（厘米）	平均值	117.9	123.6	127.0	132.6	137.7	143.4	149.8	155.7	158.8
	标准差	5.5	4.9	4.9	6.7	7.3	7.2	8.1	5.9	5.7
体重（千克）	平均值	21.3	24.4	25.2	28.5	30.8	31.5	39.6	45.0	49.1
	标准差	2.7	4.0	3.1	5.4	5.3	6.2	6.6	7.6	6.1
肺活量（毫升）	平均值	687.8	806.3	931.6	1047.2	1235.7	1335.2	1662.2	1778.9	1929.5
	标准差	215.6	266.4	323.3	293.3	317.6	369.4	423.9	523.0	649.1
握力（千克）	平均值	3.5	5.3	6.4	7.5	8.5	9.2	10.8	11.4	13.1
	标准差	1.7	2.3	2.6	3.3	3.3	4.1	5.4	6.5	7.4
仰卧起坐（次/分）	平均值	6.6	7.8	8.3	9.1	8.6	9.4	9.3	8.8	9.0
	标准差	4.5	5.0	5.8	6.0	6.0	5.8	5.0	4.7	5.0
立定跳远（厘米）	平均值	68.3	75.7	89.1	91.6	98.9	104.3	105.5	108.2	109.2
	标准差	29.8	25.0	27.6	28.5	28.7	31.8	28.7	26.8	27.0
坐位体前屈（厘米）	平均值	5.8	7.6	6.5	7.8	7.4	7.1	6.8	7.7	6.9
	标准差	5.8	6.7	8.3	7.9	7.2	6.9	8.6	7.7	6.3

三、视力残疾学生体质健康调查的统计结果

表 8-8 视力残疾学生体质健康调查的统计结果（性别：男）

		6岁	7岁	8岁	9岁	10岁	11岁	12岁	13岁	14岁
身高（厘米）	平均值	116.7	123.9	128.8	132.5	138.4	144.3	147.9	156.0	160.7
	标准差	6.0	4.8	4.8	5.5	5.5	5.5	8.6	7.6	6.0
体重（千克）	平均值	22.9	25.7	27.3	30.7	34.2	38.4	40.6	46.2	50
	标准差	3.1	4.4	4.3	5.6	5.3	6.5	7.4	8.0	7.7
肺活量（毫升）	平均值	1046.5	1127.3	1289.6	1457.5	1656.4	1706.4	1890.4	2225.5	2503.3
	标准差	198.7	215.3	249.1	286.5	300.8	283.6	390.1	551.5	491.0

续表

		6岁	7岁	8岁	9岁	10岁	11岁	12岁	13岁	14岁
握力（千克）	平均值	7.7	9.2	10.9	12.9	13.8	16.4	20.3	25.3	30.3
	标准差	1.7	2.3	2.8	3.5	4.2	4.4	5.1	5.5	6.8
仰卧起坐（次/分）	平均值	12.6	14.9	15.7	21.9	24.5	26.7	27.6	29.1	31.4
	标准差	5.0	5.1	5.4	8.2	6.7	7.0	6.8	7.3	6.4
立定跳远（厘米）	平均值	86.3	96.5	106.1	109.8	113.2	117.4	124.1	130.4	136.1
	标准差	18.9	18.2	18.1	17.1	16.1	17.9	21.1	24.7	27.7
坐位体前屈（厘米）	平均值	3.4	4.9	5.1	4.9	5.1	6.5	4.8	6.3	5.9
	标准差	5.0	5.7	5.2	5.4	6.2	6.4	6.6	7.0	6.8

表 8-9 视力残疾学生体质健康调查的统计结果（性别：女）

		6岁	7岁	8岁	9岁	10岁	11岁	12岁	13岁	14岁
身高（厘米）	平均值	117.4	122.6	126.8	131.8	136.9	143.9	150.7	154.6	157.4
	标准差	5.1	4.6	5.2	6.6	7.2	6.9	7.2	5.9	4.9
体重（千克）	平均值	22.2	24.5	27.7	28.7	32.4	38.2	41.3	44.8	47.4
	标准差	3.0	3.7	3.8	5.2	5.0	7.8	7.6	7.3	6.6
肺活量（毫升）	平均值	943.7	1055.8	1191.1	1322.9	1531.5	1614.4	1794.8	2038.4	2382.5
	标准差	190.8	233.7	236.9	244.5	298.7	320.8	365.8	383.0	528.8
握力（千克）	平均值	7.0	8.4	9.7	11.4	12.6	16.1	17.2	20.2	22.6
	标准差	1.3	1.7	2.6	2.8	4.0	4.2	3.7	3.7	4.6
仰卧起坐（次/分）	平均值	14.7	16.2	18.5	22.8	24.9	25.9	26.7	27.7	28.9
	标准差	5.4	5.8	7.9	8.9	10.9	8.9	8.4	9.9	10.5
立定跳远（厘米）	平均值	75.8	84.9	101.1	108.4	111.8	116.1	122.5	130.6	137.6
	标准差	20.4	26.1	23.5	23.8	20.4	19.3	17.7	25.2	21.5
坐位体前屈（厘米）	平均值	6.5	6.5	6.2	6.9	7.2	7.5	7.9	8.2	8.5
	标准差	4.9	5.5	5.7	5.6	6.1	7.3	5.0	7.2	7.2

四、听力残疾学生体质健康调查的统计结果

表 8-10 听力残疾学生体质健康调查的统计结果（性别：男）

		6 岁	7 岁	8 岁	9 岁	10 岁	11 岁	12 岁	13 岁	14 岁
身高（厘米）	平均值	116.6	123.1	128.2	132.3	138.4	144.1	147.8	155.8	160.8
	标准差	5.6	4.5	4.9	5.4	5.6	5.4	8.4	7.7	6.1
体重（千克）	平均值	23.0	24.7	27.2	29.7	33.2	36.8	39.1	44.8	49.4
	标准差	2.9	4.3	4.0	5.3	4.6	5.9	7.4	7.6	7.5
肺活量（毫升）	平均值	1089.2	1218.8	1383.3	1559.2	1844.3	1953.1	2179.9	2568.0	2832.4
	标准差	218.1	286.7	251.9	263.5	352.4	380.9	472.5	508.8	544.2
握力（千克）	平均值	7.7	9.8	11.2	12.7	14.2	16.1	20.3	24.8	28.6
	标准差	1.9	2.7	3.2	4.1	4.4	4.8	5.4	6.2	7.2
仰卧起坐（次/分）	平均值	15.8	18.4	19.9	26.6	28.8	30.2	31.7	32.6	33.9
	标准差	4.1	5.8	6.8	8.7	7.9	7.9	8.6	8.4	9.1
立定跳远（厘米）	平均值	105.2	124.3	133.5	148.3	157.2	164.1	173.5	182.9	197.2
	标准差	16.8	15.8	13.5	15.2	17.7	15.3	19.8	23.4	24.8
坐位体前屈（厘米）	平均值	6.1	7.7	6.5	5.5	6.6	8.3	6.5	5.7	6.3
	标准差	4.7	4.7	4.8	5.1	5.9	4.9	5.3	5.0	5.4

表 8-11 听力残疾学生体质健康调查的统计结果（性别：女）

		6 岁	7 岁	8 岁	9 岁	10 岁	11 岁	12 岁	13 岁	14 岁
身高（厘米）	平均值	118.4	123.7	127.2	132.6	137.6	145.3	151.5	155.8	158.7
	标准差	5.2	4.9	4.9	4.7	7.4	7.2	7.5	5.9	5.4
体重（千克）	平均值	20.9	22.6	25.2	27.9	29.5	35.3	39.2	43.8	46.5
	标准差	2.2	3.8	3.4	5.0	5.1	6.8	7.1	6.6	5.9
肺活量（毫升）	平均值	988.4	1089.3	1284.5	1366.5	1670.9	1787.1	1995.1	2189.7	2402.5
	标准差	248.8	272.5	210.1	256.4	273.5	383.9	430.8	442.9	478.5

续表

		6岁	7岁	8岁	9岁	10岁	11岁	12岁	13岁	14岁
握力（千克）	平均值	7.2	8.7	9.9	11.2	13.1	15.3	16.9	21.1	23.6
	标准差	1.7	2.3	2.7	3.0	4.4	4.3	3.6	3.6	4.8
仰卧起坐（次/分）	平均值	14.8	16.3	18.4	22.9	25.1	29.1	32.4	34.6	35.2
	标准差	5.2	6.3	8.4	8.5	11.0	7.9	6.7	8.5	9.5
立定跳远（厘米）	平均值	104.5	115.7	122.8	132.4	141.8	149.7	156.9	159.8	163.5
	标准差	16.7	15.2	15.5	14.0	16.4	19.4	13.3	18.2	15.8
坐位体前屈（厘米）	平均值	6.7	8.9	9.6	10.2	10.9	11.8	12.1	11.8	10.1
	标准差	4.5	4.0	4.4	4.8	5.4	5.3	3.1	3.0	5.3

第三节　残疾学生体质健康标准的构建

基于前期残疾学生体质健康测试指标体系的构建并结合《国家学生体质健康标准（2014年修订）》的研制理念，采用百分位数法和分段累进计分法相结合，对6~14岁健全学生、听力残疾、视力残疾和智力残疾学生体质健康标准进行建模。

需要指出的是，体质健康测试评价存在正向性指标、负向性指标和范围性指标。正向性指标即数据越大（高）越好，如立定跳远、握力等；负向性指标即数据越小越好，如跑步等计时类；范围性指标即数据处于中间位置的越好，如身体成分中的测试指标。本研究中，由于身体质量指数（BMI）所取的是“中间值”，相比之下BMI过小反映被测者偏瘦，BMI值过大反映被测者偏胖。当前我国《国家学生体质健康标准（2014年修订）》中采用低体重、正常、超重和肥胖四个等级，即正常范围内为100，超重和低体重为80，肥胖为60。根据前文标准研制的方法，正常等级在P10~P74，得分为100分；低体重在P10以下，超重等级在P75~P90，得分均为80分；肥胖等级在P90以上，得分为60分。身体机能和身体素质各指标中，肺活量、握力、仰卧起坐、立定跳远和坐位体前屈都为正向性指标，因此根据P10、P75和P90三个临界点采用百分位数法和分段累进计分法按不及格、及格、良好和优秀等级进行标准构建，即小于P10为不及格、大于等于 P10 小于 P75 为及格、大于等于 P75 小于 P90 为良好、大于等于 P90 为优秀。优秀等级的三段取值分别为 P90 与 P100 界值点差值的一半作为优秀等级 2 段的间隔；良好等级的两段以 P90 与 P75 界值点差值的一半作为良好等级 2 段的间隔；合格等级的四段把 P75 跟 P10 界值点差值分为 4 份，作为各组成绩的间隔；不合格等级的五段以 P10 与最小值的差值分为 5 等份，作为各组成绩的间隔。其中 BMI 取 1 位小数、肺活量取整数、握力取 1 位小数、仰卧起坐取整数、立定跳远取整数、坐位体前屈取 1 位小数，并适当对个别不理想的临界点作相应调整。例如，在仰卧起坐单项指标评分表制作中，有可能 P10 分位点值都为零次，表明被测者 0 个仰卧起坐就能得 60 分，这显然起不到应有的激励作用。在这种情况下应对 P10 分位点值稍作修改，把及格分临界值对应指标成绩值上调为 1。具体见表 8-12 至表 8-59。

一、健全学生体质健康标准的构建

1. 健全男生体质健康标准的构建

表 8-12　健全男生 BMI 单项评分（单位：千克/米^2）

年龄组	低体重	正常	超重	肥胖
	80 分	100 分	80 分	60 分
6 岁	≤13.5	13.6~17.7	17.8~19.6	≥19.7
7 岁	≤13.7	13.8~18.1	18.2~19.8	≥19.9
8 岁	≤13.8	13.9~18.8	18.9~20.2	≥20.3
9 岁	≤14.0	14.1~19.3	19.4~21.5	≥21.6
10 岁	≤14.4	14.5~20.5	20.6~22.6	≥22.7
11 岁	≤14.5	14.6~21.7	21.8~23.1	≥23.2
12 岁	≤14.8	14.9~22.1	22.2~23.5	≥23.6
13 岁	≤15.0	15.1~22.3	22.4~24.2	≥24.3
14 岁	≤16.1	16.2~22.7	22.8~25.1	≥25.2

表 8-13　健全男生肺活量单项评分（单位：毫升）

等级	单项得分	6 岁	7 岁	8 岁	9 岁	10 岁	11 岁	12 岁	13 岁	14 岁
优秀	100	1978	2055	2164	2206	2637	3025	3511	3811	4165
	95	1839	1938	2008	2097	2499	2765	3294	3604	3950
	90	1700	1821	1852	1987	2361	2505	3077	3397	3735
良好	85	1545	1670	1750	1872	2195	2374	2847	3133	3601
	80	1390	1518	1648	1758	2029	2243	2617	2869	3467
及格	75	1249	1349	1530	1648	1885	2058	2367	2572	3071
	70	1109	1179	1411	1538	1740	1873	2117	2274	2675
	65	968	1010	1293	1428	1596	1688	1866	1977	2279
	60	827	840	1174	1318	1451	1503	1616	1679	1884
不及格	50	768	821	1110	1246	1372	1454	1556	1620	1794
	40	708	802	1046	1173	1292	1404	1495	1560	1705
	30	649	783	981	1101	1213	1354	1434	1500	1616
	20	589	764	917	1028	1133	1304	1373	1441	1526
	10	530	745	853	956	1054	1254	1312	1381	1437

表 8-14　健全男生握力单项评分（单位：千克）

等级	单项得分	6 岁	7 岁	8 岁	9 岁	10 岁	11 岁	12 岁	13 岁	14 岁
优秀	100	13.1	14.8	16.9	19.8	22.3	26.7	29.8	38.2	42.8
	95	11.9	13.5	16.1	18.9	20.6	24.8	28.0	36.0	41.0
	90	10.6	12.3	15.2	17.9	18.9	22.8	26.3	33.8	39.1
良好	85	10.1	11.2	14.5	16.9	18.1	21.3	24.5	31.8	37.4
	80	9.5	10.1	13.8	15.9	17.2	19.8	22.8	29.8	35.7
及格	75	8.4	9.3	12.0	13.8	14.9	17.1	20.0	26.5	31.7
	70	7.4	8.5	10.3	11.7	12.6	14.5	17.1	23.2	27.8
	65	6.3	7.7	8.5	9.6	10.2	11.8	14.3	19.9	23.8
	60	5.2	6.9	6.9	7.5	7.9	9.1	11.4	16.6	19.8

续表

等级	单项得分	6岁	7岁	8岁	9岁	10岁	11岁	12岁	13岁	14岁
不及格	50	5.0	6.5	6.6	7.2	7.5	8.7	10.9	15.6	18.7
	40	4.7	6.0	6.2	6.9	7.2	8.2	10.3	14.6	17.7
	30	4.4	5.6	5.9	6.5	6.8	7.8	9.8	13.6	16.6
	20	4.2	5.1	5.5	6.2	6.5	7.3	9.2	12.5	15.6
	10	3.9	4.7	5.2	5.9	6.1	6.9	8.7	11.5	14.5

表 8-15　健全男生仰卧起坐单项评分（单位：次/分）

等级	单项得分	6岁	7岁	8岁	9岁	10岁	11岁	12岁	13岁	14岁
优秀	100	27	38	42	48	51	52	56	58	61
	95	26	33	38	44	47	47	49	53	57
	90	24	27	33	40	42	41	42	48	52
良好	85	22	25	30	37	39	39	40	44	48
	80	19	22	27	34	35	36	37	39	44
及格	75	17	20	24	30	31	32	33	35	39
	70	15	18	21	26	27	28	29	31	34
	65	13	15	18	22	23	24	25	27	28
	60	11	13	15	18	19	20	21	23	23
不及格	50	10	12	14	17	18	19	19	22	22
	40	9	11	12	15	17	17	18	20	21
	30	8	9	11	14	15	16	17	19	20
	20	7	8	9	12	14	14	15	17	19
	10	6	7	8	11	13	13	14	16	18

表 8-16　健全男生立定跳远单项评分（单位：厘米）

等级	单项得分	6 岁	7 岁	8 岁	9 岁	10 岁	11 岁	12 岁	13 岁	14 岁
优秀	100	141	150	167	184	189	201	219	229	242
	95	134	147	158	176	185	194	214	223	235
	90	128	144	150	168	180	187	209	217	229
良好	85	124	139	148	163	178	183	199	212	225
	80	120	135	146	158	175	179	189	206	221
及格	75	109	126	138	152	166	171	179	195	209
	70	99	118	130	145	158	163	170	183	196
	65	89	109	122	139	149	154	160	172	184
	60	78	101	114	132	141	146	150	160	172
不及格	50	73	98	109	129	137	143	146	157	168
	40	68	96	105	125	132	139	143	154	164
	30	63	93	101	122	128	136	139	151	160
	20	58	91	97	118	123	132	136	148	156
	10	53	89	93	115	119	129	132	145	152

表 8-17　健全男生坐位体前屈单项评分（单位：厘米）

等级	单项得分	6 岁	7 岁	8 岁	9 岁	10 岁	11 岁	12 岁	13 岁	14 岁
优秀	100	16.2	17.4	17.5	17.8	18.3	19.2	19.8	20.3	21.3
	95	14.4	15.6	15.8	16.0	16.4	16.7	17.3	18.2	18.9
	90	12.6	13.8	14.0	14.2	14.5	14.1	14.8	16.1	16.5
良好	85	11.9	12.6	12.9	13.1	13.3	12.5	13.0	14.1	14.4
	80	11.2	11.5	11.8	11.9	12.1	10.8	11.1	12.1	12.3
及格	75	8.1	8.1	8.4	8.2	8.5	7.5	7.6	8.4	8.6
	70	5.0	4.7	5.0	4.4	4.9	4.2	4.1	4.6	4.8
	65	1.9	1.3	1.6	0.7	1.2	0.8	0.6	0.9	1.1
	60	−1.2	−2.1	−1.8	−3.0	−2.4	−2.5	−2.9	−2.9	−2.7

续表

等级	单项得分	6岁	7岁	8岁	9岁	10岁	11岁	12岁	13岁	14岁
不及格	50	-2.0	-3.0	-3.0	-4.1	-3.4	-3.8	-4.2	-4.2	-4.2
	40	-2.9	-3.9	-4.2	-5.1	-4.3	-5.1	-5.5	-5.6	-5.7
	30	-3.7	-4.9	-5.4	-6.1	-5.3	-6.3	-6.8	-6.9	-7.2
	20	-4.6	-5.8	-6.6	-7.2	-6.2	-7.6	-8.1	-8.3	-8.7
	10	-5.4	-6.7	-7.8	-8.2	-7.2	-8.9	-9.4	-9.6	-10.2

2. 健全女生体质健康标准的构建

表 8-18　健全女生 BMI 单项评分（单位：千克/米^2）

年龄组	低体重	正常	超重	肥胖
	80分	100分	80分	60分
6岁	≤12.1	12.2~16.5	16.6~18.3	≥18.4
7岁	≤12.4	12.5~16.9	17.0~18.8	≥18.9
8岁	≤12.7	12.8~17.3	17.4~19.2	≥19.3
9岁	≤13.3	13.2~18.2	18.3~20.4	≥20.5
10岁	≤13.4	13.5~19.6	19.7~21.6	≥21.7
11岁	≤13.7	13.8~20.2	20.3~22.5	≥22.6
12岁	≤14.1	14.2~20.7	20.8~22.8	≥22.9
13岁	≤15.0	15.1~21.2	21.3~23.4	≥23.5
14岁	≤15.5	15.6~21.8	21.9~23.7	≥23.8

表 8-19　健全女生肺活量单项评分（单位：毫升）

等级	单项得分	6岁	7岁	8岁	9岁	10岁	11岁	12岁	13岁	14岁
优秀	100	1698	1878	1884	2105	2358	2708	3064	3260	3467
	95	1561	1728	1718	1890	2163	2527	2791	2991	3261
	90	1424	1577	1552	1674	1968	2347	2517	2721	3055

续表

等级	单项得分	6岁	7岁	8岁	9岁	10岁	11岁	12岁	13岁	14岁
良好	85	1272	1471	1470	1612	1908	2161	2446	2624	2916
	80	1121	1364	1388	1550	1849	1975	2376	2526	2777
及格	75	1015	1244	1280	1432	1739	1831	2125	2317	2536
	70	909	1125	1172	1314	1628	1686	1874	2107	2294
	65	803	1005	1064	1197	1518	1541	1623	1898	2053
	60	697	886	956	1079	1208	1397	1472	1689	1812
不及格	50	664	815	917	1028	1161	1331	1404	1597	1738
	40	630	744	879	977	1113	1266	1336	1505	1663
	30	596	674	840	925	1066	1201	1267	1413	1589
	20	563	603	802	874	1018	1135	1199	1322	1515
	10	529	532	763	823	971	1070	1131	1230	1441

表8-20　健全女生握力单项评分（单位：千克）

等级	单项得分	6岁	7岁	8岁	9岁	10岁	11岁	12岁	13岁	14岁
优秀	100	12.4	14.3	15.3	17.6	21.7	24.3	26.8	27.9	31.9
	95	11.0	12.7	13.8	16.7	20.2	22.5	23.9	26.5	29.7
	90	9.6	11.2	12.2	15.8	18.7	20.6	21.0	25.2	27.6
良好	85	9.1	10.3	11.2	14.9	17.3	19.2	19.7	23.8	26.0
	80	8.6	9.5	10.2	13.9	15.9	17.8	18.5	22.4	24.5
及格	75	7.7	8.8	9.4	12.3	15.6	16.0	17.0	20.7	22.7
	70	6.9	8.1	8.6	10.8	13.3	14.3	15.5	19.0	21.0
	65	6.0	7.4	7.7	9.2	11.1	12.5	14.1	17.2	19.2
	60	5.1	6.7	6.9	7.6	8.8	10.7	12.6	15.5	17.4

续表

等级	单项得分	6岁	7岁	8岁	9岁	10岁	11岁	12岁	13岁	14岁
不及格	50	4.9	6.3	6.5	7.2	8.3	10.0	11.8	14.7	16.6
	40	4.6	5.9	6.1	6.7	7.7	9.3	11.1	13.9	15.9
	30	4.4	5.5	5.8	6.3	7.2	8.7	10.3	13.1	15.1
	20	4.1	5.1	5.4	5.8	6.6	8.0	9.6	12.3	14.4
	10	3.9	4.7	5.0	5.4	6.1	7.3	8.8	11.5	13.6

表 8-21　健全女生仰卧起坐单项评分（单位：次/分）

等级	单项得分	6岁	7岁	8岁	9岁	10岁	11岁	12岁	13岁	14岁
优秀	100	29	38	42	45	48	50	52	52	53
	95	25	33	35	41	43	45	47	48	51
	90	21	27	28	36	38	39	42	43	49
良好	85	19	25	25	34	36	37	39	41	47
	80	17	22	23	32	33	35	37	38	44
及格	75	15	19	20	27	29	31	33	34	39
	70	13	16	17	23	25	26	28	30	34
	65	10	12	14	18	20	22	24	25	29
	60	8	9	11	13	16	17	19	21	24
不及格	50	7	8	9	11	14	15	17	19	22
	40	5	6	8	10	12	14	15	17	20
	30	4	5	6	8	11	12	14	16	17
	20	2	3	5	7	9	11	12	14	15
	10	1	2	3	5	7	9	10	12	13

表 8-22　健全女生立定跳远单项评分（单位：厘米）

等级	单项得分	6岁	7岁	8岁	9岁	10岁	11岁	12岁	13岁	14岁
优秀	100	146	149	162	172	178	189	193	195	199
	95	139	143	155	166	173	184	187	189	193
	90	132	136	148	160	167	178	180	184	186
良好	85	128	133	142	154	162	173	175	180	182
	80	123	130	137	148	156	167	169	175	178
及格	75	114	123	130	142	149	159	162	168	171
	70	105	115	124	135	142	152	155	160	163
	65	96	108	117	129	134	144	147	153	156
	60	87	101	110	122	127	136	140	145	148
不及格	50	84	97	107	119	124	133	137	142	145
	40	80	94	104	116	120	131	134	139	142
	30	76	90	101	112	117	128	132	135	140
	20	72	87	98	109	113	126	129	132	137
	10	69	83	95	106	110	123	126	129	134

表 8-23　健全女生坐位体前屈单项评分（单位：厘米）

等级	单项得分	6岁	7岁	8岁	9岁	10岁	11岁	12岁	13岁	14岁
优秀	100	15. 9	17. 5	18. 1	20. 8	21. 2	21. 4	22. 1	22. 6	23. 1
	95	14. 8	16. 9	17. 3	18. 8	19. 1	19. 3	19. 8	20. 7	21. 3
	90	13. 7	16. 3	16. 5	16. 7	16. 9	17. 2	17. 5	18. 7	19. 5
良好	85	12. 8	14. 9	15. 1	16. 0	16. 6	17. 0	17. 2	17. 9	18. 5
	80	12. 0	13. 5	13. 7	15. 3	16. 3	16. 8	16. 9	17. 1	17. 4
及格	75	9. 5	10. 8	11. 0	12. 3	12. 9	13. 3	13. 5	14. 0	14. 3
	70	7. 0	8. 0	8. 4	9. 3	9. 5	9. 7	10. 0	10. 9	11. 3
	65	4. 6	5. 3	5. 8	6. 3	6. 0	6. 2	6. 6	7. 7	8. 2
	60	2. 1	2. 5	3. 1	3. 3	2. 6	2. 7	3. 1	4. 6	5. 1

续表

等级	单项得分	6岁	7岁	8岁	9岁	10岁	11岁	12岁	13岁	14岁
不及格	50	1.8	2.1	2.6	2.1	1.3	1.6	1.8	2.9	3.5
	40	1.6	1.7	2.0	0.9	0.0	0.4	0.6	1.2	1.8
	30	1.3	1.4	1.4	-0.2	-1.2	-0.7	-0.7	0.4	0.2
	20	1.1	1.0	0.9	-1.4	-2.5	-1.8	-2.0	-2.5	-2.1
	10	0.8	0.6	0.3	-2.6	-3.8	-2.9	-3.3	-3.8	-3.1

二、智力残疾学生体质健康标准的构建

1. 智力残疾男生体质健康标准的构建

表 8-24　智力残疾男生 BMI 单项评分（单位：千克/米²）

年龄组	低体重	正常	超重	肥胖
	80分	100分	80分	60分
6岁	≤13.6	13.7~18.5	18.6~20.8	≥20.9
7岁	≤13.9	14.0~18.6	18.7~21.1	≥21.2
8岁	≤14.1	14.2~18.9	19.0~21.7	≥21.8
9岁	≤14.3	14.4~19.4	19.5~22.5	≥22.6
10岁	≤14.7	14.8~20.7	20.8~23.1	≥23.2
11岁	≤15.2	15.3~21.8	21.9~24.7	≥24.8
12岁	≤15.8	15.9~22.1	22.2~25.1	≥25.2
13岁	≤16.2	16.3~22.5	22.6~25.7	≥25.8
14岁	≤16.4	16.5~22.7	22.8~26.6	≥26.7

表 8-25　智力残疾男生肺活量单项评分（单位：毫升）

等级	单项得分	6 岁	7 岁	8 岁	9 岁	10 岁	11 岁	12 岁	13 岁	14 岁
优秀	100	1348	1484	1766	1876	1928	2106	2366	2894	2972
	95	1267	1393	1611	1764	1847	1944	2254	2665	2789
	90	1186	1302	1455	1652	1765	1781	2141	2435	2606
良好	85	1086	1195	1345	1565	1655	1708	2028	2202	2397
	80	986	1088	1235	1478	1544	1634	1915	1969	2188
及格	75	839	930	1064	1258	1317	1422	1643	1698	1879
	70	692	773	894	1037	1090	1209	1371	1426	1571
	65	545	615	723	817	862	997	1098	1155	1262
	60	398	458	552	597	635	784	826	883	954
不及格	50	360	420	506	546	578	704	742	807	878
	40	322	382	459	495	521	624	658	731	803
	30	285	344	413	444	464	545	574	654	727
	20	247	306	366	393	407	465	490	578	652
	10	209	268	320	342	350	385	406	502	576

表 8-26　智力残疾男生握力单项评分（单位：千克）

等级	单项得分	6 岁	7 岁	8 岁	9 岁	10 岁	11 岁	12 岁	13 岁	14 岁
优秀	100	8.6	9.1	12.2	13.7	16.8	18.7	20.7	22.7	31.9
	95	7.2	8.5	11.0	12.8	15.3	17.0	19.0	21.3	28.5
	90	5.8	7.8	9.9	11.9	13.8	15.2	17.3	19.8	25.0
良好	85	5.5	7.2	9.3	10.6	12.0	13.5	15.9	18.5	22.4
	80	5.1	6.7	8.8	9.4	10.2	11.9	14.6	17.2	19.7
及格	75	4.4	5.7	7.3	7.8	8.8	10.0	12.3	14.3	16.4
	70	3.8	4.7	5.8	6.2	7.4	8.1	10.0	11.5	13.1
	65	3.1	3.7	4.3	4.7	6.0	6.2	7.7	8.6	9.8
	60	2.4	2.7	2.8	3.1	4.6	4.4	5.4	5.8	6.5

续表

等级	单项得分	6岁	7岁	8岁	9岁	10岁	11岁	12岁	13岁	14岁
不及格	50	1.9	2.5	2.3	2.5	3.6	3.5	4.3	4.9	5.5
	40	1.4	2.4	1.7	1.9	2.7	2.6	3.3	4.1	4.4
	30	1.0	2.2	1.1	1.2	1.8	1.7	2.2	3.2	3.4
	20	0.5	2.0	0.6	0.6	0.9	0.9	1.1	2.4	2.3
	10	0.0	1.8	0.0	0.0	0.0	0.0	0.0	1.5	1.3

表8-27　智力残疾男生仰卧起坐单项评分（单位：次/分）

等级	单项得分	6岁	7岁	8岁	9岁	10岁	11岁	12岁	13岁	14岁
优秀	100	14	16	21	24	29	31	32	33	33
	95	13	15	18	21	25	27	29	27	30
	90	12	14	16	17	21	22	26	21	28
良好	85	11	13	13	16	19	20	23	19	25
	80	10	12	11	15	16	18	19	17	23
及格	75	8	9	9	12	13	15	16	14	19
	70	6	6	7	9	10	11	12	11	15
	65	3	4	4	6	7	8	9	8	10
	60	1	2	3	3	4	4	5	5	6
不及格	50		1	2	2	3	3	4	4	5
	40			1	1	2	2	3	3	4
	30					1	1	2	2	2
	20							1	1	1
	10									

表 8-28　智力残疾男生立定跳远单项评分（单位：厘米）

等级	单项得分	6 岁	7 岁	8 岁	9 岁	10 岁	11 岁	12 岁	13 岁	14 岁
优秀	100	110	129	134	149	157	165	174	182	191
	95	103	124	130	144	151	159	168	176	183
	90	97	120	126	139	145	153	161	171	174
良好	85	93	109	117	132	135	141	150	158	166
	80	90	97	107	125	126	129	138	146	157
及格	75	75	83	93	108	109	112	119	127	136
	70	60	70	78	91	92	95	101	108	116
	65	45	56	63	74	76	78	82	88	95
	60	31	42	48	57	59	60	64	69	75
不及格	50	28	39	43	52	54	58	61	67	73
	40	25	35	39	47	49	55	59	64	72
	30	23	32	34	42	45	52	57	61	70
	20	20	28	30	37	40	49	54	59	69
	10	18	24	25	32	35	46	52	56	67

表 8-29　智力残疾男生坐位体前屈单项评分（单位：厘米）

等级	单项得分	6 岁	7 岁	8 岁	9 岁	10 岁	11 岁	12 岁	13 岁	14 岁
优秀	100	9.8	11.8	12.9	13.8	15.2	15.7	15.9	16.3	16.5
	95	8.1	11.0	12.2	12.0	13.7	14.4	14.0	14.2	14.8
	90	6.5	10.2	11.4	10.2	12.2	13.0	12.0	12.1	13.1
良好	85	5.5	9.0	9.6	8.7	10.3	11.6	10.3	10.5	11.7
	80	4.5	7.8	7.8	7.2	8.5	10.3	8.7	8.9	10.4
及格	75	2.3	5.3	5.6	4.8	5.7	7.5	6.6	6.5	7.5
	70	0.0	2.7	3.3	2.4	2.9	4.7	4.5	4.0	4.6
	65	−2.2	0.2	1.0	−0.1	0.1	2.0	2.5	1.5	1.7
	60	−4.5	−2.4	−1.2	−2.5	−2.8	−0.8	0.4	−0.9	−1.2

续表

等级	单项得分	6岁	7岁	8岁	9岁	10岁	11岁	12岁	13岁	14岁
不及格	50	-5.6	-3.1	-2.0	-3.5	-4.1	-2.1	-1.2	-2.3	-2.3
	40	-6.6	-3.7	-2.9	-4.4	-5.5	-3.5	-2.7	-3.6	-3.5
	30	-7.7	-4.4	-3.7	-5.4	-6.8	-4.8	-4.3	-4.9	-4.6
	20	-8.7	-5.0	-4.6	-6.3	-8.2	-6.2	-5.8	-6.3	-5.8
	10	-9.8	-5.7	-5.4	-7.3	-9.5	-7.5	-7.4	-7.6	-6.9

2. 智力残疾女生体质健康标准的构建

表 8-30 智力残疾女生 BMI 单项评分（单位：千克/米^2）

年龄组	低体重	正常	超重	肥胖
	80分	100分	80分	60分
6岁	≤13.4	13.5~17.5	17.6~19.8	≥19.9
7岁	≤13.7	13.8~18.1	18.2~20.2	≥20.3
8岁	≤13.9	14.0~18.8	18.9~20.7	≥20.8
9岁	≤14.0	14.1~19.5	19.6~21.3	≥21.4
10岁	≤14.2	14.3~20.1	20.2~21.8	≥21.9
11岁	≤14.7	14.8~20.8	20.9~22.4	≥22.5
12岁	≤15.3	15.4~21.6	21.7~23.5	≥23.6
13岁	≤15.7	15.8~22.3	22.4~24.3	≥24.4
14岁	≤16.1	16.2~22.7	22.8~24.8	≥24.9

表 8-31 智力残疾女生肺活量单项评分（单位：毫升）

等级	单项得分	6岁	7岁	8岁	9岁	10岁	11岁	12岁	13岁	14岁
优秀	100	1082	1280	1365	1464	1797	1974	2313	2601	2802
	95	1021	1179	1317	1411	1682	1885	2171	2340	2485
	90	960	1077	1268	1357	1567	1796	2029	2079	2168

续表

等级	单项得分	6岁	7岁	8岁	9岁	10岁	11岁	12岁	13岁	14岁
良好	85	896	1027	1188	1296	1459	1665	1791	1979	2036
	80	832	977	1107	1234	1351	1534	1554	1880	1905
及格	75	698	822	927	1066	1177	1320	1334	1602	1627
	70	565	668	748	898	1003	1106	1115	1324	1349
	65	432	514	568	730	830	892	896	1045	1070
	60	299	360	388	562	656	678	677	767	792
不及格	50	263	337	368	509	590	612	616	692	719
	40	227	313	347	456	523	547	555	617	645
	30	191	289	326	404	457	481	494	542	572
	20	156	266	306	351	390	416	433	467	498
	10	120	242	285	298	324	350	372	392	425

表 8-32　智力残疾女生握力单项评分（单位：千克）

等级	单项得分	6岁	7岁	8岁	9岁	10岁	11岁	12岁	13岁	14岁
优秀	100	6.9	8.8	9.9	12.4	13.9	16.7	18.7	20.6	23.7
	95	6.3	8.3	9.3	11.3	12.8	15.7	17.8	19.5	22.7
	90	5.7	7.7	8.7	10.2	11.7	14.8	16.9	18.5	21.7
良好	85	5.2	7.3	8.1	9.5	10.9	13.5	16.0	17.5	20.6
	80	4.6	7.0	7.5	8.8	10.1	12.3	15.1	16.6	19.4
及格	75	4.2	6.3	6.9	7.7	8.8	10.5	12.7	14.1	16.5
	70	3.7	5.6	6.2	6.7	7.5	8.8	10.4	11.7	13.5
	65	3.3	4.9	5.6	5.6	6.2	7.0	8.0	9.2	10.6
	60	2.8	4.2	4.9	4.6	4.9	5.2	5.7	6.7	7.6

续表

等级	单项得分	6岁	7岁	8岁	9岁	10岁	11岁	12岁	13岁	14岁
不及格	50	2.5	3.7	4.4	4.2	4.5	4.8	5.2	6.0	6.9
	40	2.2	3.2	3.9	3.8	4.1	4.3	4.7	5.4	6.2
	30	2.0	2.8	3.5	3.4	3.7	3.9	4.1	4.7	5.5
	20	1.7	2.3	3.0	3.0	3.3	3.4	3.6	4.1	4.8
	10	1.4	1.8	2.5	2.6	2.9	3.0	3.1	3.4	4.1

表8-33　智力残疾女生仰卧起坐单项评分（单位：次/分）

等级	单项得分	6岁	7岁	8岁	9岁	10岁	11岁	12岁	13岁	14岁
优秀	100	15	16	19	20	23	25	28	30	32
	95	13	14	17	18	20	21	23	27	28
	90	11	12	15	15	17	18	18	23	23
良好	85	10	11	12	14	15	15	17	20	21
	80	9	10	11	12	13	14	16	17	18
及格	75	7	8	9	10	11	11	13	14	15
	70	5	6	7	7	8	9	10	11	12
	65	3	3	4	5	6	6	7	8	9
	60	1	1	2	2	3	4	4	5	6
不及格	50	0	0	1	1	2	3	3	4	5
	40	0	0	0	0	1	2	2	3	4
	30	0	0	0	0	0	1	1	2	3
	20	0	0	0	0	0	0	0	1	2
	10	0	0	0	0	0	0	0	0	1

表 8-34　智力残疾女生立定跳远单项评分（单位：厘米）

等级	单项得分	6 岁	7 岁	8 岁	9 岁	10 岁	11 岁	12 岁	13 岁	14 岁
优秀	100	119	121	128	130	139	143	147	153	168
	95	111	114	123	128	134	141	144	149	157
	90	104	106	118	126	129	139	141	144	145
良好	85	98	102	114	121	125	133	136	138	142
	80	93	98	111	116	121	127	130	132	138
及格	75	78	83	94	100	104	110	112	116	123
	70	64	67	78	83	87	93	95	100	109
	65	49	52	61	67	70	75	77	83	94
	60	35	37	45	51	53	58	59	67	79
不及格	50	31	34	42	47	49	54	55	63	73
	40	28	31	38	43	45	49	50	58	67
	30	24	28	35	40	41	45	46	54	60
	20	21	26	32	36	38	40	41	49	54
	10	17	23	28	32	34	36	37	45	48

表 8-35　智力残疾女生坐位体前屈单项评分（单位：厘米）

等级	单项得分	6 岁	7 岁	8 岁	9 岁	10 岁	11 岁	12 岁	13 岁	14 岁
优秀	100	13.4	13.5	15.2	16.3	16.9	17.3	17.2	17.5	18.4
	95	11.7	12.1	14.2	14.7	15.3	15.8	15.7	15.8	16.2
	90	10.0	10.7	13.2	13.2	13.6	14.3	14.2	14.5	13.9
良好	85	8.3	10.0	11.7	11.7	12.7	13.1	12.6	13.6	12.2
	80	6.5	9.2	10.1	10.2	11.8	11.9	11.1	12.7	10.5
及格	75	3.5	5.0	5.4	6.0	7.2	7.4	6.6	7.7	7.0
	70	0.5	0.8	0.6	1.7	2.5	3.0	2.2	2.6	3.5
	65	−2.5	−3.4	−4.1	−2.6	−2.1	−1.5	−2.3	−2.4	0.1
	60	−5.5	−7.6	−8.8	−6.8	−6.8	−6.0	−6.8	−7.5	−3.4

续表

等级	单项得分	6岁	7岁	8岁	9岁	10岁	11岁	12岁	13岁	14岁
不及格	50	−7.1	−8.8	−9.3	−8.1	−8.1	−7.2	−8.5	−8.7	−4.7
	40	−8.8	−10.0	−9.8	−9.5	−9.3	−8.5	−10.3	−9.8	−5.9
	30	−10.4	−11.2	−10.3	−10.8	−10.6	−9.7	−12.0	−11.0	−7.2
	20	−12.1	−12.5	−10.8	−12.2	−11.9	−11.0	−13.8	−12.2	−8.5
	10	−13.7	−13.7	−11.3	−13.5	−13.2	−12.2	−15.5	−13.4	−9.8

三、听力残疾学生体质健康标准的构建

1. 听力残疾男生体质健康标准的建立

表 8-36 听力残疾男生 BMI 单项评分（单位：千克/米^2）

年龄组	低体重	正常	超重	肥胖
	80分	100分	80分	60分
6岁	≤13.5	13.6~18.5	18.6~20.7	≥20.8
7岁	≤13.2	13.3~18.7	18.8~20.3	≥20.4
8岁	≤13.4	13.5~19.1	19.2~21.1	≥21.2
9岁	≤13.8	13.9~19.6	19.7~21.8	≥21.9
10岁	≤14.8	14.9~20.9	21.0~22.8	≥22.9
11岁	≤14.5	14.6~21.3	21.4~23.3	≥23.4
12岁	≤15.1	15.2~22.3	22.4~23.8	≥23.9
13岁	≤15.2	15.3~22.6	22.7~24.6	≥24.7
14岁	≤15.8	15.9~22.0	22.1~25.3	≥25.4

表 8-37　听力残疾男生肺活量单项评分（单位：毫升）

等级	单项得分	6 岁	7 岁	8 岁	9 岁	10 岁	11 岁	12 岁	13 岁	14 岁
优秀	100	1604	1998	2083	2107	2587	2858	3366	3603	3849
	95	1489	1790	1917	1994	2473	2658	3113	3438	3738
	90	1373	1583	1750	1881	2359	2457	2860	3272	3628
良好	85	1306	1482	1640	1803	2229	2342	2671	3074	3406
	80	1238	1382	1531	1726	2100	2228	2482	2876	3184
及格	75	1132	1250	1419	1598	1932	2047	2261	2623	2901
	70	1026	1119	1308	1470	1763	1866	2040	2371	2618
	65	920	987	1197	1342	1595	1685	1819	2118	2335
	60	813	856	1085	1214	1427	1504	1598	1866	2052
不及格	50	773	832	1036	1140	1357	1428	1542	1775	1991
	40	733	808	986	1066	1287	1352	1485	1684	1930
	30	693	785	937	992	1217	1276	1429	1593	1869
	20	652	761	887	918	1148	1200	1372	1503	1809
	10	612	737	838	844	1078	1124	1316	1412	1748

表 8-38　听力残疾男生握力单项评分（单位：千克）

等级	单项得分	6 岁	7 岁	8 岁	9 岁	10 岁	11 岁	12 岁	13 岁	14 岁
优秀	100	12.7	15.6	17.5	19.5	23.2	25.9	31.2	37.6	41.6
	95	11.6	14.7	16.4	18.7	21.5	24.3	29.3	35.2	40.0
	90	10.5	13.8	15.2	17.9	19.8	22.6	27.3	32.7	38.4
良好	85	9.6	12.9	14.6	17.1	18.7	21.2	25.6	31.1	36.3
	80	8.8	11.9	14.0	16.2	17.7	19.8	23.8	29.6	34.1
及格	75	8.0	10.6	12.2	14.1	15.3	17.1	21.0	26.2	30.5
	70	7.3	9.2	10.5	12.1	12.9	14.5	18.2	22.9	26.8
	65	6.5	7.9	8.7	10.0	10.5	11.8	15.4	19.5	23.2
	60	5.7	6.5	6.9	7.9	8.2	9.2	12.6	16.2	19.5

续表

等级	单项得分	6岁	7岁	8岁	9岁	10岁	11岁	12岁	13岁	14岁
不及格	50	5.3	6.1	6.5	7.4	7.7	8.7	11.6	15.2	18.5
	40	4.9	5.6	6.1	7.0	7.3	8.3	10.6	14.2	17.5
	30	4.4	5.2	5.6	6.5	6.9	7.8	9.6	13.2	16.5
	20	4.0	4.7	5.2	6.1	6.5	7.4	8.6	12.3	15.5
	10	3.6	4.3	4.8	5.6	6.1	6.9	7.6	11.3	14.5

表 8-39　听力残疾男生仰卧起坐单项评分（单位：次/分）

等级	单项得分	6岁	7岁	8岁	9岁	10岁	11岁	12岁	13岁	14岁
优秀	100	25	35	38	44	47	49	52	54	55
	95	24	31	34	40	44	46	47	49	51
	90	22	26	29	36	41	42	42	44	48
良好	85	20	24	27	34	37	39	40	41	43
	80	18	21	24	32	33	36	37	38	38
及格	75	16	18	20	27	28	30	31	32	32
	70	13	15	17	21	22	24	25	26	27
	65	11	11	13	16	17	18	19	20	21
	60	8	8	9	10	11	12	13	14	15
不及格	50	7	7	8	9	10	11	12	13	14
	40	5	6	7	7	8	9	10	11	12
	30	4	4	5	6	7	8	9	10	11
	20	2	3	4	4	5	6	7	8	9
	10	1	2	3	3	4	5	6	7	8

表 8-40　听力残疾男生立定跳远单项评分（单位：厘米）

等级	单项得分	6 岁	7 岁	8 岁	9 岁	10 岁	11 岁	12 岁	13 岁	14 岁
优秀	100	137	151	165	179	187	198	213	226	239
	95	132	146	157	174	183	192	206	221	233
	90	127	142	149	168	178	186	198	215	228
良好	85	123	139	144	164	174	181	192	209	223
	80	119	137	140	160	171	176	186	203	218
及格	75	111	128	134	152	161	169	177	191	204
	70	102	119	129	144	152	162	168	179	191
	65	93	111	124	136	142	154	160	167	177
	60	85	102	119	128	133	147	151	155	163
不及格	50	79	98	113	123	129	141	145	151	159
	40	74	95	108	118	124	135	139	147	155
	30	69	91	102	113	120	129	134	144	150
	20	64	87	97	108	115	122	128	140	146
	10	59	84	92	103	111	116	122	136	142

表 8-41　听力残疾男生坐位体前屈单项评分（单位：厘米）

等级	单项得分	6 岁	7 岁	8 岁	9 岁	10 岁	11 岁	12 岁	13 岁	14 岁
优秀	100	15.5	16.5	16.5	16.5	25.0	19.2	20.6	18.1	18.1
	95	13.9	14.8	14.7	14.7	19.7	16.7	17.0	15.5	16.1
	90	12.3	13.1	12.9	12.9	14.5	14.2	13.4	12.8	14.1
良好	85	11.0	12.2	11.6	10.7	12.5	12.8	11.7	10.8	11.9
	80	9.8	11.4	10.2	8.4	10.6	11.4	10.0	8.9	9.6
及格	75	7.6	9.0	7.9	6.0	7.5	8.9	7.8	6.8	7.3
	70	5.5	6.6	5.6	3.5	4.4	6.3	5.6	4.7	4.9
	65	3.3	4.2	3.2	1.1	1.3	3.8	3.4	2.6	2.5
	60	1.1	1.7	0.9	−1.4	−1.8	1.3	1.2	0.5	0.1

续表

等级	单项得分	6岁	7岁	8岁	9岁	10岁	11岁	12岁	13岁	14岁
不及格	50	0.1	0.5	0.0	−2.2	−2.2	0.4	0.1	−0.2	−0.7
	40	−1.0	−0.8	−0.9	−3.1	−2.6	−0.5	−0.9	−0.9	−1.4
	30	−2.0	−2.0	−1.8	−4.0	−2.9	−1.5	−1.9	−1.5	−2.2
	20	−3.1	−3.3	−2.7	−4.8	−3.3	−2.4	−2.9	−2.2	−3.0
	10	−4.1	−4.5	−3.6	−5.7	−3.7	−3.3	−3.9	−2.9	−3.8

2. 听力残疾女生体质健康标准的建立

表 8-42 听力残疾女生 BMI 单项评分（单位：千克/米^2）

年龄组	低体重	正常	超重	肥胖
	80分	100分	80分	60分
6岁	≤13.1	13.2~16.9	17.0~19.1	≥19.3
7岁	≤13.4	13.4~17.5	17.6~19.7	≥19.8
8岁	≤13.6	13.7~17.7	17.8~20.2	≥20.3
9岁	≤13.7	13.8~18.9	19.0~20.8	≥20.9
10岁	≤13.9	14.0~19.1	19.0~21.3	≥21.4
11岁	≤14.3	14.4~19.8	19.9~22.4	≥22.5
12岁	≤14.5	14.6~20.3	20.4~23.6	≥23.7
13岁	≤15.3	15.4~21.1	21.2~24.2	≥24.3
14岁	≤15.8	15.9~21.9	22.0~25.3	≥25.4

表 8-43 听力残疾女生肺活量单项评分（单位：毫升）

等级	单项得分	6岁	7岁	8岁	9岁	10岁	11岁	12岁	13岁	14岁
优秀	100	1727	1738	1887	2105	2352	2675	2983	3360	3527
	95	1530	1596	1718	1892	2163	2533	2727	3070	3317
	90	1334	1454	1549	1680	1974	2390	2471	2779	3107

续表

等级	单项得分	6岁	7岁	8岁	9岁	10岁	11岁	12岁	13岁	14岁
良好	85	1225	1369	1485	1592	1904	2179	2376	2642	2922
	80	1117	1283	1422	1504	1835	1969	2281	2505	2736
及格	75	1017	1154	1322	1410	1682	1809	2075	2300	2514
	70	917	1025	1222	1317	1530	1649	1870	2096	2292
	65	818	895	1122	1223	1377	1490	1664	1891	2070
	60	718	766	1023	1129	1225	1330	1458	1687	1848
不及格	50	681	726	967	1072	1158	1246	1393	1581	1740
	40	645	687	910	1015	1092	1162	1328	1474	1633
	30	608	647	854	958	1025	1078	1262	1368	1525
	20	572	608	798	901	959	994	1197	1262	1418
	10	535	568	742	844	892	910	1132	1156	1310

表 8-44　听力残疾女生握力单项评分（单位：千克）

等级	单项得分	6岁	7岁	8岁	9岁	10岁	11岁	12岁	13岁	14岁
优秀	100	11.8	14.5	16.8	16.9	22.7	25.8	25.6	31.2	37.7
	95	10.6	14.0	15.4	16.0	21.1	23.1	23.7	28.5	33.6
	90	9.4	11.5	14.0	15.1	19.5	20.3	21.8	25.8	29.4
良好	85	8.9	10.5	12.8	14.2	18.1	19.2	20.3	24.7	28.1
	80	8.4	9.5	11.7	13.2	16.8	18.1	18.8	23.6	26.8
及格	75	7.6	8.8	10.7	12.0	14.8	16.1	17.2	21.7	24.5
	70	6.8	8.1	9.8	10.7	12.9	14.2	15.6	19.7	22.2
	65	6.0	7.4	8.8	9.5	10.9	12.2	14.1	17.8	19.8
	60	5.2	6.7	7.8	8.2	8.9	10.2	12.5	15.8	17.5

续表

等级	单项得分	6岁	7岁	8岁	9岁	10岁	11岁	12岁	13岁	14岁
不及格	50	5.0	6.3	7.2	7.6	8.2	9.2	11.5	14.9	16.7
	40	4.8	5.8	6.6	7.0	7.5	8.3	10.6	14.1	15.9
	30	4.5	5.4	5.9	6.3	6.7	7.3	9.6	13.2	15.1
	20	4.3	4.9	5.3	5.7	6.0	6.4	8.7	12.4	14.3
	10	4.1	4.5	4.7	5.1	5.3	5.4	7.7	11.5	13.5

表8-45　听力残疾女生仰卧起坐单项评分（单位：次/分）

等级	单项得分	6岁	7岁	8岁	9岁	10岁	11岁	12岁	13岁	14岁
优秀	100	28	35	38	39	41	43	45	48	50
	95	25	30	34	37	40	41	43	46	49
	90	21	25	29	35	38	39	41	44	47
良好	85	19	23	26	32	36	38	40	42	45
	80	17	20	22	29	34	37	38	40	43
及格	75	15	17	19	25	29	32	33	35	38
	70	12	14	16	21	25	27	29	31	33
	65	10	11	13	16	20	22	24	26	27
	60	7	8	10	12	15	17	19	21	22
不及格	50	6	7	8	10	13	15	17	19	20
	40	5	6	7	8	11	13	15	17	18
	30	3	4	5	7	9	11	13	14	15
	20	2	3	4	5	7	9	11	12	13
	10	1	2	2	3	5	7	9	10	11

表 8-46　听力残疾女生立定跳远单项评分（单位：厘米）

等级	单项得分	6 岁	7 岁	8 岁	9 岁	10 岁	11 岁	12 岁	13 岁	14 岁
优秀	100	139	145	157	169	176	179	186	188	192
	95	133	139	151	159	168	174	181	184	188
	90	128	134	145	149	160	169	176	180	184
良好	85	122	130	139	145	156	166	172	176	179
	80	115	127	132	141	152	164	167	172	175
及格	75	108	118	126	135	145	154	158	163	166
	70	101	110	119	128	138	144	149	153	157
	65	94	101	113	122	130	135	141	144	148
	60	87	92	106	116	123	125	132	134	140
不及格	50	82	87	100	110	117	119	126	128	135
	40	76	81	95	104	111	112	120	122	131
	30	70	75	89	98	104	106	114	116	127
	20	65	70	84	93	98	99	108	110	123
	10	59	64	78	87	92	93	102	104	119

表 8-47　听力残疾女生坐位体前屈单项评分（单位：厘米）

等级	单项得分	6 岁	7 岁	8 岁	9 岁	10 岁	11 岁	12 岁	13 岁	14 岁
优秀	100	15.2	15.8	16.3	17.8	18.8	19.6	21.9	19.5	20.1
	95	13.9	14.7	15.6	17.0	18.0	18.6	20.1	18.7	18.4
	90	12.6	13.5	14.8	16.2	17.2	17.5	18.3	17.9	16.7
良好	85	11.7	12.9	13.8	15.0	15.8	16.4	16.9	16.6	15.3
	80	10.9	12.3	12.9	13.8	14.5	15.3	15.5	15.2	13.8
及格	75	8.5	10.1	10.5	11.0	11.5	12.7	12.3	12.7	11.2
	70	6.1	7.9	8.1	8.2	8.6	10.1	9.2	10.2	8.5
	65	3.7	5.7	5.7	5.5	5.6	7.5	6.0	7.7	5.9
	60	1.3	3.5	3.3	2.7	2.6	4.9	2.8	5.2	3.2

续表

等级	单项得分	6岁	7岁	8岁	9岁	10岁	11岁	12岁	13岁	14岁
不及格	50	0.4	2.0	2.0	1.6	1.6	3.2	1.7	3.5	1.9
	40	−0.5	0.6	0.6	0.6	0.5	1.4	0.6	1.7	0.7
	30	−1.4	−0.9	−0.8	−0.5	−0.5	−0.3	−0.4	−0.1	−0.6
	20	−2.3	−2.3	−2.1	−1.5	−1.6	−2.1	−1.5	−1.8	−1.8
	10	−3.2	−3.8	−3.5	−2.6	−2.6	−3.8	−2.6	−3.6	−3.1

四、视力残疾学生体质健康标准的构建

1. 视力残疾男生体质健康标准的构建

表 8-48　视力残疾男生 BMI 单项评分（单位：千克/米^2）

年龄组	低体重	正常	超重	肥胖
	80分	100分	80分	60分
6岁	≤13.5	13.6~18.1	18.2~20.8	≥20.9
7岁	≤13.6	13.7~18.4	18.5~21.3	≥21.4
8岁	≤13.8	13.9~19.7	19.8~22.1	≥22.2
9岁	≤14.5	14.6~20.3	20.4~22.8	≥22.9
10岁	≤14.9	15.0~20.9	21.0~23.1	≥23.2
11岁	≤15.4	15.5~21.7	21.8~23.7	≥23.8
12岁	≤15.7	15.8~22.4	22.5~24.1	≥24.2
13岁	≤16.2	16.3~22.8	22.9~25.3	≥25.4
14岁	≤16.6	16.7~23.6	23.7~26.2	≥26.3

表 8-49　视力残疾男生肺活量单项评分（单位：毫升）

等级	单项得分	6 岁	7 岁	8 岁	9 岁	10 岁	11 岁	12 岁	13 岁	14 岁
优秀	100	1398	1518	1786	1910	2265	2487	2626	3157	3557
	95	1313	1444	1706	1848	2174	2368	2524	3033	3345
	90	1227	1370	1626	1786	2083	2248	2423	2908	3133
良好	85	1185	1313	1526	1712	1967	2077	2282	2783	2969
	80	1142	1256	1425	1638	1852	1906	2141	2659	2805
及格	75	1036	1158	1315	1520	1776	1801	2003	2406	2572
	70	930	1060	1206	1402	1646	1696	1864	2154	2339
	65	824	961	1096	1283	1515	1590	1726	1901	2105
	60	718	863	986	1165	1385	1485	1587	1649	1872
不及格	50	662	796	925	1078	1269	1361	1453	1534	1725
	40	605	729	864	990	1154	1237	1319	1420	1578
	30	549	662	804	903	1038	1113	1184	1305	1431
	20	492	595	743	815	923	989	1050	1191	1284
	10	436	528	682	728	807	865	916	1076	1137

表 8-50　视力残疾男生握力单项评分（单位：千克）

等级	单项得分	6 岁	7 岁	8 岁	9 岁	10 岁	11 岁	12 岁	13 岁	14 岁
优秀	100	11. 8	13. 7	15. 8	19. 2	20. 9	25. 1	29. 3	35. 8	42. 2
	95	10. 8	13. 0	15. 1	18. 3	20. 1	23. 4	28. 4	34. 0	40. 5
	90	9. 8	12. 4	14. 5	17. 4	19. 3	21. 7	27. 5	32. 1	38. 7
良好	85	9. 2	11. 8	13. 8	16. 6	18. 2	20. 6	25. 7	30. 7	36. 9
	80	8. 6	11. 2	13. 2	15. 9	17. 1	19. 6	23. 8	29. 2	35. 1
及格	75	7. 9	10. 0	11. 6	13. 9	15. 2	17. 5	21. 3	25. 8	31. 1
	70	7. 2	8. 8	10. 1	12. 0	13. 4	15. 4	18. 8	22. 5	27. 1
	65	6. 5	7. 6	8. 5	10. 1	11. 5	13. 3	16. 3	19. 1	23. 2
	60	5. 8	6. 4	7. 0	8. 2	9. 6	11. 2	13. 8	15. 8	19. 2

续表

等级	单项得分	6岁	7岁	8岁	9岁	10岁	11岁	12岁	13岁	14岁
不及格	50	5.3	5.9	6.6	7.7	9.0	10.4	13.0	14.9	18.1
	40	4.7	5.5	6.3	7.2	8.4	9.6	12.1	14.0	16.9
	30	4.2	5.1	6.0	6.7	7.9	8.7	11.3	13.1	15.8
	20	3.6	4.6	5.6	6.2	7.3	7.9	10.4	12.2	14.6
	10	3.1	4.2	5.3	5.7	6.7	7.1	9.6	11.3	13.5

表 8-51 视力残疾男生仰卧起坐单项评分（单位：次/分）

等级	单项得分	6岁	7岁	8岁	9岁	10岁	11岁	12岁	13岁	14岁
优秀	100	23	30	36	39	41	42	44	45	48
	95	21	26	32	37	38	39	41	43	45
	90	19	22	28	34	35	36	38	40	42
良好	85	18	20	24	30	31	34	35	37	39
	80	16	18	19	26	28	31	32	34	36
及格	75	13	16	17	23	25	28	29	31	33
	70	11	13	15	20	22	24	26	27	29
	65	8	11	12	16	19	21	22	24	26
	60	6	9	10	13	16	17	19	20	22
不及格	50	5	7	9	11	14	15	17	18	21
	40	4	6	8	10	12	13	15	16	19
	30	3	5	6	8	10	11	12	15	18
	20	2	3	5	7	8	9	10	13	16
	10	1	2	4	5	6	7	8	11	15

表 8-52　视力残疾男生立定跳远单项评分（单位：厘米）

等级	单项得分	6 岁	7 岁	8 岁	9 岁	10 岁	11 岁	12 岁	13 岁	14 岁
优秀	100	117	128	138	143	147	150	168	182	194
	95	113	124	132	138	141	145	161	172	184
	90	110	121	127	132	136	141	155	163	174
良好	85	106	115	122	128	132	137	147	154	166
	80	102	110	118	124	128	133	139	146	157
及格	75	92	100	108	115	119	123	128	134	143
	70	81	91	99	106	110	113	118	122	130
	65	70	82	90	96	101	104	107	110	116
	60	59	73	80	87	92	94	97	98	102
不及格	50	57	69	76	84	89	92	95	97	100
	40	54	65	71	81	86	90	93	95	99
	30	52	60	66	78	83	88	90	93	97
	20	49	56	61	75	80	85	88	92	96
	10	47	51	57	72	78	83	86	90	94

表 8-53　视力残疾男生坐位体前屈单项评分（单位：厘米）

等级	单项得分	6 岁	7 岁	8 岁	9 岁	10 岁	11 岁	12 岁	13 岁	14 岁
优秀	100	11.7	12.8	13.4	16.4	16.8	17.2	17.3	18.3	18.1
	95	11.2	12.3	12.4	14.6	15.1	15.6	15.4	17.0	16.4
	90	10.7	11.9	11.4	12.7	13.4	14.0	13.6	15.6	14.7
良好	85	8.8	11.0	10.4	10.6	11.7	12.5	11.4	13.8	13.0
	80	7.0	10.1	9.3	8.5	10.1	10.9	9.2	12.0	11.4
及格	75	4.3	6.6	6.4	5.9	6.8	7.4	5.9	8.1	7.6
	70	1.6	3.2	3.5	3.3	3.5	3.9	2.7	4.3	3.8
	65	-1.1	-0.3	0.5	0.8	0.2	0.4	-0.6	0.5	-0.0
	60	-3.8	-3.7	-2.4	-1.8	-3.1	-3.1	-3.8	-3.3	-3.8

续表

等级	单项得分	6岁	7岁	8岁	9岁	10岁	11岁	12岁	13岁	14岁
不及格	50	-4.3	-4.3	-3.4	-3.1	-4.2	-4.4	-4.8	-4.4	-4.7
	40	-4.8	-4.9	-4.3	-4.4	-5.2	-5.6	-5.8	-5.5	-5.7
	30	-5.3	-5.5	-5.3	-5.6	-6.2	-6.9	-6.7	-6.6	-6.6
	20	-5.7	-6.1	-6.2	-6.9	-7.3	-8.1	-7.7	-7.7	-7.6
	10	-6.2	-6.7	-7.2	-8.2	-8.3	-9.4	-8.7	-8.8	-8.5

2. 视力残疾女生体质健康标准的构建

表 8-54　视力残疾女生 BMI 单项评分（单位：千克/米²）

年龄组	低体重	正常	超重	肥胖
	80分	100分	80分	60分
6岁	≤13.0	13.1~18.2	18.3~19.8	≥19.9
7岁	≤13.3	13.4~18.7	18.8~20.2	≥20.3
8岁	≤13.7	13.8~19.2	19.3~21.5	≥21.6
9岁	≤14.1	14.2~19.7	19.8~22.2	≥22.3
10岁	≤14.5	14.6~20.3	20.4~23.6	≥23.7
11岁	≤14.9	15.0~21.2	21.3~23.8	≥23.9
12岁	≤15.2	15.3~21.8	20.9~24.6	≥24.7
13岁	≤15.5	15.6~22.4	22.5~24.1	≥24.2
14岁	≤15.8	15.9~22.7	22.8~25.5	≥25.6

表 8-55　视力残疾女生肺活量单项评分（单位：毫升）

等级	单项得分	6岁	7岁	8岁	9岁	10岁	11岁	12岁	13岁	14岁
优秀	100	1359	1581	1682	1885	2056	2308	2532	2968	3210
	95	1291	1488	1580	1760	1971	2134	2390	2759	3027
	90	1223	1394	1479	1636	1885	1960	2247	2550	2843

续表

等级	单项得分	6 岁	7 岁	8 岁	9 岁	10 岁	11 岁	12 岁	13 岁	14 岁
良好	85	1139	1304	1421	1551	1816	1910	2154	2418	2724
	80	1055	1214	1363	1467	1748	1859	2061	2285	2605
及格	75	967	1101	1245	1475	1579	1683	1881	2107	2422
	70	879	989	1127	1312	1411	1508	1702	1928	2239
	65	791	877	1008	1148	1242	1332	1522	1749	2055
	60	703	765	890	985	1074	1156	1342	1570	1647
不及格	50	669	727	841	934	1026	1280	1300	1507	1588
	40	636	689	791	882	979	1218	1258	1443	1529
	30	603	651	742	831	931	1156	1216	1380	1470
	20	569	614	692	779	884	1094	1174	1316	1411
	10	536	576	643	728	836	1032	1132	1253	1352

表 8-56　视力残疾女生握力单项评分（单位：千克）

等级	单项得分	6 岁	7 岁	8 岁	9 岁	10 岁	11 岁	12 岁	13 岁	14 岁
优秀	100	9. 8	13. 8	16. 2	18. 9	20. 6	25. 8	27. 6	28. 8	32. 6
	95	9. 4	12. 1	14. 8	16. 9	19. 4	23. 5	25. 2	26. 8	30. 7
	90	8. 9	10. 4	13. 4	14. 8	18. 2	21. 2	22. 8	24. 9	28. 8
良好	85	8. 4	9. 8	12. 3	14. 3	17. 1	19. 9	21. 6	23. 8	27. 7
	80	7. 8	9. 2	11. 3	13. 7	16. 1	18. 5	20. 4	22. 7	26. 7
及格	75	7. 2	8. 6	10. 5	12. 4	14. 4	16. 5	18. 7	20. 9	24. 3
	70	6. 6	7. 9	9. 6	11. 2	12. 7	14. 5	17. 0	19. 2	21. 9
	65	6. 0	7. 2	8. 8	9. 9	11. 1	12. 5	15. 3	17. 4	19. 5
	60	5. 4	6. 5	7. 9	8. 6	9. 4	10. 5	13. 6	15. 6	17. 1

续表

等级	单项得分	6岁	7岁	8岁	9岁	10岁	11岁	12岁	13岁	14岁
不及格	50	5.3	6.3	7.6	8.2	9.0	10.0	12.6	15.0	16.5
	40	5.1	6.0	7.3	7.9	8.5	9.5	11.6	14.4	15.9
	30	5.0	5.8	7.1	7.5	8.1	8.9	10.6	13.8	15.4
	20	4.8	5.5	6.8	7.2	7.6	8.4	9.6	13.2	14.8
	10	4.7	5.3	6.5	6.8	7.2	7.9	8.6	12.6	14.2

表 8-57　视力残疾女生仰卧起坐单项评分（单位：次/分）

等级	单项得分	6岁	7岁	8岁	9岁	10岁	11岁	12岁	13岁	14岁
优秀	100	28	34	38	39	41	42	45	47	49
	95	24	30	34	37	39	40	42	44	47
	90	21	25	29	32	35	37	39	41	44
良好	85	19	22	26	31	33	35	37	39	41
	80	17	19	22	29	31	33	34	36	38
及格	75	15	17	19	25	27	28	30	31	33
	70	13	14	17	21	23	24	25	27	28
	65	11	12	14	16	18	19	21	22	23
	60	9	10	11	12	14	15	16	17	18
不及格	50	8	8	9	11	13	14	15	16	17
	40	6	7	8	10	11	13	14	15	16
	30	4	5	6	8	10	11	12	13	14
	20	3	4	5	7	8	10	11	12	13
	10	1	2	3	6	7	9	10	11	12

表 8-58　视力残疾女生立定跳远单项评分（单位：厘米）

等级	单项得分	6 岁	7 岁	8 岁	9 岁	10 岁	11 岁	12 岁	13 岁	14 岁
优秀	100	106	120	134	140	143	147	150	157	169
	95	103	117	131	134	137	142	146	153	166
	90	99	114	127	129	131	138	143	149	163
良好	85	96	111	123	127	129	134	140	147	156
	80	93	109	119	124	126	130	137	144	149
及格	75	81	96	105	111	114	119	127	133	140
	70	69	83	91	97	102	109	118	122	131
	65	57	71	78	84	90	99	108	111	122
	60	45	58	64	71	78	89	98	100	114
不及格	50	42	53	59	66	73	84	93	94	106
	40	40	49	53	61	68	80	87	89	98
	30	37	44	48	56	63	76	81	83	90
	20	35	40	42	51	57	72	76	78	83
	10	32	35	37	46	52	68	70	72	75

表 8-59　视力残疾女生坐位体前屈单项评分（单位：厘米）

等级	单项得分	6 岁	7 岁	8 岁	9 岁	10 岁	11 岁	12 岁	13 岁	14 岁
优秀	100	15.2	15.5	16.2	16.8	18.6	19.2	19.3	19.5	20.1
	95	14.1	14.5	14.9	15.4	17.4	17.8	17.8	18.1	18.4
	90	13.0	13.4	13.7	14.0	16.1	16.3	16.4	16.7	16.8
良好	85	12.0	12.1	12.0	12.3	13.9	14.8	14.9	15.2	15.2
	80	10.9	10.8	10.4	10.6	11.8	13.3	13.4	13.7	13.7
及格	75	8.3	7.7	7.2	7.5	8.5	9.0	9.5	9.5	9.4
	70	5.6	4.6	4.0	4.3	5.2	4.7	5.5	5.3	5.2
	65	3.0	1.5	0.8	1.2	2.0	0.5	1.6	1.1	0.9
	60	0.3	−1.7	−2.5	−1.9	−1.3	−3.8	−2.4	−3.1	−3.3

续表

等级	单项得分	6岁	7岁	8岁	9岁	10岁	11岁	12岁	13岁	14岁
不及格	50	−0.4	−2.3	−3.1	−2.6	−2.4	−4.6	−3.5	−4.1	−4.0
	40	−1.2	−3.0	−3.7	−3.4	−3.5	−5.4	−4.7	−5.0	−4.6
	30	−1.9	−3.6	−4.3	−4.1	−4.7	−6.2	−5.9	−6.0	−5.2
	20	−2.7	−4.3	−4.9	−4.9	−5.8	−7.0	−7.0	−6.9	−5.9
	10	−3.4	−4.9	−5.5	−5.6	−6.9	−7.8	−8.2	−7.9	−6.5

第四节　残疾学生体质健康标准的验证

在研制体质健康评价标准的过程中，为检验新制标准的可靠性和适用性，有必要对评价标准进行验证。人群验证法是将选定的某个截断点用于体质健康评价，是一种辅助选择截断点的方法，不具有独立意义，常用于标准的有效性验证①。其中，一种方法是交叉验证法，该方法是通过选择样本以外的人群或者用不同的测试方法，用于检验研制标准的灵敏性和可重复性；另一种方法是回代验证法，该方法又可将已经选定的截断点回代到参照样本或其他人群。当回代到参照样本中，将原观测例的各项指标逐个代入判别函数式进行判别，并与原分类对比，计算判别函数分类与原分类的符合率。当回代到其他人群时，则是衡量不同人群的适用性。回代检验的基本原理是：吻合程度越高，其差错率越低，说明新制定的评分标准越可靠②。

本研究采用回代验证法，对所有受试者进行全样本回代检验，计算评价标准的评分效果。若符合制定标准的理论百分比分布，说明评分效果较好；若不符合制定标准的理论百分比分布时，则需要进行修正。本研究随机抽取听力残疾男生各测试指标的评价标准进行回代验证。将听力残疾男

① 陈培友，邹玉玲．青少年体质健康标准构建方法研究［J］．体育科学，2013，33（11）：84-88.

② 范洪彬．上海市6~14岁学生力量素质测评体系优化研究［D］．上海：华东师范大学，2017：223.

生的测试结果分别代入各指标的评分标准，计算各样本的成绩。得到成绩后分别统计各指标各等级的人数和百分数。根据公式“差错率=（实际百分数-理论百分数）/理论百分数”计算各组别的差错率。其中身体质量指数测试指标低体重和肥胖理论百分数为10%，超重理论百分数为15%，正常理论百分数为65%。肺活量、握力、仰卧起坐、立定跳远和坐位体前屈优秀和不及格理论百分数为10%，良好理论百分数为15%，及格等级理论百分数为65%。听力残疾男生样本按标准评分后，身体质量指数、肺活量、握力、仰卧起坐、立定跳远和坐位体前屈等指标的回代结果见表8-60至表8-65。从表中可见，听力残疾男生身体质量指数、肺活量、握力、仰卧起坐、立定跳远和坐位体前屈回代检验结果的差错率基本都在5%以下，各指标成绩分布基本符合制定标准时的理论百分比，说明评分效果较好。

同理，其他各组别的样本数据代入制定的各组标准中，分别得出身体质量指数、肺活量、握力、仰卧起坐、立定跳远和坐位体前屈等指标测试结果。结果显示，各组别各指标回代检验的差错率基本都在5%以下。说明各指标成绩分布基本符合制定标准时的理论百分比，具有较好的吻合度。

需要指出的是，由于各类残疾学生样本量的局限，本研究制定的智力残疾、听力残疾、视力残疾和健全学生各指标测试标准均宜按“试行”为妥。经过1~2年的试行，在检验和修订的基础上，方可正式实施。

表8-60　听力残疾男生BMI测试回代检验

年龄	低体重		正常		超重		肥胖	
	实际百分率	差错率	实际百分率	差错率	实际百分率	差错率	实际百分率	差错率
6岁	10.5%	5.3%	65.4%	0.6%	15.0%	0.3%	9.0%	-9.8%
7岁	9.5%	-5.4%	65.5%	0.8%	14.2%	-5.4%	10.8%	8.1%
8岁	10.4%	3.7%	63.0%	-3.1%	16.3%	8.6%	10.4%	3.7%
9岁	9.3%	-7.1%	64.3%	-1.1%	15.7%	4.8%	10.7%	7.1%
10岁	10.3%	3.2%	64.3%	-1.1%	15.1%	0.5%	10.3%	3.2%
11岁	10.4%	4.5%	65.7%	1.0%	14.2%	-5.5%	9.7%	-3.0%
12岁	10.9%	8.8%	63.3%	-2.7%	15.6%	4.3%	10.2%	2.0%

续表

年龄	低体重		正常		超重		肥胖	
	实际百分率	差错率	实际百分率	差错率	实际百分率	差错率	实际百分率	差错率
13 岁	9. 2%	-7. 7%	66. 2%	1. 8%	15. 4%	2. 6%	9. 2%	-7. 7%
14 岁	10. 5%	4. 8%	63. 7%	-2. 0%	15. 3%	2. 2%	10. 5%	4. 8%

表 8-61　听力残疾男生肺活量测试回代检验结果

年龄	不及格		及格		良好		优秀	
	实际百分率	差错率	实际百分率	差错率	实际百分率	差错率	实际百分率	差错率
6 岁	9. 8%	-2. 3%	64. 7%	-0. 5%	15. 0%	0. 3%	10. 5%	5. 3%
7 岁	9. 5%	-5. 4%	66. 2%	1. 9%	14. 2%	-5. 4%	10. 1%	1. 4%
8 岁	10. 4%	3. 7%	63. 7%	-2. 0%	15. 6%	3. 7%	10. 4%	3. 7%
9 岁	10. 0%	0. 0%	63. 6%	-2. 2%	15. 7%	4. 8%	10. 7%	7. 1%
10 岁	10. 3%	3. 2%	65. 1%	0. 1%	15. 1%	0. 5%	9. 5%	-4. 8%
11 岁	10. 4%	4. 5%	64. 9%	-0. 1%	14. 2%	-5. 5%	10. 4%	4. 5%
12 岁	9. 5%	-4. 8%	65. 3%	0. 5%	15. 0%	-0. 2%	10. 2%	2. 0%
13 岁	10. 0%	0. 0%	65. 4%	0. 6%	15. 4%	2. 6%	9. 2%	-7. 7%
14 岁	9. 7%	-3. 2%	65. 3%	0. 5%	14. 5%	-3. 2%	10. 5%	4. 8%

表 8-62　听力残疾男生握力测试回代检验结果

年龄	不及格		及格		良好		优秀	
	实际百分率	差错率	实际百分率	差错率	实际百分率	差错率	实际百分率	差错率
6 岁	9. 8%	-2. 3%	65. 4%	0. 6%	15. 0%	0. 3%	10. 5%	5. 3%
7 岁	10. 1%	1. 4%	64. 9%	-0. 2%	14. 2%	-5. 4%	10. 8%	8. 1%
8 岁	9. 6%	-3. 7%	65. 2%	0. 3%	15. 6%	3. 7%	9. 6%	-3. 7%
9 岁	10. 0%	0. 0%	65. 0%	0. 0%	14. 3%	-4. 8%	10. 7%	7. 1%
10 岁	10. 3%	3. 2%	65. 1%	0. 1%	14. 3%	-4. 8%	10. 3%	3. 2%
11 岁	10. 4%	4. 5%	64. 2%	-1. 3%	15. 7%	4. 5%	9. 7%	-3. 0%
12 岁	10. 9%	8. 8%	63. 9%	-1. 6%	15. 0%	-0. 2%	10. 2%	2. 0%
13 岁	10. 8%	7. 7%	63. 8%	-1. 8%	15. 4%	2. 6%	10. 0%	0. 0%
14 岁	9. 7%	-3. 2%	65. 3%	0. 5%	15. 3%	2. 2%	9. 7%	-3. 2%

表 8-63　听力残疾男生仰卧起坐测试回代检验结果

年龄	不及格		及格		良好		优秀	
	实际百分率	差错率	实际百分率	差错率	实际百分率	差错率	实际百分率	差错率
6 岁	9.0%	-9.8%	66.2%	1.8%	15.0%	0.3%	9.8%	-2.3%
7 岁	9.5%	-5.4%	65.5%	0.8%	14.9%	-0.9%	10.1%	1.4%
8 岁	10.4%	3.7%	65.9%	1.4%	14.1%	-6.2%	9.6%	-3.7%
9 岁	10.7%	7.1%	65.7%	1.1%	14.3%	-4.8%	9.3%	-7.1%
10 岁	10.3%	3.2%	65.1%	0.1%	14.3%	-4.8%	10.3%	3.2%
11 岁	9.7%	-3.0%	66.4%	2.2%	14.2%	-5.5%	9.7%	-3.0%
12 岁	10.2%	2.0%	65.3%	0.5%	14.3%	-4.8%	10.2%	2.0%
13 岁	9.2%	-7.7%	65.4%	0.6%	14.6%	-2.6%	10.8%	7.7%
14 岁	10.5%	4.8%	62.9%	-3.2%	16.1%	7.5%	10.5%	4.8%

表 8-64　听力残疾男生立定跳远测试回代检验结果

年龄	不及格		及格		良好		优秀	
	实际百分率	差错率	实际百分率	差错率	实际百分率	差错率	实际百分率	差错率
6 岁	9.8%	-2.3%	66.2%	1.8%	14.3%	-4.8%	9.8%	-2.3%
7 岁	10.1%	1.4%	65.5%	0.8%	14.9%	-0.9%	9.5%	-5.4%
8 岁	9.6%	-3.7%	63.7%	-2.0%	17.0%	13.6%	9.6%	-3.7%
9 岁	10.0%	0.0%	65.0%	0.0%	14.3%	-4.8%	10.7%	7.1%
10 岁	10.3%	3.2%	65.1%	0.1%	14.3%	-4.8%	10.3%	3.2%
11 岁	10.4%	4.5%	65.7%	1.0%	14.2%	-5.5%	9.7%	-3.0%
12 岁	9.5%	-4.8%	63.9%	-1.6%	16.3%	8.8%	10.2%	2.0%
13 岁	9.2%	-7.7%	63.8%	-1.8%	16.2%	7.7%	10.8%	7.7%
14 岁	10.5%	4.8%	62.9%	-3.2%	16.1%	7.5%	10.5%	4.8%

表 8-65 听力残疾男生坐位体前屈测试回代检验结果

年龄	不及格		及格		良好		优秀	
	实际百分率	差错率	实际百分率	差错率	实际百分率	差错率	实际百分率	差错率
6 岁	9.0%	-9.8%	63.9%	-1.7%	16.5%	10.3%	10.5%	5.3%
7 岁	10.1%	1.4%	66.2%	1.9%	13.5%	-9.9%	10.1%	1.4%
8 岁	9.6%	-3.7%	65.9%	1.4%	14.8%	-1.2%	9.6%	-3.7%
9 岁	10.0%	0.0%	63.6%	-2.2%	15.7%	4.8%	10.7%	7.1%
10 岁	10.3%	3.2%	63.5%	-2.3%	15.1%	0.5%	11.1%	11.1%
11 岁	9.7%	-3.0%	66.4%	2.2%	14.2%	-5.5%	9.7%	-3.0%
12 岁	10.2%	2.0%	66.0%	1.5%	14.3%	-4.8%	9.5%	-4.8%
13 岁	10.8%	7.7%	66.2%	1.8%	13.8%	-7.7%	9.2%	-7.7%
14 岁	10.5%	4.8%	63.7%	-2.0%	16.1%	7.5%	9.7%	-3.2%

本章结语

国内外体质健康测试的发展历程表明，同一国家各类人群的体质健康测试的发展步调都是相同的。也就是说，残疾学生体质健康测试标准与《国家学生体质健康标准》应该是互补关系，残疾学生体质健康标准的研制必定要与现行的《国家学生体质健康标准》的研制理念相一致。基于此，残疾学生体质健康标准的研制应充分借鉴现行的《国家学生体质健康标准》的研制理念与方法。在组别划分上，由于现行的《国家学生体质健康标准》的理念是方便于教育行政管理，即以年级、性别划分组别，而在特殊教育学校中，存在同一班级有各种年龄段的学生，因此残疾学生体质健康标准按残疾类型、年龄、性别等划分组别更为合理。在评价方法上，由于残疾学生体质健康测试既有正态分布的数据，又有非正态分布的数据，因此采用百分位数法和分段累进计分法相结合更为适宜。基于以上理念与方法，分别对 6~14 岁的智力残疾、听力残疾、视力残疾和健全学生体质健康标准进行了探索性研制，并通过全样本回代验证，各指标成绩分布基本符合制定标准时的理论百分比。

第九章

残疾学生体质健康标准研究结论与展望

第一节 研究结论

国民的体质健康是世界各国共同关注的议题。长期以来，众多国内外学者从不同的视角对不同群体、测试指标、评价标准等议题进行了广泛而深入的研究。为了监测国民体质状况，在国内实施了每年一次的学生体质测试以及每4年一次的国民体质测试。然而，残疾人一直被排斥在体质测试服务之外，残疾学生也享受免测的“优待”。在倡导残健融合共享的时代背景下，不免深感对残疾学生体质健康标准研制的必要性与迫切性。通过研究得出以下主要结论。

第一，“体质”是一个跨学科的研究领域，所涉及的学科包括人类学、医学和体育学等，由于研究的学科基础不同，各学科对体质的研究内容也存在较大的差异。虽然体育学中的体质（Physical Fitness）与医学中的体质（Diathesis）在汉语上都为“体质”，但两者对应的外文显然不同。就体育学而言，体质是在先天遗传性和后天体育参与基础上表现出来的，在身体形态、身体机能和身体素质等方面表现出综合的、相对稳定的特征。

第二，健康是一个动态、多维的概念。在不同的时期，先后经历了一维健康观、二维健康观、三维健康观和四维健康观。首先是四维健康观的形成就犹如“健康金字塔”，金字塔的底端是躯体健康，也是健康的物质基础；其次是心理健康，身心健康是健康的核心内容；再次是社会适应，是健康的提高和升华；最后是道德健康，即健康的终极目标。从一维健康观到多维健康观的转变，体现了人们对健康从生物医学模式向生物—心理—社会医学模式的转变过程。

第三，“体质”与“健康”的结合先后经历了“体质与健康”到“体质健康”的转变。“体质与健康”是由体育学和医学两个方面构成的内容。在当前，“体质健康”一词的使用就像“心理健康”一词在心理学中的使用。由于身体健康一词更为笼统，使用“体质健康”更能凸显体质在体育学中的研究性质和目的。体质健康涵盖的是与体育参与密切相关的，由身体形态、身体机能和身体素质构成的身体健康范畴。无论是从学科属性，还是从语义结构上，体质健康都不包括心理发育水平和适应能力等两方面。

第四，体质健康与健康体适能有着密切的联系。虽然体质健康测试构成要素包括身体成分、身体机能和身体素质，健康体适能包括身体成分、心肺耐力、肌肉力量与耐力和柔韧性等要素，但两者在测试内容上是一致的，即身体机能对应的是心肺耐力，身体素质对应的是肌肉力量与耐力和柔韧性。

第五，参与体质健康测试是残疾学生接受体育教育的一项基本内容，也是残疾学生获得健康、全面发展的重要途径。我国残疾学生呈逐年增长、残疾类型多样、残疾程度不一、残疾学生分布广泛等特点。当前，我国特殊教育主要涉及智力残疾、视力残疾和听力残疾，其他残疾青少年基本都在普通学校接受教育。智力残疾、视力残疾和听力残疾学生除了由于残疾类型存在显在的障碍（如视力残疾存在视力缺失)，还都存在感觉统合失调。但由于特殊教育学校中残疾学生都具备一定的自理能力、测试指标的多元化等条件为残疾学生体质健康测试提供了可能。

第六，美国政府一直非常重视残疾青少年体质健康。自 20 世纪 60 年代就有关于残疾青少年体质的研制。根据研制的内容和特点，可划分为初期阶段、发展阶段和成熟阶段。在初期阶段，主要以学校中的单一的视力残疾、智力残疾学生为对象，以常模参照评价进行了研制；在发展阶段，主要以 10~17 岁的听力障碍和视力障碍、截肢、先天性异常、大脑性瘫痪和脊髓性肌肉症为对象，以常模参照评价为评价方法进行了研制；在成熟阶段，主要以 10~17 岁的智力残疾、轻微受限者、视力残疾、脑性瘫痪、脊髓损伤、先天性异常和截肢等为对象，以标准参照为评价方法进行了研制。其特点主要体现在：与健全青少年体质测试保持密切的联系；研制理念不断满足残疾青少年的需求；测试内容从技能体适能转向健康体适能；评价方法从常模参照转向标准参照；奖励机制从等级制度到评价报告。

第七，虽然实验室测试更为精准，但由于场地测试方法简单、成本低康等因素，在国内外体质测试中得到了广泛应用。长期以来，各国都非常关注国民的体质测试，并根据实情研制了各自的测试体系，然而，各测试体系的测试指标却存在较大的差异。身体成分测试指标数量较少，相对较为集中。其中身高标准体重、生物电阻抗、皮褶厚度和身体质量指数等指标应用较为广泛；心肺耐力测试上以跑/走为主，也有一些辅助性测试指标，测试指标受年龄、性别影响较大。其中包括定距离测试跑/走、定时间跑/走、肺活量等指标应用较为广泛；肌肉力量与耐力测试指标呈“体块”分布，上肢力量与耐力测试指标较多，躯干和下肢力量和耐力测试指标较为单一。其中，握力、俯卧撑、引体向上、投掷（球）、仰卧起坐、立定跳远等指标应用较为广泛；柔韧性测试指标相对较为单一。其中，立位体前屈、坐位体前屈等指标的应用较为广泛。

第八，对残疾学生体质健康测试指标体系进行了构建。通过两轮的专家调查对6~14岁智力残疾、视力残疾、听力残疾和健全学生体质测试指标进行了构建，并采用随机抽样的方法，选取360人（分残疾类型、年龄和性别，各组5人）进行场地测试，从指标的可行性、可靠性、有效性和客观性等方面进行了验证。结果显示：身体质量指数、肺活量、握力、仰卧起坐、立定跳远和坐位体前屈等场地测试方法能够作为我国残疾学生体质健康测试指标体系。

第九，确定了残疾学生体质健康综合评价各指标的权重。采用专家访谈法，并结合残疾学生的体质健康状况和《国家学生体质健康标准（2014年修订）》的研制理念，确立了各指标的权重。认为残疾学生体质健康综合评价中各指标的权重应采取分权与等权相结合的方法更为适当，即类指标身体形态、身体机能和身体素质采用分权，分别为15%、15%和70%；在测试指标上，身体形态对应的身体质量指数一项指标权重为15%，身体机能对应的肺活量一项指标权重为15%，身体素质包括的握力、仰卧起坐、立定跳远和坐位体前屈等指标为等权，各指标的权重分别为17.5%。

第十，《残疾学生体质健康标准》是《国家学生体质健康标准》和《国民体质测定标准》的重要组成部分。在前文研究的基础上，基于《国家学生体质健康标准（2014年修订）》的研制理念与方法，对智力残疾、听力残疾、视力残疾和健全学生体质健康评价标准进行了探索性研制。根据我国残疾学生的特点，按残疾类别、性别、年龄进行了分组，并采用整群抽样法，选取7个省份收集的10431个样本（73017项数据），采用百分位数法和分段累进计分法相结合进行了统计建模，探索性地构建了残疾学生体质健康标准，并经全样本回代验证，各指标成绩分布基本符合制定标准时的理论百分比。

第二节　残疾学生体质健康标准研究不足

虽然本研究立题之初试图全面、系统而深入地对残疾学生体质健康标准进行研制，由于残疾学生类型多样、程度不一等特点，再加上残疾学生体质健康可资借鉴的成果较少，本研究的理论构建和相关实证研究也处于探索之中，现文的研究实尚难以完全尽如人意。并且上述观点和学理逻辑，无疑仍值得进一步讨论和商榷。具体而言，本研究的局限主要体现在如下方面。

第一，虽然本研究旨在对残疾学生的体质测试进行探讨，然而根据我国残疾人保障法的划分，残疾类型包括“听力残疾、视力残疾、言语残疾、肢体残疾、智力残疾、精神残疾、多重残疾和其他残疾”。但事实上却是以我国特殊教育学校中的三类残疾学生为研究对象，其他如肢体残疾、言语残疾和精神残疾等残疾学生普遍分布在各类普通学校，考虑到其他类型分布的广泛且零散，要收集一定数量的样本进行常模标准的研制无疑存在较大的挑战，所以本研究并未将普通学校的其他残疾类型学生囊括其中。也就是说，虽然本研究意在让残疾学生有相应的体质测试体系，但仍存在一部分残疾学生未参与体质健康测试的缺憾。

第二，从理论上讲，体质测试中各组别划分越细致其科学性越能体现。残疾学生除了有残疾类型、性别、年龄等划分，还存在残疾程度的差异。虽然我国特殊教育学校入学时都对“自理能力”进行了筛查，将重度或不具备自理能力的残疾学生以“送教”的形式或送入“康复机构”接受康复或治疗，但在校残疾（特别是智力残疾）学生在感统能力方面必然会存在一定的差异。本研究考虑具体实施中的操作性，在组别划分中并未根据残疾程度作进一步划分。

第三，在进行常模参照评价时，样本量越大其产生的误差也就越小。当样本量与总量一致时，其误差也相对较小。虽然本研究采集的样本量较美国残疾青少年体质测试研制的样本量要多，但由于残疾学生样本总量本身就较少，与国内《国家学生体质健康标准》中的样本量相比显然存在较大的差距。另外，本研究通过抽样选取了 7 个省份 10431 个样本作为测试对象，但由于视力残疾学生的样本总量本身就相对较少，所以在抽样中视力残疾学生比其他残疾类型组别的样本量也要少。

第三节　残疾学生体质健康标准研究展望

虽然本研究尝试对残疾学生体质健康标准进行了探索性研究，在理论和应用上作出了一定的贡献，但其内容显然还有进一步改进和完善的地方。

第一，研制与残疾学生生活和学习密切相关的测试指标。本研究采用的测试指标均源于健全学生常用的测试指标，虽然都经过了专家判断和场地测试验证了其合理性，但就残疾学生而言，体质健康测试更应该服务于日常生活。例如美国残疾青少年体质测试（BPFT）专门研发了“坐式俯卧撑”“屈臂提铃至胸”“40 米推/走”“轮椅上坡”等测试指标都是围绕残疾青少年的实际情况研制的与生活密切联系的测试指标。因此，在后续研究中，既可验证国外研制的残疾青少年测试指标在国内残疾学生中的适用性，也应该针对国内残疾学生研制相应的测试指标。

第二，通过交叉验证和实践不断完善标准体系。体质健康标准的研制是一项复杂的工程，需要经过长期不断的修订与完善。虽然本研究对残疾学生体质健康标准进行了探索性研制，对成文的标准也进行了回代验证，但是并未对成文的标准进行交叉验证和长时期的实践验证。因此，在后续的研究中，应根据标准的实施情况不断进行修订，遵循发现问题—解决问题—再发现问题—再解决问题的思路，从而为残疾学生体质健康测试提供更加科学合理的标准体系。

第三，研制能反映残疾学生健康与否的评价标准。对残疾学生而言，体质健康测试最重要的是评价被测者的健康程度，判断其是否有可能患慢性疾病。虽然本研究对残疾学生体质健康标准进行了探索性研制，但由于采用标准参照评价体质健康的可资借鉴的成果较少（只有美国 FITNESSGRAM 和 BPFT），再加上国内体质健康测试的相关研究无一例外地采用的是常模参照，本研究仍未突破常模参照评价的局限。因此，在后续的研究中应积极尝试标准参照评价方法，以发挥体质测试在残疾学生体质评价中的诊断、监测和干预的作用。

附　录

残疾学生体质健康测试专家访谈提纲

第一步：自我介绍（2~3 分钟）

第二步：目的与程序（3~5 分钟）

本次访谈的目的是想了解残疾学生体质健康测试的相关问题，以便更加合理有针对性地对我国残疾学生体质健康测试标准进行研制，例如我国研制残疾学生体质健康标准时应涉及哪些残疾类型？下面根据您手中的《残疾学生体质健康标准研究访谈提纲》问您几个问题。每个问题我们都会给您一定的考虑时间。

我们向您承诺：本次访谈记录仅作为我们课题研究分析所用。对于谈话的内容，我们都将严格保密，绝对不向任何人透露。在后期整理访谈内容时，也绝对不会包含您的名字以及您的单位、部门等个人信息。请您给予理解与支持！谢谢！

第三步：提问与访谈（20~30 分钟）

1. 您认为在研制残疾学生体质健康标准时应涉及哪些残疾类型？您认为各残疾类型在体质测试中分别存在哪些障碍？

2. 您认为残疾学生体质健康测试指标应由哪些一级指标构成；二级测试指标的筛选应考虑哪些问题？

3. 您认为在研制残疾学生体质健康标准时应如何进行分组？

4. 您认为应该如何研制残疾学生体质健康标准？如何处理《国家学生体质健康标准》《国民体质测定标准手册》与残疾学生体质健康标准的关系？

5. 您认为残疾学生体质健康综合评价各指标的权重应如何设置？

6. 关于残疾学生体质健康标准的研制，您还有哪些建议？

感谢您能抽出宝贵时间接受我们的访谈，谢谢！

残疾学生体质测试指标专家调查问卷

尊敬的专家：

您好！

感谢您在百忙之中参与我们的调查。由于本研究需要对残疾学生开展体质健康测试指标进行构建，而您是经验丰富的一线教师，对残疾学生的身心发展最为了解，因此恳请您拨冗填写此问卷，您的宝贵意见和看法对本研究具有重要的作用。本问卷由两部分组成，第一部分是关于您的基本信息；第二部分是残疾学生体质健康测试指标体系的构建。本问卷采用匿名方式进行。请您放心，本调查问卷的所有数据仅为科学研究所用，我们承诺将不会泄露您的任何信息。在此深表感谢！

《残疾学生体质健康标准研究》课题组

一、您的基本情况

1. 您的工作单位： 2. 您的职务（职称）：
3. 您的学历： 4. 您的研究领域：
5. 您的工作年限：
6. 您对该领域的熟悉程度：①不熟悉 ②一般熟悉 ③比较熟悉 ④熟悉 ⑤很熟悉

二、残疾学生体质健康测试指标体系的构成

本研究主要对智力残疾、听力残疾、视力残疾和健全学生体质健康测试体系进行构建。根据国内外研究以及国内外体质测试体系的构成，本研究将身体成分、心肺耐力、肌肉力量与耐力和柔韧性作为一级指标。然而在当前各指标的构成中，各项一级指标存在多项二级测试指标。请根据您的理解判断以上四类学生进行体质测试，应采用哪项测试指标适用。表格中“适用性”是指该残疾类型学生采用该指标测试是否适用，只有“适用”才可填后栏的重要程度；重要程度分为5级，1代表最不重要，5代表最重要。请根据您的判断在相应框格中打“√”。您也可以在各项一级指标末尾补充其他认为适用的测试指标，如有其他建议请不吝赐教，谢谢

您的支持！

<table>
<tr><td rowspan="3" colspan="2">一级指标</td><td rowspan="3">二级指标</td><td rowspan="3">不适用</td><td colspan="5">适用</td></tr>
<tr><td colspan="5">重要程度</td></tr>
<tr><td>1</td><td>2</td><td>3</td><td>4</td><td>5</td></tr>
<tr><td rowspan="6" colspan="2">身体成分</td><td>身体质量指数</td><td></td><td></td><td></td><td></td><td></td><td></td></tr>
<tr><td>身高标准体重</td><td></td><td></td><td></td><td></td><td></td><td></td></tr>
<tr><td>皮褶</td><td></td><td></td><td></td><td></td><td></td><td></td></tr>
<tr><td>腰围</td><td></td><td></td><td></td><td></td><td></td><td></td></tr>
<tr><td>臀围</td><td></td><td></td><td></td><td></td><td></td><td></td></tr>
<tr><td>生物电阻抗</td><td></td><td></td><td></td><td></td><td></td><td></td></tr>
<tr><td rowspan="8" colspan="2">心肺耐力</td><td>肺活量</td><td></td><td></td><td></td><td></td><td></td><td></td></tr>
<tr><td>肺活量体重指数</td><td></td><td></td><td></td><td></td><td></td><td></td></tr>
<tr><td>台阶试验</td><td></td><td></td><td></td><td></td><td></td><td></td></tr>
<tr><td>50 米×8 往返跑</td><td></td><td></td><td></td><td></td><td></td><td></td></tr>
<tr><td>20 米往返跑</td><td></td><td></td><td></td><td></td><td></td><td></td></tr>
<tr><td>男 1000 米跑（女 800 米跑）</td><td></td><td></td><td></td><td></td><td></td><td></td></tr>
<tr><td>12 分钟跑</td><td></td><td></td><td></td><td></td><td></td><td></td></tr>
<tr><td>9 分钟跑</td><td></td><td></td><td></td><td></td><td></td><td></td></tr>
<tr><td rowspan="4">肌肉力量与耐力</td><td rowspan="4">上肢</td><td>引体向上</td><td></td><td></td><td></td><td></td><td></td><td></td></tr>
<tr><td>修正引体向上</td><td></td><td></td><td></td><td></td><td></td><td></td></tr>
<tr><td>屈臂挂</td><td></td><td></td><td></td><td></td><td></td><td></td></tr>
<tr><td>直臂挂</td><td></td><td></td><td></td><td></td><td></td><td></td></tr>
</table>

续表

一级指标		二级指标	不适用	适用				
				重要程度				
				1	2	3	4	5
肌肉力量与耐力	上肢	掷实心球						
		网球掷远						
		俯卧撑						
		握力						
		握力体重指数						
	躯干	仰卧起坐						
		屈膝仰卧起坐						
		俯卧背伸						
	下肢	纵跳						
		立定跳远						
		50 米跑						
柔韧性		坐位体前屈						
		单脚坐位体前屈						
		双手后勾						
		立位体前屈						

请您提出宝贵建议：____

____

____

____

____

____

调查到此结束，再次感谢您的支持！

残疾学生体质健康测试数据记录表

测试地点：　　　　　　　　　　　　　　　　年龄：

学生类别：　　　　　　　　　　　　　　　　性别：

序号	身高（cm）	体重（kg）	肺活量（ml）	握力（kg）	仰卧起坐（t/m）	立定跳远（cm）	坐位体前屈（cm）
1							
2							
3							
4							
5							
6							
7							
8							
9							
10							
11							
12							
13							
14							
15							
16							